Nahlah Saimeh (Hrsg.)

Zukunftswerkstatt Maßregelvollzug

Forensik 2008
23. Eickelborner Fachtagung zu Fragen
der Forensischen Psychiatrie
5. bis 7. März 2008

Dr. med. Nahlah Saimeh
LWL-Zentrum für
Forensische Psychiatrie
Eickelbornstr. 21
59556 Lippstadt

Nahlah Saimeh (Hrsg.): Zukunftswerkstatt Maßregelvollzug. Materialien der 23. Eickelborner Fachtagung zu Fragen der Forensischen Psychiatrie, 5. bis 7. März 2008
1. Auflage 2008
ISBN: 978-3-88414-461-9

Bibliografische Information der Deutschen Nationalbibliothek
Die Deutsche Nationalbibliothek verzeichnet diese Publikation in der Deutschen Nationalbibliografie; detaillierte bibliografische Daten sind im Internet über http://dnb.d-nb.de abrufbar.

Theoretische sowie experimentelle Erkenntnisse, Behandlung und medikamentöse Therapie in der Medizin unterliegen aufgrund neuer Forschungsergebnisse und klinischer Erfahrungen stets einem ständigen Wandel. Die Autoren dieses Werkes haben größte Präzision darauf verwandt, dass die Angaben über Medikamente, deren Kombinationen, Indikationen, Dosierungen, Applikationen, Arzneimittelinteraktionen, Kontraindikationen und unerwünschten Wirkungen dem derzeitigen Wissenstand bei Fertigstellung des Werkes entsprechen. Da aber menschlicher Irrtum und Druckfehler nie ganz auszuschließen sind, übernehmen Autoren und Verlag trotz sorgfältigster Bearbeitung für derartige Angaben keine Gewähr. Jeder Benutzer dieses Werkes ist daher verpflichtet, vor Verordnung und Anwendung der Präparate alle Angaben insbeondere anhand der vom Hersteller den Präparaten beigegebenen Produkt-Gebrauchsinformationen in eigener Verantwortung auf ihre Richtigkeit zu überprüfen. Verständlicherweise gilt diese Verpflichtung auch bei selten verwandten oder neu in den Handel eingeführten Präparaten sowie bei denjenigen, die das Bundesinstitut für Arzneimittel und Medizinprodukte in ihrer Anwendbarkeit limitiert hat. Schließlich sind auch Arzneimittelrückrufe und ein mögliches Ruhen der Zulassung von Präparaten, angeordnet durch das BfArM, sorgfältig zu beachten. Die Wiedergabe von Gebrauchsnamen, Handelsnamen, Warenbezeichnungen usw. in diesem Werk berechtigt auch ohne besondere Kennzeichnung nicht zu der Annahme, dass solche Namen im Sinne der Warenzeichen- und Markenschutz-Gesetzgebung als frei zu betrachten wären und daher von jedermann benutzt werden dürften.

Im Impressum des Jahresbandes »Maßregelvollzug in Zeiten ökonomischer Begrenzung – 22. Eickelborner Fachtagung 2007« fehlte bedauerlicherweise der Hinweis auf die Umschlagillustration. Es handelt sich um ein Bild von Eckhard Hasenfuß, Ohne Titel (Öl auf Leinwand), 2005. Wir bitten, das Versehen zu entschuldigen.

© Psychiatrie-Verlag, Bonn 2008
Alle Rechte vorbehalten. Kein Teil des Werkes darf ohne Zustimmung des Verlags vervielfältigt oder verbreitet werden.
Umschlaggestaltung: p.o.l.:Kommunikation design, Köln
Umschlagillustration: Ohne Titel, Winfried Dyckrup, 2007
Satz: Psychiatrie-Verlag, Bonn
Druck und Bindung: Kessler Druck + Medien, Bobingen

Inhalt

Vorwort Fachtagung 2008
Nahlah Saimeh   7

Rechtsmedizinische körperliche Untersuchung lebender Personen und Tathergangsrekonstruktion
Norbert Beck   9

Keine Angst vor den Neuronen
Ansgar Beckermann   15

Erledigterklärung und nachträgliche Sicherungsverwahrung in Fehleinweisungsfällen
Johannes Berg   26

Nachsorge von Sexualstraftätern nach dem Maßregelvollzug
Michael Dieckmann, Marina Thyen   38

»Help for helpers«
Sabine Dietz   48

Sexualkriminalität
Rudolf Egg   58

Die Resultate einer Studie zur Früherkennung von Gewaltsituationen

F. A. J. Fluttert, B. van Meijel, H. Nijman, S. Bjorkly, M. Grypdonck   79

Jugendliche Sexualstraftäter – Forschungsstand und Vorstellung des Hamburger Modellprojekts

Niels Habermann, Peer Briken, Bernd Proebe, Silvia Kristian, Sandra Hofmann   87

Rückfallfrei nach einem Jahr?

Christian Hartl, Wolfgang Mache, Adelheid Bezzel   94

Maßregelvollzug in Westfalen-Lippe – Entwicklungen und Perspektiven

Tilmann Hollweg   103

Was nicht berechenbar ist, macht Angst

Curt Hondrich   114

Was wirkt bei der Behandlung forensisch-psychiatrischer Patienten mit »Psychopathy«?

Uta Kröger, Daan van Beek, Hans van Geest, Rob Geraerts, Pascalle van der Wolf   124

Überweisung in den Vollzug einer anderen Maßregel

Johannes Leygraf   138

Reparatur der Seele – Moderne Begriffe im Dienste des magischen Denkens

Jenny Mahler   150

Der Maßregelvollzug – ein Auslaufmodell?
John Mahler   158

Kriminalität als Krankheit
Hans J. Markowitsch   167

Objektive Verfahren zur Diagnostik von Störungen der sexuellen Präferenz: Aufmerksamkeitsbezogene Tests am Beispiel der Pädophilie
Andreas Mokros, Michael Osterheider   180

Das Spannungsfeld zwischen Autonomie und Zwang in der Forensik – eine ethische Reflexion
Christian Prüter   188

Sexualität zwischen Normalität und Perversion
Andrea Radandt   196

Zur Wertigkeit intuitiver Prognoseentscheidungen
Dieter Seifert   202

»Der Patient ist schlicht gestrickt ...«
Dita Simon-Peters   209

Gewalttäterrisiko bei psychischen Erkrankungen
Michael Soyka   218

**Tiergestützte Therapie –
eine Option in der Forensik?**

Alexandra Stupperich, Andrea Beetz   229

**Zur Entkoppelung des
§ 21 StGB von § 63 StGB**

Günter Tondorf   241

**Dialektisch Behaviorale Therapie (DBT)
im Forensischen Bereich**

Wies van den Bosch   250

**Die ambulante Sexualsprechstunde
an der LWL-Universitätsklinik Bochum**

Alfred Wähner, Astrid Rudel   262

**Chancen und Risiken eines Vorwegvollzugs
von Freiheitsstrafen vor der
Unterbringung gem. § 64 StGB**

Monika Welzel   268

**Zukunftsperspektiven für die
Gesellschaft und den Maßregelvollzug**

Rolf Kreibich   278

**»Die sind so unglaublich viel
weniger wert als ich!«**

Nahla Saimeh   299

Referentinnen und Referenten   314

Vorwort Fachtagung 2008

Die Titel der Eickelborner Fachtagungen reflektieren seit Jahren Schwerpunktthemen, die die Fachdisziplin sich selbst auferlegt, aber auch von Politik und Gesellschaft angetragen bekommt. Dabei spielen seit Jahren unverändert die Themen Therapieerfolg, Prognosesicherheit und sekundäre Kriminalprävention eine entscheidende Rolle. Seit einigen Jahren zieht aber ein weiteres, nicht primär psychiatrisch-psychologisches Themengebiet am Horizont der forensischen Disziplin auf: die Ökonomie.
So nahm sich die Fachtagung des letzten Jahres mit ihrem Titelthema und ihren Hauptvorträgen den »Maßregelvollzug in Zeiten ökonomischer Begrenzung« vor.
Dieser Titel war schon damals nicht gewählt worden, um lakonisch zu bedauern, was seit der Erfindung des Geldes stetes Problem ist: seine ewige Knappheit, sondern um sich mit den realen ökonomischen (An-)Forderungen konstruktiv auseinanderzusetzen und sie in die Überlegungen zu Qualität und Organisation mit einzubeziehen.
Bewusst haben wir daher in diesem Jahr mit der »Zukunftswerkstatt Maßregelvollzug« daran anknüpfen wollen und der Tagung mit dem Titel zwei Signale gegeben: 1) der Maßregelvollzug hat eine Zukunft, denn seine Notwendigkeit wird durch die Menschen selbst bestätigt, mit denen er sich befasst. 2) Das Fachgebiet hat an der Dynamik der letzten 15 Jahre nichts eingebüßt, sondern widmet sich unablässig im interdisziplinären Austausch den Fragen nach den biologischen Grundlagen von Verhaltensauffälligkeiten und ihrer Korrektur, der Verbesserung der Behandlung und Überprüfung ihrer Wirksamkeit, der Legalprognose, der ethischen Verantwortung vor Patienten und Gesellschaft und natürlich den ökonomischen Implikationen juristischer sowie forensisch-psychiatrischer Entscheidungen.
Maßregelvollzug hat nicht nur Geschichte, sondern auch eine Zukunft, gerade in einer Gesellschaft, die sich anschickt, aktiv über die Inkaufnahme existenzieller Risiken des Menschen entscheiden zu wollen. Aus dem gestiegenen Problembewusstsein der Gesellschaft in Bezug auf Gewalt, der zunehmenden Intoleranz gegenüber Tätlichkeiten, der veränderten Grundhaltungen zu Gender-Fragen und auch des zunehmenden Anstiegs irrationaler Ängste besteht für die Forensische Psychiatrie und ihrer Schnittmengendisziplinen mehr denn je die Notwendigkeit, den öffentlichen Diskurs zu suchen, sich einzumischen, zu verdeutlichen, welche unabtretbare Aufgabe sie für die Gesellschaft übernimmt.
So lassen wir die Tagung bewusst mit einem Zukunftsforscher beginnen, der uns sagt, welche Aufgaben auf die Gesellschaft in den nächsten Jahrzehnten zukommen

werden, ob wir sie nun freiwillig wählen werden oder nicht. Wir werfen einen lokalen Blick auf die Forensische Psychiatrie der Regionen ebenso wie auf die forensischen Fragen bei Jugendlichen und Heranwachsenden. Mit der Frage der Ökonomie, die 2007 diskutiert wurde, fahren wir aus juristischer Sicht fort mit der Diskussion von Erledigung der Maßregel und Überweisung aus der einen in die andere Form. Zudem muss die Frage nach Therapiestandards und Erfolgsmessung heute mehr denn je den Blick auf die Hirnforschung werfen, die uns die Determination und die Entscheidungsmöglichkeiten des Menschen in Bezug auf sein Streben und Handeln neu darlegt und deren Erkenntnisse die therapeutische Zukunft des Maßregelvollzugs in den nächsten Jahrzehnten gewiss bestimmen werden.

Allen Referenten und Autoren des Tagungsbandes sowie allen weiteren aktiven Kräften, die zur 23. Eickelborner Fachtagung beigetragen haben, gilt mein aufrichtiger Dank.

Wenn Sie als Referenten und Tagungsteilnehmer diesen Band in Händen halten, ist die nächste, dann 24. Fachtagung schon sehr weitgehend konzipiert, denn für das seit Jahren unglaublich engagierte und mit der Tagung identifizierte Team des LWL-ZFP gibt es nur ein Motto: »Nach der Tagung ist vor der Tagung.«

Insofern verbleibe ich im Namen der Betriebsleitung der Klinik und des Fachtagungsteams mit einem *Auf baldiges Wiedersehen*.

Nahlah Saimeh,
Lippstadt im August 2008

Rechtsmedizinische körperliche Untersuchung lebender Personen und Tathergangsrekonstruktion

Norbert Beck

Zusammenfassung

Rechtsmediziner – die meisten verbinden damit Personen, die in halb abgedunkelten Räumen an Leichen und Mikroskopen sitzen, um Todesursachen herauszufinden. Aus diesem Grunde werden Fachkollegen wohl oftmals fälschlicherweise als »Pathologen« bezeichnet. Das Aufgabengebiet der Rechtsmedizin reicht aber weit über die Sektionssäle hinaus. Zunehmend werden gutachterliche Aufgaben im unmittelbaren Tatzeitraum erforderlich, um rekonstruktiv an der Aufklärung von Vorgängen mitzuarbeiten. Durch die rechtsmedizinische Befundbeschreibung von Opfern und Tatverdächtigen ergeben sich für kriminalpolizeiliche Ermittlungsansätze, teils auch für die spätere forensisch-psychiatrische Begutachtung, wertvolle Hinweise. Zunehmend findet die rechtsmedizinische Erfahrung Eingang in die praktische Tätigkeit der operativen Tathergangsanalyse. Der Vortrag soll diesen Aufgabenbereich beispielhaft mit Bildern von Verletzungen und Darstellungen von Geschehensabläufen vorstellen und Hinweise für die praktische Befundsicherung im forensisch-psychiatrischen Aufnahmebereich geben.

Schlüsselwörter

Körperliche Untersuchung, Rechtsmedizin, Dokumentation, Selbstverletzung

Rechtsmedizinische Tätigkeit wird, vermutlich bedingt durch die Medienresonanz, selbst in Kreisen ärztlicher Kollegen oft nur mit Leichenöffnungen in Verbindung gebracht. Dabei sind deutsche Rechtsmediziner in einer schon gut 100 Jahre alten Fachgesellschaft organisiert, in der kurz nach der Gründung 1904 in Breslau folgende Umschreibung des Faches abgegeben wurde: »Die Gerichtliche Medizin lehrt die Erforschung und Verwertung von medizinischen und naturwissenschaftlichen Tatsachen für die Zwecke der Rechtspflege und erörtert in diesem Rahmen alle in die Berufstätigkeit des Arztes fallenden Vorgänge, welche zu Rechtsfragen Anlass geben können.« (Schmidtmann 1905)

Die klassischen Lehrbücher und aktuell für den deutschsprachigen Raum das »Handbuch Gerichtliche Medizin« Band 1 und 2 mit jeweils über 1000 Seiten stellen das Fachgebiet der Rechtsmedizin umfassend dar. Der Tod und seine Feststellung sowie damit zusammenhängende Fragen zur Gewaltgenese von Todesursachen stehen dabei im Vordergrund. Jedoch nimmt schon sehr bald das Kapitel der klinischen Rechtsmedizin einen breiten Raum ein.

Die Palette der Untersuchungsaufträge umfasst im Wesentlichen Fragen zu folgenden Sachverhalten:
- Vergewaltigung,
- Kindesmisshandlung,
- sexueller Missbrauch von Kindern,
- Verkehrsunfälle,
- Selbstbeschädigungen,
- allgemeine Körperverletzungsdelikte.

Weiterhin werden beispielsweise auch Aufträge in der Einschätzung des Lebensalters nach klinischen Befunden, im rechtsmedizinischen Bereitschaftsdienst zur Beurteilung der Gewahrsamstauglichkeit, zu Spuren- und Beweismittelsicherungen mit Blutentnahmen nach § 81 a StPO erteilt.

Natürlich stellt sich die Frage, warum nicht ein klinisch tätiger Arzt jedweder Fachrichtung nach Entbindung von der Schweigepflicht ein Gutachten zu Verletzungsbildern abgeben kann. Die Antwort gibt die Weiterbildungsordnung für Ärzte und die allgemeine rechtsmedizinische Erfahrung in der gutachterlichen Beurteilung von Körperverletzungsdelikten: Jeder Facharzt erhebt die Befunde fokussiert nach seinen dienstlichen Erfordernissen. So wie ein Chirurg Verletzungen und Verletzungsbilder diagnostiziert und nach Behandlungsmöglichkeiten dokumentiert, erfasst ein Rechtsmediziner Verletzungen entsprechend der juristisch relevanten Fragestellungen. Erst Wochen, manchmal sogar Jahre später stattfindende Verfahren erschweren natürlich dem klinisch tätigen Arzt mit kurzen handschriftlichen Vermerken auf seiner Karteikarte der Notfallambulanz die Stellungnahme zu subtilen juristischen Fragestellungen: Sind die beschriebenen multiplen Hämatome dem Tatzeitraum zuzuordnen oder sind sie zu unterschiedlichen Zeiten entstanden? Sind die Verletzungen auf Zugreifen, Schläge, Tritte, Verwendung von Gegenständen zurückzuführen? Wie viel Schläge welcher Intensität sind erforderlich, um das beschriebene Verletzungsbild zu erklären? Diese Fragen stellen nur einen Teil möglicher Klärungspunkte in foro dar und allein schon aus diesen Aspekten heraus offenbart sich, dass klinisch tätige Ärzte im Wesentlichen mit ihren Aufzeichnungen aus dem Notdienstalltag keine ausreichenden Antworten für strafprozessuale Fragen bei Körperverletzungsdelikten geben können.

Deshalb soll in dieser Publikation kurz die Praxis rechtsmedizinischer Begutachtung von Körperverletzungsdelikten dargestellt werden.

Was sind die Zielstellungen rechtsmedizinischer Untersuchungen?
- Objektivierung der Verletzungen
- Dokumentation
- Bewertung der Schwere der Verletzungen
- Rekonstruktion des Herganges

Wie ist eine Befundbeschreibung durchzuführen?
1. Größe: cm/mm (3,4 cm lange glattrandige, spitzwinklige Hautdurchtrennung). Keine Vergleichsgrößen, wie z.B. kindshandtellergroß, keine ungenauen Beschreibungen, wie z.B. monströse Fettsucht
2. Anzahl: konkrete Zahlen (z.B.: 5 abgrenzbare blaurötliche Hautverfärbungen ohne Abschürfung)
3. Lokalisation: Lagebeziehung zu anatomischen Fixpunkten (z.B.: 3,0 cm oberhalb der rechten Augenbraue und 4,5 cm rechts der Körpermittellinie)
4. Art der Verletzung:
   Wundränder: glatt, ausgefranst, geschürft, unterblutet.
   Wundwinkel und Wundgrund: Gewebsbrücken vorhanden oder nicht erkennbar.
5. Alter der Verletzung: Farbgebung, Wundheilungsreaktion (z.B.: im Zentrum dunkelblaue, in den Randgebieten grüngelbliche, verschorfte ...)
6. Narben und ältere Verletzungen erwähnen
7. Nichtvorhandensein von Verletzungen ggf. erwähnen
8. Zeitlicher Bezug: Untersuchungstag und Uhrzeit
9. Bilddokumentation: Skizze oder Fotoaufnahmen mit nah an Verletzung angelegtem Maßstab

Beispielhaft sollen hier Körperschemata zur Dokumentation von Verletzungen dargestellt werden, um eine Übersicht des Verletzungsbildes zu ermöglichen. Solche Schemata sollten dann durch Detaildarstellungen ergänzt werden:

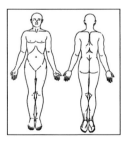 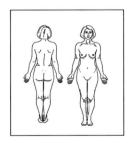 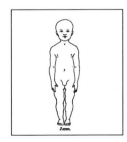

In der auf die Beschreibung folgenden rechtsmedizinischen Beurteilung sind die Verletzungen zusammenfassend nach Lage, Art und Form bezüglich ihrer Ursache zu diskutieren. Vorliegende Anknüpfungstatsachen (Einlassungen des Untersuchten gegenüber dem Untersucher, Aktenauszüge, Mitteilungen durch Ermittlungsbeamte) sind hierbei einzubeziehen. Auch die psychische Situation eines Opfers einer Gewalttat muss Berücksichtigung finden. Nicht selten muss man in der rechtsmedizinischen Beurteilung vorsichtig schlussfolgern, da Schläge, die u. U. nur heftig empfunden wurden, lediglich geringfügige Verletzungen zur Folge haben können. Die juristische Einstufung eines Falles erfolgt nicht selten auf der Grundlage rechtsmedizinischer Gutachten.

Wie sollte ein Gutachten aufgebaut sein?

- klar gegliedert
- für medizinischen Laien verständlich und nachvollziehbar
- keine medizinischen Fachausdrücke
- alle Behauptungen in der Diskussion müssen begründet werden
- keine juristischen Bewertungen

Rechtsmedizinische Gutachten zur Beurteilung von Verletzungen können wertvolle Hinweise für die Kontrollaufnahme und Kontrollaufrechterhaltung in einer Täter-Opfer-Interaktion geben und somit objektivierbare Befunde in der Beurteilung der Steuerungsfähigkeit aus forensisch-psychiatrischer und -psychologischer Sicht liefern.

Selbst schon im Ermittlungsansatz bei Strafanzeigen lässt sich aus der Beschreibung und der Beurteilung von Körperverletzungsbefunden der Wahrheitsgehalt von Aussagen gut objektivieren. Auch aus diesen Aspekten heraus sind bundesweit praktisch flächendeckend rechtsmedizinische Bereitschaftsdienste eingerichtet worden.

Als klassisches Beispiel zur Überprüfung des Wahrheitsgehaltes von Aussagen sollen sogenannte *Selbstverletzungen* angeführt werden. Die Anzeigen beinhalten zum Teil abenteuerliche Storys.

Ursachen von Selbstverletzungen sind vielschichtig:

- Appell an das Mitgefühl und Wunsch nach Zuwendung und Aufmerksamkeit;
- Ablenkung von anderem Fehlverhalten oder Straftaten;
- nachträgliche Dissimulation eines fehlgeschlagenen Suizidversuchs;
- Deliktvortäuschung zur Rechtfertigung einer Abwesenheit (von Schule, von Arbeitsplatz, nächtliches Fernbleiben im Privaten);
- Rache an Personen oder Institutionen;
- Vortäuschung eines Sittlichkeitsdelikts, um von autoerotischen Handlungen abzulenken;
- Vortäuschung einer Notwehrsituation oder einer Tatbegehung durch weitere Personen nach Verletzungs- oder Tötungshandlung;
- Anzeigeerstatter als Opfer einer politisch motivierten Straftat erscheinen zu lassen.

Hinweise auf Selbstverletzungen

1. Art der Verletzung: Hautritzer, oberflächliche Schnittwunden etc.
2. Anzahl: Vielzahl bei geringer Gesamtverletzungsschwere
3. Lokalisation: leicht erreichbar, Aussparung besonders empfindlicher Bereiche
4. Anordnung: gruppiert, parallele und/oder gekreuzte Verläufe, manchmal symmetrisch mit Präferenz der Körperseite, die der Gebrauchshand gegenüberliegt
5. Form und Gestaltung: auffallend gleichförmig, langstreckig, manchmal verzweigt und nachgezogen (»wie gezeichnet«), seltener geometrische Formen, Symbole, Buchstaben
6. Intensität: über die ganze Länge gleichbleibend geringe Tiefe (auch an gewölbten Oberflächen!)
7. »echte« Abwehrverletzungen nicht vorhanden
8. Vorbefunde: eventuell lineare Narben von früheren Selbstverletzungen
9. Kleidung: häufig unversehrt oder mangelnde Kongruenz von Kleiderbeschädigungen
10. Begleitverletzungen nur ausnahmsweise

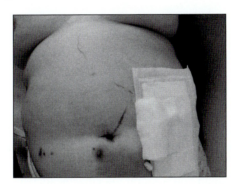

Bild 1: Angabe einer Frau, nachts aus dem Haus gelockt worden zu sein, wo man versucht habe, ihr die Gebärmutter herauszuschneiden. Zusatzbefunde: Rollstuhlfahrerin, Halbseitenlähmung links. Hintergrund: kurz vorher Auszug der Tochter, die sich bis dato immer um die Mutter gekümmert hatte. Gutachtenergebnis und späteres Ermittlungsergebnis: Selbstverletzung

Zusammenfassung und Tipps für die Praxis

- Bei Körperverletzungsdelikten im Zweifelsfall und bei zu erwartenden juristischen Fragestellungen rechtsmedizinische Begutachtung anregen.
- Rechtsmedizinischen Bereitschaftsdienst gibt es als 24-Stunden-Dienst praktisch flächendeckend in Deutschland, ggf. wenigstens telefonisch beraten lassen.

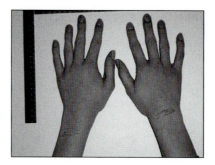

Bild 2: Angabe, auf einer Treppe von hinten die Hände mit Kabelbinder gefesselt bekommen und vergewaltigt worden zu sein. Gutachtenergebnis und späteres Ermittlungsergebnis: Selbstverletzung. Einlassung der Untersuchten: Eifersucht

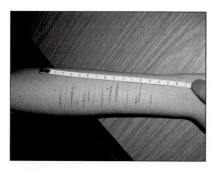

Bild 3: Selbstverletzungen an »klassischer Position«

- Mindestens mit digitalem Fotoapparat mit eingeblendetem/r Datum und Uhrzeit und mit angelegtem Maßstab mehrere Übersichts- und Detailaufnahmen von Verletzungen machen.
- Ggf. Rücksprache mit Rechtsmedizin/Kriminalpolizei zu Spurensicherung.

Literatur

Brinkmann B, Madea B (2004) Handbuch Gerichtliche Medizin. Springer-Verlag. Band 1, S. 1129 ff.

Jones D (1996) Sexueller Missbrauch von Kindern. Georg Thieme Verlag

Keine Angst vor den Neuronen

Ansgar Beckermann

Zusammenfassung

Unter welchen Bedingungen ist eine Person für ihre Handlungen verantwortlich? Wie man diese Frage beantwortet, hängt entscheidend davon ab, was man unter einer Person versteht. Libertarier neigen dazu, Personen als außernatürliche Wesen aufzufassen, die mit ihren Entscheidungen und Handlungen von außen in den Weltlauf eingreifen. Für sie ist eine Person nur dann für eine Handlung verantwortlich, wenn diese Handlung nicht durch natürliche – z. B. neuronale – Ereignisse determiniert war, sondern durch die Person *selbst* hervorgebracht wurde. Dieses Verständnis von Person und Verantwortlichkeit ist jedoch mit so vielen Problemen konfrontiert, dass es als äußerst fragwürdig gelten muss. Doch wie könnte eine Alternative aussehen? Wenn man davon ausgeht, wie wir im Alltag zwischen verantwortlichem und nicht-verantwortlichem Handeln unterscheiden, wird schnell klar, dass der Unterschied im Wesentlichen auf bestimmten Fähigkeiten beruht. Verantwortlich ist der, der die Fähigkeit hat, seine Impulse zu kontrollieren, d. h., der die Fähigkeit hat, vor dem Handeln innezuhalten und zu überlegen, und die Fähigkeit, dem Ergebnis seiner Überlegung gemäß zu handeln. Nüchtern betrachtet beruhen unsere mentalen Fähigkeiten aber alle auf neuronalen Strukturen in unseren Hirnen. Für Verantwortlichkeit ist also nicht entscheidend, dass unsere Handlungen nicht neuronal determiniert sind, sondern dass wir über ein intaktes Gehirn verfügen, das uns mit den nötigen Fähigkeiten ausstattet.

Schlüsselwörter

Neurobiologische Determinismus, Fähigkeitenmodell der Willensfreiheit, Schuldfähigkeit

1. Im Alltag unterscheiden wir meist ohne große Mühe zwischen Handlungen, für die der Handelnde verantwortlich ist, und solchen, für die er nichts kann. Wenn mich jemand wissentlich und willentlich anrempelt, ist er verantwortlich, und ich kann ihm sein Handeln vorwerfen. Wenn er mich dagegen anrempelt, weil er von einem anderen gestoßen wurde, kann er nichts dafür. Im Strafrecht unterscheiden wir ebenfalls zwischen voll schuldfähigen Tätern und solchen, die nur vermindert schuldfähig oder sogar schuldunfähig sind – auch wenn es uns im Einzelfall schwer fallen mag, die Grenzlinie scharf zu ziehen.
In letzter Zeit ist allerdings – besonders von neurobiologischer Seite – des Öfteren behauptet worden: Niemand ist frei, niemand ist für sein Handeln verantwortlich,

Freiheit ist nichts als eine Illusion. Und häufig wird gleich im Anschluss die These vertreten, dass unser ganzes System des Verurteilens und Strafens überholt ist und abgeschafft werden muss. Was die Befürworter dieser Position oft übersehen, ist, dass die Annahme, niemand sei je für sein Tun verantwortlich, nicht nur Konsequenzen für die Strafjustiz hat. Diese These hat vielmehr weitreichende Auswirkungen auf das gesamte menschliche Miteinander (BECKERMANN 2008, Abschnitt »Warum der Freiheitsskeptizismus unattraktiv ist«): Wir wären nie berechtigt, jemandem etwas übel zu nehmen oder ihm dankbar zu sein; wir könnten unsere Mitmenschen eigentlich gar nicht mehr als Personen betrachten; wir könnten uns ihnen gegenüber nur noch so verhalten, wie es die Ärzte und das Pflegepersonal psychiatrischer Kliniken gegenüber Patienten tun, die jede Kontrolle über sich verloren haben. Es gäbe keinen Grund mehr, Kinder unter 14 Jahren vom Strafrecht auszunehmen; und wir könnten nicht mehr zwischen Menschen unterscheiden, die mit klarem Wissen und Willen einen Vertrag oder ein Testament unterschreiben und solchen, die nicht mehr Herr ihrer selbst sind. Kein Wunder, dass die Thesen von Roth, Singer und anderen auf heftige Kritik gestoßen sind.

Sehr aufschlussreich ist das Streitgespräch »Neuronen sind nicht böse«, das Jan Philipp Reemtsma und Hans Markowitsch im Juli 2007 im SPIEGEL geführt haben. Markowitsch bestreitet wie Roth und Singer, dass sich Täter überhaupt je frei entscheiden können:

> In unserem Recht gilt der Grundsatz: Keine Strafe ohne Schuld. Schuldfähig bedeutet: Der Täter hätte frei entscheiden können, sich anders zu verhalten. Dass er das konnte, bestreite ich. (MARKOWITSCH/REEMTSMA 2007, 117f.)

Um seine These zu untermauern, verweist Markowitsch auf einen interessanten, noch gar nicht lange zurückliegenden Fall. Ein Lehrer, der in dieser Hinsicht bisher nie aufgefallen war, beginnt plötzlich, Kinder mit pornografischen Bildern zu belästigen. Er wird angezeigt, entlassen und von einem Gericht verurteilt. Erst später entdeckt man einen Tumor in seinem rechten Frontalhirn. Nach Entfernung des Tumors verschwinden die pädophilen Neigungen. Sie zeigen sich jedoch erneut, als der Tumor nachwächst. Der Lehrer selbst hat die ganze Zeit nie das Gefühl, unter irgendeinem Zwang zu agieren. Was zeigt dieser Fall? Markowitsch zufolge offenbar Folgendes: Egal, was wir tun und denken, wir handeln *immer* so wie dieser Lehrer. Denn all unser Tun und Denken beruht auf neuronalen Prozessen, ist *neuronal determiniert*. Also sind wir *niemals frei, niemals verantwortlich*.

Reemtsma widerspricht vehement:

> Unsere Justiz ruht nicht auf einer philosophischen, metaphysischen oder neuropsychologischen Annahme über Freiheit. [...] Der Delinquent war in der Lage, bewusst zwischen Pro und Kontra abzuwägen. Er hat sich frei entschieden, einen Raubüberfall zu begehen, das heißt: Es hat ihn keiner mit einer Pistole dazu gezwungen. Er stand nicht unter Hypnose, er behauptet nicht, es habe ihm jemand einen Sender

implantiert, sondern er war in etwa so wie immer. Er befand sich im Normalzustand. (ebd., 118)

Markowitsch erwidert, dass Reemtsma Fälle wie den des pädophilen Lehrers mit einem Hirntumor doch nicht leugnen könne. Reemtsma:

> Wo ist das Problem? Wir erkennen ja an, dass es pathologische Zustände gibt, in denen Menschen nicht autonom handeln können. Und wir werten vor Gericht unterschiedliche Biografien: Einigen fällt es schwerer, verantwortlich zu handeln, als anderen. Und wenn eine psychische Erkrankung oder ein Vollrausch den Täter daran hindert, das Unrecht seiner Tat einzusehen oder anders zu handeln, erhält er ein anderes Strafmaß oder gar keine Strafe, sondern eine Behandlung in einer forensischen Klinik. (ebd.)

Das wiederum überzeugt Hans Markowitsch nicht, er kontert: »Sie lassen Determiniertheit nur in krankhaften Ausnahmefällen gelten. Für mich ist alles Verhalten determiniert [...].« (ebd.)

Spannend ist diese Auseinandersetzung, weil in ihr – ohne dass das gleich offensichtlich wird – zwei Grundpositionen aufeinandertreffen, die auf völlig unterschiedlichen Auffassungen darüber beruhen, was es heißt, zu handeln, und insbesondere, was es heißt, frei zu handeln. Markowitsch vertritt die Auffassung: Freiheit ist mit *Determiniertheit unvereinbar*. Und: Wir sind niemals frei, weil wir immer (neuronal) determiniert sind. Reemtsmas Position ist nicht ganz so klar. Er nimmt zur Determinismusfrage nicht explizit Stellung, doch dann erklärt er: Der entscheidende Faktor für Freiheit ist *Normalität*; wir sind frei, wenn wir normal sind. Doch was genau soll das heißen? Wann sind wir *normal*?

Hinter Markowitsch' Auffassung steht letzten Endes eine Cartesische Weltsicht. Nach Descartes muss man bei jedem Menschen zwischen Körper und Seele unterscheiden. Der Körper ist eine materielle Substanz (eine *res extensa*), die Seele eine immaterielle Substanz (eine *res cogitans*). Das Zusammenspiel beider Substanzen stellt sich Descartes folgendermaßen vor: Beim Wahrnehmen, z. B. beim Sehen, erzeugt das von einem Gegenstand der Außenwelt reflektierte Licht je ein Bild auf der Netzhaut jeden Auges. Diese Bilder werden durch den *nervus opticus* ans Gehirn weitergeleitet und dort auf die Zirbeldrüse projiziert, wobei sie zu einem einzigen Bild vereinigt werden. Dieses Bild bewirkt am Schluss einen Wahrnehmungseindruck in der Seele, durch den die Seele über die Umwelt informiert wird. Die Seele ist es, die diese Information auswertet, bewertet und die überlegt, was in der gegebenen Situation zu tun ist. Am Ende steht eine Entscheidung, ein immer noch seelischer Willensakt, der seinerseits eine Bewegung der Zirbeldrüse bewirkt. Durch diese Bewegung werden die im Gehirn reichlich vorhandenen *spiritus animales* so in die efferenten Nerven geleitet, dass die Glieder sich so bewegen, wie es die Seele gewollt hat. Eine Handlung besteht also in einer von der Seele verursachten Körperbewegung. Und eine Handlung ist frei, wenn der seelische Willensakt, auf den sie zurückgeht, nicht determiniert ist.

Viele Neurowissenschaftler scheinen – vielleicht unbewusst und ungewollt – immer noch von diesem Bild freien Handelns auszugehen. Sehr deutlich wird dies in der ersten Auflage von Gerhard Roths *Fühlen, Denken, Handeln*. Freie Handlungen sind in Roths Augen Handlungen, die durch einen »völlig immateriell[en]« Willensakt hervorgerufen werden (ROTH 2001, 436). Aus der Neurobiologie wissen wir aber nach Roth, dass jede Willkürbewegung unmittelbar durch bestimmte Aktivitäten unseres supplementär-motorischen, prämotorischen und motorischen Cortex ausgelöst wird. Der »Wille muss – wenn er denn wirksam werden will – sich dieser Areale ›bedienen‹ [...]« (ebd.). Nicht nur freies Handeln, sondern jedes willkürliche Handeln setzt in Roths Augen also voraus, dass ein immaterieller Willensakt neuronale Prozesse im Gehirn der Person hervorruft, die ihrerseits zu der gewünschten Handlung führen. Nur vor diesem Hintergrund wird verständlich, wieso nach Roth z. B. die Libet-Experimente eindeutig gegen die Existenz freier Handlungen sprechen. Wenn man die mit diesen Experimenten verbundenen Probleme einmal außer Acht lässt, zeigen sie in etwa Folgendes: Bei Willkürbewegungen bildet man ca. 0,2 Sekunden, bevor man handelt, die bewusste Absicht aus, die Bewegung auszuführen; schon 0,55 Sekunden, bevor man die Bewegung ausführt, baut sich aber im Gehirn ein Bereitschaftspotenzial auf, das anzeigt, dass die Ausführung der Bewegung neuronal vorbereitet wird. Dies lässt sich nur verstehen, wenn man annimmt, dass das Gehirn schon 0,35 Sekunden vor der bewussten Absicht mit der Bewegungsausführung beginnt, dass die wirkliche Entscheidung also längst gefallen ist, wenn wir glauben, sie durch unsere bewusste Absicht hervorzurufen. Nach Roth zeigen Libets Experimente daher, dass der

> Entschluss, eine bestimmte vorgegebene oder frei zu wählende *einfache* Bewegung auszuführen, mehrere hundert Millisekunden *nach* Beginn des lateralisierten Bereitschaftspotentials auftritt [...]. Wir müssen [...] davon ausgehen, dass sich das Gefühl, etwas *jetzt* zu wollen (das *fiat!* der Volitionspsychologen, der Willensruck), sich erst kurze Zeit nach Beginn des lateralisierten Bereitschaftspotenzials entwickelt, und dass die erste Komponente, das symmetrische Bereitschaftspotenzial, sich *weit vor* dem »Willensentschluss« aufbaut. *Dieser Willensakt tritt in der Tat auf, nachdem das Gehirn bereits entschieden hat, welche Bewegung es ausführen wird.* (2001, 441 f.; 2003, 523)

Die zeitliche Reihenfolge ist für Roth entscheidend. Der Willensakt kommt zu spät; er tritt erst auf, wenn das Gehirn bereits entschieden hat. Also wird das, was geschieht, nicht durch den Willensakt, sondern durch Gehirnprozesse bestimmt. Die grundlegende Argumentationsfigur ist offensichtlich: Meine Handlungen können nur frei sein, wenn sie durch mich selbst, konkret: durch meine bewussten Willensakte verursacht werden. Tatsächlich werden aber alle Handlungen durch neuronale Hirnprozesse und nicht durch bewusste Willensakte verursacht, denn Willensakte kommen immer zu spät. Also bin ich nie der Urheber meiner Handlungen, also ist keine meiner Handlungen frei. Die Annahme, freie Handlungen müssten auf selbst nicht determinierte immaterielle Willensakte zurückgehen, ist aber ebenso unplausibel wie das ganze Cartesische Menschenbild. Schon Gilbert Ryle hat sich über solche Willensakte lustig gemacht.

> Nie sagt jemand, er sei um zehn Uhr vormittags damit beschäftigt gewesen, dieses oder jenes zu wollen, oder er habe fünf schnelle und leichte und zwei langsame und schwere Willensakte zwischen Frühstück und Mittagessen ausgeführt. Ein Angeklagter mag zugeben oder ableugnen, er hätte etwas getan oder absichtlich getan, aber er wird nie zugeben oder ableugnen, einen Willensakt ausgeübt zu haben. Ebenso wenig verlangen Richter und Geschworene hinlängliches Beweismaterial, das der Natur der Sache nach ohnehin nie beigebracht werden könnte, dass nämlich dem Abdrücken der Pistole ein Willensakt vorangegangen sei. (RYLE 1949, 81)

Auch insgesamt ist die Annahme, es gebe Cartesische Seelen, die kausal in den Lauf der physischen Welt eingreifen, mit so vielen Problemen konfrontiert, dass sie heute als nicht mehr haltbar gelten muss (BECKERMANN 2008, Kapitel 1). Doch wie könnte eine Alternative aussehen?

2. Für Platon, wie für Descartes, war die Seele ein immaterielles Wesen, das den eigentlichen Menschen ausmacht. Bereits Aristoteles bemerkte aber, dass diese Auffassung äußerst merkwürdig ist:

> Wir sagen, dass die Seele betrübt sei oder sich freue, Mut habe oder sich fürchte, auch dass sie in Zorn gerate oder wahrnehme oder nachdenke. Und all dies scheinen Veränderungen zu sein. Daher könnte einer meinen, dass die Seele selbst verändert werde. Das ist aber nicht notwendig so. Wir können zwar durchaus zugeben, dass das Betrübtsein oder Sich-Freuen oder Nachdenken Veränderungen sind [...] und dass die Veränderung von der Seele ausgeht. Aber zu sagen, dass die Seele in Zorn gerate, ist wie wenn einer sagen würde, dass es sie Seele ist, die ein Netz webe oder Häuser baue. Denn es ist wohl besser, nicht zu sagen, dass die Seele Mitleid fühle oder lerne oder nachdenke, sondern dass der Mensch es mit der Seele tut. (*De anima* I.4.408b1)

Zu sagen, dass die Seele wahrnimmt, überlegt und fühlt, ist für Aristoteles genauso irreführend wie zu sagen, dass die Seele spazieren geht oder einen Stein hebt. Beides lässt sich nur vom Menschen als Ganzem aussagen. Und es ist *derselbe* Mensch, der wahrnimmt, überlegt und fühlt und der spazieren geht oder einen Stein hebt. Auf der anderen Seite kann man nach Aristoteles aber sehr wohl sagen, dass der Mensch *mit seiner Seele* wahrnimmt, überlegt und fühlt. Denn die Seele ist für ihn ein Bündel von Fähigkeiten (oder die Grundlage dieser Fähigkeiten), ohne die weder Wahrnehmen noch Denken möglich ist. Die Seele ist für Aristoteles – wie für alle Philosophen der Antike – das, was Lebewesen von toten Gegenständen unterscheidet. Doch was zeichnet Lebewesen aus? Lebendigsein besteht nach Aristoteles darin, dass man über bestimmte Fähigkeiten verfügt. Allerdings besitzen nicht alle Lebewesen dieselben Fähigkeiten. Deshalb unterscheidet Aristoteles drei Arten der Seele: Pflanzen verfügen nur über eine *vegetative* Seele – sie besitzen die Fähigkeiten, sich zu ernähren, zu wachsen und sich zu reproduzieren. Tiere besitzen diese Fähigkeiten auch, aber sie können außerdem wahrnehmen, begehren und sich (zielgerichtet) bewegen – sie verfügen über eine *animalische (wahrnehmende)* Seele. Menschen schließlich können alles, was Pflanzen und Tiere können, und darüber hinaus haben sie die Fähigkeit zu denken – sie besitzen eine *Vernunftseele*. Inwiefern kann diese Aristotelische Auffassung der Seele, der zufolge eine Seele zu haben heißt, über bestimmte mentale und kognitive Fähigkeiten zu verfügen, helfen, die Freiheitsproblematik besser zu verstehen? Fragen wir zunächst einmal anders herum: Was fehlt eigentlich Personen, die *unfrei* sind?

Unfrei ist jemand, wenn er nicht tun kann, was er will – z. B. weil er gefesselt, eingesperrt oder gelähmt ist. Wer tun kann, was er will, ist in seinem Handeln frei, er verfügt über *Handlungsfreiheit*. In der Philosophie hat es immer wieder Autoren – wie *Hobbes* und *Hume* – gegeben, die mit großem Nachdruck die Auffassung vertreten haben, dass Handlungsfreiheit die einzige Art von Freiheit ist, die wir wirklich haben, aber auch die einzige, an der wir interessiert sein können. Hume etwa schreibt:

> [W]as verstehen wir unter Freiheit in ihrer Anwendung auf Willenshandlungen? Sicherlich nicht, dass Handlungen eine so geringe Verknüpfung mit Beweggründen, Neigungen und Umständen haben, dass nicht jene mit einer gewissen Gleichförmigkeit aus diesen folgten [...]. Also können wir unter Freiheit nur verstehen: *eine Macht zu handeln oder nicht zu handeln, je nach den Entschließungen des Willens*; das heißt, wenn wir in Ruhe zu verharren vorziehen, so können wir es; wenn wir vorziehen, uns zu bewegen, so können wir dies auch. Diese bedingte Freiheit wird nun aber einem jeden zugestanden, der nicht ein Gefangener in Ketten ist. (HUME 1993, S. 112 f.; Hervorh. im Original)

Hume vertritt also die These: Es ist gar keine Frage, dass unsere Handlungen regelmäßig auf unsere Beweggründe, Neigungen und andere Umstände folgen, dass sie also durch diese Beweggründe, Neigungen und Umstände verursacht werden. Aber das sollte uns nicht beunruhigen. Denn für uns ist allein Handlungsfreiheit entscheidend – die Freiheit, tun zu können, was wir tun wollen.

Thomas Reid hat jedoch darauf hingewiesen, dass diese Position problematisch ist (Reid, »Liberty«). Frei können wir uns nach Reid nur nennen, wenn wir nicht nur tun können, was wir wollen, sondern wenn wir auch unseren Willen selbst bestimmen können. Wirkliche Freiheit setzt voraus, dass *wir* bestimmen, aufgrund welcher Motive, Wünsche und Überzeugungen wir handeln; wenn Umstände, *die außerhalb unseres Einflussbereichs liegen,* bestimmen, welche dieser Beweggründe handlungswirksam werden, sind wir nicht frei. Für verantwortliches Handeln reicht

Handlungsfreiheit also nicht aus, der Handelnde muss auch über *Willensfreiheit* verfügen – die Fähigkeit, den eigenen Willen selbst zu bestimmen.

Dass Reid Recht hat, zeigt sich daran, dass wir nicht nur Personen unfrei nennen, die gefesselt, eingesperrt oder gelähmt sind, sondern z. B. auch Suchtkranke. Drogensüchtige etwa können tun, was sie wollen; sie können Drogen nehmen, wenn sie das wollen (jedenfalls soll das hier vorausgesetzt werden), und sie können auch keine Drogen nehmen, wenn sie das nicht wollen. Drogensüchtige sind also in ihren Handlungen frei. Trotzdem machen wir sie nicht verantwortlich. Sie sind nicht äußerlich, sondern innerlich unfrei; sie unterliegen einem *inneren Zwang*. Drogensüchtige sind in ihrem Willen, in ihren Entscheidungen unfrei. Ihr Wille führt gewissermaßen ein Eigenleben. Auch wenn sie sich anders entscheiden möchten, wird sich ihr Wunsch, Drogen zu nehmen, durchsetzen. Der Drogensüchtige ist nicht Herr seiner Wünsche. Mit einem Wort: Ihm fehlt Willensfreiheit. Doch was kann es heißen, dass man nicht nur tun kann, was man will, dass man vielmehr darüber hinaus auch noch seinen Willen selbst bestimmen kann? Was kann es heißen, dass man selbst es ist, der seine Entscheidungen kontrolliert? Auf diese Frage hat John Locke eine interessante Antwort gegeben:

> Da in uns sehr zahlreiche Unbehaglichkeiten vorhanden sind, [...] so ist es, wie gesagt, natürlich, dass die stärkste und dringendste von ihnen den Willen zur nächsten Handlung bestimmt. Das geschieht denn auch meist, allerdings nicht immer. Da der Geist, wie die Erfahrung zeigt, in den meisten Fällen die Kraft hat, bei der Verwirklichung und Befriedigung irgendeines Wunsches *innezuhalten* [...], so hat er auch die Freiheit, [dessen Objekt] zu betrachten, [es] von allen Seiten zu prüfen und gegen andere abzuwägen. Hierin besteht die Freiheit, die der Mensch besitzt [...]. [W]ir [haben] die Kraft, die Verfolgung dieses oder jenes Wunsches zu unterbrechen, wie jeder täglich bei sich selbst erproben kann. [...] hierin scheint das zu bestehen, was man [...] den *freien Willen* nennt. Denn während einer solchen Hemmung des Begehrens [...] haben wir Gelegenheit, das Gute oder Üble an der Handlung, die wir vorhaben, zu prüfen, ins Auge zu fassen und zu beurteilen. [...] und es ist kein Mangel, sondern ein Vorzug unserer Natur, wenn wir, entsprechend dem Endergebnis einer ehrlichen Prüfung, begehren, wollen und handeln. (LOCKE 1981, Buch II, Kap. 21, § 47)

Dass wir unsere Entscheidungen unter Kontrolle haben, heißt nach Locke also *nicht*, dass diese Entscheidungen nicht determiniert sind; es heißt vielmehr – ganz im Sinne von Aristoteles –, dass wir über zwei zentrale *Fähigkeiten* verfügen: (1) die Fähigkeit, vor dem Handeln innezuhalten und zu überlegen, was wir tun sollten, und (2) die Fähigkeit, dem Ergebnis dieser Überlegung gemäß zu handeln.

Was spricht für diese Auffassung von Willensfreiheit? Zunächst sicher, dass sie den Kern des Problems des Drogensüchtigen trifft. Was der Drogensüchtige beklagt, ist doch, dass er selbst dann, wenn er einsieht, dass die Drogensucht seine Gesundheit ruinieren wird, nicht anders kann, als sich für die Drogen zu entscheiden. Was dem

Drogensüchtigen fehlt, ist also die Fähigkeit, so zu handeln, wie es aufgrund seiner eigenen Überlegungen richtig wäre. Er mag die Fähigkeit haben, zu überlegen und sogar einzusehen, dass das, was er tut, ihm selbst schaden wird und dass es vielleicht sogar unmoralisch ist. Doch auf seine Handlungen hat das keinen Einfluss. Sie werden durch Umstände determiniert, die durch solche Überlegungen nicht beeinflusst werden können.

Zweitens passt auch das Schuldunfähigkeitsverständnis unseres Strafgesetzbuches sehr gut zu Lockes Überlegungen. In § 20 StGB heißt es:

> Ohne Schuld handelt, wer bei Begehung der Tat wegen einer krankhaften seelischen Störung, wegen einer tiefgreifenden Bewusstseinsstörung oder wegen Schwachsinns oder einer schweren anderen seelischen Abartigkeit *unfähig ist, das Unrecht der Tat einzusehen oder nach dieser Einsicht zu handeln.* (Hervorh. A. B.)

Auch unserem Strafgesetzbuch zufolge sind für Schuldfähigkeit also zwei Fähigkeiten entscheidend – die Fähigkeit, das Unrecht des eigenen Handelns einzusehen, und die Fähigkeit, dieser Einsicht gemäß zu handeln. Diese Fähigkeiten sind nicht identisch mit den für Locke entscheidenden Fähigkeiten, aber sie sind ihnen doch sehr ähnlich.

Damit haben wir jetzt auch eine Antwort auf die Frage, wie Reemtsmas Begriff der *Normalität* zu verstehen ist: Frei und damit verantwortlich ist eine Person, die über alle kognitiven und mentalen Fähigkeiten verfügt, die einen normalen erwachsenen Menschen ausmachen – deren Fähigkeit, ihre Entscheidungen und Handlungen zu kontrollieren, also weder durch äußeren Zwang noch durch neuronale/psychische Defizite beeinträchtigt ist.

3. Und was hat das mit den Neuronen zu tun? Nach allem, was uns die Naturwissenschaften über uns selbst sagen, können und müssen wir davon ausgehen, dass alle kognitiven und mentalen Fähigkeiten eine neuronale Grundlage haben – genauso wie die Fähigkeit von Vögeln zu fliegen oder die Fähigkeit von Geparden, bis zu 110 km/h schnell zu laufen, anatomische und physiologischen Grundlagen haben. Sehen können wir, wenn nicht nur unser Auge, sondern auch der visuelle Kortex normal funktionieren. Die Fähigkeit, zu sprechen und Sprache zu verstehen, beruht auf intakten neuronalen Strukturen unter anderem in den Wernicke- und Broca-Regionen. Impulskontrolle beruht offenbar auf dem uneingeschränkten Funktionieren des präfrontalen Kortex. Dass das so ist, zeigt sich überdeutlich daran, dass alle Verletzungen und Schädigungen unseres Gehirns, etwa durch einen Schlaganfall, unweigerlich zu entsprechenden kognitiven Ausfällen führen. Zur Illustration hier nur eine kurze Liste von Beeinträchtigungen, die durch einen Schlaganfall hervorgerufen werden können:

- Halbseitenlähmung,
- Sprachprobleme,

- halbseitiger Gesichtsfeldausfall,
- verlangsamte Informationsverarbeitung,
- Apraxie (Störung zusammengesetzter Bewegungsabläufe),
- Verlangsamung oder Zwanghaftigkeit,
- Neglect (Vernachlässigung der gegenüberliegenden Körperseite),
- Gedächtnisprobleme,
- gestörtes abstraktes Denken,
- schlechtes Urteilsvermögen, Neigung zu Überschätzung der eigenen Leistungsfähigkeit,
- räumliche und zeitliche Orientierungsstörung.

Dass Schädigungen von Hirngewebe zu mentalen Ausfällen führen, ist eine bekannte Tatsache, deren Konsequenzen jedoch häufig ignoriert werden. Für den Cartesianer ist sie im Grunde unverständlich; genuine Leistungen der Seele bedürfen für ihn keines neuronalen Substrats. Heute würde mancher vielleicht sagen, ein intaktes Gehirn sei eine *notwendige* – aber keineswegs hinreichende – Bedingung für uneingeschränkte mentale und kognitive Fähigkeiten. Doch auch diese Position ist unhaltbar. Erstens stellt sich die Frage, *was* denn z. B. zu einem funktionsfähigen visuellen Kortex hinzukommen muss, damit die entsprechende Person sehen kann. Und zweitens: In der Regel stellen sich verloren gegangene geistige Fähigkeiten *ganz von selbst* wieder ein, wenn das neuronale Substrat sich erholt hat oder substituiert wurde. Mir scheint es daher außer Frage zu stehen, dass intakte neuronale Strukturen sowohl *notwendig* als auch *hinreichend* dafür sind, dass wir über die entsprechenden mentalen Fähigkeiten verfügen. Und das gilt auch für die Fähigkeiten, auf denen Willensfreiheit und Verantwortlichkeit beruhen.

Ein dramatisches Beispiel, an dem dieser Zusammenhang überdeutlich wird, ist der Fall Phineas Gage. Gage arbeitete als Vorarbeiter bei einer Eisenbahngesellschaft und wurde dort im Jahre 1848 Opfer eines schweren Unfalls. Bei einer von ihm selbst durchgeführten Sprengung schoss eine etwa 2 m lange und 3 cm dicke Eisenstange durch seinen Kopf. Die Stange trat unter dem linken Auge ein und oben am Schädel wieder aus. Gage war keineswegs sofort tot, wie man vielleicht vermuten würde. Vielmehr blieb er während des Unfalls sogar bei Bewusstsein und konnte auch später über den gesamten Hergang des Unfalls berichten. Er überlebte also, die Wunden heilten, lediglich sein linkes Auge wurde durch den Unfall irreversibel zerstört. Nach der Heilung schien Gage auf den ersten Blick zunächst wieder weitgehend gesund, doch bei genauerem Hinsehen zeigten sich die langfristigen Folgen des Unfalls.

Der Unfall des Phineas P. Gage ist für die neurowissenschaftliche Forschung von großer Bedeutung: Zwar ließen sich bei ihm keine Schädigungen im Bereich Wahrnehmung, Gedächtnisleistung, Intelligenz, Sprachfähigkeit oder Motorik feststellen, aber in der Zeit nach dem Unfall kam es zu auffälligen Persönlichkeitsveränderungen bei Gage. Aus dem besonnenen, freundlichen und ausgeglichenen Gage wurde ein zunehmend ungeduldiger, launischer und wankelmütiger Mensch, der seine Zukunft nicht mehr planen konnte und nicht mehr zu vernünftigen Entscheidungen in der Lage war (Läsion im orbitofrontalen und präfrontalen Kortex). Gage starb 1860 an einem natürlichen Tod, welcher nichts mit seinem Unfall zu tun hatte. (http://de.wikipedia.org/wiki/Phineas_Gage)

Die Zerstörung eines Teils insbesondere des präfrontalen Kortex führte bei Gage also zu einer deutlichen Beeinträchtigung der für Freiheit und Verantwortung entscheidenden Fähigkeiten – der Fähigkeit zur Impulskontrolle, der Fähigkeit, sein Handeln vernünftig zu planen, sowie der Fähigkeit, sein Handeln an sozialen Normen auszurichten. Zu dieser Schlussfolgerung kommt auch Antonio Damasio, der in seinem Buch *Descartes' Irrtum* den Fall Gage ausführlich schildert:

> [...] die selektiven Schädigungen in den präfrontalen Rindenabschnitten von Phineas Gages Gehirn [waren] schuld daran [...], dass er weitgehend die Fähigkeit verloren hatte, seine Zukunft zu planen, sich nach den sozialen Regeln zu richten, die er einst gelernt hatte, und die Handlungsabläufe zu wählen, die letztlich für sein Überleben am günstigsten waren. (DAMASIO 1998, 63)

Offenbar ist ein intakter präfrontaler Kortex also die (oder zumindest eine) Voraussetzung dafür, dass wir unser Handeln angemessen kontrollieren und an sozialen Normen ausrichten können, dass wir also in Reemtsmas Sinne *normal* sind.

> Der präfrontale Cortex empfängt die verarbeiteten sensorischen Signale, integriert sie mit Gedächtnisinhalten und aus dem limbischen System stammenden emotionalen Bewertungen und initiiert auf dieser Basis Handlungen. Er wird als oberstes Kontrollzentrum für eine situationsangemessene Handlungssteuerung angesehen und ist gleichzeitig intensiv an der Regulation emotionaler Prozesse beteiligt. Deshalb wird er auch als »Supervisory Attentional System« (SAS) bezeichnet. (http://de.wikipedia.org/wiki/Präfrontaler_Cortex)

Diese Überlegungen werfen auch ein neues Licht auf den von Markowitsch angeführten Fall des pädophilen Lehrers. Was genau hat der Tumor in seinem Gehirn bewirkt? Auf den ersten Blick könnte es so aussehen, als wäre der Tumor für die pädophilen Neigungen verantwortlich, die der Lehrer zuvor nicht hatte. Doch Markowitsch selbst sagt: »Später entdeckt man einen Tumor in seinem rechten Frontalhirn. Die Region ist zuständig für die normative Kontrolle unseres Verhaltens.« (MARKOWITSCH/REEMTSMA 2007, 118)

Und dies scheint dafür zu sprechen, dass es gar nicht um die pädophilen Neigungen selbst geht, sondern vielmehr um die Fähigkeit, diese Neigungen zu kontrollieren. Wie bei Phineas Gage beeinträchtigt der Tumor im Frontalhirn des Lehrers offenbar die Fähigkeit, sein Verhalten zu kontrollieren und an sozialen Normen auszurichten.

All dies macht eines klar. Wenn Freiheit und Verantwortlichkeit darauf beruhen, dass wir über die beiden Fähigkeiten verfügen, vor dem Handeln innezuhalten und zu überlegen und dann dem Ergebnis dieser Überlegung gemäß zu handeln, dann brauchen wir uns vor den neuronalen Prozessen in unseren Hirnen nicht zu fürchten. Im Gegenteil! Über diese Fähigkeiten verfügen wir, weil und solange die ihnen zugrunde liegenden neuronalen Strukturen intakt sind. Freiheit und Verantwortlichkeit erfordern nicht neuronale Indeterminiertheit. Sie setzen vielmehr ein intaktes Gehirn und insbesondere einen intakten präfrontalen Kortex voraus. Frei und verantwortlich sind wir tatsächlich dann, wenn unser Gehirn »normal« funktioniert.

Literatur

BECKERMANN, A. Gehirn, Ich, Freiheit. Paderborn: mentis 2008
DAMASIO, A.R. Descartes' Irrtum. 3. Aufl., München: dtv 1998
HUME, D. An Enquiry Concerning Human Understanding. Edited with an analytical index by L.A. Selby-Bigge, Oxford 1975. Dt.: Eine Untersuchung über den menschlichen Verstand. Übersetzt von R. Richter, mit einer Einleitung herausgegeben von J. Kulenkampff, Hamburg: Felix Meiner 1993
LOCKE, J. An Essay Concerning Human Understanding, ed. by P.H. Nidditch, Oxford: Clarendon Press 1975. Dt.: Versuch über den menschlichen Verstand. 4., durchgesehene Auflage in 2 Bänden. Hamburg: Felix Meiner 1981
MARKOWITSCH, H. & J.P. REEMTSMA, »Neuronen sind nicht böse«. DER SPIEGEL, 30.7.2007, S. 117–123
REID, Th. »The Liberty of the Moral Agent«, in: Inquiry and Essays. Edited by R.E. Beanblossom and K. Lehrer, Indianapolis 1983, S. 297–368
ROTH, G. Fühlen, Denken, Handeln. Frankfurt/M.: Suhrkamp 2001 (2. Aufl. 2003)
RYLE, G. The Concept of Mind, London: Hutchinson 1949. Dt.: Der Begriff des Geistes. Stuttgart: Reclam 1969

Erledigterklärung und nachträgliche Sicherungsverwahrung in Fehleinweisungsfällen

Ein Beitrag zur Auslegung von § 67 d Abs. 6 und § 66 b Abs. 3 StGB

Johannes Berg

Zusammenfassung

Der die Erledigung der Maßregel nach § 63 StGB regelnde § 67 d Abs. 6 StGB ist richtigerweise dahin auszulegen, dass sein Anwendungsbereich in sämtlichen Fällen von Fehleinweisungen eröffnet ist. Die vom Oberlandesgericht Frankfurt begründete derzeit herrschende Meinung, die zwischen Fehleinweisungen aus tatsächlichen Gründen und aufgrund von Rechtsfehlern differenziert, überzeugt demgegenüber nicht. § 66 b Abs. 3 StGB ermöglicht die nachträgliche Sicherungsverwahrung infolge der Erledigung auch in Fehleinweisungsfällen. Inwieweit § 66 b Abs. 3 StGB nicht anwendbar ist, wenn der Untergebrachte im Anschluss an die erledigte Maßregel noch einen Rest einer zugleich mit der Unterbringungsanordnung verhängten Freiheitsstrafe zu verbüßen hat, ist bisher nicht endgültig geklärt.

Schlüsselwörter

Erledigung, Fehleinweisung, Rechtsfehler, nachträgliche Sicherungsverwahrung, Strafrest

Zur Problemstellung

Psychiatrische Maßregelvollzugseinrichtungen stoßen schon heute an ihre Kapazitätsgrenzen; dabei spielen untergebrachte Personen, die kaum therapierbar sind, eine nicht unbedeutende Rolle.[1] Zu bedenken ist aber auch, dass die Unterbringung in einem psychiatrischen Krankenhaus nach § 63 StGB – anders als die Unterbringung in einer Entziehungsanstalt (vgl. § 64 Satz 2 StGB) – die Erfolgsaussichten einer Therapie nicht zwingend voraussetzt. Nach der gesetzlichen Regelung sind von jener Maßnahme solche Täter nicht ausgenommen, bei welchen die Aussicht

---

1 Vgl. nur Schöch Nervenarzt 2005, 1382, 1387, der die Überbelegung insbesondere auf die Unterbringung von Personen mit dissozialen Persönlichkeitsstörungen, Borderline-Störungen und Paraphilien zurückführt.

auf Besserung von vornherein zweifelhaft ist. Denn § 63 StGB dient neben der Behandlung des »Patienten« gleichermaßen einem bloßen Sicherungszweck.[2] Freilich ist dies nur eine Seite der Medaille. Ebenso wenig von Gesetzes wegen bezweckt ist es, psychiatrische Maßregelvollzugseinrichtungen mit Personen zu belegen, die weder psychisch krank noch in einem vergleichbaren Sinne schwer gestört sind.[3] Wenngleich es nicht angehen kann, untergebrachte Personen, nur weil sie behandlungsresistent sind oder scheinen, aus dem psychiatrischen Maßregelvollzug schlicht »herauszudiagnostizieren«[4], sind die Eingangsmerkmale des § 20 StGB doch tauglicher Anknüpfungspunkt für die Anordnung und Aufrechterhaltung der Maßregel nach § 63 StGB. Auch dürfte ein Interesse in diesem Sinne »geistig gesunder« Personen, im psychiatrischen Maßregelvollzug zu verbleiben, kaum anzuerkennen, jedenfalls nicht schützenswert sein; ob ein dahin gehendes öffentliches Interesse besteht, ist insbesondere davon abhängig, inwieweit dem nach den Umständen des Einzelfalls zu beurteilenden Sicherungsbedürfnis in anderer Form Genüge getan werden kann.

Im Folgenden sollen deshalb die gesetzlichen Regelungen betrachtet werden, welche die Beendigung des psychiatrischen Maßregelvollzugs für nicht im Sinne von §§ 20, 21 StGB »kranke« Personen und – in Einzelfällen – ihre »Überführung« in die Sicherungsverwahrung ermöglichen, nämlich § 67d Abs. 6 Satz 1 und § 66b Abs. 3 StGB. Das besondere Augenmerk soll dabei der Rechtsprechung hierzu gelten. Nicht behandelt werden soll hier die Frage, ob und gegebenenfalls in welchen Fällen die Bewährungsaussetzung nach § 67d Abs. 2 StGB Vorrang gegenüber der Erledigterklärung hat und inwieweit dieser Vorschrift eine Sperrwirkung zukommen könnte.[5]

Erledigung der Maßregel (§ 67d Abs. 6 StGB)

Die Vorschrift des § 67d Abs. 6 StGB wurde durch das Gesetz zur Einführung der nachträglichen Sicherungsverwahrung neu geschaffen, das am 29. Juli 2004 in Kraft trat.[6] Die beiden alternativen Voraussetzungen, die zwingend eine Erledigterklärung zur Folge haben, sind zum einen die Feststellung des Nichtvorliegens bzw. Nichtmehrvorliegens der Maßregelvoraussetzungen, zum anderen die Un-

---

[2] Vgl. BGH NStZ-RR 2002, 533, 534 m.w.N.
[3] Die Angaben zu den zu Unrecht im psychiatrischen Maßregelvollzug Untergebrachten schwanken zwischen 10% und 27%; vgl. HOFSTETTER/ROHNER R&P 2007, 51, 52; KONRAD NStZ 1991, 315, 319; MÜLLER-ISBERNER/GRASSL/GLIEMANN MedR 1994, 319, 322; ferner BERG/WIEDNER StV 2007, 434, 439 Fn. 45; KOLLER R&P 2007, 57, 59.
[4] Vgl. auch VOLCKART/GRÜNEBAUM, Maßregelvollzug 6. Aufl. S. 249.
[5] Hierzu KOLLER in FS für Venzlaff S. 229, 256 ff.; DERS. R&P 2007, 57, 62 ff.; vgl. aber auch OLG Stuttgart Die Justiz 2007, 325.
[6] Gesetz v. 23.7.2004, BGBl. I S. 1838 (Art. 1 Nr. 3).

verhältnismäßigkeit des weiteren Maßregelvollzugs. Bereits vor dem Inkrafttreten des § 67d Abs. 6 StGB hatten die Vollstreckungsgerichte in richterrechtlicher Rechtsfortbildung die Möglichkeit der Erledigung für derartige Fälle entwickelt. Der Gesetzgeber wollte mit der Vorschrift die bisherige Rechtsprechung der Vollstreckungsgerichte in Gesetzesform gießen.

§ 67d Abs. 6 Satz 1 StGB ermächtigt die Strafvollstreckungskammer nunmehr ausdrücklich, unter den beiden genannten alternativen Voraussetzungen den weiteren psychiatrischen Maßregelvollzug zu beenden. Das bedeutet nicht, dass rückwirkend der Maßregelausspruch im erkennenden Urteil beseitigt wird. Dieser bleibt vielmehr unangetastet und dient weiterhin als Grundlage für die nachfolgende Führungsaufsicht, die mit der Entlassung aus dem Vollzug grundsätzlich ipso iure eintritt (vgl. § 67d Abs. 6 Satz 2 und 3 StGB).

1. Die problematischere der beiden Alternativen ist die erste, das Fehlen der Maßregelvoraussetzungen. Sie betrifft wiederum zwei Fallgruppen: Die erste Fallgruppe kann mit dem Schlagwort »Heilung« umrissen werden, die zweite Fallgruppe mit dem Schlagwort »Fehleinweisung«. Beide Fallgruppen haben gemeinsam, dass eine Überprüfung während des Maßregelvollzugs ergibt, dass die Maßregelvoraussetzungen aktuell nicht vorliegen; so ist dies insbesondere auch der Fall, wenn beim Untergebrachten kein Zustand besteht, der die Eingangsmerkmale des § 20 StGB erfüllt, also der Untergebrachte weder psychisch krank noch in einem vergleichbaren Sinne schwer gestört ist. Die Fallgruppen unterscheiden sich aber wie folgt: Bei der ersten (»Heilung«) wird festgestellt, dass die Maßregelvoraussetzungen ursprünglich, also bei dem die Unterbringung anordnenden Urteil vorgelegen haben und nachträglich, also regelmäßig während des Maßregelvollzugs weggefallen sind. Als Beispiel seien hier Fälle genannt, in denen während der Unterbringung eine vollständige Remission der psychischen Erkrankung eingetreten ist. Bei der zweiten Fallgruppe (»Fehleinweisung«) stellt sich nachträglich heraus, dass die Maßregelvoraussetzungen auch ursprünglich nicht vorgelegen haben. Exemplarisch kann auf Fälle verwiesen werden, in denen der Angeklagte während der psychiatrischen Exploration im Erkenntnisverfahren Krankheitssymptome nur simuliert hatte.

Für diese zweite Fallgruppe der »Fehleinweisung« ist die Rechtslage umstritten. Es stehen sich drei Meinungen gegenüber, wie § 67d Abs. 6 StGB insoweit auszulegen ist: Nach der ersten Meinung ist die Vorschrift nicht anwendbar; das heißt, der Strafvollstreckungskammer ist in Fällen von Fehleinweisungen eine Erledigterklärung stets verwehrt. Dieser Meinung scheint das Oberlandesgericht Dresden nahezustehen.[7] Nach der – konträr hierzu stehenden und meines Erachtens überzeugenden – zweiten Meinung ist der Anwendungsbereich des § 67d

---

7 Vgl. OLG Dresden StraFo 2005, 432. Die Beschlussbegründung ist allerdings nicht eindeutig.

Abs. 6 StGB in sämtlichen Fehleinweisungsfällen generell eröffnet. Diese Meinung vertritt etwa das Oberlandesgericht Hamm.[8] Die dritte Meinung differenziert zwischen Fehleinweisungen aus tatsächlichen Gründen und solchen aufgrund von Rechtsfehlern. Danach ist der Strafvollstreckungskammer eine Erledigterklärung zwar prinzipiell möglich, jedoch ausnahmsweise dann verwehrt, wenn die Unterbringung in einem psychiatrischen Krankenhaus nach § 63 StGB allein auf einem rechtlichen Wertungsfehler des erkennenden Gerichts beruht. Diese Meinung hat das Oberlandesgericht Frankfurt bereits für die Rechtslage vor Inkrafttreten des § 67d Abs. 6 StGB begründet und seither daran festgehalten.[9] Sie stützt sich auf die Erwägung, dass die Erledigterklärung als eine Art abgekürztes Wiederaufnahmeverfahren entwickelt wurde und ein Wiederaufnahmegrund insoweit nur gegeben ist, wenn neue Tatsachen beigebracht sind (vgl. § 359 Nr. 5 StPO).[10] Das Oberlandesgericht Frankfurt hat für die hier diskutierte Rechtsfrage gleichsam die »Meinungsführerschaft« inne; insbesondere die Kommentarliteratur hat sich ihm weitgehend – allerdings ohne vertiefte Erörterung – angeschlossen.[11]

Eine Kammer des Bundesverfassungsgerichts hat die Rechtsprechung des Oberlandesgerichts Frankfurt aus verfassungsrechtlicher Sicht gebilligt.[12] Das Bundesverfassungsgericht prüft allerdings die Anwendung des einfachen Rechts nur in eingeschränktem Umfang; es beanstandet die Rechtsanwendung nur dann, wenn sie sachfremd und objektiv willkürlich ist. Welche von mehreren möglichen Auslegungen die sachgerechteste ist, entscheidet das Bundesverfassungsgericht dagegen nicht.

Der Bundesgerichtshof hat für diese Rechtsfrage keine Zuständigkeit. Denn der Rechtszug für Entscheidungen über die Erledigung endet bei den Oberlandesgerichten; wenn ein Oberlandesgericht von der Rechtsprechung eines anderen abzuweichen beabsichtigt, besteht – anders als für viele andere Rechtsfragen – keine Pflicht und auch keine Möglichkeit, die Rechtsfrage dem Bundesgerichtshof zur verbindlichen Klärung vorzulegen. Ausführungen in einer neueren Entscheidung des Bundesgerichtshofs zur nachträglichen Sicherungsverwahrung nach § 66b

---

8 Vgl. OLG Hamm, Beschl. v. 8.12.2005 – 4 Ws 12/05 (unveröffentl.); mit gleicher Tendenz KG StV 2007, 432; ferner der demnächst erscheinende Beitrag von LEYGRAF in »Forensische Psychiatrie und Psychotherapie« mit dem (vorläufigen) Titel »Wie kann aus juristischer Sicht die Unterbringung fehleingewiesener und nicht therapierbarer Patienten beendet werden?«.
9 Vgl. OLG Frankfurt NStZ 2003, 222, 223; StV 2007, 430; ferner LG Landau StV 2007, 433; LG Marburg NStZ-RR 2007, 28, 29.
10 Hierzu OLG Frankfurt NStZ-RR 2002, 58, 60; NStZ 2003, 222, 223 = R & P 2003, 108 m. Anm. VOLCKART.
11 Vgl. FISCHER, StGB 55. Aufl. § 67d Rdn. 23; POLLÄHNE/BÖLLINGER in NK-StGB 2. Aufl. § 67d Rdn. 56; STREE in SCHÖNKE/SCHRÖDER, StGB 27. Aufl. § 67d Rdn. 14; VEH in MünchKomm-StGB § 67d Rdn. 30; ausführlicher KOLLER in FS für Venzlaff S. 229, 256; DERS. R & P 2007, 57, 61 f.
12 BVerfG NStZ-RR 2007, 29.

Abs. 3 StGB, in der die Erledigterklärung als Vorfrage von Bedeutung war, sind allerdings dahin zu verstehen, dass Fehleinweisungsfälle nicht generell vom Anwendungsbereich des § 67d Abs. 6 StGB ausgenommen sind. Ob insoweit die Differenzierung zwischen tatsächlichen und rechtlichen Mängeln von Bedeutung ist, ist hier ausdrücklich offen gelassen worden.[13]

2. Die praktische Relevanz der Problematik soll an einem Beispielsfall erläutert werden:[14]

> Im Erkenntnisverfahren diagnostizierte der Sachverständige beim Angeklagten eine psychotische Störung bei Tatbegehung. Das Tatgericht schloss sich dem an, hielt den Angeklagten für schuldunfähig im Sinne von § 20 StGB und ordnete seine Unterbringung in einem psychiatrischen Krankenhaus nach § 63 StGB an. Der wegen Betäubungsmittel- und Vermögensdelikten vorbestrafte Angeklagte hatte versucht, einer Frau die Handtasche zu rauben, und das Opfer dabei zu Boden gestoßen. Im Verlauf der Unterbringung ergaben sich Zweifel am Vorliegen der Maßregelvoraussetzungen. Weitere rechtswidrige Taten seien nicht aufgrund krankheitswertiger Persönlichkeitszüge, sondern wegen der desolaten Lebenssituation zu erwarten. Das zur Überprüfung eingeholte Gutachten und ihm folgend die Strafvollstreckungskammer kamen zu dem Ergebnis, es erscheine zweifelhaft, dass überhaupt jemals eine psychotische Störung bestanden habe, wenn doch, so habe es sich nur um eine vorübergehende psychotische Störung gehandelt.

Kaum rechtliche Probleme bereitet dieser Beispielsfall dann, wenn man den – gewissermaßen radikalen – Lösungen folgt, wonach der Anwendungsbereich von § 67d Abs. 6 StGB in sämtlichen Fehleinweisungsfällen entweder nicht eröffnet ist (erste Meinung) oder eröffnet ist (zweite Meinung). Nach der Beurteilung der Strafvollstreckungskammer scheint festzustehen, dass ein solcher Fehleinweisungsfall gegeben ist. Aktuell liegen die Maßregelvoraussetzungen nicht vor; bei Verkündung des erkennenden Urteils haben sie ebenso wenig vorgelegen. Denn die Anordnung der Unterbringung in einem psychiatrischen Krankenhaus nach § 63 StGB setzt einen überdauernden Zustand im Sinne von §§ 20, 21 StGB voraus:[15] Die Feststellungen der Strafvollsteckungskammer dürften ausreichen, einen die Unterbringung rechtfertigenden Zustand zu verneinen. Die Erledigterklärung ist im Beispielsfall daher der ersten Meinung zufolge ausgeschlossen, der zweiten Meinung zufolge grundsätzlich geboten. Nach der dritten Meinung, die in den Fehleinweisungsfällen zwischen tatsächlichen und rechtlichen Mängeln differenziert, bedürfte es zur Lösung des Beispielsfalls weiterer Angaben. Es wäre danach zu fragen, ob dem erkennenden Gericht bloß ein rechtlicher Wertungsfehler unterlaufen ist. Dies

---

[13] BGH NJW 2008, 240, 241.
[14] Der Fall ist einem Beitrag von HEERING/KONRAD R&P 2007, 76, 78 (Fall C) entnommen, allerdings zum Zweck der Veranschaulichung leicht abgeändert.
[15] Vgl. BGHSt 34, 22, 27; BGH NStZ-RR 2003, 232; NStZ 2006, 154.

wäre dann der Fall, wenn der Untergebrachte bei Tatbegehung tatsächlich an einer vorübergehenden psychotischen Störung gelitten und das erkennende Gericht zutreffend erkannt hätte, dass es sich nicht um einen überdauernden Zustand handelte. Dann hätte das Gericht auf zutreffender Tatsachengrundlage die Unterbringung rechtsirrig angeordnet. So liegt es nicht fern, dass die Gefährlichkeit des Angeklagten schon damals mit seiner desolaten Lebenssituation begründet worden war. All dies müsste die Strafvollstreckungskammer aufklären. Unklar ist, wie zu verfahren wäre, wenn sich sichere Feststellungen hierzu nicht treffen ließen, namentlich weil die Urteilsgründe nicht darüber Auskunft geben, ob das erkennende Gericht von einem überdauernden Zustand ausging.

3. Die drei gewichtigsten Argumente, die für einen umfassenden Anwendungsbereich der ersten Alternative von § 67d Abs. 6 Satz 1 StGB sprechen, der auch sämtliche Fehleinweisungsfälle erfasst, sind folgende:[16]

a) Der Gesetzeswortlaut macht keinen Unterschied zwischen tatsächlichen und rechtlichen Mängeln. Auch die einleitende Wendung »Stellt das Gericht ... fest« kann dabei nicht als Hinweis auf eine Einschränkung des Anwendungsbereichs auf Fehleinweisungen aus tatsächlichen Gründen gedeutet werden.[17] Dies ergibt sich schon daraus, dass sich diese »Feststellung« auf das aktuelle Nichtvorliegen der Maßregelvoraussetzungen bezieht, aber nicht nur darauf; auch die Erledigterklärung wegen Unverhältnismäßigkeit des weiteren Vollzugs setzt eine entsprechende »Feststellung« voraus. Dass hinsichtlich der Beurteilung der Unverhältnismäßigkeit eine Bindung an etwaige Rechtsausführungen im erkennenden Urteil besteht, erscheint indes sachwidrig und wird auch – soweit ersichtlich – nicht behauptet. Das Erfordernis einer »Feststellung« bedeutet freilich, dass das Nichtvorliegen der Maßregelvoraussetzungen für die Strafvollstreckungskammer sicher feststehen muss, so dass in Zweifelsfällen eine Erledigterklärung zu unterbleiben hat.[18]

b) Eine solch weite Auslegung des § 67d Abs. 6 Satz 1 Alt. 1 StGB entspricht dem gesetzgeberischen Willen. In den Gesetzesmaterialien zum Gesetz zur Einführung der nachträglichen Sicherungsverwahrung heißt es:[19]

> »Die Vollstreckung freiheitsentziehender Maßregeln der Besserung und Sicherung hat jederzeit das aktuelle Vorliegen der Unterbringungsvoraussetzungen zur Bedingung ... Das Gericht hat sich (bei der Entscheidung über die Erledigung) ... nur mit der Frage zu befassen, ob im Zeitpunkt seiner Entscheidung der Zustand (im Sinne der §§ 20, 21 StGB) besteht. Die Frage, ob möglicherweise bereits die Unterbringungsdiagnose fehlerhaft war, stellt sich im Erledigungsverfahren nicht.«

---

16 Ausführlich Berg/Wiedner StV 2007, 434, 436 ff.
17 So aber Koller R & P 2007, 57, 61 f.
18 Vgl. OLG Rostock, Beschl. v. 8.2.2007 – I Ws 438/06 (veröffentl. in »juris«); Koller R & P 2007, 57, 62.
19 BTDrucks. 15/2887 S. 14.

Im Gesetzgebungsverfahren gab es auch einen Gegenvorschlag, der in dem Gesetzesentwurf des Bundesrats zur Reform des Rechts der Unterbringung in einem psychiatrischen Krankenhaus und in einer Entziehungsanstalt[20] enthalten war. Dieser hatte die Differenzierung zwischen Fehleinweisungen aus tatsächlichen Gründen und solchen aufgrund von Rechtsfehlern aufgegriffen, wurde allerdings nicht verabschiedet. Die Bundesregierung führt in ihrer Stellungnahme zu dem Gesetzesentwurf des Bundesrats aus:[21]

> »Das Problem der Korrektur von Fehlunterbringungen im psychiatrischen Maßregelvollzug bei nachträglichem Wegfall oder anfänglichem Fehlen des die Unterbringung begründenden psychischen Zustands ... ist durch ... § 67d Abs. 6 StGB ... bereits gelöst ... (Diese) Lösung ist ... aus verfahrensrechtlicher Sicht dem Vorschlag des Bundesrates in der Ausgestaltung überlegen, weil sie auf den Gesundheitszustand im Zeitpunkt der Erledigterklärung abstellt und damit nicht verlangt, sich mit den tatsächlichen Feststellungen des (noch) rechtskräftigen Ausgangsurteils in Widerspruch setzen zu müssen.«

Aus den Gesetzesmaterialien geht die Konzeption des Gesetzgebers damit deutlich hervor. Die Strafvollstreckungskammer soll in eigener Verantwortung über die Erledigung der Maßregel entscheiden. Maßstab soll dabei sein, ob die Maßregelvoraussetzungen nach § 63 StGB aktuell vorliegen. Für die Entscheidung soll es hingegen nicht auf das erkennende Urteil ankommen. Eine Bindung an einen etwaigen darin enthaltenen rechtsfehlerhaften Maßstab kann daher nicht bestehen.

Um Missverständnissen zu begegnen, sei auf Folgendes ergänzend hingewiesen: Dass sich die Entscheidung über die Erledigung allein am Maßstab der gegenwärtigen Sach- und Rechtslage zu orientieren hat, bedeutet nicht, dass die Strafvollstreckungskammer für den Untergebrachten nur noch einen aktuellen Querschnittsbefund erheben darf.[22] Im Gegenteil: So werden für die diagnostische Beurteilung von Persönlichkeitsstörungen durch den Sachverständigen auch weiterhin ein Verhaltenslängsschnitt und überdauernde Verhaltensmuster[23] von Bedeutung sein. Kommt eine sachverständig beratene Strafvollstreckungskammer aber zu dem Ergebnis, dass eine schwere andere seelische Abartigkeit im Sinne von § 20 StGB gerade mangels zeitlicher Konstanz des Symptombildes ausscheidet, ist sie an dieser Bewertung durch eine entgegenstehende rechtliche Bewertung im erkennenden Urteil nicht gehindert.

c) Schließlich kann die Differenzierung zwischen Fehleinweisungen aus tatsächlichen Gründen und solchen aufgrund von Rechtsfehlern erhebliche praktische Schwierigkeiten bereiten. Insbesondere bei sog. abgekürzten Urteilen, wenn also

---

20 BTDrucks. 15/3652; 16/1344.
21 BTDrucks. 15/3652 S. 22.
22 So aber SCHALAST R & P 2007, 69, 72.
23 Vgl. BOETTICHER u.a. NStZ 2005, 57, 60.

kein Verfahrensbeteiligter Rechtsmittel eingelegt hat (vgl. § 267 Abs. 4 StPO), wird es mitunter nicht erkennbar und auch schwer zu ermitteln sein, ob die Mängel bei der Befunderhebung oder bei der rechtlichen Bewertung durch das erkennende Gericht eingetreten sind.[24] Folgt man der Rechtsauffassung des Oberlandesgerichts Frankfurt, besteht die Gefahr, dass das Vorgehen bei derartigen Fallgestaltungen von »Zufälligkeiten« abhängt.

Nachträgliche Sicherungsverwahrung infolge Erledigung (§ 66 b Abs. 3 StGB)

Ist die Maßregel nach § 63 StGB wegen Fehlens der Maßregelvoraussetzungen rechtskräftig für erledigt erklärt worden, ermöglicht § 66 b Abs. 3 StGB die nachträgliche Anordnung der Sicherungsverwahrung. Die Vorschrift des § 66 b Abs. 3 StGB knüpft somit an die Erledigung nach der ersten Alternative von § 67 d Abs. 6 Satz 1 StGB an. Während sich zu den Absätzen 1 und 2 von § 66 b StGB bereits eine gefestigte Rechtsprechung herausgebildet hat, liegt im Hinblick auf den Absatz 3 nur eine veröffentlichte Entscheidung vor, die vom 1. Strafsenat des Bundesgerichtshofs stammt.[25]

1. Der Bundesgerichtshof ist für die nachträgliche Sicherungsverwahrung – anders als für die Erledigterklärung – letztinstanzlich zur Entscheidung berufen. Das lenkt das Augenmerk auf ein erstes Problem: Die Zuständigkeiten für die Erledigterklärung einerseits und die nachträgliche Anordnung der Sicherungsverwahrung andererseits fallen auseinander. Während für die Entscheidung über die Erledigung in erster Instanz die Strafvollstreckungskammer beim Landgericht zuständig ist (vgl. §§ 462 a, 463 StPO, §§ 78 a, 78 b GVG), entscheidet über die nachträgliche Sicherungsverwahrung erstinstanzlich grundsätzlich wieder das erkennende Gericht (vgl. § 74 f GVG), folglich etwa die große Strafkammer beim Landgericht. Was zu geschehen hat, wenn die Strafvollstreckungskammer einen Zustand im Sinne von §§ 20, 21 StGB verneint und die Maßregel deshalb für erledigt erklärt, die Strafkammer aber einen solchen Zustand bejaht und mit dieser Begründung[26] Sicherungsverwahrung ablehnen will, ist bisher nicht geklärt.

---

24 Vgl. auch SCHNEIDER NStZ 2004, 649.
25 BGH NJW 2008, 240; zu den nach Abgabe des Manuskripts veröffentl. Beschl. v. 5.2.2008 – 4 StR 314/07 + 391/07 – und v. 2.4.2008 – 1 ARs 3/08 – vgl. JR 2008, 253 ff. – s. sogleich unten.
26 Zu erwägen ist insbesondere auch, für die nachträgliche Anordnung der Sicherungsverwahrung nach § 66 b Abs. 3 StGB einen Hang zu verlangen. Denn der Bundesgerichtshof hält für die Fälle des § 66 b Abs. 1 und 2 StGB die Feststellung eines Hangs im Sinne von § 66 Abs. 1 Nr. 3 StGB auch für erforderlich, um die Maßregel des § 66 b StGB von jener des § 63 StGB abzugrenzen und eine Umgehung der Voraussetzungen von § 63 StGB zu vermeiden (vgl. BGHSt 50, 121, 132; 50, 373, 381; BGH NJW 2007, 1074, 1076 f.; aber auch BVerfG [Kammer] NJW 2006, 3483 [für § 66 b Abs. 2 StGB Hang nicht erforderlich]).

2. Die bereits erwähnte Entscheidung des Bundesgerichtshofs hat freilich eine Klärung einiger problematischer Rechtsfragen gebracht. In einem Punkt, auf den sogleich näher eingegangen werden soll, ist diese Klärung allerdings nur vorläufig. Der Entscheidung liegt folgender Fall zugrunde:

> Der einschlägig vorbestrafte Betroffene war wegen mehrfachen sexuellen Missbrauchs eines acht Jahre alten Jungen zu einer Gesamtfreiheitsstrafe von zwei Jahren und acht Monaten verurteilt worden; zugleich war er in einem psychiatrischen Krankenhaus untergebracht worden. Sachverständig beraten hatte das erkennende Gericht erheblich verminderte Schuldfähigkeit wegen »einer hirnorganischen Leistungsbeeinträchtigung bzw. einer organischen Persönlichkeitsstörung« und wegen Pädophilie angenommen. Der Betroffene befand sich im psychiatrischen Maßregelvollzug, bis die Strafvollstreckungskammer die Maßregel für erledigt erklärte, da ein die Unterbringung rechtfertigender Zustand gemäß §§ 20, 21 StGB nicht gegeben sei. Sachverständig beraten stellte sie fest, dass zwar eine Pädophilie vorliege, die im Erkenntnisverfahren gestellte Diagnose im Übrigen aber eine »Fehlbeurteilung« gewesen sei. Mit der Erledigterklärung wurde die Vollstreckung des noch nicht erledigten Teils der zugleich mit der Unterbringung ausgesprochenen Freiheitsstrafe (letztlich 311 Tage) angeordnet, die der Betroffene anschließend vollständig verbüßte.

Der 1. Strafsenat des Bundesgerichtshofs hat entschieden, dass in diesem Fall die nachträgliche Anordnung der Sicherungsverwahrung ausgeschlossen ist. Die gewichtigsten Aussagen der Entscheidung sind die beiden folgenden:

a) Eine Anordnung nach § 66 b Abs. 3 StGB ist grundsätzlich auch in Fehleinweisungsfällen möglich. Sie setzt nämlich im Gegensatz zu einer Anordnung nach § 66 b Abs. 1 und 2 StGB keine neuen Tatsachen (sog. »Nova«) voraus und ist daher auch auf der Grundlage von Erkenntnissen möglich, die bereits im Ausgangsverfahren gewonnen waren oder hätten gewonnen werden können. Der – hier gegebene[27] – Eingriff in die Rechtskraft des erkennenden Urteils ist gerechtfertigt, weil lediglich eine freiheitsentziehende Maßregel (§ 63 StGB) durch eine andere ersetzt wird (§ 66 b StGB). Die beiden Maßregeln wiegen nach dem Verständnis des Bundesgerichtshofs gleich schwer.[28]

Die Entscheidung des 1. Strafsenats ist insoweit uneingeschränkt zu begrüßen. Die Maßnahmen nach § 67 d Abs. 6 Satz 1 Alt. 1 und § 66 b Abs. 3 StGB sind nämlich im Zusammenhang zu betrachten. Ein Interesse eines »geistig gesunden« Untergebrachten, in einem psychiatrischen Krankenhaus anstatt in der Sicherungsverwahrung zu verbleiben, dürfte kaum anzuerkennen sein.

b) Eine Anordnung nach § 66 b Abs. 3 StGB ist nur dann zulässig, wenn der Untergebrachte andernfalls im Anschluss an die Erledigung in Freiheit zu entlassen wäre.

---

27 Vgl. Berg/Wiedner StV 2007, 434, 441.
28 BGH NJW 2008, 240, 242; vgl. auch BGH NStZ 2002, 533, 534; Beschl. v. 5.2.2008 – 4 StR 314/07 + 391/07.

Hat er dagegen im Anschluss an die Erledigung noch den – mehr als unerheblichen – Rest einer Freiheitsstrafe zu verbüßen, auf die zugleich mit der Unterbringung erkannt worden war, scheidet eine Anordnung nach § 66 b Abs. 3 StGB aus. Diese Einschränkung des Anwendungsbereichs der Vorschrift findet im Gesetzeswortlaut zwar kaum eine Stütze; der 1. Strafsenat leitet sie jedoch aus den Gesetzesmaterialien ab, die er für eindeutig hält. Dort heißt es:[29]

»Anwendung soll die Vorschrift (§ 66 b Abs. 3 StGB) vor allem in denjenigen Fällen finden, in denen der Untergebrachte von dem erkennenden Gericht für schuldunfähig gehalten und deshalb nur die Unterbringung in einem psychiatrischen Krankenhaus angeordnet wurde, ohne dass parallel eine Freiheitsstrafe verhängt werden konnte. Erfasst werden von der Vorschrift daneben aber auch die Fälle, in denen das Gericht unter Anwendung des § 21 StGB neben der Unterbringung in einem psychiatrischen Krankenhaus eine Freiheitsstrafe verhängt hatte, in denen die Freiheitsstrafe aber in Umkehrung der regelmäßigen Vollstreckungsreihenfolge (§ 67 Abs. 1 und 2 StGB) bereits vor dem Vollzug der Maßregel vollständig vollstreckt wurde und somit der Untergebrachte nunmehr aus der Maßregel in die Freiheit zu entlassen wäre. In Fällen, in denen nach Erledigung der Maßregel noch eine parallel verhängte Freiheitsstrafe zu vollstrecken ist, ergibt sich demgegenüber zunächst kein Bedürfnis für die nachträgliche Anordnung der Sicherungsverwahrung nach § 66 b Abs. 3 StGB – neu –. Hier kommt ggf. vor Ende des Vollzugs der Freiheitsstrafe die nachträgliche Anordnung der Sicherungsverwahrung nach § 66 b Abs. 1 und 2 StGB – neu – in Betracht.«

Zu der Einschränkung ist kritisch anzumerken, dass sie den § 66 b Abs. 3 StGB, ohne dass insoweit ein triftiger Grund in der Sache bestünde, in der Praxis in weiten Teilen leerlaufen lässt. Denn gerade in praktisch relevanten Fällen von (vermeintlichen) Persönlichkeitsstörungen wird im Ausgangsverfahren kaum einmal eine aufgehobene Schuldfähigkeit, nur eine erheblich verminderte Schuldfähigkeit angenommen worden sein. Ist neben der Unterbringung in einem psychiatrischen Krankenhaus eine – wenngleich regelmäßig gemilderte (vgl. §§ 21, 49 StGB) – Freiheitsstrafe verhängt worden, so hat der Untergebrachte im Anschluss an den Maßregelvollzug in aller Regel noch einen Strafrest zu verbüßen, da der Maßregelvollzug nur bis zum Höchstmaß von zwei Dritteln auf die Freiheitsstrafe angerechnet wird (vgl. § 67 Abs. 4 StGB). In diesen Fällen setzt die nachträgliche Sicherungsverwahrung nach § 66 b Abs. 1 und 2 StGB insbesondere voraus, dass während des Vollzugs neue Tatsachen (sog. »Nova«) eingetreten sind, die im Ausgangsverfahren weder bekannt noch erkennbar waren.[30] Berücksichtigt werden sollte auch, das die Einschränkung des Anwendungsbereichs von § 66 b Abs. 3 StGB ein zurückhaltende Erledigungspraxis der Vollstreckungsgerichte zur Folge haben dürfte. Andererseits

---

29 BTDrucks. 15/2887 S. 14.
30 An das Vorliegen solcher »Nova« stellt der Bundesgerichtshof strenge Anforderungen; vgl. nur BGH, Beschl. v. 19.10.2007 – 3 StR 378/07 = NStZ-RR 2008, 39 LS.

ist zu bedenken, dass dem Gesetzgeber diese Problematik bewusst war. Bei Anordnung nach § 63 StGB wegen nur erheblich verminderter Schuldfähigkeit hält er § 66 b Abs. 3 StGB nämlich in den – nach forensischer Erfahrung selteneren – Fällen einer umgekehrten Vollstreckungsreihenfolge (vgl. § 67 Abs. 1 und 2 StGB) für einschlägig. Zwar ist der Rekurs auf den Willen des Gesetzgebers nicht die einzig mögliche Auslegungsmethode. Ihr kommt jedoch ein umso höheres Gewicht zu, je jünger das auszulegende Gesetz ist.

Der 4. Strafsenat des Bundesgerichtshofs hat jüngst eine andere Rechtsauffassung vertreten. Er möchte § 66 b Abs. 3 StGB auch dann anwenden können, wenn nach Erledigung der Maßregel gemäß § 63 StGB der Rest einer zugleich verhängten Freiheitsstrafe vollstreckt wird. In zwei Verfahren, in denen dies der Fall war, hat er beim 1. Strafsenat angefragt, ob dieser an seiner Rechtsprechung festhält.[31] Abweichend vom 1. Strafsenat hält der 4. Strafsenat die Gesetzesmaterialien nicht für eindeutig; das macht er an den Termini »zunächst« und »ggf.« fest. Außerdem mahnt der 4. Strafsenat »Wertungswidersprüche« an, zu denen eine am – vermeintlichen – Willen des Gesetzgebers orientierte Auslegung führen würde.

Das Anliegen des 4. Strafsenats scheint verständlich, weil die von ihm favorisierte Auslegung des § 66 b Abs. 3 StGB zu sachgerechteren Ergebnissen gelangt. Jedoch überzeugen seine Argumente im Einzelnen nicht. Weder sind die Gesetzesmaterialien unklar, noch entstehen durch eine Auslegung, welche die Materialien ernst nimmt, Lücken im System der nachträglichen Sicherungsverwahrung, die der Gesetzgeber nicht in Kauf genommen hätte, oder gar »Wertungswidersprüche«.[32] Eine endgültige Klärung der Rechtsfrage wird voraussichtlich erst durch den Großen Senat für Strafsachen des Bundesgerichtshofs erfolgen.

Schlussbemerkung

Die Regelungen der § 67 d Abs. 6 Satz 1 und § 66 b Abs. 3 StGB scheinen insgesamt nachbesserungsbedürftig. Der Nachbesserungsbedarf ist dabei vor allem durch wenig geglückte Ausführungen in den Gesetzesmaterialien veranlasst. Während dies für § 66 b Abs. 3 StGB soeben dargelegt worden ist, ergibt sich für § 67 d Abs. 6 StGB die ungeklärte Problematik daraus, dass die Materialien einerseits postulieren, das Gesetz wolle nur die bisherige Rechtsrechung festschreiben, andererseits darin eine Konzeption vertreten wird, die mit wichtigen Entscheidungen dieser Rechtsprechung nicht in Einklang steht. Der Gesetzgeber sollte deshalb klarstellen, dass eine Erledigung nicht dadurch ausgeschlossen wird, dass die Strafvollstreckungskammer feststellt, der Untergebrachte sei aufgrund eines bloßen Rechtsfehlers

---

31 Beschl. v. 5.2.2008 – 4 StR 314/07 + 4 StR 391/07.
32 Vgl. auch BGH, Beschl. v. 2.4.2008 – 1 ARs 3/08.

fehleingewiesen worden. Für § 66 b Abs. 3 StGB sollte er deutlich machen, dass die Anwendbarkeit der Bestimmung nicht davon abhängig ist, dass im Anschluss daran kein Strafrest mehr zu vollstrecken ist.

Darüber hinaus ist allerdings fraglich, ob die vom Gesetzgeber gewählte Lösung, die nachträgliche Sicherungsverwahrung infolge Erledigung systematisch an § 66 b Abs. 1 und 2 StGB anzubinden, überhaupt sinnvoll ist. Es wäre zu überlegen, ob nicht in derartigen Fällen eine einfachere Überführungsmöglichkeit vom psychiatrischen Maßregelvollzug in die Sicherungsverwahrung sachgerechter wäre.[33] So wäre die »schlichte Überführung« aufgrund Hauptverhandlung mit einem Schwerpunkt auf der Verhältnismäßigkeitsprüfung denkbar.

Literatur

BERG J, WIEDNER S (2007) Die Erledigterklärung nach § 67 d Abs. 6 StGB bei »Fehleinweisungen« in den psychiatrischen Maßregelvollzug. Strafverteidiger, 434–441

BOETTICHER A, NEDOPIL N, BOSINSKI H, SASS H (2005) Mindestanforderungen für Schuldfähigkeitsgutachten. Neue Zeitschrift für Strafrecht, 57–62

HEERING E, KONRAD N (2007) Prognosebegutachtung und nachträglich verhängte Sicherungsverwahrung bei Erledigung der Maßregel. Recht & Psychiatrie, 76–81

HOFSTETTER V, ROHNER A (2007) »Wenn der Zustand nicht (mehr) vorliegt ...«, Die Praxis der Erledigung der Maßregel in Hessen vor dem Hintergrund der §§ 67 d Abs. 6 und 66 b Abs. 3 StGB. Recht & Psychiatrie, 51–56

KOLLER M (2006) Die Erledigung der Unterbringung nach § 63 StGB, in: Forensische Psychiatrie – Entwicklungen und Perspektiven, Festschrift für Ulrich Venzlaff (Hrsg.: DUNCKER H, KOLLER M, FOERSTER K), S. 229–265. Pabst Science Publishers. Lengerich

KOLLER M (2007) Erledigung der Unterbringung und nachträgliche Sicherungsverwahrung. Recht & Psychiatrie, 57–68

KONRAD N (1991) Fehleinweisung in den psychiatrischen Maßregelvollzug. Neue Zeitschrift für Strafrecht, 315–321

MÜLLER-ISBERNER R, GRASSL P, GLIEMANN R (1994) Die Erledigung der Maßregel, Ein Weg aus dem psychiatrischen Maßregelvollzug (§ 63 StGB). Medizinrecht, 319–323

SCHALAST N (2007) Nachträgliche Sicherungsverwahrung nach Erledigung der Unterbringung gemäß § 63 StGB: wirkungslose Norm oder Auftakt zum Abschiebespiel? Recht & Psychiatrie, 69–75

SCHNEIDER U (2004) Beendigung der Unterbringung in einem psychiatrischen Krankenhaus bei »Zweckerreichung« – Eine kriminalpolitische Herausforderung –. Neue Zeitschrift für Strafrecht, 649–654

SCHÖCH H (2005) Zum Verhältnis von Psychiatrie und Strafrecht aus juristischer Sicht. Nervenarzt, 1382–1388

VOLCKART B, GRÜNEBAUM R (2003) Maßregelvollzug, Das Recht des Vollzugs der Unterbringung nach §§ 63, 64 StGB in einem psychiatrischen Krankenhaus und in einer Entziehungsanstalt. 6. Auflage. Luchterhand. Köln

---

[33] Ablehnend im Hinblick auf eine systematische Anbindung an § 67 a StGB SCHNEIDER NStZ 2004, 649, 651.

Nachsorge von Sexualstraftätern nach dem Maßregelvollzug

Michael Dieckmann, Marina Thyen

Zusammenfassung

AMEOS betreibt seit vier Jahren eine SGB XII-Nachsorgeeinrichtung für entlassene Patienten aus dem Maßregelvollzug. Die Klienten haben aufgrund einer gerichtlichen Weisung während der Zeit der Führungsaufsicht Wohnsitz in der Einrichtung zu nehmen. Die Klienten wurden über eine längere Zeitspanne im Klinikum für Forensische Psychiatrie des Trägers behandelt und sind noch nicht in der Lage, außerhalb einer Nachsorgeeinrichtung zu leben. Bei den Klienten handelt es sich überwiegend um Menschen, die Sexualstraftaten oder andere schwere Straftaten begangen haben und bei denen eine psychische Erkrankung oder eine schwere Persönlichkeitsstörung diagnostiziert wurde. Der Träger nimmt mit dieser Einrichtung Einfluss auf die Verweildauer und die Entlassungsquote und fördert die regionale Verantwortung.

Schlüsselwörter

Sexualstraftäter, Nachsorge, Maßregelvollzug, Eingliederung, AMEOS

Die AMEOS Gruppe

Die AMEOS Gruppe ist ein privates Sozial- und Gesundheitsunternehmen mit Sitz in Zürich. AMEOS betreibt derzeit in sieben Bundesländern rund 60 Einrichtungen (somatische und psychiatrische Kliniken, forensische Kliniken, Tageskliniken, Institutsambulanzen, Pflegeeinrichtungen sowie Eingliederungshilfeeinrichtungen) und beschäftigt ca. 5500 Mitarbeiterinnen und Mitarbeiter.

In Schleswig-Holstein betreibt AMEOS verschiedenste Einrichtungen und Dienste im Rahmen der Eingliederungshilfe, ein Klinikum für Forensische Psychiatrie und Psychotherapie mit 245 Plätzen und einer angeschlossenen Forensischen Ambulanz, verschiedene Kliniken für Psychiatrie, Psychotherapie und Neurologie, Tageskliniken, Institutsambulanzen und Fachpflegeeinrichtungen. In diesen Einrichtungen und Diensten werden rund 1600 Menschen von ca. 1900 Mitarbeiterinnen und Mitarbeitern behandelt und betreut.

Daneben betreibt AMEOS in Holstein ein Aus- und Fortbildungsinstitut mit 285 Ausbildungsplätzen und jährlich über 1000 Fort- und Weiterbildungsteilnehmern.

Die AMEOS Eingliederung Holstein umfasst derzeit neben ambulanten Diensten zwei teilstationäre und acht vollstationäre Einrichtungen mit über 450 Wohn- und Betreuungsplätzen. Die Einrichtungen verfügen über spezielle Kompetenzen für die Betreuung von Menschen
- mit komplexen seelischen Behinderungen bzw. Erkrankungen
- mit Mehrfachbehinderungen
- mit multiplen Störungen und herausforderndem Verhalten.

Die Nachsorgeeinrichtung

»Der Kompass« ist eine dezentrale Wohn- und Fördereinrichtung im Rahmen der Eingliederungshilfe (§§ 53, 54 SGB XII) für Menschen mit seelischer Behinderung und intensiven Förder- und Betreuungsbedarfen. Dazu gehören insbesondere Menschen, die aufgrund einer psychiatrischen Grunderkrankung seelisch wesentlich behindert sind oder unter ausgeprägten Störungen der Persönlichkeit oder Verhaltensauffälligkeiten leiden und dadurch bedingt zur Teilhabe differenzierte individuelle Unterstützungsangebote benötigen. Am Standort Neustadt werden in vier Wohngruppen mit jeweils bis zu elf Betreuungsplätzen insgesamt 42 Menschen von einem multiprofessionellen Team aus Pädagogik, Sozialpädagogik, Heilerziehung, Ergotherapie sowie Gesundheits- und Krankenpflege betreut.

Im Rahmen einer Binnendifferenzierung, die in den abgeschlossenen Leistungs- und Vergütungsvereinbarungen entsprechend beschrieben ist, stehen aktuell 14 Nachsorgeplätze für entlassene forensische Patienten zur Verfügung. Aufgenommen werden hier seit etwa vier Jahren Patienten aus der Maßregelvollzugseinrichtung des Trägers. Ein großer Anteil der Klienten hat Sexualstraftaten oder Brandstiftungsdelikte begangen und war länger als zehn Jahre im Klinikum für Forensische Psychiatrie und Psychotherapie untergebracht.

Hintergrund

AMEOS betreibt am Standort Neustadt ein Klinikum für Forensische Psychiatrie und Psychotherapie mit derzeit 245 Behandlungsplätzen. Bei den Patienten handelt es sich ausschließlich um männliche Patienten, die gemäß § 63 StGB untergebracht sind. Angeschlossen an das Klinikum ist eine Forensische Ambulanz mit derzeit vier Mitarbeiterinnen und Mitarbeitern (Fachärztin, Psychologe, Kriminologin/Sozialpädagogin, Krankenschwester).

Die Erfahrungen und die praktische Arbeit des Klinikums für Forensische Psychiatrie und Psychotherapie weisen in den zurückliegenden Jahren darauf hin, dass ein zunehmender Bedarf an Nachsorgeplätzen für Patienten entsteht, die aus dem Maßregelvollzug aufgrund ihrer maßgeblich herabgesetzten Gefährlichkeit entlassen werden können. Gleichzeitig weisen diese Klienten aber eine reduzierte psychische Belastbarkeit und weitgehende soziale Defizite auf, sodass intensive Betreuungsleistungen in einer im Rahmen der Eingliederungshilfe konzipierten vollstationären Nachsorgeeinrichtung unverzichtbar erscheinen.

In Schleswig-Holstein wird wie auch in den übrigen Bundesländern nach wie vor einheitlich über eine Überbelegung und ausgeweitete Kapazitäten von Maßregelvollzugseinrichtungen berichtet. Zu berücksichtigen war, dass bei Realisierung thematisierter gesetzlicher Vorhaben (u. a. lebenslange Maßregel für Wiederholungstäter im Schwerstdeliktbereich) zusätzliche Platzkapazitäten benötigt werden.

Für die Entwicklung eines Nachsorgeangebots in der Einrichtung »Der Kompass« sprachen mehrere Gründe. Der Träger des Klinikums für Forensische Psychiatrie und Psychotherapie wollte und musste Antworten finden auf steigende Fallzahlen, die die Unterbringungssituation erheblich belasteten. Fehlende Nachsorgeeinrichtungen und Vorbehalte gegenüber dieser Klientel in den bestehenden Einrichtungen der Gemeindepsychiatrie führten in den zurückliegenden Jahren darüber hinaus zu einem Ansteigen der Verweildauer im Klinikum für Forensische Psychiatrie und Psychotherapie. Seitens der Gerichte war eine deutliche Zurückhaltung spürbar, die Aussetzung des § 63 StGB in Einrichtungen zu befürworten, die keine speziellen Kompetenzen in der Betreuung ehemaliger forensischer Patienten nachweisen konnten. Dies betraf vor allem die Gruppe der Patienten, die Sexualstraftaten oder Brandstiftungen begangen hatten. Ein zusätzlicher Aspekt war, dass die zuständige Strafvollstreckungskammer nach Etablierung einer derartigen Nachsorgeeinrichtung eher in der Lage sein würde, die Maßregel unter Festlegung bestimmter Auflagen aufzuheben.

Zielgruppe

Das Nachsorgeangebot sollte sich entsprechend der beschriebenen Problemlage in erster Linie an die Patienten richten, die bereits über einen Zeitraum von mehr als zehn Jahren im Klinikum für Forensische Psychiatrie und Psychotherapie untergebracht waren und bei denen die Entwicklung einer Entlassungsperspektive durch unterschiedliche Gründe (Diagnose, Delikt, frühere Entlassungsversuche etc.) erschwert war. Aufgenommen werden demnach Männer im Alter von etwa 20 bis 60 Jahren, die aus dem Klinikum für Forensische Psychiatrie und Psychotherapie zur Bewährung entlassen werden, nachdem festgestellt worden ist, dass ihre Gefährlichkeit auf ein vertretbares Maß reduziert ist. Es handelt sich um psychisch kranke Männer mit schweren psychotischen, neurotischen, im Einzelfall auch hirnorganischen und Persönlichkeitsstörungen, die weiterer stationärer Nachsorgeleistungen mit begleitender fachärztlich-psychiatrischer Behandlung bedürfen. Nicht aufgenommen werden primär alkohol-, drogen- und/oder tablettenabhängige

Menschen sowie geistig behinderte und schwerwiegend hirnorganisch geschädigte Menschen.

Differenzierung

Vereinzelt nahm die Einrichtung »Der Kompass« bereits seit der Eröffnung im Jahr 1999 entlassene forensische Patienten auf. Die Mitarbeiterinnen und Mitarbeiter konnten daher bereits auf Erfahrungen in der Betreuung dieser Klientel zurückgreifen. Die Einrichtung befindet sich zudem auf dem Areal von AMEOS in Holstein. Vor diesem Hintergrund waren aus unserer Sicht für ein spezielles Nachsorgeangebot zwei grundlegende Bedingungen erfüllt: erfahrene Mitarbeiterinnen und Mitarbeiter standen zur Verfügung und die räumliche Nähe zwischen den Einrichtungen war gewährleistet. Beteiligt an der Konzeptentwicklung waren Mitarbeiterinnen und Mitarbeiter des Unternehmensbereichs Eingliederung und des Klinikums für Forensische Psychiatrie und Psychotherapie.

Bei der Ausarbeitung der Konzeption wurde der Aspekt der *Kontrolle* intensiv diskutiert, entsprechend wurden notwendig erscheinende Kontrollmaßnahmen in der Konzeption berücksichtigt. Grundsätzlich wird der Bewährungshelfer bei Verstößen gegen die Hausordnung, insbesondere aber gegen Bewährungsauflagen, hinzugezogen. Bewährungsverstöße werden zudem grundsätzlich der Strafvollstreckungskammer gemeldet und führen ggf. zu einer Rückverlegung in das Klinikum für Forensische Psychiatrie und Psychotherapie. Kommunikationsstrukturen und der fachliche Austausch im Team wurden verbindlich festgelegt, die Bezugsbetreuung analog des Case-Management gestaltet. In regelmäßigen Gruppengesprächen werden die für das Zusammenleben relevanten Prozesse und die sich daraus ergebenden Aufgaben besprochen und bearbeitet.

Durch die räumliche Nähe zum Klinikum für Forensische Psychiatrie und Psychotherapie können z. B. Übergänge haltgebend gestaltet werden. Veränderungen im Betreuungssetting wirken so weniger belastend. Eine regelmäßige Evaluation und die kontinuierliche Fortentwicklung der Konzeption stellen die Weiterentwicklung der Einrichtung und ihrer Leistungen sicher.

Regelmäßig stattfindende Teamschulungen und spezielle Fortbildungsangebote stellen sicher, dass die Mitarbeiterinnen und Mitarbeiter auf einem hohen fachlichen Niveau arbeiten.

Die regelmäßige Teilnahme an einer spezifischen Supervision durch einen Sexualtherapeuten und Hospitationen im Klinikum für Forensische Psychiatrie und Psychotherapie werden vorausgesetzt. Zudem erfolgt die Einstellung von Mitarbeiterinnen und Mitarbeitern mit spezifischem Erfahrungshintergrund. Dazu können z. B. eine vorherige Tätigkeit im Klinikum für Forensische Psychiatrie und Psychotherapie gehören oder erworbene Zusatzqualifikationen.

Der kontinuierliche fachliche Austausch mit dem Klinikum für Forensische Psychiatrie und Psychotherapie und die vertrauensvolle Zusammenarbeit mit der Forensischen Ambulanz sind Ausdruck geregelter Kommunikationsstrukturen. Die systematische Zusammenarbeit mit der Bewährungshilfe wird sichergestellt durch regelmäßige Sprechstunden der Bewährungshelfer in der Einrichtung und einen Austausch mit den betreuenden Mitarbeiterinnen und Mitarbeitern.

Initiiert durch den Träger und die Einrichtung wurde in den zurückliegenden Jahren ein überregionales Netzwerk aufgebaut, in dem Institutionen für Sexualtherapie, Beratungsstellen, Einrichtungen der Gemeindepsychiatrie, Strafvollzugsanstalten, Rechtsanwälte und gesetzliche Betreuer gemeinsam mit jedem Klienten eine individuelle Perspektive erarbeiten. So wird dem Selbstverständnis der Einrichtung Rechnung getragen, einen *Übergang* zwischen forensischem Klinikum einerseits und den Einrichtungen der Gemeindepsychiatrie andererseits zu gestalten.

Konzeption

Wesentliche Grundlage der Konzeption ist eine systematische Zusammenarbeit zwischen der Nachsorgeeinrichtung, dem Klinikum für Forensische Psychiatrie und Psychotherapie und der Forensischen Ambulanz. Die Mitarbeiterinnen und Mitarbeiter der Einrichtungen treffen sich in regelmäßigen Abständen zu einem Austausch über die individuellen Entwicklungsschritte der Klienten und objektiv und subjektiv wahrgenommenen Veränderungen. Gleichzeitig dienen diese Gespräche der Weiterentwicklung der Konzeption und der Leistungen. Die Einrichtung erstellt für jeden Klienten ein aus unterschiedlichen Leistungsmodulen bestehendes individuelles Maßnahmepaket. Eine weitere wichtige Basis für die systematische Zusammenarbeit ist die Festlegung, dass die entlassenen Patienten grundsätzlich durch die Forensische Ambulanz behandelt und betreut werden. Eine entsprechende Bewährungsauflage wird inzwischen regelmäßig ausgesprochen.

Die therapeutischen Leistungen der Nachsorgeeinrichtung sind wesentlich auf die psychische Stabilisierung gerichtet, unter anderem durch eine Erhöhung der Frustrationstoleranz und einer Impulsverschiebung, mit der Zielsetzung der sozialen Eingliederung der Klienten.

Für jeden Klienten werden nachvollziehbare und überprüfbare Einzelziele formuliert und mithilfe einer detaillierten Hilfeplanung beschrieben. Eingeschlossen werden ggf. auch Maßnahmen für eine berufliche Eingliederung. Die konkrete Verwirklichung erfolgt in einem mehrschichtigen Konzept von sozialtherapeutischen und handlungsorientierten Leistungen, differenzierten ergotherapeutischen Angeboten und einer deliktspezifischen, psychiatrisch-psychotherapeutischen Behandlung durch die Forensische Ambulanz oder durch einen externen Sexualtherapeuten.

Im Wohnbereich stehen den Klienten Einzelzimmer zur Verfügung, weiterhin eine Küche und mehrere Gemeinschaftsräume. Die Wohngruppe bildet ein Übungsfeld zur Förderung der Kommunikations- und Konfliktfähigkeit sowie des Sozialverhaltens. Zu den grundlegenden Aufgaben in der Wohngruppe gehören auch Trainingsangebote in lebenspraktischen Bereichen. Jeder Klient erhält einen Bezugsbetreuer, der in ein multiprofessionelles Team eingebunden ist und der den Klienten während seines Aufenthaltes begleitet. Dieser erarbeitet gemeinsam mit dem Klienten die Hilfeplanung, die sich an den individuellen Bedürfnissen und Ressourcen orientiert.

Die psychiatrisch-fachärztliche Behandlung erfolgt konsiliarisch durch Ärzte der Forensischen Ambulanz, die über langjährige Kompetenzen in der Behandlung forensischer Patienten verfügen. Darüber hinaus wird das Mitarbeiterteam von den Mitarbeiterinnen und Mitarbeitern der Forensischen Ambulanz im Umgang mit dieser Personengruppe beraten und im Einzelfall auch supervidiert. Auf diese Weise wird die Kontinuität in der Betreuung und Behandlung der Klienten gewährleistet und ein maximaler Austausch zwischen den Gruppenbetreuern und der Ambulanz sichergestellt.

Die lebenspraktischen Elemente in den Wohngruppen werden durch übergreifende Angebote ergänzt, beispielsweise durch kreatives Gestalten, Sport oder problem- und themenorientierte Gesprächsgruppen. Hierdurch werden Eigeninitiative, selbstständiges Denken und Handeln und die Einübung von Problemlösungsstrategien gefördert. Umfangreiche Freizeitaktivitäten zur Förderung von Kontaktfähigkeit, Kreativität und gemeinsamer Interessenbildung ergänzen diese Angebote. Dazu gehören u. a. jährlich organisierte Freizeitangebote, an deren Vorbereitung und Gestaltung die Klienten beteiligt sind, Theater- und Ausstellungsbesuche, Kegel- oder Spielabende, Gesprächsrunden und andere Freizeit strukturierende Veranstaltungen.

Spezielle ergotherapeutische Angebote unterstützen die Klienten, Ressourcen und Fähigkeiten zu aktivieren, zu fördern und zu erhalten. In Absprache zwischen Klienten, Ergotherapeuten und Bezugsbetreuern werden im Rahmen der individuellen Hilfeplanung die Ziele ergotherapeutischer Leistungen beschrieben. Zur Umsetzung dieser Hilfeplanung bedienen wir uns folgender aktivierender und handlungsorientierter Verfahren:

- lebenspraktische Übungen, die Schwerpunkte setzen bei Alltagstätigkeiten wie Haushaltsführung, Umgang mit Geld, Körper- und Kleiderpflege;
- Sozialtraining zur Förderung der Interaktions- und Kommunikationsfähigkeit durch gelenkte Gruppenprojekte;
- kreatives, freies Gestalten und stützende, strukturierende Techniken zur Förderung der Eigeninitiative;
- Konzentrationstraining und andere Übungen zum Abbau neuropsychologischer Störungen;

- Angebote zur Interessenbildung bzw. Interessenerweiterung (u. a. Freizeitgestaltung).

Aktivitäten, die bereits während der Unterbringung in der Maßregelvollzugseinrichtung begonnen wurden, können unter den veränderten Wohn- und Auflagebedingungen fortgesetzt werden, ohne dass ein organisatorischer Bruch entsteht. Den Klienten können u. a. Trainings- und Praktikumsplätze in den Werkstätten des Trägers, in externen Werkstätten für behinderte Menschen, in der Garten- und Arbeitstherapie oder bei externen Firmen angeboten werden.

Neben den begleiteten Förderangeboten werden alle anfallenden Arbeiten wie Haus- und Wäschereinigung oder Wäschepflege von den Klienten als Trainingsmöglichkeiten genutzt, die Betreuung findet hierbei assistierend statt.

Die sozialadministrative Betreuung vervollständigt das Gesamtangebot, hier werden ergänzende Angebote von Sozialarbeitern oder Sozialpädagogen bereitgestellt. Dazu zählen beispielsweise:

- Regelung der Aufnahmevoraussetzungen;
- Hilfen bei gesetzlichen Ansprüchen der Klienten;
- Hilfen zur psychischen und sozialen Stabilisierung;
- Hilfen zur sozialen und beruflichen Eingliederung;
- Beratung von Angehörigen.

Bei ausreichender psychischer Stabilität und konstanter Leistungsfähigkeit kann der Versuch der Eingliederung auf dem Arbeits- bzw. beschützten Arbeitsmarkt erfolgen. Hierzu werden die Möglichkeiten der Arbeitsvermittlung und der Berufs- und Rehabilitationsberatung der Arbeitsagenturen in Anspruch genommen.

Das Zusammenleben der Klienten bringt neben den persönlichen Freiheiten Verpflichtungen gegenüber der Gemeinschaft mit sich. Diese Rechte und Pflichten sind in einer Hausordnung festgelegt, an der sich die Klienten orientieren müssen. Einmal im Monat findet für alle Klienten verbindlich eine Hausversammlung statt. Diese Hausversammlung befasst sich auch mit Regelverstößen, solange diese nicht ein sofortiges Handeln erforderlich machen (u. a. Verstöße gegen Bewährungsauflagen). Ein von den Klienten aus ihren Reihen gewählter Heimbeirat leitet die Hausversammlung. Er hat auch die Funktion, die Interessen der Klienten gegenüber der Einrichtungsleitung zu vertreten. Die Mitarbeiterinnen und Mitarbeiter nehmen an dieser Hausversammlung teil.

Für die Mitarbeiterinnen und Mitarbeiter steht eine Fallsupervision zur Verfügung, die durch einen externen Sexualtherapeuten einer Beratungsstelle für Arbeit mit Sexual- und Gewalttätern durchgeführt wird. Die Teilnahme an dieser Supervision ist verbindlich.

Ergebnisse nach vier Jahren

Die Einrichtung betreute in den vergangenen Jahren insgesamt 32 Klienten. Die durchschnittliche Verweildauer betrug dabei 39 Monate. Damit war sie rund ein Jahr höher als die durchschnittliche Verweildauer in der Gesamteinrichtung.

Entlassungen

Fünf Klienten wurden mit ambulanter Betreuung und geregelter Tagesstrukturierung (WfbM, erster Arbeitsmarkt) in eine eigene Wohnung entlassen. Fünf Klienten wechselten in Einrichtungen der Gemeindepsychiatrie. Von diesen zehn Klienten sind sieben noch während der Führungsaufsicht ausgezogen, sodass weiterhin der Bewährungshelfer Kontakt zu den Klienten hält, bei drei Klienten, die nach Auslaufen der Führungsaufsicht ausgezogen sind, wurde in Absprache mit den Klienten eine gesetzliche Betreuung installiert. Siebzehn Bewohner leben aktuell in der Einrichtung.

Alter der Klienten

Das Durchschnittsalter der Bewohner beträgt 47 Jahre. Der jüngste Klient war bei der Aufnahme in der Einrichtung 36 Jahre alt, der älteste Klient 65 Jahre. Die durchschnittliche vorherige Unterbringungszeit im Klinikum für Forensische Psychiatrie und Psychotherapie betrug 16,5 Jahre. Dabei betrug die kürzeste Zeit neun Jahre, die längste Unterbringungszeit 33 Jahre.

Bewährungswiderrufe

Bei fünf Klienten sprach die Strafvollstreckungskammer einen Bewährungswiderruf aus. Diese Bewährungswiderrufe wurden in den ersten zwei Jahren nach Eröffnung der Einrichtung nach Verstößen gegen Bewährungsauflagen ausgesprochen, es war jedoch in keinem Fall zu einer Straftat gekommen. Die Bewährungswiderrufe wurden begründet mit dem Verstoß gegen die Auflage, Alkohol zu sich zu nehmen (ein Fall), wegen einer Handgreiflichkeit gegenüber einem Mitklienten (ein Fall), wegen mehrmaliger eigenmächtig verlängerter Urlaube (ein Fall) und wegen sonstiger Auffälligkeiten (Verdacht auf Stalking, zwei Fälle). Nach inzwischen vier Jahren führt ein Verstoß gegen eine Bewährungsauflage nicht mehr automatisch zu einem Widerruf, sondern wird wenn indiziert im Rahmen der therapeutischen Arbeit genutzt.

Delikte

Die Delikte verteilen sich wie folgt:

Art des Delikts	Anzahl
Tötungsdelikt	7
Brandstiftung	5
Schwere Körperverletzung	5
Einbruch/Diebstahl	4
Sexualstraftat	11

Frühere Entlassungserprobungen

Bei fünf Klienten, die sich aktuell in der Nachsorgeeinrichtung aufhalten, wurden schon in der Vergangenheit Entlassungsversuche in andere Nachsorgeeinrichtungen erprobt. Hier wurden innerhalb unterschiedlicher Zeitabstände Bewährungswiderrufe ausgesprochen. Bei vier Klienten war der Kompass die zweite Einrichtung, in die entlassen wurde, bei einem Klienten die vierte Einrichtung.

Anzahl Klienten	Widerruf in Monaten	Grund des Widerrufs	Jetzige Aufenthaltsdauer
1 (3 x)	6	Alkohol	40 Monate
1	12	Körperverletzung	48 Monate
1	6	Alkohol	9 Monate
1	13	Dekompensation	17 Monate
1	54	Drogenmissbrauch	24 Monate

Ausblick

Der Träger konnte mit dieser Einrichtung Einfluss nehmen auf die Entlassungszahlen und damit auch auf die durchschnittliche Verweildauer im Klinikum für Forensische Psychiatrie und Psychotherapie. Dies begünstigt die therapeutische Arbeit im Klinikum für Forensische Psychiatrie und Psychotherapie.

Durch die Beteiligung von regionaler Hilfeplanung werden die örtlichen Kostenträger und die Einrichtungen der Gemeindepsychiatrie in die Verantwortung für diese Klientel genommen. Hier ist inzwischen ein deutlicher Wandel im Umgang erkennbar. Wurde anfangs seitens der Kostenträger kritisch thematisiert, ob denn die Aufnahme in der Einrichtung nicht ein Risiko für die Mitbewohner und die umliegende Gemeinde darstelle, hat sich mittlerweile auf verschiedenen Ebenen eine vertrauensvolle Zusammenarbeit entwickelt. Durch das verbindliche Probewohnen in der Einrichtung, das der Aussetzung des § 63 StGB vorgelagert ist, kann sich die Einrichtung an Ideen für gezielte Weisungen beteiligen. Zunehmend wird daher seitens des Gerichtes auch die Teilnahme an der Anhörung gewünscht.

Nach vierjähriger Arbeit und Erfahrung kann die Einrichtung durchaus als Erfolgsmodell gesehen werden. Gerade die Gruppe langjährig untergebrachter forensischer Patienten (regelmäßig über zehn Jahre) erhält durch dieses Angebot die Möglichkeit, die Unterbringungsmaßnahme zu beenden und in eine Nachsorgeeinrichtung zu wechseln. Der Status und die Rolle des Patienten wird damit beendet. Die Zuständigkeit des örtlichen Sozialhilfeträgers begünstigt nach unserer bisherigen Erfahrung die regionale Verantwortung, sodass nach dem Wechsel auch Einrichtungen der Gemeindepsychiatrie als weiter betreuende Einrichtungen zur Verfügung stehen.

Die Etablierung einer spezifischen Einrichtung für Sexualstraftäter aus dem Maßregelvollzug erleichtert den Strafvollstreckungskammern die Entscheidung, die Maßregel unter Festlegung bestimmter Auflagen auszusetzen.

Die gemeinsame Verantwortung und Zuständigkeit von Nachsorgeeinrichtung und Forensischer Ambulanz im Rahmen einer Konzeption begünstigt auch bei schwieriger Prognosestellung positive Entwicklungsprozesse. Eindeutige, nachvollziehbare Regelungen und die Anwendung geeigneter Kontrollinstrumente, eine individuelle und differenzierte Hilfeplanung und die ausführliche Dokumentation aller Handlungen fördern Sicherheit auch unter den offenen Wohnbedingungen in einer Nachsorgeeinrichtung. Stützend wirken die Beteiligung von Institutionen wie der Beratungsstelle für Arbeit mit Sexual- und Gewalttätern und die verbindliche Teilnahme der Mitarbeiterinnen und Mitarbeiter an einer Fallsupervision. Den befristeten Aufenthalt in der Nachsorgeeinrichtung in eigener Trägerschaft sehen wir damit als eine Möglichkeit, den Übergang zwischen forensischer Klinik und Einrichtungen der Gemeindepsychiatrie zu gewährleisten.

Ein weiterer Aspekt ist aus unserer Sicht die problematische Kostenentwicklung in forensischen Einrichtungen, bedingt durch einen Anstieg der Fallzahlen und der Verweildauern. Steigende Fallzahlen und Verweildauern führen häufig zu einer Begrenzung des therapeutischen Angebotes, da entweder die Strukturqualitäten regelmäßig korrigiert und angeglichen werden müssen oder bereits durchgeführte strukturelle Verbesserungen durch steigende Fallzahlen und Verweildauern belastet werden. Einen Weg, diese Kostenentwicklung zu beeinflussen, stellt die Konzentration auf ausgewählte Zielgruppen und die gleichzeitige Etablierung von Long-Stay-Stationen dar, die aber immer auch Selektion bedeutet.

Die Kosten in der Nachsorgeeinrichtung liegen pro Platz und Tag rund 90 Euro unterhalb der Unterbringungskosten im Klinikum für Forensische Psychiatrie und Psychotherapie, sodass sich die Betreuungskosten pro Platz im Vergleich zu den Behandlungskosten im Klinikum um etwa 30 000 p. a. Euro reduzieren. Die Investitionskosten sind hierbei nicht berücksichtigt.

Wir gehen davon aus, dass sich mit Etablierung dieser Nachsorgeeinrichtung und bei einer Ausweitung der Kapazitäten die Kostenentwicklung im Bereich der forensischen Unterbringung und langfristig auch die Verweildauern positiv beeinflussen lassen.

»Help for helpers«

Kraftquellen aus der Traumatherapie für den therapeutischen Alltag

Sabine Dietz

Zusammenfassung

Im gleichnamigen Buch, das noch nicht auf Deutsch erschienen ist, wird eine neue Entwicklung in der amerikanischen Traumatherapie in den Blickpunkt gerückt, der konstruktive und ressourcenorientierte Umgang von therapeutisch Tätigen mit potenziell traumatisierten Erlebnisberichten von Klienten. Es geht um die Auslotung von Nähe und Distanz im therapeutischen Miteinander und die Vermeidung von eigener Traumatisierung und Burn-out-Phänomenen.
Bei allen Unterschieden zur klassischen, eher auf Opfer (sexualisierte) Gewalt gerichteten Traumatherapie geht es gerade in einer innovativen Zukunftswerkstatt Maßregelvollzug auch um Gesundheit und Wohlbefinden der behandelnden Berufsgruppen, die mit extremen Biografien, Tatschilderungen beim Aktenstudium und im Rahmen des therapeutischen Prozesses sowie (möglichen) bedrohlichen Übergriffen auf sie selbst immer wieder konfrontiert sind.

Schlüsselwörter

Selbstfürsorge mit Modellcharakter, Traumatherapie, Stabilisierungsübungen

Das gleichnamige Buch [1], das bisher nur in Amerika erschienen ist, und Meditationen für therapeutische Tätige enthält, inspirierte mich zum gleichnamigen Titel. Wer hilft den Helfern? – dies ist eine berechtigte, aber selten gestellte Frage.
Schon während meiner Ausbildung in traumatherapeutischen Verfahren, wie EMDR, machte eine unserer Ausbilderinnen, Frau Dr. med. Christine Rost, darauf aufmerksam, wie wichtig es sei, als Therapeut auch selbst Stabilisierungsübungen regelmäßig zu machen; die eigene Erfahrung bewirkt psychische Belastbarkeit, Gesundheit und dient auch den Klienten als glaubwürdiges Modell.
Besonders in therapeutischen Berufen wird man mit traumatisierenden Erlebnisberichten, Akteninhalten, aber auch mit konkreten Bedrohungs- und Gewalterfahrungen konfrontiert. Know-how wird zwar oft für den Umgang mit Patienten

oder Klienten, aber selten für den ressourcenorientierten Umgang mit sich selbst vermittelt.

In ihrem aktuell erschienenen Buch »Selbstfürsorge für Therapeuten und Berater« [2] zeigen die beiden Psychologen Birgit Hofmann und Nicolas Hoffmann Wege aus dieser Problematik auf.

Ich lade Sie dazu ein, sich selbst nun einige durchaus provokative Fragen aus diesem Buch innerlich zu beantworten. Im Anschluss können Sie erfahren, was das Märchen »Der Fischer und syn Fru«, eine »Gebrauchsanweisung für Handys« und das Wort »Halt« Ihnen in diesem Zusammenhang für wichtige Anregungen geben können.

Schon Ende der 80er-Jahre zeigten amerikanische Studien, dass etwa 10 % der Psychotherapeuten selbst an psychischen Störungen litten, wobei 8 % an Suchterkrankungen litten und 0,5 % Suizid begingen. Bereits in den 90er-Jahren zeigten sich auch in Europa für diese Berufsgruppe erhöhte Suizidraten, ganz besonders für Psychologinnen, deren Selbstmordrate dreimal so hoch war wie in der Normalbevölkerung [2]. Auch das seit den 80er-Jahren bekannte Phänomen des »Burn-out« ist besonders in helfenden Berufen weitverbreitet und unterstreicht die Bedeutung von praxisnahen Techniken zur Gesunderhaltung von Therapeuten und Therapeutinnen.

Hofmann und Hoffmann [2] fragen in ihrem Buch ganz direkt:
Wie stark belastet ist Ihre therapeutische Arbeit?
- Fühlen Sie sich seit einiger Zeit immer mehr an den Rand der körperlichen Leistungsfähigkeit gedrängt?
- Treten bei, vor oder nach der Arbeit vermehrt negative Stimmungen oder Gefühle auf?
- Haben Sie häufiger das Gefühl, rasch zu ermüden?
- Erleben Sie häufig Patienten als »nervend«, lästig oder als ungebührlich anspruchsvoll?
- Kommen bestimmte Patienten Ihnen ausgesprochen bedrohlich vor?
- Müssen Sie feststellen, dass Sie immer weniger echte Anteilnahme und Empathie für einige Patienten aufbringen?
- Fangen Sie an, den Sinn ihrer Arbeit abzuwerten?
- Wenn Sie ehrlich zu sich selbst sind, stellen Sie dann fest, dass Sie Ihren therapeutischen Beruf nur noch ausüben, weil Sie keine Alternative dazu haben?

Wenn Sie eine oder mehrere Fragen mit »Ja« beantworten, kann Ihnen der zweite Teil dieses Vortrages hilfreiche Anregungen näherbringen.

Hofmann und Hoffmann untersuchten, worin der spezielle Stress therapeutischer Arbeit im Unterschied zu anderen Tätigkeitsfeldern besteht. Sie entdeckten als massive Stressoren dysfunktionale Anspruchshaltungen an sich selbst, an die Klienten und die eigene therapeutische Methode.

Beschäftigen wir uns mit dem eigenen Rollenverständnis anhand eines Ihnen vielleicht noch aus der Kindheit bekannten Grimm'schen Märchens vom »Fischer und syn Fru« [3]. Ich will es noch einmal kurz erzählen:

Der Fischer und seine Frau wohnten, wie es im Original heißt, in einem »Pisspott«, also mit anderen Worten in suboptimalen Wohnverhältnissen. Eines Tages ging der Fischer wieder zum Fischen an die See. Plötzlich riss ein riesiger Butt an der Leine, aber als er ihn gerade an Land ziehen wollte, fing der Fisch zu sprechen an. Er sagte, dass er in Wirklichkeit ein verwunschener Prinz sei und bat ihn um sein Leben. Der Fischer erschrak, denn er hatte es noch nie mit einem sprechenden Fisch zu tun gehabt. Und er schenkte ihm das Leben.

Als er nach Hause kam, erzählte er seiner Frau ganz aufgeregt von seinem Erlebnis. Da schimpfte sie mit ihm, warum er denn nicht von dem Zauberfisch eine Gegenleistung für sein Leben gefordert habe. Ihr Mann solle noch einmal zur See gehen und sich für sie beide eine Hütte wünschen.

Der Fischer ging zurück ans Meer, das schon ganz gelb und grün aussah, und rief: »Manntje, Manntje, Timpe Te, Buttje, Buttje in de See, myne Fru de Ilsebill will nich so, as ik wol will.«

Tatsächlich erschien auch der Fisch und fragte: »Na, wat will se denn?« Der Mann antwortete, seine Frau habe es satt, im Pisspott zu wohnen und wünsche sich eine Hütte. Und tatsächlich fand der Mann bei seiner Rückkehr eine schöne Hütte mit Stube, Kammer und sogar einer Speisekammer vor, alles schön gepflegt; im Hof liefen Enten und Hühner herum, und es gab einen kleinen Obstgarten. Und auch ihm gefiel das neue Zuhause.

Doch nach einigen Tagen sagte die Frau zu ihm: »Die Hütte ist so eng und Garten und Hof so klein. Der Fisch hätte uns schon ein größeres Haus schenken können. Geh' hin zum Butt und sag' ihm, er solle uns ein Schloss schenken.« Der Mann meinte zwar, er finde die Hütte groß genug und wollte zunächst nicht um das steinerne Schloss bitten; aber schließlich gab er dem Drängen seiner Frau nach und ging zurück ans Meer, das schon ganz violett und dunkelblau aussah, und rief: »Manntje, Manntje, Timpe Te, Buttje, Buttje in de See, myne Fru de Ilsebill will nich so, as ik wol will.«

Tatsächlich erschien wieder der Fisch und nachdem der Mann den neuen Wunsch geäußert hatte, sagte der Fisch: »Ga man hen, se stait vör der Döhr.«

Und wirklich wartete seine Frau in einem wunderschönen Schloss mit vielen Zimmern, ganz viel Marmor, edlen Tapeten und Kronleuchtern auf ihn. Und sie schwärmte von dem Schloss und dem riesigen Garten mit Hasen, Rehen und Hirschen. Und auch er freute sich über das schöne Schloss.

Doch schon am nächsten Morgen sagte die Frau beim Blick aus dem Fenster zu ihm: »Was nützt mir das Schloss, wenn wir nicht König werden über all das Land. Geh' hin zum Butt und sag' ihm, wir wollen König sein.« Der Mann wollte aber kein König sein; da erwiderte seine Frau, sie wolle aber auf jeden Fall Königin werden;

und schließlich gab er dem Drängen seiner Frau nach und ging wieder ans Meer, das schon ganz schwarzgrau aussah und übel roch, und es graute ihm: »Manntje, Manntje, Timpe Te, Buttje, Buttje in de See, myne Fru de Ilsebill will nich so, as ik wol will.«

Auch diesen Wunsch erfüllte der Butt, und als der Mann nach Hause kam hatte seine Frau schon die Krone auf dem Kopf und das Zepter in der Hand, und vor der Tür standen Schildwachen und Soldaten und auch der Hofstaat war anwesend. Und er dachte, dass seine Frau nun zufrieden sei, doch nachdem sie ihn eine Weile angeschaut hatte, sagte sie zu ihm: »Nun bin ich Königin, nun muss ich auch Kaiserin werden. Sag' das dem Butt!« Der Mann widersprach, aber am Ende ging er doch zum Meer, das schon ganz schwarz war und Blasen aufwarf, als es ob es gärte. Und nachdem er den Fisch gerufen und den Wunsch mitgeteilt hatte, antwortete der Fisch: »Ga man hen, se is't all.« Bei seiner Rückkehr marschierten die Soldaten mit Pauken und Trompeten, und seine Frau hatte eine Kaiserkrone mit Diamanten und Karfunkelsteinen auf dem Kopf. Und als er zu ihr sagte, wie schön es sei, dass sie Kaiserin sei, entgegnete sie: »Wat staist du door? Ik bün nu Kaiser, nu will ik awerst ook Papst warden.« Trotz all seiner Einwände bestand sie auf ihrem Wunsch, und der Mann ging mit schlotternden Knien zum Meer, wo sich ein Unwetter zusammenbraute und bat ängstlich darum, dass seine Frau Päpstin werde.

Und wirklich fand er seine Frau in einer großen Kirche mit dem Kirchenstaat vor, ganz in Gold gekleidet und alle Kaiser und Könige erwiesen ihr die Ehre. Als sie abends zu Bett gingen, glaubte er, dass sie nun zufrieden sein müsse, aber seine Frau dachte die ganze Nacht darüber nach, was sie sich noch wünschen könne.

Plötzlich stieß sie ihn mit dem Ellenbogen in die Seite und sagte, er solle zum Fisch gehen, sie wolle wie der liebe Gott werden. Der Mann fiel vor Schreck aus dem Bett, aber sie schrie ihn an, dass sie es so nicht mehr aushalte.

Und er zog sich an und lief los. Es wütete ein Sturm mit Blitz und Donner, und Wellen so hoch wie Kirchtürme türmten sich auf, das Wasser schäumte. Er schrie nach dem Butt, und als er diesen Wunsch ausgesprochen hat, sagte der Fisch zu ihm: »Ga man hen, se sitt all weder in'n Pissputt.« Und so sitzen der Fischer und seine Frau noch heute in ihrem Pisspott.

In diesem Märchen wird die verheerende Wirkung von narzisstischen Größenideen deutlich. Sie sind in der kindlichen Entwicklung normal, im Erwachsenenleben jedoch destruktiv. Untersuchen wir jetzt konkret die Grandiositätsideen im Zusammenhang mit therapeutischer Arbeit anhand gängiger Mythen über Therapeuten, Klienten und Methoden, die wir uns immer wieder bewusst machen können, um ihnen nicht zu erliegen.

Der Mythos vom idealen Therapeuten besagt: »Der ideale Therapeut kann immer, will immer therapieren und erreicht immer das Optimum.« (Die Nähe zu sexuellen Mythen ist erkennbar.)

1. *»Luxusausstattung Therapieziele«*
Es ist wichtig, nur wenige realistische und lebensrelevante Therapieziele mit dem Klienten zu vereinbaren anstatt sich auch auf zahlreiche »Luxusziele« festzulegen.
2. *»Eigenverantwortung am Garderobenständer«*
Entscheidend zur Stressreduktion im therapeutischen Prozess ist auch, dass ich nicht zulasse, dass der Klient quasi seine Eigenverantwortlichkeit am Garderobenständer abgibt. Immer wieder kann ich mir selbst und dem Klienten bewusst machen, dass er die Hauptverantwortung für das Gelingen der Therapie trägt.
3. *»Der Koikarpfen im trüben Teich«*
So wie ich mich nicht wundern würde, dass ein Koikarpfen, der in einem verschmutzten oder vergifteten Teich lebt, in dieser Umgebung nicht gesunden kann, so sind auch Überlegungen zum Umfeld des Klienten sehr wichtig. Angehörige, Partner, Arbeitskollegen und Vorgesetzte können den therapeutischen Prozess aus unterschiedlichsten Motivationen heraus massiv behindern; eine Analyse dieser Faktoren ist ebenfalls erforderlich.

Der Mythos vom idealen Patienten besagt: »*Der ideale Patient kann immer, will immer therapiert werden und erreicht immer das Optimum.*«

1. *»Bedienungsanleitung für ein Gehirn«*
In seinem Buch »Bedienungsanleitung für ein menschliches Gehirn« (5) beschreibt der Hirnforscher Gerald Hüther die »Korrektur von Installationsdefiziten« zunächst in Form eines Vergleichs mit einem Maulwurfgehirn. Hätte man dieses, könnte man sich nicht eine Welt voller Licht, Pflanzen und Tiere über der Erde vorstellen; unsere Augen und die dazugehörige Sehrinde wären verkümmert. Manchmal vergessen wir, dass auch unsere Klienten »Maulwurfserfahrungen« in ihrem Leben gemacht haben. Wir sprechen dann aus einer ganz anderen Erfahrungsperspektive, die der andere Mensch gar nicht kennt und erwarten eine möglichst schnelle Umsetzung unserer Anregungen.
Zum Glück ist es dem menschlichen Gehirn aber im Gegensatz zum Maulwurfgehirn möglich, nicht genutzte Hirnareale durch deren Anregung neu zu verschalten. Wir haben also ein nutzungsabhängiges plastisches Potenzial in unserem Gehirn. Nur müssen wir unseren Klienten die Zeit zugestehen, ihre eigenen »oberirdischen« Erfahrungen nachzuholen und neue Strategien des Wahrnehmens, Fühlens, Denkens und Handelns zu entwickeln.
2. *»Die langsame Evolution des gegenseitigen Vertrauens«*
Oft überschätzen wir auch die soziale Kompetenz unserer Klienten beim Aufbau neuer Beziehungen und ihre früheren Erfahrungen, die den Grundstein für Misstrauen auch in der therapeutischen Beziehung gelegt haben können. Es wird häufig übersehen, wie lange es wirklich dauert, bis die sogenannte »tragfähige Beziehung« zwischen Therapeut und Klient entstanden ist. Und erst ab diesem

Zeitpunkt ist ein effektives Arbeitsbündnis möglich, das erkennbare Ergebnisse bringt.

3. »*Sandalen statt Siebenmeilenstiefeln*«
Eine realistische Einschätzung der Dauer der Therapieschritte ist im Einzelfall schwierig. Man sollte aber nicht zu euphorisch zu Beginn in »Siebenmeilenschritten« denken; sonst sind Selbst- und Fremdüberforderung sowie die Enttäuschung über den vermeintlichen Misserfolg vorprogrammiert.

Der Mythos von der idealen Methode besagt: »*Es können doch alle des Kaisers neue Kleider sehen, also muss es sie auch geben.*« *(Fachjargon und Ratlosigkeit)*
In diesem Märchen [4] behaupten alle aus Angst vor der Reaktion der anderen, dass sie die von den Betrügern angeblich gemachten Kleider der Kaisers sehen könnten. In Wirklichkeit ist der Kaiser jedoch nackt ... Genauso werden manchmal hinter den, auch gegenüber Kostenträgern angeführten, Begriffen aus der Fachsprache die eigene Ratlosigkeit im konkreten Fall versteckt und Prinzipien als »Fetische« fast abergläubisch verabsolutiert. Solche Begriffe sind z. B. »Habituation«, »kognitive Umstrukturierung«, »sokratische Gesprächsführung« u. Ä., die man zwar nicht genau im konkreten Fall fassen kann; mit denen sich aber fast automatisch Erfolge einstellen sollten, wenn man sie so anwenden würde wie sie theoretisch beschrieben sind [2].

1. »*Das Leben und andere Katastrophen*«
Es können unerwartete Lebensereignisse(Partnerfindung oder -trennung, Arbeitswechsel, Arbeitslosigkeit, Schwangerschaft, Krankheit, Tod von Bezugspersonen u. v. m) eintreten, die den Erfolg der Therapie entscheidend sowohl positiv wie negativ beeinflussen können. Nicht alle Erfolge oder Misserfolge können allein einer therapeutischen Methode zugeschrieben werden.

2. »*Viele Köche verderben den Brei*«
Es ist kritisch zu reflektieren, ob bei verschiedenen therapeutischen Angeboten sich diese wirklich ergänzen und ein konstruktiver Austausch unter den Beteiligten stattfindet oder nicht. Eine entsprechende Analyse kann für alle hilfreiche Anregungen erbringen und kann durchaus methodenübergreifend wirken.

3. »*Der Kampf gegen die Dinosaurier*«
Im Vergleich mit dem Gesamtalter der Erde oder allein der Periode der Dinosaurier besteht die Menschheit erst seit ganz kurzer Zeit. Es gilt, sich auch beim Klienten bewusst zu machen, dass im Vergleich zu deren Gesamtlebensdauer mit ihren ganz alten »Dinosauriererfahrungen« und den zukünftigen Lebenserfahrungen die therapeutische Beziehung ein ganz kurzes Intermezzo darstellt. Dies kann hilfreich sein, um Widerstände und Umsetzungsschwierigkeiten von Klienten geduldig nachvollziehen zu können und das therapeutische Bündnis nicht mit überzogenen Ansprüchen zu überfrachten.

Sie können nun einwenden, dass die geschilderten Untersuchungen ja für ambulant tätige Psychotherapeuten gelten mögen, aber nur bedingt auf in der Forensik

Tätige übertragbar sind. Schauen wir uns also die noch erschwerenden spezifischen Bedingungen in diesem Umfeld an. Man könnte auch von »gesalzenen Bedingungen« sprechen, die in der Forensik vorherrschen, »dem Land, wo der Pfeffer wächst«:
- Mit dem Tiger im Käfig sein (Therapeuten und Klienten sind gleichermaßen hinter Gittern eingesperrt)
- Keine Freiwilligen (es gibt nur zwangsweise eingewiesene Patienten, deren Motivation zur Behandlung zumindest anfangs nicht von ihnen selbst herrührt)
- Alles, nur keine Fehler (der gesellschaftliche, politische und institutionelle Perfektionsdruck ist immens)
- Erfolge sind selbstverständlich (Gesellschaft, Politik und Institution erwarten Therapieerfolge, die allerdings nicht gelobt werden; nur Kritik wird verschwenderisch geäußert)
- Arbeit im und am Schatten (die Arbeit wird diskriminiert und auch die Taten der Patienten bedingen die Arbeit an menschlichen Schattenseiten wie es in der Psychologie Jungs genannt wird)
- Kollegen statt Feinden (es wird die vorhandene Feindseligkeit der Patienten und auch die Angst dadurch abgewehrt, dass Kollegen sich und ihr Vorgehen gegenseitig abwerten und um die Patienten oder Vorteile im System konkurrieren)
- Die Schuld ist im System (ein System, in dem das Schuldprinzip durch Verurteilung der Straftaten nach den Gesetzen verankert ist, sucht intern stets »Sündenböcke« für Misserfolge)

Bei all diesen Zusatzbelastungen in der Forensik fragt man sich, welches Konzept hier Unterstützung bieten kann.

Vereinfacht gesagt, erinnert die Traumatherapie an bereits vorhandene Ressourcen als Kraftquelle für die tägliche Arbeit:
- Gegenwärtigkeit – das Leben ist jetzt!
- Körperlichkeit – das Leben ist in mir!
- Selbstliebe – das Leben ist liebevoll!
- Stabilisierung – das Leben ist schön!

Diese vier Prinzipien finden sich in der aktuellen Literatur wieder und können mit praktischen Übungen realisiert werden, die nur wenig Zeit erfordern. Traumatherapeutische Ressourcen für therapeutisch Tätige sind somit:

1. *Achtsamkeit und Spiritualität (Reddemann [6] Linehan [7], Kabat-Zinn [8])*
   Achtsamkeit und Meditation, die vor allem im Buddhismus beschrieben sind, werden unabhängig von religiösen oder philosophischen Meinungen als heilsame Konzepte zur Affektregulation und Stressreduktion eingesetzt. Wissenschaftliche Untersuchungen konnten z. B. beim Einsatz der Meditation nach Kabat-Zinn eine deutliche Verbesserung der Lebensqualität und auch eine Reduktion von Schmerzmitteln um etwa ein Drittel an Kliniken mit chronisch Kranken nach-

weisen [8]. So ist nicht nur aus ethischen, sondern besonders aus Kostengründen seine Methode »mbsr« (mindfulness based stress reduction) fest im Therapieprogramm von mehr als 200 amerikanischen Kliniken etabliert.

Zusätzlich kann auch die Entwicklung einer eigenen spirituellen Haltung ein entlastendes Moment für Therapeuten darstellen, da es das eigene Tun relativiert und in einen größeren Sinnzusammenhang stellt.

2. *Der Atem als Verbündeter (Reddemann [6], Kabat-Zinn [8])*
Die Atmung als unmittelbarer Ausdruck der Lebendigkeit und als Medium zur Gegenwärtigkeit in Konzentration und Meditation wird einfach in Übungen genutzt.

3. *Selbstfürsorge mit Modellcharakter (Rost [9], Hofmann/Hoffmann [2], Derbolowsky [10]*
Die Erkennung von eigenen Bedürfnissen und vor allem deren Umsetzung im Alltag, die Reflexion der Denk- und Gefühlsmuster, realistische Selbsteinschätzung und Wege zur Veränderung treten als Basis therapeutischen Handelns in den Vordergrund. Bevor ich mit dem Patienten arbeite, arbeite ich sozusagen an mir selbst, um möglichst gestärkt in den therapeutischen Prozess eintreten und unversehrt aus ihm wieder heraustreten zu können.

4. *Stabilisierung für alle (Reddemann [6], Rost [9])*
Beide Traumatherapeutinnen plädieren für das regelmäßige Üben von imaginativen Stabilisierungsübungen durch Therapeuten sowohl im Vorfeld als auch während Traumabehandlungen von Patienten.

Zum Abschluss möchte ich Ihnen noch eine Geschichte aus dem wahren Leben erzählen. Vor einigen Tagen erwartete ich dringend den Anruf eines Freundes in einer bestimmten Sache und legte mein Handy erstmals auf den Rand der Badewanne. Ich wollte auch während des Badens unbedingt erreichbar sein – und es geschah, was geschehen musste: Das Handy rutschte in die Badewanne! Nachdem ich es wieder aus der Wanne gefischt hatte, war es nicht funktionsfähig. Ich baute es auseinander, trocknete alle Teile. Aber beim Zusammenfügen der Teile gab es nur seltsame Geräusche von sich und schließlich legte ich Gehäuse, Akku und Chip getrennt zum Trocknen hin und beschloss nichts mehr zu tun, nur noch vor dem Einschlafen zu beten, dass das Handy am nächsten Tag wieder funktioniere. Das tat es auch!

Welchen ressourcenorientierten Ansatz kann man nun aus dieser Geschichte ableiten? Eine Liste zur Orientierung:

Das Handy in der Badewanne – aus dem Leben eines Therapeuten:
1. Notfälle sind oft keine!
2. Kümmern Sie sich um das beschädigte Teil!
3. Nur völlig abschalten hilft!
4. Sich nicht mehr kümmern, bewirkt Wunder!

Auch wenn Therapeuten im Aufbau komplizierter als ein Handy sind, kann man mit Augenzwinkern durchaus einige technische Anweisungen für den therapeutischen Alltag für sich ableiten und daraus die folgende Gebrauchsanweisung gestalten:
Gebrauchsanweisung für Handys – und therapeutisch Tätige (?):
1. Bringen Sie das gute Stück nicht, auch nicht durch Hektik, in gefährliche Situationen!
2. Gehen Sie pfleglich mit dem Gehäuse um!
3. Überprüfen Sie öfter Ihren Chip!
4. Laden Sie den Akku regelmäßig auf!

Wem das zu technisch ist, der kann im Büro das Wort »*Halt*« an einem sichtbaren Ort anbringen, um öfter innezuhalten. In »help for helpers« [1] stehen die englischen Begriffe für »hunger« (Hunger und andere unmittelbare Bedürfnisse wahrnehmen), »anger« (Wut und Ärger registrieren und abbauen), »lonely« (Beziehungen und Teilnahme halten mich in Kontakt mit der Realität und schützen mich vor Vereinsamung), »tense/tight« (wenn ich müde werde, unterstützt mich mein »höheres Selbst« bei Ruhe und Erholung).

Wenn Sie mögen, können Sie auch jetzt bei einer kurzen Übung, die alle vier Elemente enthält, teilnehmen. Ich habe mich für die deutschen Begriffe an den von mir formulierten traumatherapeutischen Ressourcenprinzipien orientiert:
H.A.L.T.
- *H*ier sein
- *A*tmen
- *L*ieben
- *T*anken

Ich lade Sie ein, sich bequem hinzusetzen und kurz die Augen zu schließen. Machen Sie sich bewusst, dass Sie in diesem Moment hier sind in diesem Raum. Wie fühlt sich Ihr Körper in diesem Moment an? Gehen Sie achtsam durch Ihren Körper und stellen Sie fest, wo er sich angenehm oder entspannt anfühlt und wo vielleicht weniger angenehm oder verspannt oder schmerzhaft. Beginnen Sie an den Zehen, wandern Sie über die Beine, das Becken, den Bauch, den Oberkörper, die Schultern, den Hals und den Kopf bis zu den Haarspitzen.

Konzentrieren Sie sich dann auf Ihren Atem, lassen Sie ihn fließen und spüren Sie nach, wo Sie an Ihrem Körper die Atembewegung wahrnehmen können. Einatmen, Ausatmen. Der Atem geschieht ohne Ihr Zutun ganz von selbst. Es atmet Sie. Genießen Sie das!

Und stellen Sie sich vor, dass Ihr Herz eine Blumenwiese ist mit vielen herrlichen Blumen. Und wenn Sie Blumen pflücken, wachsen Sie sofort wieder nach. Stellen Sie sich vor, dass Sie einem Menschen, den Sie lieben, einen Blumenstrauß pflücken und wie dieser Mensch lächelt, wenn Sie ihm die Blumen schenken. Genießen Sie diese Vorstellung!

Nun machen Sie sich bewusst, wo Sie Energie tanken können – in der Natur, bei schönen Erlebnissen mit anderen Menschen, im Erleben von Kunst, Musik oder an einem spirituellen Ort – begeben Sie sich nun innerlich an einen solchen Ort. Stellen Sie sich vor, dass Sie sich bei jedem Atemzug mit neuer Energie füllen und alte und verbrauchte Energie beim Ausatmen abgeben.

Stellen Sie sich darauf ein, dass wir gemeinsam die Übung zurücknehmen und Sie nach der Übung wach, frisch und erholt sind, wie nach einem kurzen Schlaf. Lassen Sie während der Rücknahme die Augen geschlossen. Räkeln Sie sich als ersten Schritt der Rücknahme, dann atmen Sie dreimal tief durch, räkeln sich noch einmal und kehren mit Ihrer Aufmerksamkeit zurück in den Raum und öffnen die Augen!

Literatur

[1] Help for helpers – daily meditations for counselors, Hazelden Foundation
[2] Nicolas HOFFMANN/Birgit HOFMANN: Selbstfürsorge für Therapeuten und Berater, Beltz-Verlag
[3] Jacob und Wilhelm GRIMM: Kinder- und Hausmärchen, Gondrom-Verlag
[4] Die schönsten Märchen von Hans Christian Andersen, Esslinger Atelier
[5] Gerald HÜTHER: Bedienungsanleitung für ein menschliches Gehirn, Vandenhoeck & Ruprecht, Göttingen
[6] Luise REDDEMANN: Imagination als heilsame Kraft, Klett-Cotta-Verlag
[7] Marsha M. LINEHAN: Dialektisch-behaviorale Therapie der Borderline-Persönlichkeitsstörung, CIP-Medien
[8] Jon KABAT-ZINN: Gesund durch Meditation, Fischer-Verlag
[9] Christine ROST: Ressourcenarbeit mit EMDR, Junfermann-Verlag
[10] Udo und Jakob DERBOLOWSKY: Liebenswert bist du immer, Junfermann-Verlag
[11] Herzmeditation nach einem Meditationskurs im Buddha- Haus von Aya Khema

Sexualkriminalität

Über den gesellschaftlichen Umgang mit dem Bösen*

Rudolf Egg

Zusammenfassung

Sexualstraftaten werden in der Regel als besonders gravierende Rechtsverstöße empfunden, weil sie intimste Bereiche des menschlichen Lebens berühren. Sie sind daher oftmals Gegenstand medialer Berichterstattung und kontrovers geführter kriminalpolitischer Diskussionen. Dabei kommt es mitunter zu übertriebenen und einseitig dargestellten Aussagen. Ausgehend von den Ergebnissen der Kriminalstatistik und empirisch-wissenschaftlichen Befunden gibt der Beitrag einen Überblick über Umfang und Entwicklung der Sexualkriminalität in Deutschland, einschließlich der sogenannten Dunkelziffer-Frage, sowie zu der Wahrscheinlichkeit und spezifischen Risikofaktoren eines möglichen Rückfalls. In einem weiteren Abschnitt werden Prinzipien und Chancen einer effektiven Therapie von Sexualstraftätern erörtert und es wird gezeigt, dass ein umfassendes Risikomanagement zur Prävention von (erneuten) Sexualdelikten auch eine möglichst frühzeitige und evidenzbasierte kriminalprognostische Begutachtung einschließt.

Schlüsselwörter

Sexualdelikte, Rückfälligkeit, Risikofaktoren, Therapie von Straftätern, Kriminalprognose

Einleitung

Es gibt wohl kaum einen Tag, an dem in den Medien nicht über ein spektakuläres Sexualdelikt berichtet würde. In großen Lettern ist dann etwa zu lesen, dass erneut ein »Sex-Monster«, ein »Kinderschänder«, ein »Triebtäter« zugeschlagen habe, dass die Justiz »wieder einmal« einen gefährlichen »Sex-Gangster« habe laufen lassen oder dass abermals ein viel zu mildes, »empörendes Urteil« gefällt worden sei. Fasst man die dabei mehr oder minder deutlich transportierten Behauptungen

---

* Dieser Beitrag wurde bereits in J. Obergfell-Fuchs und M. Brandenstein (Hrsg.) (2006); Nationale und internationale Entwicklungen in der Kriminologie. Festschrift für Helmut Kury zum 65. Geburtstag (S. 557–579) veröffentlicht. Die Zweitveröffentlichung erfolgt mit freundlicher Erlaubnis des Verlags für Polizeiwisssenschaft.

einmal zusammen, so findet man – ohne Anspruch auf Vollständigkeit – insbesondere folgende Aussagen:
- Sexualdelikte sind ein häufiges, weitverbreitetes Phänomen unserer Zeit.
- Die Zahl der Taten und der Täter steigt von Jahr zu Jahr rapide an.
- Es gibt ein riesiges Dunkelfeld der Sexualdelikte, das etwa 10- bis 20-mal so groß ist wie das Hellfeld.
- Sexualstraftäter sind häufig rückfällig. Wer so etwas einmal tut, der macht es immer wieder.
- Sexualstraftäter sind nicht besserungsfähig. Sie müssen deshalb für immer weggesperrt werden.
- Die Gesetze reichen nicht aus und die Justiz ist zu lasch. Es muss endlich mehr für die Sicherheit vor Sexualstraftätern getan werden.
- Sexualdelikte haben regelmäßig schwerste Folgen für die Opfer. Diese leiden meist ihr ganzes Leben lang darunter.
- Gutachter lassen sich von Sexualstraftätern täuschen. Dadurch kommt es zu vorzeitigen Entlassungen und Rückfällen.

Vielfach werden solche Äußerungen verknüpft mit Forderungen nach härterer Bestrafung von Sexualstraftätern,[1] nach neuen Gesetzen, nach mehr Kontrolle – kurz: nach mehr Sicherheit vor Sexualstraftätern. Wären solche Aussagen lediglich Bestandteil medialer Berichte und Darstellungen, dann ließen sie sich vielleicht mit dem Hinweis auf das Streben nach möglichst hohen Verkaufszahlen und Einschaltquoten erklären. Immerhin sind die Themen »Sex« und »Crime« schon seit Langem Garanten für gute Umsätze bei der Vermarktung von realen oder fiktiven Geschichten. Kein Wunder also, dass dies bei »Sex Crimes« besonders gut funktioniert. Allerdings finden sich entsprechende Feststellungen auch bei nicht-kommerziellen Institutionen, namentlich bei solchen, die sich um Hilfen für Opfer von Straftaten und um Prävention bemühen. So schreibt etwa der bekannte Verein Dunkelziffer e. V. auf seiner Website (www.dunkelziffer.de) unter anderem:

»Jedes Jahr werden in Deutschland laut Statistik des Bundeskriminalamtes ca. 20 000 Kinder – Mädchen und Jungen von unter 1 bis 14 Jahren – sexuell misshandelt. Ausgebeutet für Kinderpornografie und perverse Sexpraktiken. Experten schätzen die Dunkelziffer mindestens zehnmal höher. Die Täter stammen zu 80 Prozent aus dem sozialen Umfeld. Skrupellos zerstören sie Körper und Seele der Kinder. Die Opfer leiden ihr Leben lang. Oft kommen die Verbrecher mit kleinen Geldstrafen und Bewährung davon. Sexualstraftäter, Hersteller, Händler und Konsumenten von Kinderpornografie müssen endlich hart bestraft und geächtet werden.«

Selbst wenn man unterstellt, dass mit der darin enthaltenen Forderung nach der »Ächtung« von Straftätern nicht genau jene Strafe des germanischen und mittel-

---

1 Bis hin zur Forderung nach Einführung der Todesstrafe, vgl.: www.todesstrafe-fuerkinderschaender.de

alterlichen Rechts gemeint ist, welche »die Ausstoßung des Bestraften aus aller menschlichen Gemeinschaft« umfasste »und für jedermann die Ermächtigung, ihn straflos zu töten« (vgl. www.wikipedia.de), so enthält der Text doch mehrere Feststellungen, die als fragwürdig, übertrieben oder grob verallgemeinernd anzusehen und darum – auch angesichts der grundsätzlich positiven Ziele dieses Vereins (Hilfe für sexuell missbrauchte Kinder) – zu kritisieren sind. Überzogene und falsche Behauptungen können auch einer guten Sache eher schaden als nützen.

Wissenschaft verfolgt das Ziel, über das Alltagswissen, über begrenzte individuelle Erfahrungen und erst recht über bloße Intuition hinauszugehen. Auch sogenanntes populäres Alltagswissen entpuppt sich ja nicht selten als populärer Irrtum (vgl. KRÄMER & TRENKLER 2006). Der nachfolgende Beitrag versucht, die komplexe Thematik der Sexualkriminalität aus empirisch-kriminologischer Perspektive zu betrachten und verfolgt dabei die Absicht, auf einige zentrale Fragestellungen fundierte Antworten zu geben – losgelöst von der Hektik aufsehenerregender Einzelfälle und ohne die Einengung direkter persönlicher Betroffenheit. Dabei geht es selbstverständlich nicht um eine Bagatellisierung der Sexualdelinquenz, denn fraglos zählen manche Sexualdelikte zu den schwersten denkbaren Verbrechen. Versachlichung, Differenzierung und Aufklärung sind jedoch Pflichtaufgaben jeder wissenschaftlichen Disziplin und eine zentrale Voraussetzung für eine rationale Auseinandersetzung mit dieser schwierigen Materie sowie für evidenzbasiertes praktisches Handeln.

Statistik der Sexualdelikte

Im Jahre 2005 wurden in Deutschland insgesamt rd. 6,4 Millionen Straftaten polizeilich registriert.[2] Etwa 55 000 dieser Delikte (d. h. knapp 0,9 % aller Straftaten) betrafen »Straftaten gegen die sexuelle Selbstbestimmung«, also Sexualdelikte. Gegenüber dem Vorjahr ging die Zahl der erfassten Fälle um insgesamt 3,7 % zurück. Betrachtet man einzelne Deliktsbereiche näher, so betrug der Rückgang bei sexuellen Gewaltdelikten (Vergewaltigung und schwere sexuelle Nötigung) 7,9 %, beim sexuellen Missbrauch von Kindern 8,5 %. Eine nennenswerte Zunahme (+8,1 %, und zwar von 11 132 auf 12 035 Fälle) war dagegen bei der »Verbreitung pornografischer Schriften« zu verzeichnen. Letzteres spiegelt jedoch nach den Angaben des BKA »weniger die tatsächliche Entwicklung wider als vielmehr eine verstärkte Sachaufklärung der Polizei und ein verbessertes Anzeigeverhalten der Bevölkerung« (BUNDESKRIMINALAMT 2005, 137).

Diese Zahlen entsprechen dem aus der PKS erkennbaren Trend der letzten Jahre. Demnach ergibt sich bezüglich der langfristigen Entwicklung der Sexualdelikte beim sexuellen Kindesmissbrauch ein deutlicher Rückgang seit den 50er-Jahren.

---

2 Quelle: Polizeiliche Kriminalstatistik (PKS) des Bundeskriminalamtes.

Wurden etwa zwischen 1955 und 1965 jährlich 30 und mehr Fälle pro 100 000 Einwohner registriert, so schwankt diese Gesamthäufigkeitszahl seit über zehn Jahren zwischen 18 und 20 Fällen (zuletzt 2005: rd. 17). Etwas anders ist dagegen die Situation bei sexuellen Gewaltdelikten (Vergewaltigung und schwere sexuelle Nötigung). Hier folgte einem Rückgang der Häufigkeitszahlen in den 80er-Jahren bis Mitte der 90er-Jahre (1980: 11,2; 1994: 7,5 Fälle pro 100 000 Einwohner) ein erneuter Anstieg auf Werte über 10,5, zuletzt (2005) aber wieder – wie erwähnt – ein leichter Rückgang auf den Wert 9,9. Allerdings sind hier eine 1998 erfolgte Änderung der Tatbestände bei § 177 StGB (seitdem sind z. B. auch Taten in der Ehe strafbar) sowie die sich aus dem Gewaltschutzgesetz ergebenden Möglichkeiten für Geschädigte zu berücksichtigen, die einen Anstieg angezeigter Straftaten im familiären Bereich zumindest teilweise erklären.[3]

Auch das schwerste aller Sexualdelikte, der Sexualmord, nimmt im Vergleich der letzten 30 Jahre nicht zu, sondern ab, obwohl hier das Anzeigeverhalten für die kriminalstatistische Fallentwicklung nicht bedeutsam ist. Wurden in den 70er-Jahren bundesweit jährlich noch über 50 Sexualmorde (vollendete Taten und Versuche) gezählt, teilweise sogar deutlich mehr (1973: 76 Fälle, 1971: 82 Fälle, 1976: 91 Fälle), so schwankt dieser Wert in den letzten zehn Jahren zwischen 20 (1998) und 30 Fällen (2005: 22 Fälle).[4]

Von einem ständigen oder gar rapiden Anstieg sexueller Delikte kann also zumindest in Deutschland nicht die Rede sein. Dass dies durch die Öffentlichkeit häufig gänzlich anders wahrgenommen wird, dürfte mit der verstärkten medialen Berichterstattung über einzelne besonders aufsehenerregende Sexualstraftaten und der daraus abgeleiteten Verallgemeinerung auf den gesamten Deliktsbereich zusammenhängen (vgl. PFEIFFER, WINDZIO & KLEIMANN 2004).

In diesem Zusammenhang erscheint auch ein Blick auf die Struktur der polizeilich erfassten Sexualdelikte, namentlich der an Kindern verübten Straftaten, interessant. Aus der Tabelle (auf der nächsten Seite) ist ersichtlich, dass nach den Angaben der PKS im Jahre 2004 insgesamt 20 933 Kinder Opfer von Sexualdelikten wurden.[5] Als Opfer gewaltsamer Sexualdelikte (im Sinne der §§ 177, 178 StGB) wurden dabei rd. 3,8 % der Geschädigten (788 Kinder) registriert, sechs Kinder wurden Opfer eines (versuchten oder vollendeten) Sexualmordes. Demgegenüber wurden 6497 Kinder (oder 31 % aller Opfer) durch exhibitionistische Handlungen oder andere Hand-

---

3 Vgl. dazu eine Analyse der Entwicklung in NRW: LANDESKRIMINALAMT NORDRHEIN-WESTFALEN (2005).
4 Dabei ist zu bedenken, dass allein durch die deutsche Vereinigung und der damit verbundenen Zunahme der Bevölkerung in der BRD zumindest ein leichter Anstieg der Fallzahl zu erwarten gewesen wäre.
5 Die PKS zählt bei mehreren gleichzeitig verwirklichten Tatbeständen nur das jeweils abstrakt schwerste Delikt als einen »Fall«.

Tabelle: Kinder als Opfer von Sexualdelikten (Quelle: PKS 2004)

Delikt	männlich	weiblich	gesamt	Prozent
Sexualmord	1	5	6*	0,03
Vergewaltigung, sexuelle Nötigung	127	661	788	3,76
Sexueller Missbrauch von Schutzbefohlenen	226	827	1053	5,03
Sexueller Kindermissbrauch davon:	4379	14707	19086	91,18
– »Hands on«	2955	9634	12589	(65,94)
– »Hands off«	1424	5073	6497	(34,04)
Summe	4733	16200	20933	100

* davon drei vollendete Fälle

lungen ohne Körperkontakt (z. B. Vorzeigen pornografischer Abbildungen) sexuell missbraucht (siehe § 176 Abs. 4 StGB). Bei Sexualdelikten an Kindern handelt es sich also keineswegs um überwiegend schwere Fälle mit körperlicher Gewalt und/oder Penetration, sondern oft um weniger gravierende Vorfälle, für die der Gesetzgeber auch geringere Strafrahmen (drei Monate bis fünf Jahre Freiheitsstrafe) vorgesehen hat. Freilich sind auch solche – in der kriminologischen Fachliteratur oft als »Hands-off-Delikte« bezeichnete – Straftaten keine Bagatelldelikte, wenngleich die Traumatisierung der jeweiligen Opfer in der Mehrzahl dieser Fälle deutlich geringer sein dürfte als etwa bei einer brutalen Vergewaltigung oder bei einem jahrelangen wiederholten innerfamiliären Missbrauch. Die oben zitierte Aussage der angeblich massenhaften sexuellen Misshandlung und Ausbeutung von Kindern »für Kinderpornografie und perverse Sexpraktiken« erweist sich jedoch als eine unhaltbare Verallgemeinerung und Übertreibung eines zweifellos ernsten Sachverhalts.

Die Dunkelziffer-Argumentation

Nicht alle verübten Straftaten werden angezeigt und damit offiziell bekannt bzw. Teil des sog. Hellfeldes der Kriminalität. Aus unterschiedlichen Gründen sehen Geschädigte, auch bei schwereren Übergriffen, von einer Anzeige ab, die Straftat bleibt also für Strafverfolgung und Kriminalstatistik im Dunkeln. Dies gilt für alle Delikte – vom Ladendiebstahl bis zum Mord (vgl. RÜCKERT 2000) – so auch für Sexualdelikte. Über die Größe dieses Dunkelfeldes oder der Dunkelziffer[6] lässt sich – sozusagen definitionsgemäß – nichts Genaues aussagen; es sind allenfalls Schätzungen möglich, etwa anhand von Bevölkerungsumfragen zur Viktimisierung und zum Anzeigeverhalten.[7] Solche Erhebungen haben aber aus methodischen und

---

6 Oft ausgedrückt durch das angenommene Zahlenverhältnis zwischen bekannten (angezeigten, aufgedeckten) und nicht bekannten Straftaten.
7 Zur Prävalenz sexueller Viktimisierungen wurde unlängst ein interessanter Vergleich zwischen Deutschland und Japan vorgelegt (KURY, YOSHIDA & WÜRGER 2005).

praktischen Gründen stets Grenzen der Erfassung und Aufdeckung des Dunkelfeldes, sodass die hiermit gewonnenen Daten eine zwar wichtige Ergänzung der offiziellen Kriminalstatistik bilden (können), aber ebenso wie diese nicht in der Lage sind, die Kriminalität »an sich« zu registrieren. Dies liegt u. a an folgenden Punkten:[8]

- Die Dunkelfeldforschung muss schon aus erhebungstechnischen Gründen bestimmte Gruppen der Bevölkerung ganz oder teilweise ausschließen, so etwa Kinder, Heiminsassen, Obdachlose und Personen mit zu geringen Deutschkenntnissen.
- Bei schweren und seltenen Delikten ist es fraglich, ob die Opfer eine bisher verschwiegene Tat im Rahmen einer wissenschaftlichen Studie offenbaren möchten (Problem des sog. doppelten Dunkelfelds).
- Umgekehrt ist der Wahrheitsgehalt von selbst berichteten Viktimisierungen, die nicht angezeigt wurden, kaum überprüfbar (Problem der Simulation und Dissimulation von Angaben).
- Dunkelfeldbefragungen, die sich nicht nur auf einen kurzen Zeitraum, etwa die letzten zwölf Monate, beziehen, sondern z. B. die sog. Lifetime-Prävalenz erfassen wollen, haben verstärkt mit Verzerrungen durch (Fehl-)Erinnerungen zu kämpfen.
- Bei schriftlichen wie mündlichen Dunkelfeldbefragungen besteht stets die Schwierigkeit, strafrechtliche Tatbestände adäquat in die Umgangssprache umzusetzen. Eine subjektive Opferwerdung muss nämlich nicht in jedem Fall auch tatsächlich strafrechtlich relevante Vorfälle betreffen oder zumindest nicht jene, die die Geschädigten annehmen.
- Namentlich bei weniger gravierenden Vorkommnissen ist unklar, ob es im Falle einer Anzeige tatsächlich zu einem Strafverfahren gekommen wäre, das die Begehung einer Straftat positiv festgestellt hätte, oder ob ein solches Verfahren etwa wegen Geringfügigkeit eingestellt worden wäre.
- Die Erfassung auch seltener Delikte setzt große Umfragestichproben (in Deutschland mindestens 10 000 Personen) voraus. Dies übersteigt die Möglichkeiten herkömmlicher kriminologischer Forschungseinrichtungen und ist einer der Gründe, weshalb es bislang keine bundesweiten regelmäßigen »Victim Surveys« gibt.

Diese Einschränkungen und der bis heute bestehende Mangel an groß angelegten Umfragen in Deutschland schafft freilich Raum für (zumindest teilweise) interessengeleitete Behauptungen und Spekulationen über ein angeblich riesenhaftes Dunkelfeld der Sexualkriminalität. Derartige Annahmen werden scheinbar auch durch die einschlägige Literatur bestätigt, in denen sich für den sexuellen Kindes-

---

[8] Für die weitere Diskussion und zahlreiche Nachweise vgl. z. B. KURY et al. (1992), LUDWIG & KRÄUPL (2005), SCHWIND et al. (2001).

missbrauch Dunkelziffern zwischen 1:6 und 1:20 finden lassen (vgl. z. B. BURGER 1993). ENDRES und SCHOLZ (1994, 468) gehen sogar davon aus, dass »die verbreitete Formel, dass etwa jedes vierte Mädchen von Erwachsenen sexuell missbraucht wird, als empirisch gestützt anzusehen« sei.

Betrachtet man allerdings die entsprechenden Studien genauer,[9] so zeigt sich bereits bei der Definition und der Erfassung des Missbrauchs eine große Uneinheitlichkeit. So schwankt die jeweils berücksichtige Altersgrenze für den »Kindesmissbrauch« zwischen 14 und 18 Jahren, sofern eine solche Grenze überhaupt vorgegeben oder ersichtlich ist. Bezüglich der erfassten Sexualdelikte beschränken sich manche Studien auf Handlungen mit Körperkontakt, andere berücksichtigen auch exhibitionistische, voyeuristische und ähnliche Handlungen. In einzelnen Arbeiten bleibt es sogar den Befragten überlassen, was sie rückblickend als Missbrauch bewerten wollen, »da letztlich nur die Betroffenen selbst eine Aussage darüber machen können, ob sie eine Situation als Übergriff erlebt haben« (LANGE 1998, 8). Eine derart weitreichende Definition dürfte dazu führen, dass neben den wirklich gravierenden Übergriffen auch eine Vielzahl leichterer Vorfälle erhoben wird, mit der Gefahr, dass alle Ereignisse undifferenziert als Missbrauchshandlungen betrachtet werden. Als problematisch erweist sich eine solche Verallgemeinerung etwa bei der Diskussion der möglichen Folgen für die Opfer. Geht man dabei nämlich von den Schäden aus, die Opfer intensiver Übergriffe erlitten haben, und behauptet ähnlich gravierende Viktimisierungen für alle Personen, die irgendeinen Übergriff angegeben haben, so kommt es zu unhaltbaren Übertreibungen. Diese können sich letztlich stigmatisierend auf die Geschädigten auswirken, sofern ihnen pauschal unterstellt wird, dass der Missbrauch ihre »Seele zerstört« habe und sie nun »ein Leben lang« leiden müssten (vgl. oben). Tatsächlich dürfte ja ein Kind, das z. B. einmal einen sich exhibierenden Mann aus der Distanz beobachtet hat, bezüglich des erlittenen Schadens einer Person, die sich rückblickend als nicht sexuell missbraucht bezeichnet, erheblich näherstehen als einem Opfer, das jahrelang intensiven sexuellen Missbrauchshandlungen einschließlich erzwungener Penetration ausgesetzt war.[10]

Begrenzt man den im Dunkelfeld erfassten sexuellen Missbrauch – entsprechend der deutschen Strafrechtsnorm – auf Personen »unter 14 Jahre« und beschränkt man die erhobenen Vorfälle auf solche mit einer Altersdifferenz von mindestens fünf Jahren zwischen Täter und Opfer *oder* auf erzwungene Handlungen (um einvernehmliche sexuelle Kontakte zwischen Gleichaltrigen, z. B. sog. Doktorspiele, auszunehmen), dann ergeben sich deutlich reduzierte Prävalenzraten im Dunkel-

---

9 Ausführlich dazu ELZ (2001, S. 39–51).
10 Zu ähnlichen Ergebnissen kam bereits BAURMANN (1983) im Rahmen einer umfangreichen Längsschnittstudie des BKA über die psychischen Folgen sexueller Gewalt.

feld. So gelangt etwa die bislang einzige bundesweite repräsentative Studie mit mündlicher und schriftlicher Befragung der sexuellen Viktimisierung (WETZELS 1997, 154) zu der Aussage, dass 6,2 % der befragten Frauen und 2 % der Männer in ihrer Kindheit ein- oder mehrmals Opfer sexuellen Missbrauchs waren. Dies ist zwar keine vernachlässigbare Größe, aber eben auch nicht die immer wieder behauptete Missbrauchsrate von angeblich 25 oder mehr Prozent aller Frauen oder 10 % aller Männer.

Studien, die die genannten engeren Definitionen anwenden, zeigen für den sexuellen Kindesmissbrauch außerdem folgende Ergebnisse:

- Die Geschlechterverteilung von Tätern und Opfern entspricht den Daten des Hellfeldes: Täter sind/waren überwiegend Männer, Opfer überwiegend Mädchen.
- Die Mehrzahl der sexuellen Übergriffe mit Körperkontakt betrifft Berührungen ohne Penetration.
- Es handelt sich überwiegend um einmalige Vorfälle; häufiger und intensiver sind jedoch Übergriffe mit größerer sozialer Nähe zwischen Täter und Opfer.
- Die Täter kommen überwiegend aus dem sozialen Umfeld der Opfer. Fremde Täter werden eher angezeigt als dem Opfer bekannte oder gar nahestehende Täter.
- Aus Studien, die längerfristige Entwicklungen erfassen, ist ein Anstieg des sexuellen Missbrauchs nicht erkennbar.

Einmal Sexualstraftäter – immer Sexualstraftäter?

Die eingangs erwähnte öffentliche Diskussion und Empörung über Sexualstraftäter ist dann besonders groß, wenn es sich bei dem Täter um einen bereits einschlägig Vorbestraften, also um einen Rückfalltäter handelt. Nicht selten wird aus spektakulären Rückfalldelikten der Schluss gezogen, dass Sexualstraftäter generell unverbesserlich sind und eine hohe Rückfallneigung aufweisen. In diesem Sinne äußerte sich im Juli 2001 auch der frühere Bundeskanzler Gerhard SCHRÖDER gegenüber der »Bild am Sonntag«: »Ich komme mehr und mehr zu der Auffassung, dass erwachsene Männer, die sich an kleinen Mädchen vergehen, nicht therapierbar sind. Deswegen kann es da nur eine Lösung geben: Wegschließen – und zwar für immer.« Natürlich wusste der Jurist und Rechtsanwalt Schröder, dass es ein »Wegschließen für immer« im deutschen Strafrecht nicht gibt.[11] Auch über die Therapierbarkeit von Pädosexuellen hätte er an sich besser informiert sein können. Sein Statement passte jedoch nicht nur zum Boulevard-Stil der Bild-Zeitung, der eine sachliche Darstellung oder Diffe-

---

11 Vgl. BVerfG 45, 187 vom 21. Juni 1977. Danach gehört zu den Voraussetzungen eines menschenwürdigen Strafvollzugs, »dass dem zu lebenslanger Freiheitsstrafe Verurteilten grundsätzlich eine Chance verbleibt, je wieder der Freiheit teilhaftig zu werden«.

renzierung gerade bei schwierigen Themen fremd ist, sondern er traf damit auch die Meinung der Mehrheit der Bevölkerung.[12] Selbst in der kriminologischen Literatur finden sich gelegentlich Aussagen, die die Schrödersche These zu stützen scheinen. So schreibt SCHNEIDER (2001, 407), gestützt auf einige US-amerikanische Studien: »Die Rückfallneigung der Sexualstraftäter ist hoch und dauert lange.«

Problematisch daran ist jedoch schon die durch eine solche Aussage suggerierte Annahme, es gäbe so etwas wie *»die«* Rückfallneigung und *»den«* Sexualstraftäter. Tatsächlich ist die Bestimmung der Rückfälligkeit oder gar der kriminellen Karriere von Personen, die wegen sexueller Delikte auffällig wurden, eine relativ schwierige Angelegenheit. Dies hat verschiedene methodische und praktische Gründe. Offen ist bereits die Frage der Definition des Rückfalls: So ist es wegen der oben erwähnten Dunkelfeldproblematik gar nicht möglich, jede neue Straftat zu erfassen, selbst eine Bezugnahme auf jede neue angezeigte Straftat erscheint problematisch, weil damit ja einerseits Fälle einer (irrtümlichen oder vorsätzlichen) Falschbeschuldigung eingeschlossen wären, andererseits auch jene vielen Fälle, in denen eine polizeiliche Beurteilung als Tatverdächtiger später nicht zu einer Verurteilung führt, als Rückfall gewertet würden. Dieser oft auch als Ausfilterungsprozess des Strafverfahrens bezeichnete Vorgang führte etwa im Jahre 2003 dazu, dass von 100 Tatverdächtigen (bezogen auf alle Deliktsbereiche) lediglich etwa 30 später verurteilt wurden. Bei den übrigen Verdächtigen wurden die Verfahren – aus unterschiedlichen Gründen – eingestellt oder endeten mit einem Freispruch.

Studien zur Rückfälligkeit von Straftätern beziehen sich daher meist auf erneute Verurteilungen. Damit bewegen sie sich zwar auf einem rechtlich »wasserfesten« Terrain, nehmen aber in Kauf, dass sie die Zahl der tatsächlich begangenen neuen Straftaten unterschätzen. Dies gibt – ähnlich wie bei der Frage von Umfang und Entwicklung der Sexualdelikte – Raum für Vermutungen und Spekulationen. Allerdings muss auch eine neue Verurteilung inhaltlich keineswegs eine Wiederholung früherer Straftaten bedeuten. So wird man einen früher wegen Vergewaltigung Verurteilten, der später wegen eines Ladendiebstahls verurteilt wird, wohl schwerlich als »rückfällig« bezeichnen wollen, wenn er ansonsten straffrei bleibt. Rückfalluntersuchungen sollten darum auch die »Einschlägigkeit« neuer Delikte berücksichtigen, ein Begriff, der verschiedene Definitionen ermöglicht und darum zu unterschiedlichen Bewertungen des Rückfalls führen kann. Ähnliches gilt für die Erfassung der Deliktschwere und des jeweils berücksichtigten Erfassungszeitraums (sog. »time at risk«). Ein zu kurzer Zeitraum von nur ein oder zwei Jahren bezieht nur Fälle mit besonders hoher Rückfallgeschwindigkeit ein, gerade bei Sexualdelikten kann es aber auch nach etlichen Jahren eines straffreien Lebens noch zu

---

12 Nach einer 2001 durchgeführten Forsa-Umfrage stießen Schröders Forderungen nach einem härteren Vorgehen gegen Sexualstraftäter bei 77 bis 83 % der Bevölkerung, je nach Altersgruppe, auf Zustimmung.

Rückfällen kommen. Lange Risikozeiträume sind jedoch aus methodischen Gründen schwierig zu realisieren, z. B. wegen der Tilgungsfristen des Bundeszentralregisters (§§ 45 ff. BZRG). In der empirischen Rückfallforschung gilt darum meist ein Intervall von vier oder fünf Jahren als angemessen und ausreichend.

Angesichts der genannten Schwierigkeiten der Definition und Bestimmung des Rückfalls verwundert es nicht, dass die vorliegenden empirischen Befunde zur Rückfälligkeit von Sexualstraftätern nicht einfach zu interpretieren sind, schon gar nicht im Sinne einer einzigen Zahl zu der »Rückfälligkeit«. Alles, was wir heute darüber wissen, entnehmen wir zeitlich und örtlich begrenzten Studien, die mit Stichproben (Begutachtungsfälle, Entlassene einer Einrichtung, Sample eines Urteilsjahrgangs etc.) arbeiten, mit jeweils spezifischen Begrenzungen der Aussagemöglichkeit. Hilfreich wäre eine allgemeine, regelmäßig geführte Rückfallstatistik, aus der sich für einzelne Delikte, Personengruppen und Sanktionsformen Basiszahlen des Rückfalls entnehmen ließen. Eine solche Statistik gibt es jedoch in Deutschland (bislang noch) nicht, lediglich eine Pilotstudie, die die Machbarkeit und die Möglichkeiten einer solchen Statistik aufgezeigt hat (JEHLE, HEINZ & SUTTERER 2003). Danach waren innerhalb eines Follow-up-Zeitraums von vier Jahren (nach Rechtskraft des Urteils bzw. nach Entlassung aus einer stationären Sanktion) 40,7 % der Personen, die wegen eines sexuellen Gewaltdelikts verurteilt worden waren, erneut sanktioniert worden. In über 21 % der Fälle war dies eine (erneute) Freiheits- oder Jugendstrafe. Aus den veröffentlichten Zahlen lässt sich allerdings nicht ersehen, ob es bei den neuerlichen Entscheidungen um einschlägige, also um ähnliche Delikte oder um Verurteilungen wegen anderer Straftaten ging.

Bei anderen Rückfallstudien handelte es sich in der Vergangenheit meist um sog. katamnestische oder Follow-up-Untersuchungen, z. B. für einzelne Entlassungsjahrgänge oder Entlassungsgruppen aus Anstalten des Straf- oder Maßregelvollzugs. Die Verallgemeinerbarkeit solcher Arbeiten (vgl. z. B. BEIER 1995; BERNER & BOLTERAUER 1995; DIMMEK & DUNCKER 1996; DÜNKEL & GENG 1994) ist naturgemäß begrenzt. Einen deutlichen Fortschritt bedeuten hier Meta-Analysen, die zahlreiche Einzelarbeiten einbeziehen und damit eine Gesamtschau auf breiter empirischer Grundlage ermöglichen. So umfasste z. B. die Meta-Analyse von HANSON & BUSSIÈRE (1998) 61 Rückfallstudien mit Daten von fast 29 000 Sexualstraftätern. Bei einem Beobachtungszeitraum von vier bis fünf Jahren über verschiedene Teilgruppen hinweg ergab sich eine einschlägige Rückfallquote (= neues Sexualdelikt) in Höhe von 13,4 %; höhere Rückfallraten zeigten sich bei sexuellen Gewalttätern (18,9 %), etwas niedrigere bei Kindesmissbrauchern (12,7 %). Die Quote für jedes beliebige neue Delikt betrug im selben Zeitraum insgesamt 36,3 %.

Diese Resultate widersprechen der populären Ansicht, dass alle Sexualstraftäter extrem rückfallgefährdet sind, obwohl auch hier das Problem des Dunkelfeldes, also der nicht angezeigten Sexualdelikte, zu beachten ist. Allerdings waren auch in Studien mit gründlichen Datenerhebungen (z. B. Einbeziehung von self reports und Bewährungsverstößen) und langen Beobachtungszeiträumen (15–20 Jahre) die Rückfallraten praktisch nie größer als 40 %.

Die Bestimmung der Rückfälligkeit von Sexualstraftätern sowie Aussagen zu den spezifischen Risikofaktoren waren auch Ziel einer umfangreichen Untersuchung der Kriminologischen Zentralstelle (KrimZ) in Wiesbaden (vgl. Egg 2000; Elz 2001, 2002; Nowara 2001). Ausgangspunkt (Grundgesamtheit) der Studie waren alle Personen, die im Jahre 1987 in Deutschland (BRD und DDR) wegen eines Sexualdelikts sanktioniert worden waren und deren Einträge im Bundeszentralregister (BZR) Ende 1996, also rund zehn Jahre später, abgefragt wurden.

Etwa die Hälfte aller so erfassten Sexualstraftäter hatte bis zu diesem Zeitpunkt wieder Straftaten begangen (und wurde deswegen verurteilt), dabei handelte es sich aber meist nicht um neue Sexualdelikte. Bei Berücksichtigung eines festen Risikozeitraums von sechs Jahren betrug die einschlägige Rückfälligkeit bei Personen, die wegen Kindesmissbrauchs oder eines sexuellen Gewaltdelikts verurteilt worden waren, jeweils rund 20 %. Lediglich Verurteilte wegen exhibitionistischer Handlungen wurden häufiger einschlägig rückfällig (rund 56 %), zumeist freilich wieder wegen eines sog. Hands-off-Delikts (vgl. Elz 2004). Die Auswertung der Rückfallgeschwindigkeit (bestimmt durch den Zeitpunkt der ersten Rückfalltat) zeigt, dass zwar über die Hälfte aller Rückfälligen bereits in den ersten zwei Jahren des Risikozeitraums erneut ein Sexualdelikt verübten, aber auch im sechsten Jahr kam es noch in 7 % der Fälle *erstmalig* zu einem Rückfall. Vor diesem Hintergrund ist es wahrscheinlich, dass bei einem noch längeren Risikointervall weitere »späte« Rückfälle erfasst worden wären.

Die Betrachtung von Teilgruppen erbrachte einige bemerkenswerte Unterscheidungen hinsichtlich der Rückfallhäufigkeit. Überdurchschnittlich hoch war z. B. die erneute Straffälligkeit von jungen Tätern, also von solchen, die vor dem 21. Lebensjahr ein Sexualdelikt begangen hatten, im Vergleich zu älteren Straffälligen (ausführlich: Elz 2003). Dies gilt für die allgemeine Rückfälligkeit (90 % vs. 52 %) wie für den einschlägigen Rückfall (29 % vs. 16 %). Eine andere interessante Differenzierung ergab sich bezüglich der vor der Bezugstat gegebenen Beziehung zwischen Täter und Opfer: Innerfamiliäre Kindesmissbraucher wurden deutlich seltener einschlägig rückfällig als fremde Täter (6 % vs. 24 %). Eine vergleichsweise hohe einschlägige Rückfälligkeit (über 35 %) findet sich dagegen bei sog. »Hands-Off-Tätern«, also solchen, die ihnen fremde Kinder ohne Körperkontakt missbrauchen, überwiegend durch exhibitionistische Handlungen.

Aus solchen Gruppenvergleichen ergeben sich spezifische Risikofaktoren, die als Prädiktoren des einschlägigen Rückfalls angesehen werden können und auch im Rahmen kriminalprognostischer Begutachtungen Verwendung finden können. Dazu zählen u. a. folgende Punkte (ausführlicher Egg 2006):

- Vorstrafen wegen sexueller Delikte
- Missbrauch (auch) männlicher Opfer
- Missbrauch jüngerer Kinder (unter zehn Jahren)
- geringer Alkoholeinfluss bei der Tat
- ungünstige Sozialisation, eigene Gewalterfahrungen
- frühe psychiatrische Auffälligkeit oder Therapie des Täters
- volle Verbüßung einer Freiheitsstrafe, also keine Strafrestaussetzung zur Bewährung.

Insgesamt zeigt sich, dass die Rückfallwahrscheinlichkeit von Sexualstraftätern – bestimmt durch neue Verurteilungen innerhalb von sechs Jahren – zwar eine etwa 20 %-ige Basisrate hat, aber eine große Spannbreite aufweist. Diese reicht von rd. 6 % (innerfamiliäre Kindesmissbraucher) bis zu rd. 50 % (z. B. Vergewaltiger mit Vollverbüßung und Exhibitionisten). Nicht ausschließen lässt sich zwar, dass in einzelnen Fällen, z. B. mit langfristiger Entwicklung und erheblich fantasiegesteuerter sexueller Devianz, eine praktisch 100 %-ige Rückfallgefahr besteht – solche Personen würden ja dem Klischee eines dauerhaft, sozusagen lebenslang gefährlichen Sexualstraftäter entsprechen –, doch dürfte es sich dabei um sehr seltene Fälle handeln. In der KrimZ-Studie führte die Analyse aller registrierten Straftaten im Lebenslauf zu fünf verschiedenen »Karrieretypen« der Sexualdelinquenz (vgl. Elz 2001, 205 ff.). Am häufigsten (fast 70 %) waren dabei Täter, für die das untersuchte Sexualdelikt die einzige registrierte Sexualstraftat war. Weniger als 10 % aller Täter waren als »Serientäter« (mit mindestens drei Sexualstraftaten im Lebenslauf) anzusehen.

Therapie von Sexualstraftätern – Möglichkeiten und Erfolg

Weil es nicht *den* Sexualstraftäter gibt, sondern unterschiedliche Gruppen mit verschiedenen Entwicklungen, Motiven, Neigungen und Rückfallrisiken, ist die oft gestellte Frage, ob eine Therapie von Sexualstraftäter überhaupt möglich ist, etwa so vernünftig wie die Frage, ob chirurgische Eingriffe am Herzen sinnvoll sind. Es kommt eben darauf an – hier wie dort. Sicher gibt es Sexualstraftäter, die wegen ihrer bisherigen sozialen und persönlichen Entwicklung und vieler vorausgehender gescheiterter Versuche oder wegen ihres hohen Maßes an fantasiegesteuerten, planvollen Handlungen oder ihrer zu geringen Empathie für die Opfer sowie wegen ihrer zu geringen Bereitschaft zur Mitwirkung an einem Behandlungsprogramm nach dem heutigen Erkenntnisstand als kaum oder gar nicht behandlungsgeeignet einzustufen sind, doch lässt sich daraus nicht der Schluss ableiten, »dass erwachsene Männer, die sich an kleinen Mädchen vergehen, nicht therapierbar sind« (so wie erwähnt G. Schröder 2001).

Vielmehr gilt wie bei der Straftäterbehandlung insgesamt auch für die Therapie von Sexualstraftätern, dass eine erfolgreiche Behandlung grundsätzlich möglich ist, wenn bestimmte Grundprinzipien beachtet werden. Dazu zählen nach ANDREWS et al. (1990) vor allem die folgenden Punkte:

1. Das *Risiko-Prinzip* (Risk Principle): Damit ist eine angemessene Dosierung der Behandlungsintensität gemeint – entsprechend dem jeweilgen Risikograd der zu behandelnden Zielgruppe. Sexualstraftäter mit hoher Rückfallgefahr benötigen also intensivere, längere Behandlungs- und Kontrollmaßnahmen als Täter mit geringeren Risiken.
2. Das *Bedürfnisprinzip* (Need Principle): Dieses Prinzip verlangt die Entwicklung und Anwendung theoretisch fundierter Behandlungskonzepte, die sich gezielt der Veränderung der kriminogenen Risikofaktoren widmen. Behandlungsverfahren, die lediglich so etwas wie eine allgemeine Stärkung des Selbstwertgefühls oder eine Förderung kommunikativer Kompetenzen anstreben sind daher weniger geeignet als Methoden, die gezielt auf die Entstehungszusammenhänge der jeweiligen Bezugsdelikte eingehen.
3. Das *Ansprechbarkeitsprinzip* (Responsitivity Principle): Viele ältere Therapieverfahren wurden z. B. an gesprächsbereiten und -erfahrenen Personen aus akademischen Kreisen entwickelt. Das Ansprechbarkeitsprinzip bezieht sich darauf, dass die Programme den spezifischen Erfahrungen, Lernweisen und Fähigkeiten der Delinquenten angepasst werden müssen.

Obwohl es im deutschen Sprachraum bislang nur einige wenige Studien gibt, die sich explizit mit der Wirksamkeit der Behandlung von Sexualstraftätern innerhalb und außerhalb geschlossener Einrichtungen befassen, zeigen internationale Studien, dass durch gezielte Behandlungsmaßnahmen die Rückfälligkeit von Sexualstraftätern signifikant beeinflusst werden kann.

So analysierte HALL (1995) zwölf Rückfalluntersuchungen aus dem nordamerikanischen Raum (Suchzeitraum 1988–1994), die sich auf insgesamt 1313 Sexualstraftäter (Behandlungsgruppe 52 %) bezogen. Die Behandlungsmethoden umfassten Psychotherapie und psychosoziale Interventionen, hormonale Medikation und chirurgische Kastration; der mittlere Katamnesezeitraum betrug sieben Jahre. Die Rückfallrate für die Behandlungsgruppe betrug dabei insgesamt 19 %, während 27 % der unbehandelten Sexualstraftäter einschlägig rückfällig wurden. Der mittlere Effekt über alle Studien betrug .12, d. h. im Vergleich zur Kontrollgruppe waren 12 % weniger Rückfälle zu verzeichnen. Dies entspricht den internationalen Ergebnissen der Wirksamkeitsevaluationen (LÖSEL 2000). Hinsichtlich der Art der Behandlungsmaßnahmen ergab die Arbeit von Hall, dass sowohl somatische als auch kognitiv-behaviorale Behandlungsmaßnahmen diesen positiven Effekt auf die Rückfälligkeit erzielten (überdurchschnittlicher Effekt jeweils ca. .30).

Eine von HANSON et al. (2002) vorgestellte Meta-Evaluationsstudie zur Behandlung von Sexualstraftätern ergab für 43 Studien mit zusammen 9454 Probanden ebenfalls insgesamt positive Effekte (Follow-Up-Intervall vier bis fünf Jahre). Allerdings waren nicht alle eingesetzten Maßnahmen gleichermaßen wirksam. So zeigten Therapieansätze, die vor dem Jahr 1980 zum Einsatz kamen, kaum positive Effekte, während neuere Verfahren sowohl die allgemeine Rückfälligkeit wie die einschlägige Rückfälligkeit deutlich reduzierten (von 51 % auf 32 % bzw. von 17 % auf 10 %). Besonders günstig schnitten dabei (bei erwachsenen Straftätern) wiederum sog. kognitiv-behaviorale Verfahren[13] ab.

Vor einiger Zeit wurde auch eine in Deutschland durchgeführte Metaanalyse zur Wirksamkeit der Sexualstraftäterbehandlung vorgelegt (SCHMUCKER 2004). Sie berücksichtigt erstmals auch einige deutschsprachige Evaluationsstudien. Analysiert wurden 69 Untersuchungen mit 80 Vergleichen (insgesamt 22 181 Sexualstraftäter, davon 9512 Behandelte, 12 669 Kontrollgruppe), die den Behandlungserfolg anhand von Rückfalldaten überprüften. Dabei handelt es sich nur um kontrollierte Designs ohne Einbeziehung von Behandlungsabbrechern, um ein Mindestmaß an methodischer Güte zu gewährleisten. Als Effektstärkemaß wurden sog. Odds Ratios berechnet; in Bezug auf den einschlägigen sexuellen Rückfall ergab sich dabei ein hochsignifikanter mittlerer Effekt von 0,59 (d = 0,29), das entspricht einer Reduzierung der Rückfallquote um 30 % bei einem mittleren Katamnesezeitraum von rd. fünf Jahren. Ein vergleichbarer positiver Effekt der Behandlung zeigte sich hinsichtlich der allgemeinen Rückfälligkeit (d = 0,28; 22 % vs. 33 % Rückfall). Auf der anderen Seite zeigten 28 % der Vergleiche keine oder gar eine negative Behandlungswirkung, d.h. die behandelten Straftäter wiesen sogar höhere Rückfallraten auf als die Täter der Kontrollgruppe. Dies bestätigt eine Einschätzung von HANSON et al. (2002), wonach kein Behandlungsprogramm eine vollständige Beendigung der Straffälligkeit garantieren kann. Konsequenterweise sollten daher Behandlungsprogramme lediglich als *ein* Element einer umfassenden Strategie des Risikomanagements (im Umgang mit Sexualstraftätern) angesehen werden.

Dazu zählt auch eine möglichst frühzeitige und gründliche Begutachtung von Sexualstraftätern – zur Abschätzung des individuellen Risikos, zur Planung geeigneter Behandlungsmaßnahmen oder auch zur Beurteilung der Frage möglicher vollzuglicher Lockerungen oder vorzeitiger Entlassungen.

Begutachtung und Prognose – wie zuverlässig sind Gutachten?

Kommt es nach der Entlassung eines Sexualstraftäters aus dem psychiatrischen Maßregelvollzug oder nach einer Strafrestaussetzung zur Bewährung zu einem schweren Rückfall, so richtet sich die öffentliche Kritik nicht selten gegen ein vermeintlich

---

[13] Vgl. dazu WISCHKA (2004).

»liberales Gutachterkartell« (so Schröder in »Bild am Sonntag« 2001) oder – etwas wohlwollender formuliert – auf den Aspekt der Genauigkeit und Objektivität forensischer Begutachtungen. Wie zuverlässig also sind Gutachten über Sexualstraftäter und deren zukünftiges Verhalten? Welche Standards gibt es für derartige Expertisen? Lassen sich Gutachter täuschen, sind sie beeinflussbar?

Niemand ist perfekt und absolut sichere Vorhersagen zukünftigen Verhaltens sind nicht möglich. Schließlich kann niemand im Voraus wissen, welche Ereignisse im Leben eines Menschen eintreten werden, welchen anderen Personen er begegnen wird, wie erfolgreich eine Partnerschaft, eine Berufstätigkeit oder neue soziale Kontakte sein werden und wie er darauf und insbesondere auf schwierige Situationen reagieren wird. Deshalb kann und wird es auch immer wieder Fälle geben, in denen es trotz umfangreicher, gründlicher Begutachtung und positiver Einschätzung zu einer unvorhergesehenen negativen Entwicklung und neuen Straftaten kommt. Aus diesem Grunde ist es auch besser, den klassischen Prognosebegriff, der einen nicht einlösbaren Blick in die Zukunft suggeriert, durch den weniger anspruchsvollen Begriff der Risikoeinschätzung (risk assessment) zu ersetzen, wie dies in der kriminalwissenschaftlichen Literatur in jüngster Zeit zunehmend geschieht.

Parallel zur Fortentwicklung der kriminologischen Rückfallforschung wurden in den letzten zehn Jahren mehrere Verfahren, Methoden und Schemata entwickelt, die eine deutliche Verbesserung gegenüber den klassischen Instrumenten der sog. klinischen Prognose oder gar der intuitiven Prognose bedeuten. Während sich traditionelle Ansätze überwiegend auf die (notwendigerweise begrenzte) praktische Erfahrung des Prognosesachverständigen oder gar auf dessen »Menschenkenntnis« stützten, versteht sich die moderne Kriminalprognose als wissenschaftlich fundierte Methode, die neben dem in der Praxis erworbenen Wissen des einzelnen Gutachters auch und vor allem die empirischen Aussagen zu den Entstehungsbedingungen von Kriminalität und Rückfall bzw. Bewährung berücksichtigt (vgl. Egg 2002). Dazu zählt neben der Identifizierung bzw. Prüfung von Risiko-oder Gefährdungsfaktoren auch die Analyse protektiver oder Schutzfaktoren; Letzteres nicht nur aus Gründen der Fairness oder Ausgewogenheit, sondern weil in der Stärkung positiver Kräfte Chancen für eine effektive Behandlung und Hilfe liegen, die bei einer ausschließlichen Konzentration auf Defizite und Risiken übersehen würden. Dies kann sich (im Sinne eines gezielten Risiko-Managements) günstig auf die individuelle Rückfallgefahr bzw. auf die Prävention von Sexualdelikten auswirken. Ein weiterer Unterschied zur klassischen Prognose besteht darin, dass das jeweilige Bezugsdelikt, dessen Entstehung und Verlauf sowie dessen Einbindung in überdauernde oder situationsgebundene Aspekte einen Schwerpunkt der Risikobeurteilung darstellt, während Fragen der allgemeinen Persönlichkeitsbeurteilung oder des Verhaltens im Strafvollzug eher in den Hintergrund rücken.

Bewährt hat sich auch die Berücksichtigung von Kriterienlisten oder Beurteilungsschemata, die dem Sachverständigen insbesondere helfen sollen, zu überprüfen, ob alle nach dem gegenwärtigen Kenntnisstand relevanten Fragestellungen beachtet wurden oder ob ggf. zusätzliche Informationen einzuholen sind. Dies hat jedoch nichts mit einfachen Checklisten zu tun, die es auch einem gutachterlich unerfahrenen Beurteiler erlauben würden, eine Risikobeurteilung zu erstellen, wenngleich manche aus dem angloamerikanischen Raum stammenden Verfahren dies auf den ersten Blick zu ermöglichen scheinen, so etwa die in Kanada entwickelten Verfahren HCR 20 (WEBSTER, DOUGLAS, EAVES & HART 1997) und SVR 20 (BOER, HART et al. 1997) sowie die bekannte Psychopathy-Check-List (PCL) von HARE (1991). Neben der Anwendung solcher Kriterienkataloge müssen für eine Individualprognose stets auch dynamische Aspekte der Entwicklung und spezielle Merkmale, z. B. besondere Lebensumstände, Hilfen oder Risiken, berücksichtigt werden.

Im deutschen Sprachraum haben die Prognoseschemata von NEDOPIL (1995, 2005) und DITTMANN (2000) breite Anerkennung und Verwendung gefunden; diese sollen hier kurz vorgestellt werden.

Die Faktorenliste von Nedopil ist – ähnlich wie ein früheres Modell von RASCH (1999) – in vier Bereiche gegliedert:

1) Das Ausgangsdelikt: statistische Rückfallwahrscheinlichkeit, Bedeutung situativer Faktoren für das Delikt, Einfluss einer vorübergehenden Krankheit, Zusammenhang mit einer Persönlichkeitsstörung, Erkennbarkeit kriminogener oder sexuell devianter Motivation.

2) Die prädeliktische Persönlichkeit: Kindheitsentwicklung und Faktoren einer Fehlentwicklung, soziale Integration, lebensspezifische Umstände, Art und Dauer von krankhaften Verhaltensauffälligkeiten.

3) Die postdeliktische Persönlichkeitsentwicklung: Anpassung, Nachreifung, Entwicklung von Coping-Mechanismen, Umgang mit bisheriger Delinquenz, Persistieren deliktspezifischer Persönlichkeitszüge, Aufbau von Hemmungsfaktoren, Folgeschäden durch Institutionalisierung.

4) Der soziale Empfangsraum: Arbeit, Unterkunft, soziale Beziehungen, Kontrollmöglichkeiten, Konfliktbereiche, die rückfallgefährdende Situationen wahrscheinlich machen, Verfügbarkeit von Opfern, Stressoren.

Die von DITTMANN (2000) vorgelegte Liste von »Kriterien zur Beurteilung des Rückfallrisikos besonders gefährlicher Straftäter« ist aus der Praxis der schweizerischen Fachkommissionen zur Beurteilung »gemeingefährlicher« Straftäter hervorgegangen (DITTMANN 1998). Sie berücksichtigt zahlreiche Merkmale, die sich nach der Fachliteratur sowie nach der praktischen Erfahrung des Autors als anwendbar und aussagekräftig erwiesen haben:

- Analyse der Anlasstat
- bisherige Kriminalitätsentwicklung

- Persönlichkeit und psychische Störung
- Einsicht des Täters in seine Störung
- soziale Kompetenz
- spezifisches Konfliktverhalten
- Auseinandersetzung mit der Tat
- allgemeine Therapiemöglichkeiten
- reale Therapiemöglichkeiten
- Therapiebereitschaft
- sozialer Empfangsraum
- bisheriger Verlauf nach der Tat.

Eine Besonderheit dabei ist, dass auf eine systematische Vorgehensweise großer Wert gelegt wird, ohne dass damit eine schematische Anwendung im Sinne einer bloßen Addition von Positiv- und Negativpunkten gemeint ist. Dittmann betont vielmehr die Notwendigkeit einer Gesamtschau, die Nutzung vieler unterschiedlicher Informationsquellen (frühere Urteile, Gutachten und Befunde, Vollzugsakten, Therapieverlaufsberichte) zur Absicherung der prognostischen Einschätzung sowie die Diskussion und Beurteilung der einzelnen Kriterien in einer Gruppe von Experten mit eigenen praktischen Erfahrungen im Umgang mit gefährlichen Straftätern. Weil die Prognosesicherheit im zeitlichen Verlauf kontinuierlich abnimmt, empfiehlt Dittmann für die prognostischen Aussagen die Angabe eines Zeitraums, für den die Einschätzung gelten soll. Dieser sollte im Allgemeinen nicht über ein Jahr hinausgehen.

Auch bei optimaler Erforschung der Entstehungszusammenhänge von (Sexual-)Kriminalität und Rückfallgeschehen und dem Einsatz wissenschaftlich abgesicherter Kriterienkataloge und Diagnoseschemata sowie bei Berücksichtigung aller verfügbaren und für die Beurteilung relevanten Daten werden Kriminalprognosen allerdings – wie bereits oben erwähnt – stets nur Wahrscheinlichkeitsaussagen oder Risikoprofile mit zeitlich begrenzter Reichweite ermöglichen. DITTMANN (2000) geht davon aus, dass »unter optimalen Bedingungen der Anteil richtiger Vorhersagen ca. 90 % betragen kann«. Daraus folgt freilich, dass »ein gewisses Restrisiko immer bestehen« bleibt, ein Risiko, das einen Irrtum in zwei Richtungen bedeuten kann, nämlich Über- oder Unterschätzung der individuellen Rückfallgefahr.

Schon wegen dieses nie auszuschließenden Restrisikos und der oben genannten begrenzten zeitlichen Reichweite prognostischer Aussagen muss ein Gutachten, das einen Rückfall als wenig wahrscheinlich bezeichnet hat und zu einer (vorzeitigen) Entlassung führte, nicht automatisch fehlerhaft oder schlecht sein, wenn der Begutachtete später doch eine neue Straftat verübt. Es könnte sich nämlich auch um ein zwar in sich korrektes Gutachten handeln, für das aber (im Nachhinein betrachtet) eine nicht ausreichende Datenbasis verwendet wurde, ohne dass daraus dem Sachverständigen ein Vorwurf zu machen wäre. Von einem schlechten

Gutachten wird man sinnvollerweise nur dann sprechen dürfen, wenn gravierende
»handwerkliche« Fehler vorliegen, wenn also vorhandene Fakten falsch gewertet
oder ganz übersehen wurden oder wenn der Sachverständige bestimmte wichtige
Daten gar nicht erst erhoben hatte (z. B. die Sexualanamnese eines Kindesmissbrauchers). Anders liegen die Dinge, wenn bestimmte prognoserelevante Fakten, etwa
frühere Auffälligkeiten, zum Begutachtungszeitpunkt nicht (hinreichend) bekannt
waren und sich der Gutachter deshalb auf eine unvollständige Datenbasis stützen
musste. Dies aber sollte nicht einseitig ihm angelastet werden.

In diesem Zusammenhang taucht in den Medien immer wieder die oft schon als
Behauptung formulierte Frage auf, ob sich Gutachter von (Sexual-)Straftätern
täuschen lassen und ob es deshalb zu nicht gerechtfertigten Entlassungen mit
gravierenden Folgen für weitere Opfer kommt. Obwohl man nicht ganz ausschließen kann, dass sich Gutachter, z. B. von falschen Behauptungen oder einer
vorgetäuschten Reue, zu sehr beeindrucken lassen, dürfte diese Gefahr in der Praxis
eher gering sein. Man darf zwar davon ausgehen, dass Straftäter in Begutachtungssituationen, von denen sie sich Lockerungsmaßnahmen oder eine Entlassung
erhoffen, in der Regel versuchen werden, einen guten Eindruck zu vermitteln,
denkbar ist auch, dass dabei mit verschiedenen Tricks und Täuschungen gearbeitet wird, doch kommt es – wie oben ausgeführt – bei einer Prognosebeurteilung
ja nicht so sehr auf eine gefühlsmäßige Beurteilung von Personen (Sympathie),
auf deren selbst berichtete Empfindungen oder auf angebliche Vorsätze für die
Zukunft an, im Mittelpunkt steht vielmehr die Analyse relevanter Risiko-und
Schutzfaktoren. Dabei kommt sog. »harten« Fakten (z. B. biografische Merkmale,
konkret durchgeführte Maßnahmen, überprüfbare Schritte zur Vorbereitung der
Entlassung) ein größeres Gewicht zu als »weichen« Daten (bloße Meinungen,
Gefühlsäußerungen, Absichtserklärungen etc.). Selbst das alltägliche Verhalten im
Vollzug (etwa: Pünktlichkeit, Höflichkeit, Sauberkeit) hat unter Prognoseaspekten
einen meist nur geringen Stellenwert.

Fazit und Ausblick

Sexualdelikte gehören fraglos zu jenen Straftaten, die als besonders gravierende Rechtsverstöße empfunden werden. Sie machen betroffen, weil sie – anders
als z. B. Eigentums- oder viele Gewaltdelikte – regelmäßig intime Bereiche des
menschlichen Lebens berühren. Dies gilt insbesondere dann, wenn Kinder als Opfer zu beklagen sind. Aus diesem Grunde sind Maßnahmen zur Verhinderung
von Sexualstraftaten, insbesondere von Rückfalldelikten, von hoher sozialer und
rechtspolitischer Priorität. Eine »rationale Kriminalpolitik« darf sich dabei aber
freilich nicht (nur) von der emotionalen Betroffenheit der Gesellschaft oder gar
von der aufbauschenden Berichterstattung der Medien leiten lassen, sondern muss

vom gesicherten Wissen der Kriminologie und benachbarter Disziplinen und von erprobten Strategien der Kriminalprävention ausgehen.

Auf diesem Wege erweisen sich manche der immer wieder publizierten Aussagen bezüglich Umfang und Entwicklung der Sexualkriminalität sowie zur generell hohen Gefährlichkeit von Sexualstraftätern und zu deren Unverbesserlichkeit als falsch, zumindest als einseitig und übertrieben. Auch die Befürchtungen hinsichtlich einer massenhaften Viktimisierung kindlicher Opfer mit stets gravierenden, dauerhaften Schäden sind in dieser Pauschalität nicht haltbar.

Ernsthafte Bemühungen zur Prävention von Sexualdelinquenz müssen darum zunächst einmal Abschied nehmen von verallgemeinernden Aussagen über *den* Sexualstraftäter und *die* Strategie zu dessen Bekämpfung oder auch von Feststellungen über *die* Folgen oder *das* Opfer. Stattdessen bedarf es eines mehrspurigen und multiprofessionellen Vorgehens im Sinne eines evidenzbasierten Risiko-Managements. Dieses sollte zumindest folgende Punkte berücksichtigen:

- Möglichst frühzeitige differenzialdiagnostische Beurteilung sexuell devianter Personen durch psychowissenschaftliche Sachverständige, z.B. zur Unterscheidung weniger problematischer Einmaltäter von potenziellen Serientätern mit dauerhaften abweichenden Neigungen und zur Vorbereitung geeigneter Behandlungsmaßnahmen.
- Bereitstellung erprobter ambulanter und stationärer Behandlungsverfahren einschließlich nachsorgender Maßnahmen entsprechend den jeweiligen Risiken, Bedürfnissen und individuellen Möglichkeiten.
- Qualifizierte Begutachtung von Sexualstraftätern entsprechend den Standards der erfahrungswissenschaftlichen Prognoseforschung und -praxis.
- Dauerhafte Sicherung nicht behandlungsfähiger und/oder -williger Sexualstraftäter als Ultima Ratio, sofern diese anhaltend gefährlich sind.
- Effektiver Opferschutz durch Aufklärung und vorbeugende Maßnahmen sowie durch eine intensive Betreuung und Unterstützung von Opfern. Auch hier sollte keine pauschale, gleichförmige Opferarbeit, sondern individualisierte Hilfe angeboten werden, die die jeweiligen Bedürfnisse angemessen berücksichtigt.

Literatur

ANDREWS, D.A., ZINGER, I., HOGE, R.D., BONTA, J. GENDREAU, P. & CULLEN, F.T. (1990). Does correctional treatment work? A clinically-relevant and psychologically informed meta-analysis. Criminology 28, 369–404

BAURMANN, M.C. (1983). Sexualität, Gewalt und psychische Folgen. Eine Längsschnittuntersuchung bei Opfern sexueller Gewalt und sexueller Normverletzungen anhand von angezeigten Sexualkontakten. Wiesbaden

BEIER, K.M. (1995). Dissexualität im Lebenslängsschnitt: Theoretische und empirische Untersuchungen zu Phänomenologie und Prognose begutachteter Sexualstraftäter. Berlin

BERNER, W. & BOLTERAUER, J. (1995). 5-Jahres-Verläufe von 46 aus dem therapeutischen Strafvollzug entlassenen Sexualdelinquenten. Recht & Psychiatrie 13, 114–118

BOER, D. P., HART, S. D., KROPP, P. R. & WEBSTER, C. D. (1997). Manual for the Sexual Violence Risk – 20. Burnaby, B.C., Canada

BUNDESKRIMINALAMT (Hrsg.) (2005). Polizeiliche Kriminalstatistik – Bundesrepublik Deutschland. Berichtsjahr 2004. Wiesbaden

BURGER, E. (1993). Sexueller Mißbrauch von Kindern und Jugendlichen. Intervention und Prävention. Stuttgart

DIMMEK, B. & DUNCKER, H. (1996). Zur Rückfallgefährdung durch Patienten des Maßregelvollzuges. Recht & Psychiatrie 14, 50–56

DITTMANN, V. (1998). Die schweizerischen Fachkommissionen zur Beurteilung »gemeingefährlicher« Straftäter. In: R. MÜLLER-ISBERNER & S. G. CABEZA (Hrsg.), Forensische Psychiatrie – Schuldfähigkeit, Kriminaltherapie, Kriminalprognose (S. 173–183). Mönchengladbach

DITTMANN, V. (2000). Was kann die Kriminalprognose heute leisten? In: S. BAUHOFER, P., H. BOLLE & V. DITTMANN (Hrsg.), »Gemeingefährliche« Straftäter (S. 67–82). Chur, Zürich

DÜNKEL, F. & GENG, B. (1994). Rückfall und Bewährung von Karrieretätern nach Entlassung aus dem sozialtherapeutischen Behandlungsvollzug und aus dem Regelvollzug. In: M. STELLER, K.-P. DAHLE & M. BASQUÉ (Hrsg.), Straftäterbehandlung. Argumente für eine Revitalisierung in Forschung und Praxis (S. 35–59). Pfaffenweiler

EGG, R. (2000). Rückfall nach Sexualstraftaten. Sexuologie 7, 12–26

EGG, R. (2002). Prognosebegutachtung im Straf-und Maßregelvollzug. Standards und aktuelle Entwicklungen. In: H.-H. KÜHNE, H. JUNG, A. KREUZER & J. WOLTER (Hrsg.), Festschrift für Klaus Rolinski (S. 309–333). Baden-Baden

EGG, R. (2006). Wie erfolgreich ist der Strafvollzug? Ergebnisse der Rückfallforschung. In: H. KOOP & B. KAPPENBERG (Hrsg.), Hauptsache ist, dass nichts passiert? Selbstbild und Fremdwahrnehmung des Justizvollzuges in Deutschland (S. 65–81). Lingen

ELZ, J. (2001). Legalbewährung und kriminelle Karrieren von Sexualstraftätern. Sexuelle Mißbrauchsdelikte (Kriminologie und Praxis, Bd. 33). Wiesbaden

ELZ, J. (2002). Legalbewährung und kriminelle Karrieren von Sexualstraftätern. Sexuelle Gewaltdelikte (Kriminologie und Praxis, Bd. 34). Wiesbaden

ELZ, J. (2003). Sexuell deviante Jugendliche und Heranwachsende (Kriminologie und Praxis, Bd. 41). Wiesbaden

ELZ, J. (2004). Exhibitionistische Handlungen. Rechtliche Grundlagen und tatsächliches Verhalten. In: J. ELZ, J.-M. JEHLE & H.-L. KRÖBER (Hrsg.), Exhibitionisten. Täter, Taten, Rückfall (Kriminologie und Praxis, Bd. 43) (S. 9–65). Wiesbaden

ENDRES, J. & SCHOLZ, B. (1994). Sexueller Missbrauch aus psychologischer Sicht. Formen, Vorkommen, Nachweis. Neue Zeitschrift für Strafrecht 14 (10), 466–473

HALL, G. C. N. (1995). Sexual offender recidivism revisited: A meta-analysis of recent treatment studies. Journal of Consulting and Clinical Psychology 63, 802–809

HANSON, R. K. & BUSSIÈRE, M. T. (1998). Predicting Relapse: A Meta-Analysis of Sexual Offender Recidivism Studies. Journal of Consulting and Clinical Psychology 55, 348–362

HANSON, R. K., GORDON, A., HARRIS, A. J. R., MARQUES, J. K., MURPHY, W., QUINSEY, V. L. & SETO, M. C. (2002). First report of the Collaborative Outcome Data Project on the effectiveness of psychological treatment for sexual offenders. Sexual Abuse: A Journal of Research and Treatment 14 (2), 169–194

HARE, R. D. (1991). Manual for the Hare Psychopathy Checklist – Revised. Toronto

JEHLE, J.-M., HEINZ, W. & SUTTERER, P. (2003). Legalbewährung nach strafrechtlichen Sanktionen.

Eine kommentierte Rückfallstatistik. Herausgegeben vom Bundesministerium der Justiz. Mönchengladbach

Kury, H., Dörmann, U., Richter, H. & Würger, M. (1992). Opfererfahrungen und Meinungen zur Inneren Sicherheit in Deutschland. Ein empirischer Vergleich von Viktimisierungen, Anzeigeverhalten und Sicherheitseinschätzung in Ost und West vor der Vereinigung. Wiesbaden

Kury, H., Yoshida, T. & Würger, M. (2005). Zur Prävalenz sexueller Viktimisierungen. Ein Vergleich zwischen Deutschland und Japan. Kriminologisches Journal 37 (2), 109–127

Krämer, W. & Trenkler, G. (2006). Lexikon der populären Irrtümer. 2. Aufl. München

Landeskriminalamt Nordrhein-Westfalen (Hrsg.) (2005). Sexuelle Gewaltkriminalität in Nordrhein-Westfalen. Zur Entwicklung der Anteile versuchter und vollendeter Vergewaltigung und besonders schwerer Fälle sexueller Nötigung. Düsseldorf: Kriminalistisch-Kriminologische Forschungsstelle, Forschungsberichte Nr. 2/2005

Lange, C. (1998). Sexuelle Gewalt gegen Mädchen. Ergebnisse einer Studie zur Jugendsexualität. Stuttgart

Lösel, F. (2000). Evaluation der Kriminaltherapie – unter besonderer Berücksichtigung der Behandlung von Sexualstraftätern. In: J. Salzgeber, M. Stadler & S. Willutzki (Hrsg.), Polygraphie. Möglichkeiten und Grenzen der psychophysiologischen Aussagebegutachtung (S. 69–91). Köln

Ludwig, H. & Kräupl, G. (2005). Viktimisierung, Sanktionen und Strafverfolgung. Jenaer Kriminalitätsbefragung über ein Jahrzehnt gesellschaftlicher Transformation. Mönchengladbach

Nedopil, N. (1995). Neues zur Kriminalprognose – Gibt es das? In: D. Dölling (Hrsg.), Die Täter-Individualprognose. Beiträge zu Stand, Problemen und Perspektiven der kriminologischen Prognoseforschung (S. 83–95). Heidelberg

Nedopil, N. (2005). Prognosen in der Forensischen Psychiatrie. Ein Handbuch für die Praxis. Lengerich u. a.

Nowara, S. (2001). Sexualstraftäter und Maßregelvollzug: Eine empirische Untersuchung zu Legalbewährung und kriminellen Karrieren (Kriminologie und Praxis, Bd. 32). Wiesbaden

Pfeiffer, C., Windzio, M. & Kleimann, M. (2004). Die Medien, das Böse und wir: Zu den Auswirkungen der Mediennutzung auf Kriminalitätswahrnehmung, Strafbedürfnisse und Kriminalpolitik. Monatsschrift für Kriminologie und Strafrechtsreform 87 (6), 415–435

Rasch, W. (1999). Forensische Psychiatrie. 2., überarbeitete und erweiterte Aufl. Stuttgart

Rückert, S. (2000). Tote haben keine Lobby. Die Dunkelziffer der vertuschten Morde. Hamburg

Schneider, H.-J. (2001). Kriminologie für das 21. Jahrhundert. Schwerpunkte und Fortschritte der internationalen Kriminologie. Münster

Schmucker, M. (2004). Kann Therapie Rückfälle verhindern? Metaanalytische Befunde zur Wirksamkeit der Sexualstraftäterbehandlung. Herbolzheim

Schwind, H.-D., Fetchenhauer, D., Ahlborn, W. & Weiss, R. (2001). Kriminalitätsprobleme im Langzeitvergleich am Beispiel einer deutschen Großstadt. Bochum 1975–1986–1998. Neuwied

Webster, C.D., Douglas, K.S., Eaves, D. & Hart, S.D. (1997). HCR-20. Assessing Risk for Violence. Version 2. Burnaby, B.C., Canada

Wetzels, P. (1997). Gewalterfahrungen in der Kindheit. Sexueller Missbrauch, körperliche Misshandlung und deren langfristige Konsequenzen. Baden-Baden

Wischka, B. (2004). Kognitiv-behaviorale Therapie für Sexualstraftäter und Nachsorge in einer sozialtherapeutischen Abteilung. In: R. Egg (Hrsg.), Ambulante Nachsorge nach Straf- und Maßregelvollzug. Konzepte und Erfahrungen (Kriminologie und Praxis, Bd. 44) (S. 87–120). Wiesbaden

Die Resultate einer Studie zur Früherkennung von Gewaltsituationen

F. A. J. Fluttert, B. Van Meijel, H. Nijman, S. Bjørkly, M. Grypdonck

Zusammenfassung

Ziel der Methode ist die Entwicklung/Förderung der Selbstmanagementfähigkeiten der Patienten hinsichtlich der Rückfallprävention von Gewalt. Pflegende und Patienten besprechen, beschreiben und beobachten die Frühwarnzeichen für risikoreiches Verhalten.
In den Niederlanden kam die Intervention bei 189 Maßregelvollzugspatienten zum Einsatz. Die Studie dauerte 30 Monate. Ein quasi-experimentelles Design mit zeitverzögerter Implementierung der Intervention wurde gewählt. Hauptzielvariablen waren die Schwere der Gewalt sowie die Anzahl der Isolierungen. Die Ergebnisse zeigen unter anderem einen signifikanten Rückgang von Isolierungen und von schweren Gewaltereignissen bei Patienten, die mit der Methode arbeiteten, verglichen mit den Patienten unter ›care as usual‹-Bedingungen. Der Effekt war bei Patienten mit Persönlichkeitsstörungen äußerst bemerkenswert.

Schlüsselwörter

Risikomanagement, Rückfallprävention, Früherkennung, Persönlichkeitsstörungen

Einleitung

Aggression stellt ein zunehmendes Problem in forensischen Einrichtungen dar. Und dabei geht es nicht nur um physische Aggression, die gegen Pflegepersonal gerichtet ist, sondern auch um den Einfluss, den feindlich gesinnte Patienten auf die Pflegenden haben (Bowers 2006, Bjørkly 2004, Camerino 2007, Martin 2001, Needham 2006, Whittington 2006). Die Ursachen von Aggression sind nicht einfach zu erklären. Es gibt viele Entstehungsmodelle, die darauf verweisen, dass Aggression durch den Zusammenhang innerer und äußerer Faktoren, den Patienten betreffend, entstehen (Hiday 1997, 2005; Kettles 2004). Die Schlüsselvariable, das Management von Aggression während einer Behandlung in einem geschlossenen Setting betreffend, ist die Interaktion zwischen den Pflegenden und dem Patient (Almvik et al. 2000, Doyle 1998, 2002; Fluttert et al. 2008, McKenna 2002, Webster et al. 2004). Aus dieser Perspektive heraus wurde die Methode der Früherkennung entworfen (MEIJEL et al. 2003, FLUTTERT et al. 2002). Eigentlich geht es darum, dass die Pflegenden die Patienten lehren, die frühen Signale von Risikoverhalten zu erkennen und ihr Verhalten daraufhin zu betrachten. Ein Modell, das den Fokus der Früherkennungsmethode wiedergibt, ist die Grafik »Zunehmende Verhaltensauffälligkeit« (Abbildung 1).

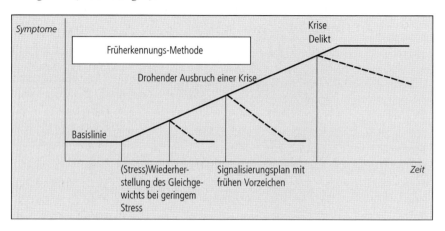

Abb.1: Zunehmende Verhaltensauffälligkeit

Auf der vertikalen Achse sehen wir die Zunahme von Symptomen der Störung und von Stresssymptomen. Auf der horizontalen Achse wird wiedergegeben, auf welche Weise Verhalten sich im zeitlichen Verlauf manifestiert. Die Basislinie bezeichnet das stabile Funktionsniveau. Was »unsere« forensischen Patienten gemeinsam haben, ist, dass sie bei zunehmenden Symptomen nicht mehr in der Lage waren, sich auf dem Niveau der Basislinie zu stabilisieren. Was in der forensischen Pflege und Behandlung auffällt, ist, dass viel Aufmerksamkeit auf Verhaltensinterventionen – wie sie im obersten Teil der Grafik wiedergegeben sind – nämlich auf Krise und Delikt, gerichtet ist. Gleichzeitig ist es interessant, sich den Bereich zwischen stabilem Verhalten und Deliktverhalten anzusehen, im klinischen Bereich aber auch im Bereich der Rehabilitationen (BJØRKLY 2004). Auf diese Domäne, den Bereich der frühen Vorzeichen, richten wir uns mit der Früherkennungsmethode.

»Frühe Vorzeichen«, die Domäne der Methode, werden definiert als *Veränderungen des subjektiven Erlebens oder des wahrnehmbaren Verhaltens des Patienten, die als Vorzeichen bevorstehenden Risikoverhaltens aufgefasst werden können* (FLUTTERT et al. 2002, 2008).

Besonders das subjektive Erleben ist eine wichtige Quelle von Informationen. Eine goldene Frage für forensische Patienten ist: »Was bewegte Sie in der Phase vor der Verhaltensentgleisung?« Indem wir diese Frage stellen, bekommen wir Einblick in

Beziehungsideen, Fantasien, Groll und Hirngespinste, die möglicherweise Gewalt zur Folge haben. Die Art der Verhaltensauffälligkeiten ist personengebunden: ›Signatur-Risiko-Signale‹ (FLUTTERT et al. 2008, WEBSTER 2004). Die Aggression entwickelt sich wie eine Handschrift, die zu dem Patienten passt. Vor allem die exzentrischsten Verhaltensweisen sind gute Anzeichen für gewalttätiges Verhalten.

HIDAY (1997, 2005) hat sich bemüht, ein Modell zu entwerfen, das den Kontext von Gewalt wiedergibt. Da ein Modell eine vereinfachte Wiedergabe der Wirklichkeit ist, gibt dieses Modell eine gute Übersicht der Faktoren, die zu gewalttätigem Verhalten führen. Einige Dinge fallen auf: Bei Störungen ist keine direkte Verbindung zu gewalttätigem Verhalten zu erkennen, jedoch verursacht die Störung Stress-Symptome, die in der Folge zu gewalttätigem Verhalten führen können. Diese Feststellung ist insofern günstig, als dass sich mehr Angriffspunkte bieten, um die Entstehung von Gewalt zu beeinflussen. Der Bereich zwischen der Störung und dem Auftreten von Gewalt ist die Domäne der Früherkennungsmethode. Weder die Störung noch die letztendliche Gewalt ist Fokus der Wahrnehmung, sondern die frühen Warnsignale, die in der Zwischenphase auftreten. Wir sagen einem Kollegen: Es stimmt was nicht mit diesem Patienten. Ich weiß nicht, was es ist, aber meine Intuition sagt mir, dass da was hochkocht! Wir sehen in obigem Modell, dass die antisoziale Persönlichkeitsstörung abseits aller anderen Störungen positioniert ist. Die pflegerische Intervention für diese Patienten erscheint nur im geringen Grad erfolgreich (WOODS 2003). Folglich lenken wir besondere Aufmerksamkeit bei diesem Thema auf das Trainingsprogramm Früherkennung.

Um Risikomanagement anpassen zu können, ist bei den Pflegenden eine gute Balance zwischen Distanz und Nähe notwendig (BETGEM 2000) (Abb. 2). Übertragung und Gegenübertragung können diese Balance stören. Zu viel Nähe oder zu viel Distanz gegenüber Patienten erschwert die Anpassung des Risikomanagements und vergrößert die Chancen eines Burn-out.

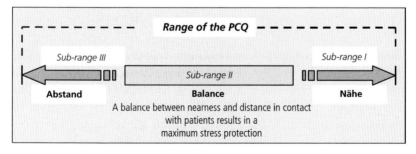

Abb. 2: Balance Grundhaltung

Die Früherkennungsmethode

Die Umsetzung der Methode findet in vier Phasen statt:
1. Als Erstes wird der Patient in die Arbeitsweise der Methode eingeführt. Zugleich wird genau registriert, wie der Zustand des Patienten ist. Damit bestimmen wir, ob der Patient in der Lage ist, sein Verhalten zu reflektieren und an den Gesprächen mitzuwirken. Falls notwendig, sorgen wir dafür, dass sich der Zustand des Patienten soweit verbessert, dass eine erfolgreiche Anwendung der Methode gefördert wird.
2. Danach werden die Frühwarnsignale, die frühen Vorzeichen, inventarisiert.
3. Im dritten Schritt lehren wir den Patienten, wie er mithilfe des Plans für Frühwarnsignale sein Verhalten beobachten kann (Monitoring).
4. Zum Schluss bestimmen wir mit dem Patienten und eventuell Mitgliedern aus seinem sozialen Netzwerk, welche Aktionen unternommen werden können, um seinen Zustand zu verbessern für den Fall, dass Frühwarnzeichen auftreten.

Der Signalerkennungsplan in der Früherkennungsmethode umfasst fünf Checklisten, in denen die Frühwarnzeichen beschrieben werden. Oben in der Checkliste stehen die Daten, an denen der Patient seine Checkliste durchliest. Darunter stehen die drei Grade, mit denen frühe Vorzeichen auftreten können. Jede Beschreibung beginnt mit »Ich«. Das Ziel ist, dass der Patient sein eigenes Verhalten wiedererkennt. Wenn das der Fall ist, markiert er das Verhalten mit einem Kreuz unter dem betreffenden Datum. Das Monitoring und die Einträge auf der Signal-Checkliste bespricht der Krankenpfleger jede Woche mit dem Patienten. Oft scheinen die Patienten andere Verhaltensweisen zu signalisieren und einzutragen als die pflegerischen Mitarbeiter. Diese Differenzen sind ein wichtiger Bestandteil der Evaluierung. Aus der Besprechung der unterschiedlichen Perspektiven desselben Verhaltens kann der Patient lernen, sich in die Sichtweise des Pflegers zu versetzen.

Forschung

Die Methode Frühwarnsignale war Gegenstand einer Untersuchung in FPC Dr. S. Van Mesdag, einer der größten forensisch-psychiatrischen Kliniken in den Niederlanden. Innerhalb von zweieinhalb Jahren sind alle pflegerischen Mitarbeiter in dieser Methode ausgebildet worden. Die Methode wurde zu Beginn bei allen 189 Patienten angewandt. Diese Patienten haben alle schwere Delikte begangen und werden unter hohen Sicherheitsstandards gepflegt/behandelt. Letztlich sind 168 von der Anwendung dieser Methode betroffen.

Aus unserer qualitativen Untersuchung geht hervor, dass der wichtigste Faktor für eine erfolgreiche Anwendung der Methode die Art und Weise der Annäherung der Pflege an die Patienten war. Die Grundhaltung, die gebrauchten Begriffe und die

Fähigkeit, mit den Symptomen von Persönlichkeitsstörungen umgehen zu können, schienen wichtig zu sein. Mittels dieser Erkenntnisse wurde die Methode modifiziert. Man braucht dafür 30 Minuten pro Patient pro Woche. Wichtigster Effekt der Methode ist eine andere Sichtweise auf das Patientenverhalten: ›early state of mind‹ mit mehr Aufmerksamkeit für Frühwarnzeichen.

Untersuchungsmethode

Um die Effekte der Methode bestimmen zu können, haben wir ein »Delayed introduction design« und ein »One-way casecross-over design« angewandt (Abb. 3). Zu diesem Zweck haben wir die Klinikpopulation in drei Untersuchungsgruppen eingeteilt (siehe die horizontale Einteilung). Die Methode wurde in Phasen und über diese drei Gruppen verteilt eingeführt. Dieses Design ermöglicht vergleichende Messungen innerhalb einer Gruppe und zwischen den Gruppen.

	Gruppe I 6 Stationen (n = 67)	Gruppe II 5 Stationen (n = 57)	Gruppe III 5 Stationen (n = 54)	All S O A S - R
P0	Base line measurements	Base line measurements	Base line measurements	
P1	*Training program applying intervention*	Treatment as usual	Treatment as usual	
P2	Continued intervention	*Training program applying intervention*	Treatment as usual	
P3	Continued intervention	Continued intervention	*Training program applying intervention*	
P4	*Continued intervention*	*Continued intervention*	*Continued intervention*	

Abb. 3: Design

Wir haben bei jedem Patienten jeden Monat genau registriert, in welchem Maß er an den Interventionen beteiligt war. Wenn der Patient nicht teilgenommen hatte, haben wir dafür einen von zehn Gründen angegeben. Wenn wir die Daten im Zusammenhang betrachten, erhalten wir eine Datenmatrix, mit der eine kombinierte Analyse möglich ist: Wann ereignen sich Vorfälle, wir wissen genau, wann welcher Patient beteiligt war und wir kennen die Gründe der fehlenden Compliance.

Untersuchungsvariablen

Die Untersuchung wurde auf drei Ebenen durchgeführt: Patient, Pflege und Abteilung. Die wichtigste Ergebnisgröße war das Auftreten von Zwischenfällen. Die Ausgangshypothese war, dass die Methode zu einer Verringerung der Aggression beiträgt. Dazu wurden alle Vorfälle mit der Skala SOAS-R dokumentiert/erfasst (Nijman & Palmstierna 2002).

Stichprobenbeschreibung

Wenn wir die Patientenmerkmale betrachten, sehen wir, dass die Hälfte der Population an einer Schizophrenie, einer Persönlichkeitsstörung oder beidem leidet. Das häufigste Delikt ist schwere Gewalt. Die Merkmale sind relativ gut über die Gruppen verteilt, aber in geringerem Ausmaß die Schizophrenie betreffend.

Ergebnisse

Auf Grundlage der Datenmatrix können wir den Unterschied zwischen compliant und nicht-compliant berechnen. Psychopathie war eine entscheidende Variable für Compliance, antisoziale Persönlichkeitsstörung nicht.
Wenn wir die Ergebnisse hinsichtlich der Begriffe Vorfall/Patient/Jahr betrachten, sehen wir eine signifikante Abnahme sowohl der Anzahl als auch der Schwere der Vorfälle. Zur Bekräftigung der Ergebnisse haben wir das Verhalten der Patienten, die mindestens ein Mal abgesondert wurden, noch genauer betrachtet. Auch hier sehen wir signifikant günstige Resultate (Abb. 4).

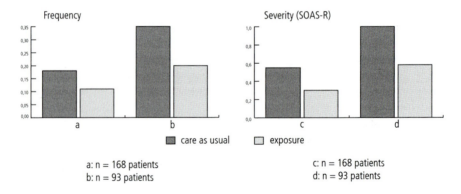

Abb. 4: Resultate Forschung

Wir haben die Effektgröße für verschiedene Patientengruppen berechnet. Wir sehen, dass Patienten mit einer antisozialen Persönlichkeitsstörung am meisten von der Intervention profitieren. Grenzen der Untersuchung: Es handelt sich nicht um ein experimentelles Design, wodurch die Generalisierung der Aussagen begrenzt ist. Ein Cross-over mit anderen Interventionen ist möglich. Dennoch ist die Früherkennungsmethode eine klare Intervention für Mitarbeiter und Patienten. Die Methode scheint effektiv zu sein, auch für Patienten mit Persönlichkeitsstörung.

Literatur

ALMVIK, R., WOODS, Ph., & RASMUSSEN, K. (2000). The Broset violence checklist: sensivity, specificity, and interrater reliability. Journal of Interpersonal Violence, 15, 1284–1296

BETGEM, P. (2000). Werkstress en burnout bij verpleegkundigen in de psychiatrie; Een onderzoek naar de invloed van persoonlijke factoren en organisatiekenmerken. Nijmegen University Press, Nijmegen

BJØRKLY, S. (2004). Risk Management in Transition Between Forensic Institutions and the Community: A Literature Review and Introduction to a Milieu Treatment Approach. International Journal of Forensic Mental Health, 3, No. 1, 67–75

BOWERS, L., BRENNAN, G., FLOOD, C., LIPANG, M., OLAPADO, P. (2006). Preliminary outcomes to reduce conflicts and containment on acute Psychiatric Wards: City Nurses. Journal of Psychiatric and Mental Health Nursing, 13, 165–172

CAMERINO, D., ESTRYN-BAHR, M. et al. (2007). »Work-related factors and violence among nursing staff in the European NEXT study: a longitudinal cohort study.« International Journal of Nursing Studies

DOYLE, M. (1998). Clinical risk assessment for mental health nurses. Nursing Times, 17, 47–49

DOYLE, M. & DOLAN, M. (2002). Violence risk assessment: combining actuarial and clinical information to structure clinical judgements for the formulation and management of risk. Journal Psychiatric Mental Health Nursing, 9 (6), 649–57

FLUTTERT, F. A. J., MEIJEL, B. VAN, WEBSTER, C., NIJMAN, H., BARTELS, A. & GRYPDONCK, M. (2008). Risk management by early recognition of warning signs in forensic psychiatric patients. Archives of Psychiatric Nursing (in press)

FLUTTERT, F. A. J., MEIJEL, B. VAN & WINTER, C. P. DE. (2002). Preventive approach of violence because of psychoses. De forensic application of the protocol for relapse prevention of psychosis at patients with schizophrenia. (Psychotisch geweld preventief benaderd. De forensische toepassing van het protocol voor het werken met signaleringsplannen ter preventie van psychosen bij patiënten met schizofrenie). Masterstudy, Nursing Science Department, University Utrecht.

HIDAY, V. A. (1997). Understanding the connection between mental illness and violence. International Journal of Law and Psychiatry, 20, 399–417

HIDAY, V. A. (2005) Putting Community Risk in Perspective: a look at correlations, causes and controls. (in press)

JANSEN, G. J., DASSEN, Th. W. N. & GROOT JEBBINK, G. (2005). Staff Attitudes towards Aggression in Health Care: a Review of the Literature. Journal of Pychiatric and Mental Health Nursing 12, 3–13

MCKENNA, B. (2002). Risk assessment of violence to others: time for action. Nursing Praxis, March 18 (1), 16–43

KETTLES, A. M. (2004). A concept analysis of forensic risk. Journal of Psychiatric and Mental Health Nursing, 11, 484–493

MARTIN, T., Something special: forensic psychiatric nursing. Journal of Psychiatric and Mental Health Nursing. 8, 25–32

MEIJEL, B. VAN, GAAG, M. v.d., KAHN, R. S. & GRYPDONCK, M. (2003). Relapse prevention in patients with schizophrenia Arch Psychiatric Nursing, 17 (3), 117–25

NEEDHAM, I. (2006). Psychological responses following exposure to violence. Violence in Mental Health Settings: Causes, Consequences and Management. D. Richter and R. Whittington. New York, Springer

NIJMAN, H. & PALMSTIERNA, T. (2002). Measuring aggression with the staff observation aggression scale – revised. Acta Psychiatric Scandinavia Suppl. (412), 101–2

Webster, C. D., Martin, M.-L., Brink, J., Nicholls, T. L. & Middleton, C. (2004). Short-Term Assessment of Risk and Treatablity (START): An Evaluation and Planning Guide, Version 1.0, Consultation Edition. Hamilton, Ontario and Port Coquitlam: British Columbia: St. Joseph's Healthcare Hamilton, and Forensic Psychiatric Services Commission of British Columbia

Whittington, R., Leitner, M. et al. (2006). Factors Associated with Effective Interventions for Violence Involving People with a Mental Disorder and/or Offending Behaviour: A Systematic Review National Forensic Mental Health R & D Conference: Intervening in Forensic Mental Health. London, UK

Woods, Ph. (2003). Effectiveness of nursing interventions in people with personality disorders. Journal of Advanced Nursing. 44 (2), 154–172

Jugendliche Sexualstraftäter – Forschungsstand und Vorstellung des Hamburger Modellprojekts

Niels Habermann, Peer Briken, Bernd Priebe, Silvia Kristian, Sandra Hofmann

Zusammenfassung

Besonderheiten sexuell auffälliger Minderjähriger sind in Deutschland lange nicht beachtet worden. Während es im angloamerikanischen Sprachraum schon seit Anfang der 1990er-Jahre zur Implementierung und Begleitevaluation spezialisierter Behandlungsangebote gekommen ist und eine entsprechende Entwicklung wenig später in den Niederlanden und der Schweiz einsetzte, hat sich innerhalb Deutschlands die Versorgungslage erst mit Verzögerung entwickelt. Gegenwärtig ist sie (noch) nicht als zufriedenstellend zu bezeichnen: Weiterhin werden vielerorts Jugendliche, die Sexualdelikte begangen haben, gemäß den – fraglich übertragbaren – Forschungsbefunden zu erwachsenen Sexualstraftätern behandelt. In diesem Beitrag sollen grundlegende internationale Forschungsergebnisse zu jugendlichen Sexualstraftätern – epidemiologische Daten, spezifische Risikofaktoren und der Nutzen therapeutischer Interventionen – dargestellt werden. Vor diesem Hintergrund wird das vor Kurzem gestartete Hamburger Modellprojekt für sexuell auffällige Minderjährige vorgestellt.

Schlüsselwörter

Jugendliche Sexualstraftäter, Rückfälligkeit, Risikofaktoren, Therapie, Hamburger Modellprojekt

Forschungsstand zu jugendlichen Sexualstraftätern

Epidemiologie

Zwischen den Jahren 1992 und 2004 ist die Anzahl tatverdächtiger Jugendlicher pro 100 000 Einwohnern bei Straftaten gegen die sexuelle Selbstbestimmung kontinuierlich gestiegen. Bis zum Jahr 1997 lag die Tatverdächtigenbelastungsziffer immer unter 100, seit dem Jahr 2002 fortlaufend über 150 pro 100 000 Einwohnern (Bundeskriminalamt 2007). Dennoch war und ist Sexualdelinquenz im Vergleich zur Gesamtdelinquenz Jugendlicher immer noch ein Randphänomen (Günter 2005) – mit hoher medialer Präsenz und starker emotionaler Auflagung. Etwa 1000 Jugendliche und Heranwachsende jährlich werden wegen Sexualdelinquenz verurteilt. Der Anstieg in der Kriminalitätsbelastung könnte auf eine verstärkte Sensibilisierung der Öffentlichkeit, ein gesteigertes Anzeigeverhalten, Alterskoborteneffekte, Veränderungen der rechtlichen Bestimmungen und eine Intensivierung der Strafverfolgung zurückgehen. Effekte von Pornografie, speziell in den neuen Medien, sind bisher noch kaum systematisch untersucht (vgl. HILL, BRIKEN & BERNER 2007). Gerade deshalb sollten diese Effekte zukünftig vermehrt in das Forschungsinteresse rücken.

Besonderheiten junger Sexualstraftäter

Stärker als bei Erwachsenen geht es bei jungen Sexualstraftätern um eine Einschätzung, ob es sich bei dem devianten Verhalten um eine phasenspezifische sexuelle Auffälligkeit handelt. Sexuell auffälliges Verhalten kann im Rahmen einer Experimentierphase auftreten, aber auch auf Entwicklungs- und Reifungsdefizite zurückgehen oder den Beginn einer längerfristigen Delinquenzentwicklung und/ oder Paraphilie andeuten. Viele erwachsene paraphile Patienten berichten, dass entsprechende Fantasien schon während der Pubertät aufgetreten sind, gelegentlich auch schon früher. Wie bei erwachsenen Sexualstraftätern wird nur ein sehr geringer Anteil der Sexualdelikte von Mädchen bzw. jungen Frauen begangen. Oft sind bei jungen Sexualstraftätern traumatisierende Erfahrungen, instabile Herkunftsfamilien und Defizite in der sozialen Kompetenz (soziale Isolation, wenig Kontakt zu unbelasteten Gleichaltrigen) in der Vorgeschichte von Bedeutung. Im Vergleich zu Erwachsenen finden sich mehr lebensphasische Besonderheiten wie Schul- und Ausbildungsprobleme, Auffälligkeiten des sexuellen Entwicklungsstands, Unwissenheit in Bezug auf Sexualität, pubertätsspezifische (auch biologische) Veränderungen oder die Benutzung bzw. der Einfluss neuer Medien auf die sexuelle Entwicklung. Hinsichtlich psychischer Störungen stehen anders als bei Erwachsenen Entwicklungsstörungen der Sprache und der schulischen Fertigkeiten, Störungen des Sozialverhaltens, hyperkinetische Störungen und emotionale Störungen im Vordergrund (vgl. GÜNTER 2005).

Risikofaktoren

In der Fachliteratur ist Konsens, dass bei jugendlichen Sexualstraftätern nicht die gleichen Risikofaktoren für erneute Delinquenz vorliegen wie bei erwachsenen Tätern (vgl. BARBAREE & MARSHALL 2006; RICH 2003; O'REILLY et al. 2004). Problematisch ist, dass bisher sehr unterschiedliche Risikofaktoren für die Rückfälligkeit mit einem Sexualdelikt gefunden wurden (z.B. CHAFFIN, LETOURNEAU & SILOVSKY 2002; WEINROTT 1996) und die Spezifität der meisten Risikofaktoren für einschlägige Rückfälligkeit jugendlicher Täter fraglich ist (GRETTON et al. 2001; LANGSTRÖM & GRANN 2000; WORLING & CURVEN 2001). WORLING und LANGSTRÖM (2003) haben anhand eines Überblicks über Ergebnisse empirischer Studien, klinische Richtlinien und Checklisten Risikofaktoren für die Rückfälligkeit jugendlicher Sexualstraftäter mit einem Sexualdelikt zusammengestellt und hinsichtlich ihres prädiktiven Wertes unterschieden. Empirisch gestützte Risikofaktoren für jugendliche Sexualstraftäter sind demnach deviante sexuelle Interessen, frühere Sanktionierungen wegen Sexualstraftaten, mehr als ein Opfer bei Sexualdelikten, Sexualdelikte mit fremden Opfern, soziale Isolation sowie keine oder eine nicht abgeschlossene deliktspezifische Behandlung. Als vielversprechende Risikofaktoren benannten sie eine problematische Beziehung zu den Eltern sowie Einstellungen, die Sexualstraftaten billigen oder unterstützen. Zu möglichen Risikofaktoren zählten sie ein stark belastetes familiäres Umfeld, Impulsivität, antisoziale Orientierung oder Persönlichkeitszüge, zwischenmenschliche Aggressivität, Zugehörigkeit zu einer negativ beeinflussenden bzw. antisozialen Peer-Gruppe, Eingenommensein durch sexuelle Gedanken, männliche Opfer, kindliche Opfer, Drohungen, Gewalt oder Waffengebrauch sowie eine förderliche Umgebung für Rückfälligkeit. Als unwahrscheinliche Risikofaktoren wurden eigene sexuelle Missbrauchserfahrungen, eine Vorgeschichte nicht sexualbezogener Straftaten, Sexualstraftaten mit Penetration, Leugnung sowie geringe Opferempathie bezeichnet. Insgesamt machen diese Ergebnisse deutlich, dass sich die Risikofaktoren erwachsener Täter nicht eins zu eins auf jugendliche Täter übertragen lassen. Dies rechtfertigt die Entwicklung spezifischer Prognoseinstrumente für jugendliche Sexualstraftäter wie z.B. des Juvenile Sex Offender Assesment Protocoll (J-SOAP-II, PRENTKY & RIGHTHAND 2003) und des Estimate of Risk of Adolescent Sexual Offense Recidivism (ERASOR, WORLING & CURWEN 2001).

Rückfälligkeit

Internationalen Studien zufolge werden zwischen 8 % und 14 % der jugendlichen Sexualstraftäter mit Sexualdelikten rückfällig (KAHN & CHAMBERS 1991; MINER et al. 1997; SCHRAM et al. 1991; SIPE et al. 1998; SMITH & MONASTERSKY 1986). Gleichzeitig hatten diese Studien hohe Rückfallraten mit nicht-sexuellen Delikten – zwischen 16 % und 54 % – zum Ergebnis. In eine Metaanalyse von WEINROTT (1996) gingen 23 Studien zur Rückfälligkeit jugendlicher Sexualstraftäter ein. Mit einer Ausnahme waren die Rückfallraten für nicht-sexuelle Delikte in allen Studien deutlich höher als für Sexualdelikte. In einem Zeitraum von fünf bis zehn Jahren waren im Durchschnitt 8 % mit Sexualdelikten und 31 % mit nicht-sexuellen Delikten rückfällig. WORLING und LANGSTRÖM (2006) verglichen 22 zwischen 1990 und 2004 durchgeführte Studien zur Rückfälligkeit jugendlicher Sexualstraftäter. Bei teilweise sehr unterschiedlichen Katamnesezeiträumen (sechs Monate bis neun Jahre) variierten die einschlägigen Rückfallraten zwischen 0 % und 40 %. In Studien, in denen das Rückfallkriterium eine neue Anklage war, betrug die einschlägige Rückfallrate im Durchschnitt 15 %. Für jegliche erneute Delinquenz (einschließlich Sexualdelikten) betrug die mittlere Rückfallrate 54 %. Wie in Studien mit erwachsenen Sexualstraftätern bestand bei jugendlichen Tätern ein signifikanter Zusammenhang zwischen der Dauer des Katamnesezeitraums und Rückfälligkeit mit einem Sexualdelikt ($r = .61$) sowie mit jeglicher Delinquenz ($r = .66$).

Die Ergebnisse deutscher Studien liegen weitgehend im Rahmen dessen, was aus den internationalen Untersuchungen bekannt ist (z. B. BEIER 2000; RÖSLER 1997), gehen teilweise aber auch deutlich darüber hinaus (z. B. STRUNK 1995), was sich v. a. mit methodischen Unterschieden erklären lässt. Während die aus der internationalen Literatur hervorgehende einschlägige Rückfälligkeit jugendlicher Sexualstraftäter mit der erwachsener Täter vergleichbar ist (10 % bis 15 % in fünf Jahren Time at risk; HANSON & BUSSIERE 1998), weisen neuere Untersuchungen aus Deutschland auf ein vergleichbares bis höheres Rückfallrisiko jugendlicher gegenüber erwachsenen Sexualstraftätern hin. ELZ (2003) verglich 48 unter 21-jährige Sexualstraftäter mit 97 Sexualstraftätern im Alter von 24 Jahren aufwärts hinsichtlich ihrer Rückfälligkeit gemäß Bundeszentralregisterauszügen. In sechs Jahren Time at risk verübten 23 % der jungen und 13 % der älteren Täter erneut Sexualdelikte. Auch bezüglich nicht-sexueller Gewaltdelikte lag der Anteil rückfälliger Jungtäter mit 46 % deutlich über der Rückfallrate der Älteren (25 %). Ein noch stärkerer Unterschied ergab sich für sonstige Delikte, die bei den Jungtätern mit 75 % etwa dreimal so hoch war wie bei den älteren Tätern (24 %). Zusammengenommen verübten fast alle Jungtäter (98 %), aber »nur« 37 % der älteren Täter irgendein neues Delikt. Auch GÜNTER (2005) verglich mittels Bundeszentralregisterauszügen die Rückfallraten von 58 jugendlichen und heranwachsenden sowie 79 erwachsenen Sexualstraftätern. Die einschlägigen Rückfallquoten junger Täter betrugen 23 % bei sexuellem Missbrauch (Erwachsene: 21 %) und 10 % bei Vergewaltigungen (Erwachsene: 7 %). Die allgemeinen Rückfallquoten lagen bei ca. 40 %. Trotz gleicher Verteilung der Straftatbestände wiesen die Jugendlichen in der Gesamtgruppe signifikant höhere einschlägige Rückfallquoten auf als die Erwachsenen (21 % vs. 10 %).

Therapie

Zur Rückfälligkeit jugendlicher Sexualstraftäter nach einer Behandlung gibt es bisher erst wenige Untersuchungen. In einer Studie von ALEXANDER (1999) lag die Rückfallquote nach einer Behandlung bei 11 %, wobei Jugendliche mit kindlichen Opfern niedrigere Rückfallraten aufwiesen als Jugendliche mit gleichaltrigen Opfern. BORDUIN et al. (1990) stellten fest, dass innerhalb von drei Jahren 13 % der behandelten jugendlichen Sexualstraftäter im Vergleich mit 75 % der Kontrollgruppe mit einem Sexualdelikt rückfällig wurden (allerdings handelte es sich mit acht Behandelten nur um eine sehr kleine Stichprobe). In der Vergleichsstudie von BORDUIN und SCHAEFFER (2001) an einer etwas größeren Stichprobe (24 Behandelte) begingen 13 % der behandelten und 42 % der unbehandelten Jugendlichen innerhalb von acht Jahren ein neues Sexualdelikt. In einer anderen Studie waren

2 % (1/46) der behandelten und 4 % (4/109) der unbehandelten jugendlichen Sexualstraftäter innerhalb von ein bis drei Jahren mit einem Sexualdelikt rückfällig (LAB et al. 1993). In einer Meta-Analyse war die Rückfälligkeit behandelter jugendlicher Sexualstraftäter mit einem Sexualdelikt mit 5 % innerhalb von durchschnittlich sechs Jahren deutlich niedriger als die Rückfälligkeit unbehandelter Jugendlicher, die bei 18 % lag (WORLING & CURVEN 2001). Inzwischen gibt es auch klare Anhaltspunkte für die Wirksamkeit einer sozialtherapeutischen Behandlung jugendlicher Sexualstraftäter (HOSSER et al. 2006).

Das Hamburger Modellprojekt für sexuell auffällige Minderjährige

Auf Ersuchen der Bürgerschaft der Freien und Hansestadt Hamburg wurde vom Senat die Durchführung eines Modellprojekts beschlossen, das begleitend wissenschaftlich evaluiert wird. Das Projekt zielt auf Minderjährige im Alter zwischen 12 bis unter 18 Jahren, die wegen einer Straftat gegen die sexuelle Selbstbestimmung verdächtig bzw. überführt worden sind. Grundlage ist die zentrale Meldung aller Minderjährigen, die auf diese Weise auffällig geworden sind, durch die Polizei an das Hamburger Familieninterventions-Team (FIT), einen spezifischen Jugendamtsbereich zur Versorgung delinquenter Jugendlicher. Die Umsetzung der Aufgaben und Aufträge des Modellprojekts (Leitung eines Arbeitskreises, Erfassung bestehender Therapieangebote, Beratung und Therapie der sexuell auffälligen Minderjährigen) liegt bei einem freier Träger der Jugendhilfe (Wendepunkt e. V.). Das Modellprojekt startete im September 2007 und ist auf drei Jahre angelegt.
Kern der Evaluation durch das Institut für Sexualforschung und Forensische Psychiatrie am Universitätsklinikum Hamburg-Eppendorf ist die Diagnostik und Therapiebegleitforschung. Geplant ist, Merkmale von Minderjährigen, die wegen sexueller Übergriffe an das FIT gemeldet werden, standardisiert zu erfassen und zu beschreiben, die Minderjährigen nach ihrer individuellen Rückfallgefährdung zu differenzieren sowie den weiteren Verlauf, insbesondere Therapieeffekte durch die Behandlung in der Beratungs- und Therapieeinrichtung Wendepunkt e. V., zu untersuchen. Zudem sollen Vorbereitungen für eine Katamnese zur Untersuchung der tatsächlichen Rückfälligkeit getroffen werden. Das zweite Ziel ist eine Evaluation der sog. fallunabhängigen Aufgaben, wobei die Erfassung und Entwicklung von Kooperationsstrukturen im Mittelpunkt steht.
Zur Untersuchung der Minderjährigen sollen zu verschiedenen Zeitpunkten während des dreijährigen Modellprojekts etablierte psychodiagnostische Instrumente eingesetzt werden, mit denen sich soziodemografische Merkmale, die psychopathologische Symptomatik, das Risiko zukünftiger Sexual- und Gewaltdelikte sowie der Therapieverlauf einheitlich erfassen bzw. beurteilen lassen. Sobald ein sexuell auffälliger Minderjähriger gemeldet wird, wird vom FIT bzw. Wendepunkt e. V.

ein allgemeines Screening durchgeführt. Eine ergänzende Diagnostik betrifft nur auffällig gewordene Minderjährige, die an einer Intervention des Wendepunkt e. V. teilnehmen. Parallel und unabhängig davon wird eine Gruppe gewalttätiger Minderjähriger ohne sexuelle Übergriffe, die dem FIT gemeldet werden, mit einem Teil der gleichen Instrumente untersucht. Mit diesem Modellprojekt soll die Versorgungslage der Stadt Hamburg hinsichtlich sexuell auffälliger Minderjähriger in den nächsten Jahren entscheidend verbessert werden. Unter präventiven Gesichtspunkten soll damit ein Beitrag zum Opferschutz geleistet werden.

Literatur

ALEXANDER, M. A. (1999): Sexual offenders treatment efficacy revisited. Sexual Abuse 11, 101–116

BARBAREE, H. E. & MARSHALL, W. L. (2006): The Juvenile Sex Offender. New York: Guilford Press

BEIER, K. M. (2000): Differentialtypologie und Prognose bei dissexuellem Verhalten – mit besonderer Berücksichtigung jugendlicher Sexualstraftäter. In: FEGERT, J. M. & HÄSSLER, F. (Hrsg.), Qualität forensischer Begutachtung, insbesondere bei Jugenddelinquenz und Sexualstraftaten (S. 137–165). Herbolzheim: Centaurus

BUNDESKRIMINALAMT (2007): Polizeiliche Kriminalstatistik 2006. Wiesbaden: Bundeskriminalamt

BORDUIN, C. M., HENGGLER, S. W., BLASKE, D. M. & STEIN, R. J. (1990): Multisystemic treatment of adolescent sexual offenders. International Journal of offender Therapy and Comparative Criminology, 34, 105–113

BORDUIN, C. M. & SCHAEFFER, C. M. (2001): Multisystemic treatment of juvenile sexual offenders: A progress report. Journal of Psychology and Human Sexuality, 13, 25–42

CHAFFIN, M., LETOURNEAU, E. & SILOVSKY, J. F. (2002): Adults, adolescents, and children who sexually abuse children: A developmental perspective. In J. E. B. MYERS, L. BERLINER & J. BRIERE (Eds.), The APSAC Handbook on Child Maltreatment (pp. 205–232). Thousand Oaks, CA: Sage

ELZ, J. (2003): Sexuell deviante Jugendliche und Heranwachsende. Kriminologie und Praxis, Bd. 41. Wiesbaden: Eigenverlag Kriminologische Zentralstelle e. V.

GRETTON, H. M., MCBRIDE, M., HARE, R. D., O'SHAUGHNESSY, R. & KUMKA, G. (2001): Psychopathy and recidivism in adolescent sex offenders. Criminal Justice and Behavior, 28, 427–449

GÜNTER, M. (2005). Jugendliche und erwachsene Sexualstraftäter im Vergleich. Psychiatrische Charakteristika und späteres Rückfallrisiko. In M. CLAUSS, M. KARLE, M. GÜNTER & G. BARTH (Hrsg.), Sexuelle Entwicklung – sexuelle Gewalt. Grundlagen forensischer Begutachtung von Kindern und Jugendlichen (S. 62–79). Lengerich: Pabst

HANSON, R. K. & BUSSIÈRE, M. T. (1998): Predicting relapse: A meta-analysis of sexual offender recidivism studies. Journal of Consulting Clinical Psychology, 66, 348–362

HILL A, BRIKEN P, BERNER W (2007): Pornographie und sexuelle Gewalt im Internet. Bundesgesundheitsblatt Gesundheitsforschung Gesundheitsschutz, 50, 90–102

HOSSER, D., BOSOLD, C. & LAUTERBACH, O. (2006): Sozialtherapeutische Behandlung von jungen Sexualstraftätern. Ergebnisse einer Evaluationsstudie. Recht & Psychiatrie, 24, 125–133

KAHN, T. J. & CHAMBERS, H. J. (1991): Assessing reoffense risk with juvenile sexual offenders. Child Welfare, 70 (3), 333–345

LAB, S. P., SHIELDS, G. & SCHROENDEL, C. (1993): Research note: An evaluation of juvenile sexual offender treatment. Crime & Delinquency, 39, 543–553

LANGSTRÖM, N. & GRANN, M. (2000): Risk for criminal recidivism among young sex offenders. Journal of Interpersonal Violence, 15, 855–871

MINER, M. H., SIEKERT, G. P. & ACKLAND, M. A. (1997): Evaluation: Juvenile sex offender treatment program, Minnesota Correctional Facility – Sauk Centre. Final Report – Biennium 1995–1997. Minneapolis: University of Minnesota, Department of Family Practice and Community Health

O'REILLY, G., MARSHALL, W. L., CARR, A. & BECKETT, C. R. (2004): The handbook of clinical interventions with young people who sexually abuse. London: Routledge

PRENTKY, R. A. & RIGHTHAND, S. C. (2003): Juvenile sex offender assessment protocoll-II: manual. Online verfügbar unter: www.csom.org

RICH, P. (2003): Understanding, assessing and rehabilitating juvenile sexual offenders. Hoboken, NJ: John Wiley & Sons

RÖSLER, M. (1997): Die Prognose der Sexualdelinquenz bei Jugendlichen und Heranwachsenden. In A. WARNKE, G. E. TROTT & H. REMSCHMIDT (Hrsg.), Forensische Kinder- und Jugendpsychiatrie: Ein Handbuch für Klinik und Praxis (S. 302–309). Bern: Hans Huber

SCHRAM, D. D., MILLOY, C. D. & ROWE, W. E. (1991): Juvenile sex offenders: A follow up study of reoffense behavior. Olympia, WA: Washington State Institute for Public Policy, Urban Policy Research and Cambie Group International

SIPE, R., JENSEN, E. L. & EVERETT, R. S. (1998): Adolescent sexual offenders grown up: Recidivism in young adulthood. Criminal Justice and Behavior, 25 (1), 109–124

SMITH, W. R. & MONASTERSKY, C. (1986): Assessing juvenile sexual offenders' risk for reoffending. Criminal Justice and Behavior, 13 (2), 115–140

STRUNK, P. (1995): Sexualdelinquenz im Jugendalter. In M. GÜNTER (Hrsg.), Täter und Opfer. Bern: Huber

WEINROTT, M. R. (1996): Juvenile sexual aggression: A critical review. Boulder, CO: University of Colorado, Institute for Behavioral Sciences, Center for the Study and Prevention of Violence

WORLING, J. R. & CURWEN, T. (2001): Estimate of risk of adolescent sexual reoffends recidivism (The ERASOR – version 2.0). In M. C. CALDER (Ed.), Juveniles and children who sexually abuse: Frameworks for assessment (pp. 372–397). Dorset, UK: Russell House

WORLING, J. R. & LANGSTRÖM, N. (2003): Assessment of criminal recidivism risk with adolescents who have offended sexually. Trauma, Violence and Abuse: A Review Journal, 4, 341–362

WORLING, J. R. & LANGSTRÖM, N. (2006): Risk of sexual recidivism in adolescents who offend sexually: Correlates and assessment. In H. E. BARBAREE & W. L. MARSHALL (Eds.), The Juvenile Sex Offender (pp. 219–247). New York: Guilford Press

Rückfallfrei nach einem Jahr?

Die Regensburger Katamnesestudie von 2001–2007

Christian Hartl, Wolfgang Mache, Adelheid Bezzel

Zusammenfassung

Seit 2001 werden in der Fachklinik für Forensische Psychiatrie und Psychotherapie des Bezirksklinikums Regensburg Patienten bei ihrer Entlassung aus dem Maßregelvollzug sowie ein Jahr nach Entlassung befragt. Zudem werden umfangreiche Daten zur Biografie als auch zum Therapieverlauf erhoben. Ein Jahr nach Entlassung werden die Legalbewährung, Suchtrückfälligkeit und psychopathologische Entwicklung gemessen. Von den Abhängigen (n = 143) sind ein Jahr nach Entlassung 77 % straftatfrei und abstinent bzw. mäßig konsumierend (meist abstinent nach einem Rückfall). Es handelt sich bei den Delikten meist um BtMG-Delikte oder Weisungsverstöße. Von den §63-Patienten (n = 40) sind nach einem Jahr 72,5 % sowohl psychopathologisch stabil als auch straftatfrei, während 17,5 % zwar ebenfalls straftatfrei, aber psychisch verschlechtert sind. Die Legalbewährung beträgt für diese Gruppe 90 %.

Schlüsselwörter

Katamnese, Therapieerfolg, Legalbewährung, Rückfall, subjektive Zufriedenheit

Einleitung

Die Regensburger Katamnesestudie wurde im Jahr 2001 begonnen und es war nicht nur ein abstraktes wissenschaftliches Interesse, das zu ihrer Entstehung beitrug. Ausgangspunkt war »die herrschende Meinung« zur Oberpfälzer Forensik in den Jahren vor 2000. Seitens der politisch Verantwortlichen dominierten bei niedrigem Kenntnisstand des Sachverhalts Angst und Bedenken gegen »die Forensik«. In der Bevölkerung war eine Gleichsetzung von »Forensik« mit fremden, gewalttätigen pädophilen Sexualstraftätern offenbar tief verankert. Hier zeigten auch öffentliche Fernsehauftritte führender Forensiker ihre Wirkung, die sich auf Anfrage gerne über schlimmste sadistische Sexualstraftaten auslassen und kaum vom forensischen Normalfall einer erfolgreichen Behandlung berichten. Bestrafungswünsche und die Überzeugung, dass man »bei solchen Tätern« sowieso nichts machen könne, dominierten die öffentliche Meinung und lediglich vereinzelt kam es bei Besuchergruppen zu einem abrupten Umschlag des Meinungsbildes insoweit, als eine Identifikation mit den Patienten und daraufhin heftige Schuldvorwürfe gegenüber der Klinik erfolgten.

Da der Maßregelvollzug in Bayern nach den sieben Bezirken gegliedert ist, erfolgen Wiederaufnahmen von rückfälligen Straftätern wieder in derselben Klinik, mit anderen Worten: Ungünstige Behandlungsergebnisse werden immer wieder ins Bewusstsein der Klinikmitarbeiter gerückt. Dies hatte zu einer Grundstimmung geführt, die sich in folgendem Satz manifestierte: »Unsere Arbeit ist sowieso für die Katz« – mit entsprechend negativer Wirkung für die Arbeitsmotivation.

Die Forensiken zum damaligen Zeitpunkt waren in Bayern lediglich Abteilungen von psychiatrisch-neurologischen Großkrankenhäusern und unterstanden dem jeweiligen Chef der Allgemeinpsychiatrie. Da hohe Mauern, Stacheldrähte etc. das Bild einer offenen Psychiatrie eher störten und auch manchen Privatpatienten optisch verschreckten, war das Bestreben der Verantwortlichen jahrelang darauf gerichtet, ein ungebremstes Wachstum der Forensik zu begrenzen. Die immer wieder diskutierte Frage lautete: »Welchen Prozentanteil an forensischen Patienten können wir uns überhaupt leisten?«

Aus dieser Gemengelage ergaben sich für die Regensburger Katamnesestudie drei Besonderheiten:
- Wir wollen uns über die reine Datenerhebung hinaus ein Feedback unserer Patienten zu unseren therapeutischen Maßnahmen verschaffen.
- Die Datenerhebung geschieht vorwiegend durch direkte Befragung. Aktuarische Erhebungen allein sind uns zu grob und zu wenig detailliert.
- Wir stellen sicher, dass die Mitarbeiter/-innen über den katamnestischen Verlauf der entlassenen Patienten informiert werden und fördern so die Weiterentwicklung von Therapeut/-innen und therapeutischen Programmen.

Die Einführung der Katamnesestudie war dennoch nicht völlig konfliktfrei. Von verschiedener Seite wurde der hohe prospektive Arbeitsaufwand beklagt, einzelne Mitarbeiter stellten provokativ die Frage, ob wir uns denn nun nach der Meinung der Patienten richten sollten und auch tief greifende berufspolitische Ängste wurden angesprochen: Was sollen wir tun, wenn sich herausstellt, dass unsere Arbeit erfolglos ist?

Methode

Im Rahmen dieser Studie werden am Ende der stationären Behandlung vom behandelnden Therapeuten Daten erhoben. Die Patienten selbst werden zur Behandlung ebenfalls befragt. Es werden allgemeine Daten, wie z. B. Anlassdelikt, Art der Entlassung und Weisungen, Angaben zur bisherigen Sucht- und Gesundheitsentwicklung wie Diagnosen und Vorbehandlungen abgefragt. Weiterhin werden forensisch-anamnestische Daten wie Delinquenz und Hafterfahrung, biografische Daten wie der Geburtsort/-land, Schule, Ausbildung und Arbeit erfragt. Zudem werden Informationen zum Verlauf der Therapie und zum Therapieabschluss wie Arbeit, Wohnung, aber auch Lockerungsmissbräuche oder Tätlichkeiten im Verlaufe der Therapie erhoben. Je nach Grundlage der Unterbringung wird vom Behandlungsteam eine Einschätzung des Therapieerfolgs auf einer dreistufigen Skala (nein, mäßig, sehr) für die Bereiche Sozialverhalten, psychische Störung bzw. Sucht getroffen. Die Patienten selbst haben die Möglichkeit, verschiedene Therapiebausteine wie Gruppentherapie, Einzeltherapie, Sport- oder Arbeitstherapie ebenfalls in drei Stufen einzuschätzen (positiv, negativ, weder noch). Die Einschätzung der Therapie insgesamt findet im gewohnten sechsstufigen Notensystem statt, bevor für vier Bereiche offene Antworten gegeben werden können (profitiert, vermisst, Schwierigkeiten, Verbesserungen).

Ein Jahr nach ihrer Entlassung werden die ehemaligen Patienten erneut aufgesucht, meist von einem Sozialpädagogen, und können die o. g. Einschätzungen erneut abgeben. Zudem werden vom Probanden, aber auch vom Bewährungshelfer oder Betreuer Angaben zur Arbeits- und Wohnsituation, zur psychopathologischen oder Suchtentwicklung und zur Legalbewährung gemacht. Die Übereinstimmung zwischen den eigenen Angaben der Patienten und der Bewährungshelfer wurde erst ab 2006 überprüft, war bisher aber gut (92–96 %).

Ergebnisse

Als ein Ausschnitt der Ergebnisse werden die Therapierfolgseinschätzung durch die Behandler als auch Patienten-Bewertungen dargestellt. Zudem werden Ergebnisse zum Verlauf des poststationären Jahres vorgestellt.

Therapieerfolg (Entlassungszeitpunkt)

Für die nach § 63 StGB untergebrachten Patienten liegen bisher die Daten von 81 Personen vor (ausschließlich Männer). Von den entlassenen Patienten, die zuvor im Durchschnitt 3,7 Jahre behandelt wurden (max. 14,6 Jahre), werden vom Behandlungsteam die Hälfte (50,6 %) als in ihrer psychischen Störung sehr gebessert eingeschätzt. Ein knappes Drittel (29,1 %) habe sich diesbezüglich zumindest mäßig gebessert, 20,3 % nach dieser Einschätzung überhaupt nicht. Bezogen auf ihr Sozialverhalten haben sich nur 12,3 % überhaupt nicht gebessert, 28,4 % mäßig und knapp 60 % sehr. Die Patienten selbst bewerten die Therapie in der Forensik überwiegend positiv. 55 % geben eine Bewertung von sehr gut bzw. gut ab. Über ein Drittel (37,3 %) bewertet die Therapie immerhin noch befriedigend, 5,9 % ausreichend und 2 % mangelhaft (0 % ungenügend). Besonders gut schneiden hier gesprächsbetonte Therapiebausteine wie Gruppentherapie, Einzeltherapie und Pflegegespräche ab, die von über 70 % der Patienten als positiv bewertet werden. Für die Stationsatmosphäre dagegen werden lediglich von weniger als der Hälfte positive Bewertungen abgegeben (43,4 %).

Bei den Patienten, die nach § 64 StGB zur Unterbringung in einer Entziehungsanstalt verurteilt waren, müssen die verschiedenen Arten der Entlassung unterschieden werden, um eine sinnvolle Interpretation der Ergebnisse zu ermöglichen. Von den bisher erfassten 745 entlassenen Patienten lassen sich 653 den Entlassungsarten bedingte Entlassung, Abbruch wegen Aussichtslosigkeit, Ablauf der Höchstfrist und Entweichung zuordnen. Von den sonstigen wurde ein Großteil zum Zwischenvollzug in eine JVA verlegt und ein anderer maßgeblicher Teil in eine freie Therapieeinrichtung nach § 35 BtmG. 38 % der 653 Patienten konnten eine Therapie erfolgreich beenden und somit bedingt (zur Bewährung) entlassen werden. Dagegen musste bei insgesamt 56 % die Therapie wegen Aussichtslosigkeit vorzeitig abgebrochen werden. Bei weiteren 2 % wurde die Höchstfrist erreicht und die Patienten deshalb entlassen, knapp 4 % schließlich waren entwichen (Abb. 1). Bei den als entwichen Kategorisierten ist anzumerken, dass diese Einordnung dann der Fall ist, wenn Patienten nach einer Entweichung verwaltungstechnisch entlassen werden (später aber möglicherweise noch mal in die Forensik eingewiesen werden), nicht jedoch, wenn sie innerhalb eines kürzeren Zeitraums zurückkehren.

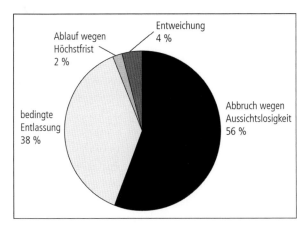

Abb. 1: **Art der Entlassung bei § 64-Patienten (n = 653)**

Typisch für die Forensik in Regensburg ist das zahlenmäßige Überwiegen der Patienten, die nach § 64 untergebracht sind (nur drei der aktuell zehn Stationen sind § 63-Stationen). In der Abbildung über die Vordelinquenz der Untergebrachten wird deutlich, dass fast die Hälfte (45,2 %) der Patienten fünf oder weniger Vorstrafen hat,

6,2 % hatten bisher überhaupt keine Eintragung im Bundeszentralregister (Abb. 2). Das Kriterium Vordelinquenz zur Unterbringung in einer Entziehungsanstalt nach § 64 StGB wird hier eher niedrig gesetzt. Wenige bzw. keine Vorstrafen können bei Straftätern bereits ausreichen, dass sie in ein Suchtklinik eingewiesen werden.

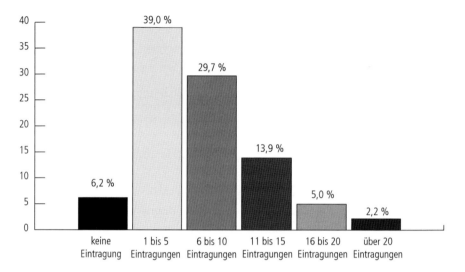

Abb. 2: Eintragungen im Bundeszentralregister,
§ 64 StGB-Patienten (ohne Anlassstat, n = 743)

Bei der Betrachtung der Behandlungsergebnisse sowohl aus der Sicht des Personals als auch aus Patientensicht ist die unterschiedliche Einschätzung durch Patienten, die erfolgreich eine Therapie absolvierten und solchen, deren Therapie abgebrochen wurde, interessant. Während bei den bedingt Entlassenen nur 0,4 % als bezüglich ihrer Sucht nicht gebessert eingeschätzt wurden, waren es bei den Abgebrochenen 73,4 %. Vier von fünf Patienten, die bedingt entlassen wurden, wurden als sehr gebessert beurteilt, der Rest von knapp 20 % als mäßig. Bei den Abgebrochenen konnten 24,4 % immerhin als mäßig gebessert eingeschätzt werden (Abb. 3). Bezüglich ihres Sozialverhaltens sahen bei gut der Hälfte der erfolgreich Therapierten die Therapeuten deutliche Positiventwicklungen und bei einer zweiten großen Gruppe zumindest mäßige Besserungen. Nur ein kleiner Rest von 3,1 % habe sich in diesem Bereich nicht verändert. Bei Abbrechern zeigte sich ein deutlich anderes Bild: Bei zwei Dritteln konnten die Therapeuten keinerlei Veränderung erkennen. Immerhin sahen sie bei einem Drittel eine geringe positive Entwicklungstendenz.

Circa 60 % der bedingt entlassenen Patienten selbst bewerteten die Therapie in der Forensik mit sehr gut oder gut, 30,8 % noch mit befriedigend. Während keiner die

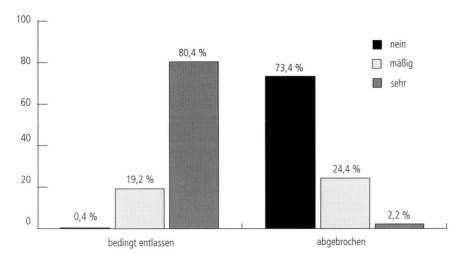

Abb. 3: Einschätzung des Therapieerfolgs bezüglich der Suchterkrankung bei § 64-Patienten durch das Behandlungsteam bei Entlassung (n = 723)

Bewertung ungenügend vergab, erlebten 2,8 % sie als mangelhaft und 5,6 % benoteten sie als ausreichend. Bei den Abbrechern gab es mit 7 % ungenügend und 8,3 % mangelhaft sehr viel mehr schlechte Bewertungen. Trotzdem konnten ungefähr zwei Drittel der abgebrochenen Patienten ihre Therapie zumindest befriedigend erleben.

Poststationärer Verlauf (ein Jahr nach der Entlassung)

Von den ehemaligen § 63-Patienten, die bereits ein Jahr oder länger aus der Forensik entlassen sind, bestand für 22 nicht die Möglichkeit einer Legalbewährung, weil sie beispielsweise in eine andere Klinik verlegt wurden. Für diese Probanden fand keine Nachbefragung statt. Von 41 Probanden konnten Daten nach einem Jahr gewonnen werden. Von diesen verweigern vier, also ca. 10 % die Befragung. Nach einem Jahr zeigte sich, dass vier (10 %) eine Straftat begangen haben und 17,5 % zwar psychopathologisch verschlechtert sind, dabei aber straftatfrei bleiben. Der weitaus größte Anteil von fast drei Viertel war sowohl straftatfrei als auch psychopathologisch stabil (Abb. 4).

Erst seit 2006 wird systematisch die Übereinstimmung zwischen Angaben des Probanden und denen eines Bewährungshelfers oder Betreuers überprüft. Diese Übereinstimmung ist mit bisher 92 % tendenziell gut. Anzumerken ist zudem, dass es sich bei den Rückfalldelikten um eher geringfügige Straftaten handelt (zweimal Betrug/Diebstahl, einmal Verstoß gegen BtmG, einmal Weisungsverstoß). Dies deckt sich auch mit den Ergebnissen anderer Studien (DIMMEK & DUNCKER 1996, GRETENKORD 2001, SEIFERT 2007).

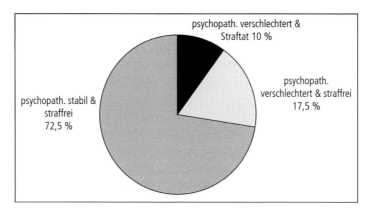

Abb. 4: Erfolgs-Einschätzung der § 63-Patienten nach einem Jahr (n = 40)

Bei den Patienten, die nach § 64 StGB untergebracht waren, sind einige Entwicklungen im Studiendesign zu benennen: Bis einschließlich 2005 wurden nur die Patienten ein Jahr nach Entlassung befragt, die ihre Therapie erfolgreich beendet hatten. Seit 2006 wird nun auch versucht, diejenigen Patienten zu interviewen, die nach einem Therapieabbruch in die JVA verlegt wurden. Ein Jahr nach ihrer Entlassung von dort werden nun auch diese Probanden befragt. Es liegen bisher aber nur wenige Ergebnisse für diese Klientel vor (n = 12), die hier weiter nicht berücksichtigt werden. Von den 185 Patienten, die ein Jahr nach ihrer Entlassung aus der Forensik aufgesucht wurden, waren 36 nicht auffindbar oder verweigerten die Katamnese. Mit 80,5 % ist die Rücklaufquote sehr gut. Eine weitere Neuerung seit 2006 ist, dass die Übereinstimmung zwischen Probandenangaben und denen des Bewährungshelfers in einem eigenen Item überprüft wird. Mit fast 96 % war die Übereinstimmung bisher sehr gut. Zur weiteren Objektivierung der Angaben wurden Ende 2007 die BZR-Auszüge für alle Probanden angefordert. Diese liegen zur Auswertung bisher noch nicht vor.

Für die erfolgreich Therapierten zeigte sich nach einem Jahr ein insgesamt positives Bild. Über drei Viertel (77 %) der Patienten waren straftatfrei und komplett abstinent bzw. konsumierten nur wenig (sie fallen damit in die Kategorie »abstinent nach Rückfall«). 6 % der Gruppe gaben an, regelmäßig zu konsumieren und keine Straftat begangen zu haben, 17 % haben erneut eine Straftat begangen (nur ein kleiner Teil davon ohne Konsum) (Abb. 5).

Von den 30 deliktisch Rückfälligen haben drei eine Körperverletzung begangen, fünf ein Betrugs-/Diebstahlsdelikt, 13 einen Verstoß gegen das BtMG, zwei ein Verkehrsdelikt, fünf Weisungsverstöße und fünf sonstige. Bei einem Großteil kann also auch hier – mit Ausnahme der Körperverletzungen – eher von geringfügigen Delikten gesprochen werden (DIMMEK & DUNCKER 1996).

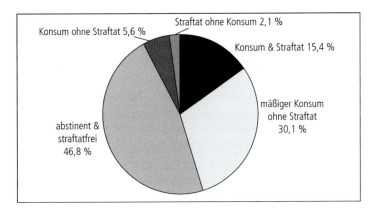

Abb. 5: Erfolgs-Einschätzung der § 64 StGB-Patienten ein Jahr nach Entlassung (n = 143)

Fazit

Kaum valide messbar, jedoch eindrucksvoll beobachtbar und spürbar sind folgende Wirkungen: In der *Öffentlichkeitsarbeit* ergab sich eine neue Qualität insofern, als wir Handlungserfolge nun statistisch nachweisen können und zunehmend Akzeptanz finden mit unserer Aussage, wonach der Maßregelvollzug Sicherheit schafft, besonders im Vergleich zum nur bestrafenden Regelvollzug.

Das Selbstbewusstsein und die *Arbeitsmotivation* der Mitarbeiter sind deutlich gestärkt worden: »Wir selbst sind mutig, haben keine Angst vor der Wahrheit und sind auch bereit, uns kritisch selbst zu reflektieren.« Diese Grundhaltung kontrastiert deutlich mit früheren resignativen und zynischen Gestimmtheiten.

Vonseiten der ehemaligen Patienten wurde berichtet, dass sie unser genaues Nachfragen durchaus nicht als lästig empfanden, sondern auch als Zeichen der *Wertschätzung* der Patientenmeinung. Die hohe Teilnehmerrate an der Katamnesestudie spricht ebenfalls hierfür.

Ganz konkret halfen uns die Ergebnisse der Regensburger Katamnesestudie bei der *Standortsuche* für eine Filiale unserer Klinik: In den Auseinandersetzungen mit der dortigen Bürgerschaft, Bürgerinitiative inkl. Bürgerentscheid waren die Ergebnisse der Regensburger Katamnesestudie durchaus hilfreich, um den Bürgerentscheid pro Klinikneubau zu beeinflussen.

Interessant ist die Reaktion anderer bayerischer Forensikkollegen auf unsere Vorschläge, bayernweit Katamnesen von forensischen Patienten zu erheben: Neben anderen Bedenken wurde hier explizit die Befürchtung geäußert, dass hierdurch verschiedene forensische Kliniken vergleichbar würden: »Was passiert, wenn wir schlechtere Ergebnisse haben als ihr?«

Literatur

Dimmek B & Duncker H (1996) Zur Rückfallgefährdung durch Patienten des Maßregelvollzugs. Recht & Psychiatrie. 14: 50–56

Gretenkord L (2001) Empirisch fundierte Prognosestellung im Maßregelvollzug nach § 63 StGB: EFP-63. Deutscher Psychologen-Verlag, Bonn

Jehle JM, Heinz W & Sutterer P (2003) Legalbewährung nach strafrechtlichen Sanktionen: Eine kommentierte Rückfallstatistik. Bundesministerium der Justiz, Berlin

Seifert D (2007) Gefährlichkeitsprognosen. Eine empirische Untersuchung über Patienten des psychiatrischen Maßregelvollzugs. Steinkopff, Darmstadt

Maßregelvollzug in Westfalen-Lippe – Entwicklungen und Perspektiven

Tilmann Hollweg

Zusammenfassung

Im Landesteil Westfalen-Lippe gibt es rd. 1180 Maßregelvollzugspatienten (Stand: 01.03.2008), d. h. rd. jeder zehnte bundesweit untergebrachte Patient wird in einer Einrichtung des Landschaftsverbandes Westfalen-Lippe (LWL) behandelt. Bis vor wenigen Jahren war der Maßregelvollzug im Zuständigkeitsbereich des LWL weitgehend zentral organisiert. Durch die im Rahmen des Konzeptes des Landes NRW umgesetzten und geplanten Neubaumaßnahmen und Übergangslösungen sowie die Inanspruchnahme der Kliniken des LWL-PsychiatrieVerbundes (Allgemeinpsychiatrie) kann die Versorgung psychisch kranker Rechtsbrecher bzw. Straftäter zunehmend regionalisierter erfolgen. Daneben ist der westfälische Maßregelvollzug in den letzten Jahren professioneller und spezialisierter geworden. Es wird ein Überblick über die Entwicklungen in den Bereichen Sicherheit, Behandlung und Nachsorge der LWL-Maßregelvollzugskliniken gegeben und auf die sich verändernden Versorgungsstrukturen eingegangen.

Schlüsselwörter

Maßregelvollzug, Westfalen-Lippe

Belegungsanstieg und kein Ende in Sicht ...

Gut zehn Jahre nach einer Reihe von den Maßregelvollzug betreffenden Gesetzesnovellierungen – beginnend mit dem »Gesetz zur Bekämpfung von Sexualstraftaten und anderen gefährlichen Straftaten« im Jahre 1998 – sind die Folgen eindeutig: In den letzten zehn Jahren sind die Patientenzahlen im Landesteil Westfalen-Lippe um 60 % gestiegen. Die Zahl der psychisch kranken Rechtsbrecher gem. § 63 StGB hat sich in diesem Zeitraum nahezu verdoppelt (Steigerung ca. 90 %). Dies entspricht in etwa den Steigerungsraten im früheren Bundesgebiet (s. auch Statistisches Bundesamt 2006). Der Belegungsanstieg bei suchtkranken Straftätern (gem. § 64 StGB) im Landesteil Westfalen-Lippe fällt mit 28 % wesentlich moderater, aber dennoch deutlich aus; bundesweit haben sich die Unterbringungen gem. § 64 StGB im Gegensatz dazu verdoppelt. Diese Steigerungen in den LWL-Entziehungsanstalten sind ausschließlich auf einen Belegungsanstieg der Patienten, die illegal Drogen konsumiert haben, zurückzuführen (ca. 90 %); die Belegung mit Patienten mit einer Alkoholproblematik (§ 64 StGB) ist hingegen weitgehend gleichgeblieben.

Die Ursachen für diese Belegungssteigerung liegt letztendlich in den in den 90er-Jahren geführten und von den (privaten) Medien fokussierten rechtspolitischen Diskussionen nach gravierenden Zwischenfällen in Justiz- und Maßregelvollzug Mitte der 90er-Jahre. Die von großen Teilen der Bevölkerung eingeforderten und durch den Gesetzgeber umgesetzten Gesetzesverschärfungen führten im Maßregelvollzug in den Folgejahren zu vermehrten Zuweisungen durch die Gerichte, einem gleichzeitigen erheblichen Rückgang der Entlassungen sowie einem Anstieg der Verweildauern. Bislang zeichnet sich auch kein Effekt des am 20.07.2007 in Kraft getretenen »Gesetzes zur Sicherung der Unterbringung in einem psychiatrischen Krankenhaus und einer Entziehungsanstalt« ab. Insbesondere die Möglichkeit des Vorwegvollzugs von einem Teil der verhängten Haftstrafe vor der Maßregel wird bislang von den Gerichten kaum umgesetzt. Die weiteren Auswirkungen dieses noch sehr jungen Gesetzes bleiben abzuwarten.

Trotz der im Rahmen des Konzeptes des Landes NRW umgesetzten Neubaumaßnahmen und Übergangslösungen konnte bislang die Ausweitung der Plätze mit den tatsächlichen Belegungszuwächsen nicht Schritt halten. Durch die erhebliche Überbelegung wurden in den Maßregelvollzugskliniken die Rahmenbedingungen nicht eben leichter. Seit Mitte der 90er-Jahre wurden vermehrt die Versorgungskliniken des LWL-PsychiatrieVerbundes für forensische Patienten in Anspruch genommen. Derzeitig werden 228 Patienten (davon 143 stationär) in den Kliniken des LWL-PsychiatrieVerbundes behandelt (Stand: 01.03.2008). Die Inanspruchnahme der Allgemeinpsychiatrie wurde in der Anfangszeit nicht nur seitens der Betriebsleitungen der allgemeinpsychiatrischen Einrichtungen mit Skepsis betrachtet. Inzwischen ist diese Einschätzung einer positiven Grundhaltung der Klinikleitungen gewichen. Mit großem Engagement und wachsender Professionalität widmet sich die Versorgungspsychiatrie in Westfalen-Lippe der Behandlung forensischer Patienten. Zumindest ein ausgesuchter Teil von forensischen Patienten profitiert von den speziellen Kompetenzen und der engen regionalen Einbettung der Versorgungspsychiatrie.

Entweichungen gehen zurück ...

Durch den LWL und das Land NRW wurde in den letzten Jahren in einem nicht unerheblichen Umfang in bauliche und technische Sicherungsmaßnahmen investiert. Zudem wurden landesweite Sicherheits- und Lockerungsstandards erarbeitet. Dies hat zu einer Verbesserung der Sicherheit geführt. Ausbrüche sind nur noch ganz seltene Ereignisse. Auch Lockerungsüberschreitungen, z. B. dass ein Untergebrachter zu spät oder gar nicht aus dem unbegleiteten Ausgang zurückkommt, konnten trotz steigender Belegungszahlen erheblich reduziert werden. Im Jahre 1990 gelang dies

Maßregelvollzugspatienten im Zuständigkeitsbereich des LWL 548 mal, im Jahr 2007 nur noch 74 mal; das ist der niedrigste Wert seit Beginn der Datenerhebung (siehe auch Abbildung 1).

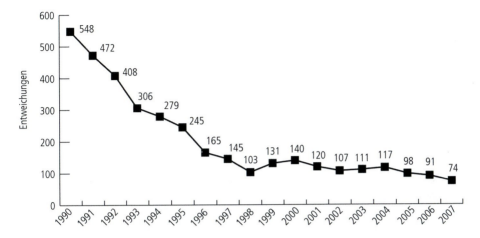

Abb. 1: Entweichungen/Lockerungsüberschreitungen (LWL gesamt)

Von den insgesamt 74 entwichenen Patienten im Jahr 2007 sind insgesamt 69 Patienten aus Lockerungen (z. B. Ausgängen, Langzeiturlaub) entwichen bzw. verspätet zurückgekommen. Das entspricht einem Anteil von 93 % (!). Circa 50 % der Entwichenen kehrten freiwillig in die Klinik zurück.

Die Mehrheit der Entwichenen beging während ihrer Flucht keine Straftaten. Bei insgesamt 74 Entweichungen im Jahr 2007 kam es zu acht Straftaten bzw. Straftatverdachten (ausschließlich »Bagatelldelikte«), wobei es bei den bereits abgeschlossenen fünf Verfahren in keinem Fall zu einer Verurteilung kam.

Die Verurteilungspraxis in Westfalen-Lippe unterscheidet sich von anderen Bundesländern

Die Hauptdiagnosen von psychisch kranken forensischen Patienten (§ 63 StGB) im Zuständigkeitsbereich des LWL verteilen sich zu 43 % auf Psychosen (ICD 10 F 2.x), zu 37 % auf Persönlichkeitsstörungen (ICD 10 F 6.x) sowie zu 8 % auf Intelligenzminderungen (ICD 10 F 7.x) (Stand 31.12.2006).

29 % der gem. § 63 StGB untergebrachten forensischen Patienten begingen ein Sexualdelikt, 23 % Tötungsdelikte (inkl. Versuch), 24 % Körperverletzung (einschl. gefährlicher Körperverletzung), 9 % Brandstiftung, 11 % Raub, Diebstahl und Erpressung sowie 4 % sonstige Delikte. Aus dem Vergleich mit anderen Flächenländern wie Baden-Württemberg, Hessen und Thüringen wird dabei deutlich, wie

sich die Zusammensetzung der Maßregelvollzugspopulation in den verschiedenen Bundesländern unterscheidet (JASCHKE & OLIVA 2005[1]). In Baden-Württemberg und Hessen werden mit 21 % (BW) bzw. 28 % (He) deutlich weniger Patienten mit der Diagnose einer Persönlichkeitsstörung untergebracht als beispielsweise in Westfalen (37 %) oder Thüringen (43 %). Dementsprechend unterscheidet sich auch der Anteil der Patienten, die wegen einer Sexualstraftat zur Maßregel (§ 63 StGB) verurteilt worden sind: Baden-Württemberg: 22 %, Hessen 22 %, Westfalen-Lippe: 29 %, Thüringen: 40 %. Die Ursachen sind letztlich unklar. Neben der unterschiedlichen Rechtspraxis scheint auch die Gutachterauswahl hier eine mitentscheidende Rolle zu spielen. Es gibt Hinweise darauf, dass, sofern Gerichte dazu neigen, als psychiatrische Sachverständige eher Psychiater/Psychiaterinnen in leitender Funktion einer Maßregelvollzugsklinik im Einweisungsverfahren einzusetzen, der Anteil der Untergebrachten, die mit einem Sexualdelikt bzw. mit einer Persönlichkeitsstörung eingewiesen werden, offensichtlich sinkt. Diese festzustellenden deutlichen Unterschiede in der Zusammensetzung der Patientenklientel haben jedoch Auswirkungen sowohl auf die Struktur einer Klinik als auch auf die erforderlichen Sicherungsmaßnahmen und therapeutischen Angebote. Auch wird die Delikt- und Störungsverteilung einen Einfluss auf die Entlassverweildauer zur Folge haben. Bei Ländervergleichen sollte dies auch in Bezug auf die Kostenunterschiede mitbedacht werden.

Von der Kostenbegrenzung im Maßregelvollzug

Mehr zu sichernde und zu therapierende Patienten bedeuten mehr Personaleinsatz und mehr bauliche Investitionen – also auch einen erheblichen Zuwachs an Bau- und insbesondere Betriebskosten. Diese Kostenzuwächse treffen in Westfalen aber auch anderswo auf sehr angespannte Haushalte der Länder als Kostenträger. Die gegenwärtige Herausforderung liegt für den LWL darin, die erreichten Erfolge in Sicherung und Therapie forensischer Patienten zu erhalten und gleichzeitig die Kostenzuwächse zu begrenzen. Angesichts der steigenden Lohn- und Sachkosten eine nicht eben leichte Herausforderung. In Westfalen wirkt sich die Kostenbegrenzung – vom Land ist der Ansatz für den Bereich Maßregelvollzug trotz steigender Patientenzahlen seit 2006 nicht erhöht worden – unmittelbar auf die Höhe des Pflegesatzes aus. Seit 2004 sank er von etwas über 240,00 Euro auf ca. 220,00 Euro pro Tag pro Patient im Jahr 2007. Wie dramatisch sich dies auf die Personalstellen auswirkte, zeigt die Entwicklung des Stellenschlüssels in den LWL-Maßregelvoll-

---

[1] Zahlen zu Unterbringungsdelikten und Diagnosen dieser ansonsten internen im Auftrag des MASFG Rheinland-Pfalz erstellten nicht veröffentlichten Untersuchung dürfen mit Genehmigung des Gesundheitsministeriums (Fr. Dr. Kuschnereit) zitiert werden.

zugskliniken: Der Anteil des Pflegepersonals und des medizinisch-therapeutischen Personals sank in den LWL-Maßregelvollzugskliniken zum Stichtag 01.07.2005 bis 01.07.2007 um ca. 14 % pro Patient. Eine höhere Arbeitsverdichtung, die Reduzierung von therapeutischen Angeboten und Abstriche bei der Umsetzung von Lockerungsmaßnahmen etc., aber auch eine Zunahme von Patientenbeschwerden über derartige Zustände sind unvermeidbare Folgen dieser Entwicklung. Der Träger versucht in enger Zusammenarbeit mit dem Land die Einsparungen zumindest teilweise durch strukturelle Maßnahmen zu kompensieren. In mehreren Stationen wurde und wird durch Baumaßnahmen die Ermöglichung des Nachteinschlusses realisiert. Damit können die Nachtpflegediensstellen reduziert werden. Im Gegensatz zu anderen Bundesländern verfügen die LWL-Maßregelvollzugskliniken über eine Vielzahl von kleinen Stationen (teilweise unter zehn Patienten). Dies ist zwar aus therapeutischer Sicht durchaus vorteilhaft und wirkt sich auf die therapeutische Atmosphäre in diesen überschaubaren Einheiten positiv aus, jedoch sind kleine Stationen unter wirtschaftlichen Aspekten kritisch zu sehen. Daher wurden zusammen mit den Betriebsleitungen Möglichkeiten gesucht, durch die Bildung größerer Stationseinheiten wirtschaftliche Stationsgrößen (18–20 Plätze) zu bilden. Dies konnte in mehreren Kliniken durch bauliche oder andere strukturelle Maßnahmen erreicht werden.

Spezialisierung und Regionalisierung

Der Maßregelvollzug in Westfalen-Lippe war bis vor wenigen Jahren weitgehend zentral organisiert. Patienten gem. § 63 StGB wurden im LWL-Zentrum für Forensische Psychiatrie Lippstadt behandelt, alkoholabhängige Patienten (§ 64 StGB) in der LWL-Maßregelvollzugsklinik Schloss Haldem und drogenabhängige Patienten (§ 64 StGB) im LWL-Therapiezentrum für Forensische Psychiatrie Marsberg. Durch den Neubau einer Maßregelvollzugsklinik in Dortmund, den Umbau einer Kaserne für eine Übergangslösung in Rheine, die geplante Inbetriebnahme zwei weiterer Maßregelvollzugskliniken in Herne und Münster (voraussichtlich ab dem Jahre 2010) sowie die Inanspruchnahme der Kliniken des LWL-PsychiatrieVerbundes hat und wird sich die Versorgung psychisch kranker Rechtsbrecher bzw. Straftäter zunehmend regionalisieren. Für die Versorgung psychisch kranker Rechtsbrecher (§§ 63, 64 StGB und § 126 a StPO) waren Mitte der 90er-Jahr drei Maßregelvollzugseinrichtungen zuständig, nunmehr werden derzeitig im Landesteil Westfalen-Lippe Maßregelvollzugspatienten in 20 Institutionen (fünf Maßregelvollzugskliniken, 14 Allgemeinpsychiatrien, ein Suchtfachkrankenhaus) behandelt.
Die zunehmende Regionalisierung ist andererseits mit dem Bedarf an spezialisierten Behandlungsangeboten in Einklang zu bringen, die sich im Rahmen der stetigen fachlichen Weiterentwicklung der forensischen Psychiatrie und Psychotherapie

herausbilden. Spezialangebote werden an verschiedenen Maßregelvollzugseinrichtungen in Westfalen für folgende Patientengruppen vorgehalten: Maßregelvollzugspatient*innen*, jugendliche und heranwachsende Patienten, alkoholkranke, drogenabhängige sowie intelligenzgeminderte Patienten. Auch bedarf es spezieller Betreuungsangebote für Langzeitpatienten. Zudem wurde die Aufnahme von Maßregelvollzugspatienten zentralisiert.

Außerdem wurden in den letzten Jahren in den LWL-Maßregelvollzugskliniken verschiedene (kriminal-)therapeutische Therapiemodule implementiert und zum Teil auch wissenschaftlich evaluiert. Darunter fallen u. a. die Übertragungsfokussierte Psychotherapie (TFP), die Integrierte Behaviorale Therapie (IPT), Behandlungsprogramme für Sexualstraftäter (BPS), Reasoning und Rehabilitation Programme, Kurzzeittherapieprogramme für Suchtkranke, neue Betreuungsansätze für Langzeitpatienten sowie ein spezialisiertes Programm für die Patienten mit einer ausgeprägten dissozialen Störung (sog. Psychopathy).

Aus der Aufzählung der spezifischen Behandlungsangebote für bestimmte Patientengruppen mag deutlich werden, dass die Spezialisierung und Regionalisierung durchaus unterschiedliche Zielsetzungen hat, die nicht immer miteinander in Einklang gebracht werden können. Vor diesem Hintergrund entwickelte die LWL-Maßregelvollzugsabteilung Westfalen sowie die LWL-Abteilung für Krankenhäuser und Gesundheitswesen zusammen mit den Betriebsleitungen der LWL-Maßregelvollzugskliniken und der Kliniken des LWL-PsychiatrieVerbundes eine für alle Kliniken verbindliche Versorgungskonzeption. Sie zielt darauf ab, die Versorgungsstruktur und Behandlungswege so zu gestalten, dass sowohl den Aspekten der Spezialisierung als auch Regionalisierung sowie der Sicherheit und Wirtschaftlichkeit bei der Unterbringung und Behandlung psychisch kranker Maßregelvollzugspatienten (§ 126 a StPO, § 63 StGB) bestmöglich Rechnung getragen wird.

Nach der Versorgungskonzeption ist vorgesehen, dass die zentrale Aufnahmeabteilung nach Gewinnung und Bewertung der diagnostischen Daten eine Unterbringungs- und Behandlungsempfehlung abgibt und einen aus ihrer Sicht sinnvollen Behandlungsweg beschreibt, der den oben dargestellten Rahmenbedingungen Rechnung trägt. Eine *regionalisierte* Behandlung ist dabei für die meisten Patienten mit der Diagnose Psychose möglich. Nach dem Aufenthalt auf der Aufnahmestation kann eine Regelbehandlung, Beurlaubung und Entlassung in einer regionalen Maßregelvollzugsklinik bzw. wenn die Voraussetzungen vorliegen, auch in einer Allgemeinpsychiatrie vollzogen werden. Regionalisiert bedeutet in diesem Zusammenhang, dass ein Patient in eine nahe gelegene Klinik des angedachten Entlassortes (bei einem Teil der Patienten ist es die Herkunftsregion) verlegt wird. Die Behandlung von Patienten mit einer Persönlichkeitsstörung ist an besondere Anforderungen geknüpft. Neben der Vorhaltung besonderer therapeutischer Angebote kommt hier der Bereitstellung möglichst nach Diagnosen differenzierter Behandlungseinheiten große Bedeutung zu. Gerade bei persönlichkeitsgestörten Maßregelvollzugspatienten ist zudem ein möglichst hohes Maß an Beziehungskontinuität sowohl zum Klinikpersonal als auch zur Patientengemeinschaft relevant. Diese längerfristig notwendigen Bedingungen werden forensische Spezialeinrichtungen in der Regel eher bieten als die Versorgungspsychiatrien. Nach der Aufnahme werden diese Patienten nach der Versorgungskonzeption in der Regel einer spezialisierten Behandlung der regionalen dem angedachten Entlassort nahe gelegenen Maßregelvollzugsklinik zugeführt. Insofern ist der Behandlungsweg von Patienten mit der Diagnose Persönlichkeitsstörung ein Beispiel für eine *spezialisierte und regionalisierte* Behandlung. Die Behandlung von Maßregelvollzugspatienten mit der Diagnose Intelligenzminderung ist so hoch spezialisiert, dass hier eine regionalisierte Behandlung in den Hintergrund tritt. In Westfalen-Lippe wird dieses gegenwärtig in einer hervorragenden und bundesweit beachteten Weise im LWL-Zentrum für Forensische Psychiatrie Lippstadt umgesetzt (AHLEMEYER 2004; KNAPHEIDE 2002, 2004). Regelbehandlung, Beurlaubung und auch die forensische Nachsorge sollten dabei aus Gründen der Kontinuität und der hohen erforderlichen Spezialisierung in einer Hand erfolgen. Natürlich sind diese Beschreibungen idealtypisch, im begründeten Einzelfall sollte und wird von diesem Regelschema abgewichen werden. Dennoch verbindet sich bei allen an der Entwicklung des Versorgungskonzeptes Beteiligten die Hoffnung, dass durch eine schnelle Überleitung zu einer geeigneten Behandlungsstation unter Berücksichtigung der Aspekte der Sicherung und der Spezialisierung und Regionalisierung dies zu einer Verkürzung der Behandlungsdauern und einer erhöhten Effizienz beitragen kann.

Westfälische Maßregelvollzugspatienten sind länger untergebracht

KRÖNIGER (2004, 2005, 2006) stellte bei bundesweiten Erhebungen deutliche Unterschiede bei den Entlassverweildauern, also der Zeit zwischen Beginn und Ende der Unterbringung, bei ehemals gem. § 63 StGB untergebrachten Maßregelvollzugspatienten fest. Bundesweit betrug im Jahr 2004 die Unterbringungsdauer im Mittel 5,67 Jahre (Median) bei einer Bandbreite zwischen den Bundesländern von 2,54 und 9,83 Jahren (KRÖNIGER 2006). Im Vergleich zum Bundesdurchschnitt lag die Entlassverweildauer in Westfalen in den Jahren 2002 bis 2006 mit im Schnitt 6,9 Jahren (Median) höher.

Die Ursachen für die längere Verweildauer in Westfalen sind vielfältig:

a) Hoher Anteil von Maßregelvollzugspatienten mit einer Persönlichkeitsstörung und einem Sexualdelikt:

Wie eingangs erwähnt, ist der Anteil der persönlichkeitsgestörten Patienten sowie der Anteil von Patienten, die eine Sexualstraftat begangen haben, in Westfalen höher als in vielen anderen Bundesländern. Die Behandlung beider Gruppen ist erfahrungsgemäß komplexer und langwieriger als beispielsweise die Behandlung von Patienten mit einer gut behandelbaren Psychose. Dies hat natürlich Folgen für die Verweildauer.

b) Verzögerung durch Prognosebegutachtungen:
Darüber hinaus gibt es seit 1984 in Nordrhein-Westfalen die gesetzliche Verpflichtung, spätestens nach Ablauf von jeweils drei Jahren durch einen externen ärztlichen oder nichtärztlichen Sachverständigen überprüfen zu lassen, ob eine Entlassung des Patienten angeregt werden kann. Bis zur Erstellung der sehr ausführlichen Prognosegutachten, die in der Regel auch zu Fragen der Therapie und der Gewährung von Lockerungen Stellung nehmen, vergeht nicht selten ein halbes Jahr. Gerade bei bevorstehenden Schwellenlockerungen (erster begleiteter Ausgang, erster unbegleiteter Ausgang, Langzeiturlaub) wird in nicht wenigen Fällen seitens der therapeutischen Leitungen der Maßregelvollzugskliniken das Ergebnis der Begutachtung abgewartet, um die Lockerungsentscheidung auf breitere gutachterliche Basis stellen zu können. Die Einholung eines (kurzen) Prognosegutachtens ist gem. § 18 Abs. 4 Satz 3 MRVG NRW bei Patientinnen und Patienten vor der Gewährung des ersten unbegleiteten Ausganges vorgeschrieben, die hinsichtlich ihrer Anlasstat, insbesondere bei Tötungs-, schweren Gewalt- und Sexualdelikten, ihrer Störung und ihres Behandlungsverlaufs besondere Schwierigkeiten bei der Beurteilung ihrer Gefährlichkeit bieten. Darüber hinaus ist die erstmalige Gewährung eines unbegleiteten Ausganges gem. einer Verfügung des Landesbeauftragten für den Maßregelvollzug NRW bei allen persönlichkeitsgestörten Patienten, die als Anlassdelikt ein schweres sexuelles Gewaltdelikt verübt haben, auf ein Gutachten nach Maßgabe von § 16 Abs. 3 MRVG zu stützen. Aus Aspekten der Sicherheit und der Qualitätssicherung ist die Einbeziehung von externen Sachverständigen bei wichtigen Lockerungsentscheidungen sowie der Anregung einer Entlassung sicherlich begrüßenswert, gleichzeitig können sich bei einem Teil der Untergebrachten jedoch Verweildauerverlängerungen ergeben. Interessanterweise lagen in fast allen Bundesländern, bei denen gesetzlich seit längerem externe Begutachtungen vorgeschrieben sind (Brandenburg, NRW, Saarland, Sachsen-Anhalt, Schleswig-Holstein)[2] die Verweildauern im Jahre 2004 über dem bundesweiten Durchschnitt (siehe auch KRÖNIGER 2006).

c) Überbelegung:
Die starke Überbelegung auf den forensischen Stationen wirkt sich ebenfalls negativ auf die Unterbringungsdauer aus. Um die Unterbringungsverpflichtungen überhaupt zu gewährleisten, sind häufig interne Verlegungen und Ringtausche erforderlich. Damit einher gehen der Wechsel des Therapeuten/der Therapeutin bzw. der Bezugspflegekraft. Solche Diskontinuitäten und Unterbrechungen sind

---

[2] Brandenburg: § 37 IV BbgPsychKG (1996), Saarland: § 8 IV MRVG SL (1989), Sachsen-Anhalt: § 11 II MVollzG LSA (1992), Schleswig-Holstein :§ 5 IV MVollzG SH (2000).

nicht nur fachlich oft kontraindiziert, sondern sie verlängern eben die Behandlung.

d) *Wegfall von offenen Vollzugsstationen:*
Durch den Wegfall von Rehabilitationsstationen außerhalb der Sicherungsanlagen der Maßregelvollzugskliniken sind die Möglichkeit der schrittweisen Erprobung unter offenen Bedingungen insbesondere in den westfälischen LWL-Maßregelvollzugskliniken, in denen psychisch kranke Rechtsbrecher (§ 63 StGB) untergebracht werden, deutlich eingeschränkt. Sie sind auch in den durch das Land NRW geplanten Neubaumaßnahmen nicht mehr vorgesehen. Sonderregelungen an einzelnen Standorten verhindern oder erschweren zudem die Umsetzung von Lockerungsmaßnahmen. Diese Situation führt dazu, dass sich die Verweildauern »hinter den Mauern« verlängern und zudem vor der Entlassung eine ausreichende Zeit der extramuralen Erprobung erforderlich wird. Die durchschnittliche Zeit der sog. »Langzeitbeurlaubung« z. B. langfristigen Erprobung in einem Wohnheim oder im betreuten Wohnen beträgt in Westfalen rd. ein Jahr. Dieser Wert liegt deutlich über dem anderer Bundesländer.

Erfolge im westfälischen Maßregelvollzug

Trotz der oben beschriebenen nicht immer leichten Rahmenbedingungen ist der westfälische Maßregelvollzug erfolgreich. Eindrucksvoll belegt wird dies in einer Studie von SEIFERT (2007), der entlassene Maßregelvollzugspatienten aus 23 Einrichtungen untersucht hat. Alle LWL-Maßregelvollzugskliniken sowie die an der Versorgung von Maßregelvollzugspatienten beteiligten Kliniken des LWL-PsychiatrieVerbundes waren an dieser Studie beteiligt. Die untersuchten Straftäter waren im Schnitt vier Jahre in Freiheit. Die Ergebnisse der von der Deutschen Forschungsgemeinschaft geförderten Untersuchung: Rund 84 % der untersuchten entlassenen Patienten aus westfälischen Einrichtungen begingen in dieser Zeit keinerlei Straftaten oder Weisungsverstöße, bei ca. 16 % »scheiterte« die Rehabilitation. Als gescheiterte Wiedereingliederung wurde in dieser Untersuchung jegliche Auffälligkeit der Probanden nach der Entlassung aus dem Maßregelvollzug bezeichnet, die zu Maßnahmen der Justiz geführt haben (SEIFERT ebd., S. 29). Gründe für gescheiterte Wiedereingliederungen waren überwiegend Eigentums- bzw. Bagatelldelikte und Verstöße gegen richterliche Weisungen, in einigen Fällen aber auch Gewaltstraftaten. In den beteiligten Kliniken der anderen sechs Bundesländer (Sachsen, Rheinland-Pfalz, Niedersachsen, Schleswig-Holstein, Baden-Württemberg, Berlin) lag der Anteil der gescheiterten Wiedereingliederung von entlassenen Maßregelvollzugspatienten mit 24 % um rund 8 % höher als in Westfalen. Die Bandbreite lag zwischen 13 % und 37 % (SEIFERT, ebd., Seite 47). Interessant ist in diesem Zusammenhang, dass nur einer der 17 entlassenen Maßregelvollzugspatienten in NRW, der vor Entlassung in der Allgemeinpsychiatrie untergebracht war, durch Weisungsverstöße (Alkoholrückfälle) ohne Delikt, die zu einem Widerruf führten, auffällig wurde. Bei allen anderen kam es nach dieser Untersuchung zu keinen Auffälligkeiten. Dies spricht für die in Westfalen-Lippe durchgeführte Praxis, für ausgewählte Maßregelvollzugspatienten auf die Versorgungssysteme der Allgemeinpsychiatrie zurückzugreifen.

Die Untersuchung von Seifert (ebd.) ist letztlich ein Beleg für die Effizienz des Maßregelvollzuges. Die Rückfallquoten der aus dem Justizvollzug Entlassenen liegen um ein Vielfaches höher als im Maßregelvollzug (z. B. JEHLE et al. 2003). Gerade dieser Vergleich weist auf die Wichtigkeit einer qualifizierten Sicherung, Behandlung und Nachsorge hin.

Sicherungsnachsorge in Westfalen: inzwischen flächendeckend

Trotz der insgesamt guten Erfolge sind die LWL-Maßregelvollzugseinrichtungen sowie die an der Versorgung der Maßregelvollzugspatienten beteiligte Versorgungspsychiatrie bemüht, auch diese Rückfallzahlen noch weiter zu senken. Seit dem Jahr 2000 ist die ambulante Sicherungsnachsorge sowohl für entlassene psychisch kranke als auch für suchtkranke Straftäter (§§ 63, 64 StGB) gesetzlich verankert (§ 1 Abs. 3 MRVG). Seit dem Jahre 2003 wird die Sicherungsnachsorge flächendeckend durch das Land NRW finanziert (siehe auch DÖNISCH-SEIDEL & HOLLWEG 2003; WIENBERG et al. 2005). Seitdem hat der LWL in Kooperation mit anderen Trägern 17 forensische Ambulanzen im Bereich des Landschaftsverbandes Westfalen-Lippe aufgebaut. Leitlinien der forensischen Nachsorge wurden entwickelt und umgesetzt. Die forensischen Ambulanzen versuchen, durch eine westfalenweite flächendeckende Sicherungsnachsorge den Behandlungserfolg der stationären Therapie auch nach Entlassung aufrechtzuerhalten. Mitarbeiter der forensischen Ambulanzen unterstützen und kontrollieren zur Bewährung entlassene Patienten nach Entlassung, um ggf. bei drohenden Deliktrückfällen einzugreifen. Viele Studien zeigen, dass dies mit Erfolg möglich ist (z. B. SEIFERT et al. 2003; FREESE 2003; ELLERBROCK 2004).

Fazit

Der westfälische Maßregelvollzug ist in den letzten Jahren zunehmend professioneller, spezialisierter und regionaler geworden. Dass der beschrittene Weg in die richtige Richtung zielt, zeigt sich in den guten und nachhaltigen Erfolgen auch nach der Entlassung. Gegenwärtig bleibt die Überbelegung in Westfalen leider ein Problem. Solange der vom Gesetzgeber und der Gesellschaft gewollte Trend der Verschärfung strafrechtlicher Vorschriften anhält und solange vermehrt Patienten über sehr lange Zeit im Maßregelvollzug untergebracht sind, sind weitere Belegungszuwächse insbesondere im Bereich des § 63 StGB auch für die Zukunft zu erwarten. Ein Ende der Belegungszuwächse ist derzeitig nicht absehbar. Dies wird die Kostenproblematik verstärken und die Sozialhaushalte der Länder zusätzlich belasten.

Literatur

AHLEMEYER H (2004) Die Station als Lernfeld in der Behandlung intelligenzgeminderter Rechtsbrecher – Neue Rollen für Patienten und Mitarbeiter. In: M. OSTERHEIDER (Hrsg) Aufbruch oder Stillstand?. 19. Eickelborner Fachtagung. PsychoGen Verlag, Dortmund

DÖNISCH-SEIDEL U, HOLLWEG T (2003) Nachsorge und Wiedereingliederung von (bedingt) entlassenen Maßregelvollzugspatienten in Nordrhein-Westfalen. Recht & Psychiatrie, 21 (1), 14 – 17

ELLERBROCK M (2004) Lebensqualität und Legalbewährung ehemals gemäß § 63 StGB untergebrachter Maßregelvollzugspatienten. Empirische Untersuchung zur Arbeit des Modellprojektes zur Nachsorge Herne/Bochum. Shaker Verlag, Aachen

FREESE R (2003) Ambulante Versorgung psychisch kranker Straftäter. Entstehung, Entwicklung, aktueller Stand und Zukunft der 63er Nachsorge in Hessen. Pabst Science Pub., Lengerich

JASCHKE H & OLIVA H (2005) Abschlussbericht Kostenbegrenzung im Maßregelvollzug in Rheinland-Pfalz. Teilbericht: Ländervergleich im Auftrag des Ministeriums für Arbeit, Soziales, Familie und Gesundheit Rheinland-Pfalz – nicht veröffentlicht

JEHLE J-M, HEINZ W, SUTTERER P (2003) Legalbewährung nach strafrechtlichen Sanktionen. Eine kommentierte Rückfallstatistik. BMJ, 2003

KNAPHEIDE J (2002) Die Behandlung intelligenzgeminderter Rechtsbrecher im Westfälischen Zentrum für Forensische Psychiatrie Lippstadt-Eickelborn. In: H. KAMMEIER (Hrsg) Forensik in Münster: Eine Region in der Verantwortung. LitVerlag, Münster

KNAPHEIDE J (2004) Psychotherapie mit intelligenzgeminderten Patienten – geht das überhaupt. In: M. OSTERHEIDER (Hrsg) Aufbruch oder Stillstand?. 19. Eickelborner Fachtagung. PsychoGen Verlag, Dortmund

KRÖNIGER S (2004) Lebenslange Freiheitsstrafe, Sicherungsverwahrung und Unterbringung in einem psychiatrischen Krankenhaus: Dauer und Gründe der Beendigung. Ergebnisübersicht zur bundesweiten Erhebung für das Jahr 2002. KrimZ, Wiesbaden

KRÖNIGER S (2005) Lebenslange Freiheitsstrafe, Sicherungsverwahrung und Unterbringung in einem psychiatrischen Krankenhaus. Dauer und Gründe der Beendigung. Ergebnisübersicht zur bundesweiten Erhebung für das Jahr 2003. KrimZ, Wiesbaden

KRÖNIGER S (2006) Lebenslange Freiheitsstrafe, Sicherungsverwahrung und Unterbringung in einem psychiatrischen Krankenhaus. Ergebnisübersicht zur bundesweiten Erhebung für das Jahr 2004. Dauer und Gründe der Beendigung. KrimZ, Wiesbaden

SEIFERT D, SCHIFFER B, LEYGRAF N (2003) Plädoyer für die forensische Nachsorge – Ergebnisse einer Evaluation forensischer Ambulanzen im Rheinland. Psychiatrische Praxis 30, 235 – 241

SEIFERT D (2007) Gefährlichkeitsprognosen. Eine empirische Untersuchung über Patienten des psychiatrischen Maßregelvollzugs. Steinkopff Verlag, Darmstadt

STATISTISCHES BUNDESAMT (2006) Rechtspflege. Strafvollzug. Demographische und kriminologische Merkmale der Strafgefangenen zum Stichtag 31.3. Fachserie 10, Reihe 4.1. Statistisches Bundesamt, Wiesbaden

WIENBERG G, WITTMANN B, HOLLWEG T (2005) Ein Konzept für die Nachsorge von Patienten des Maßregelvollzugs nach § 64 StGB in Nordrhein-Westfalen. Recht & Psychiatrie, 23 (3), 132 – 139

Was nicht berechenbar ist, macht Angst

Forensik und Öffentlichkeit – ein Gegensatz?

Curt Hondrich

Zusammenfassung

Resozialisation von Straftätern beruht auf dem Vertrauen in die Macht der Vernunft. Wenn ein Täter mit Vernunft nicht zu erreichen ist, weil er psychisch gestört ist, dann entsteht in der ihn umgebenden Gesellschaft Sprachlosigkeit. Denn Vernunft kann sich nur durch Sprache vermitteln. Wenn dieses Mittel den Täter nicht erreichen kann, dann wird die Gesellschaft ratlos und hilflos. Besonders dann, wenn es sich um ein Tötungsdelikt handelt. Es entsteht Angst. Angst vor der Unerreichbarkeit des anderen mit logischen Mitteln der Sprache. Und diese Angst fordert: Der Täter soll weg. Früher bedeutete das: Todesstrafe. Heute bedeutet es: Wegschließen, lebenslang. Das Ziel ist das Gleiche geblieben: Das Verschwinden des Täters.

Der Gegensatz zwischen der Forensik, die einem humanistischen Ideal der Resozialisierung folgt, und einer Gesellschaft die angstgesteuert auf der Beseitigung des Täters besteht, dieser Gegensatz bestimmt das Bild von Forensik in der Öffentlichkeit. Zu überwinden ist dieser Gegensatz nur durch Vernunft. Das bedeutet, dass eine humane Gesellschaft, die die Würde des Einzelnen auch im Grenzfall eines Verbrechens respektiert, eine vernünftige Gesellschaft sein muss. Ist unsere Gesellschaft in diesem Sinne vernünftig?

Schlüsselwörter

Vernunft, Trauma, Angst, Vermeidung, Mut

Was ging in Wolfgang Böhmer, dem CDU-Ministerpräsidenten von Sachsen-Anhalt, vor, als er Ende Februar 2008 dem Nachrichten-Magazin »Focus« gesagt hatte, dass die vielen Kindstötungen in den neuen Bundesländern auf die Abtreibungspraxis der DDR zurückzuführen seien? Sie habe eine »leichtfertigere Einstellung zu werdendem Leben« mit sich gebracht. Böhmer hat Jahrzehnte lang in der DDR als Gynäkologe praktiziert. Wie kommt er dazu, hinter den Kindsmorden eine aus der Bahn geratene Form der Familienplanung zu vermuten? Auch wenn dahinter eine lange Kette von Frustrationen aus seiner Arztpraxis stehen sollte, so denke ich, dass er es selbst nicht genau weiß. Er hat sich denn auch für seine Äußerung vor seinem Landesparlament offiziell entschuldigt.

Und was ging in Bernhard Honnigfort vor, als er im »Kölner Stadtanzeiger« die Äußerung Böhmers kritisierte und seinerseits nach einer Begründung für die Kindstötungen suchte: »›Übernommene DDR-Mentalität‹ – nein, das wäre zu weit hergeholt. Es ist eher die Tragik einer wachsenden gesamtdeutschen Verwahrlosung und emotionalen Verrohung in der Gegenwart, die – vielleicht darf man das vermuten – in Teilen Ostdeutschlands etwas schneller voran schreitet, weil die Lebensumstände schlechter sind.«

Ich möchte mich weder zu der einen noch zu der anderen Aussage inhaltlich äußern. Was ich interessant finde, ist das Gemeinsame an den beiden Äußerungen. Nämlich: Den Kindsmorden wird die ihnen eigene furchtbare Individualität genommen. Sie werden generalisiert. Und das bedeutet: Sie werden – so oder so – auf rationale Weise logisch zu erklären versucht. Es steht in diesem Auditorium wohl außer Frage, dass dies nicht der Weg sein dürfte, Taten zu erklären, die von Menschen verübt wurden, die seelisch abgedriftet sind, eine Persönlichkeitsstörung oder eine Psychose entwickelt haben. Für die Öffentlichkeit ist es schwer zu akzeptieren, dass die alltäglich vertrauten Kausalitäts-Muster in diesen Fällen nicht mehr greifen.

In dieser Hinsicht sind also Wolfgang Böhmer und Bernhard Honnigfort keine Ausnahmen. Immer wieder werden Politikerreden gehalten, Artikel geschrieben, Hörfunk- und Fernsehsendungen gemacht, die nur ein Ziel haben: Zu erklären, warum es zu einer Vergewaltigung, zu einer Kinderschändung, zu einem Mord kam. Und aufgrund dieser scheinbar plausiblen Erklärungen, werden dann Maßnahmen gegen die Voraussetzungen gefordert, die die Tat möglich gemacht haben.

Das alles bricht weg, und die Debatte wird heftig, wenn das Entsetzliche wieder geschieht oder noch schlimmer, wenn es zur Wiederholungstat eines Täters kommt, den man als »entsorgt« angesehen hatte. Ich wähle bewusst den Ausdruck »entsorgt«, weil es darum eigentlich geht. Der Täter soll weg. Da ist Schluss mit aller Bemühung um Verstehen. Besonders wenn es sich um Sexualstraftaten handelt, insbesondere um Sexualstraftaten an Kindern und ganz besonders, wenn das Gericht im Urteil die Schuldunfähigkeit eines Straftäters festgestellt hat. Der SPD-Bundeskanzler Gerhard Schröder verstieg sich 2001 zu dem markigen Satz: »Sexualstraftäter, die sich an kleinen Mädchen vergehen, sind nicht therapierbar. Sie müssen weggeschlossen werden – und zwar für immer.« Boulevard-Zeitungen wie »Bild« flankieren solche Aussagen mit Überschriften wie: »... und wer schützt die Gesunden?«

Nach meinen Beobachtungen lässt sich folgende publizistische Regel für die Berichterstattung über psychisch kranke Straftäter aufstellen: Je weiter weg vom Tatort, desto objektiver die Berichterstattung. Im Nahbereich des Verbrechens schlagen die Emotionen hohe Wellen. Sofort wird nach Schuldigen gesucht, an deren angeblichen Versäumnissen man trefflich die eigenen Ängste abarbeiten kann. Hier in Eickelborn gibt es vielfältige und leidvolle Erfahrungen mit dieser Art von

Reaktionen in der Bevölkerung und in den Medien. Angst regiert diese Reaktionen, keine konkrete Furcht, sondern eine diffuse Angst, die ihr Objekt nicht schärfentief abbilden kann. Die hiesige Bürgerinitiative »Sicherheit vor Therapie« ist eine solche Manifestation der Angst. Aus sehr verständlichen und nachvollziehbaren Motiven wird Druck auf die Maßregel-Vollzugsanstalt ausgeübt. Das belastet den Auftrag der Anstalt, zwischen Besserung und Sicherung abzuwägen und hat dazu geführt, dass Freigänge psychisch kranker Straftäter erschwert wurden. Außerdem sollen neue forensische Einheiten geschaffen werden, um die zentralisierte Ballung von Straftätern abzubauen und die Belegung flächig über das Land zu verteilen.

Ich möchte damit nicht die Berichterstattung vor Ort diffamieren. Im Gegenteil. Eine Zeitung oder ein Sender kann und darf nicht so tun, als nähme er die Befindlichkeiten seiner Rezipienten nicht wahr. Zugleich aber darf es auch nicht erlaubt sein, die notwendige Distanz zum Gegenstand der Berichterstattung zu verlieren. Es kann und darf nicht Aufgabe eines öffentlichen Mediums sein, die Emotionen seiner jeweiligen Rezipienten eins zu eins abzubilden, wie es – nomen est omen – Blätter wie »Bild« immer wieder tun und dabei gelegentlich gar nicht merken, wie sie sich in innere Widersprüche verwickeln.

Ein Beispiel: 1994 ermordete ein Eickelborner Patient bei einem Freigang ein siebenjähriges Mädchen. »Bild« titelte: »Am Mordtag hatten 42 Sextäter Ausgang«. Natürlich ist die Empörung der Eickelborner nach der schrecklichen Tat verständlich. Auch ihre Ängste sind nachvollziehbar. Natürlich ist es richtig, dass diese Ängste in den Zeitungen auch zu Wort kommen, etwa in Form der Aussage einer Mutter, die der Forensischen Psychiatrie vorwarf, sie mache ihre Tochter zum »Versuchskarnickel« für Freigänger. Alles zu verstehen. Aber kommt denn kein »Bild«-Journalist beim eigenen Titel auf den Gedanken, dass 41 Freigänger unskandalös wieder in den Maßregelvollzug zurückgekehrt sind? Oder wollen sie nicht auf den Gedanken kommen, weil sie auf den aufgewühlten Wogen der Bevölkerung schwimmen und Auflage machen wollen? Die Vermutung liegt nahe und wirft ein grelles Licht auf die zynischen Komponenten der Branche. Sie spekulieren mit der Angst der Menschen. So titelte »Bild« am 22. Oktober 2002: »Wieder so ein Schwein«, und präsentierte mit Foto den 24-jährigen Ulvi K., der gestanden hatte, im bayerischen Lichtenberg die neunjährige Peggy ermordet zu haben. Dass – wie es hieß – der »Killer« geistig behindert war, erfuhr der aufgestörte Leser nicht.

Zum Glück ist das nur die eine Seite der Medaille. Informiertheit und Überblick nehmen mit größer werdender Entfernung vom Verbrechen zu. Diese Distanz klart die emotionale Trübung des Blicks auf den Maßregelvollzug, auf seine Möglichkeiten und seine Grenzen auf. Wer will, kann sich ein zutreffendes Bild der Forensischen Psychiatrie verschaffen. Sie oder er braucht nur die überregionale und regionale Presse darauf hin zu beobachten oder sich von den öffentlich-rechtlichen Radio- und Fernsehsendern informieren zu lassen. Reihenweise habe ich Beiträge

gefunden, die mit Kompetenz und mit der gebotenen Würde über ein dermaßen tief wurzelndes Problemfeld wie die Forensik berichten.
Besonders hervorheben möchte ich aus dem Print-Bereich einen Essay von Sabine Rückert, die 2003 in einem ZEIT-Dossier über die um sich greifende öffentliche Hysterie schrieb:

»Das bayerische Straftäterunterbringungsgesetz ist nicht die einzige Bemühung zum strengeren Umgang mit Straftätern. Der Gesetzgeber ist schon seit einigen Jahren pausenlos dabei, auf öffentlichen Druck hin das Strafrecht zu verschärfen. Das ist das Zeichen für einen Perspektivwechsel in Gesellschaft und Kriminalpolitik. Vertraute man in den Siebziger- und Achtzigerjahren, vielleicht manchmal zu blauäugig, auf die Wunder der Resozialisierung, so ist Deutschland heute auf dem Weg in die Null-Risiko-Gesellschaft, die immer weniger Kriminalität hinnimmt.«

Und sowohl in Richtung politischer wie auch medialer Öffentlichkeit fährt sie fort:

»Wer sich an unbekannten Sexualstraftätern abarbeitet, kann vergessen, dass 80 Prozent aller ermordeten Kinder nicht von freigelassenen oder falsch eingeschätzten Sexualtätern, sondern von Mutter, Vater oder Verwandten erstochen, erschlagen, vergiftet, erdrosselt oder aus dem Fenster geworfen werden. Nicht einmal fünf Prozent fallen einem Fremden zum Opfer, der Rest der Täter ist nicht ermittelt.

Wehe aber den Gutachtern und den Richtern, die einen Vertrauensvorschuss wagen und mit ihrer Zuversicht scheitern. Wehe denen, die unter tausend Richtigen einen Falschen laufen lassen. Und dreimal wehe, wenn dieser Falsche ein Sexualstraftäter ist. Voll Inbrunst machen sich Boulevardblätter und Fernsehsender über den »Saustall Justiz« her, der solche »Monster« auf die Öffentlichkeit loslässt. (...)

Andererseits ist – statistisch gesehen – die Wahrscheinlichkeit, als Erwachsener oder als Kind einem Sexualverbrechen zum Opfer zu fallen, nie so gering gewesen wie heute.« (Zitat Ende)

Das Fazit von Sabine Rückert ist ein Plädoyer für einen humanen Maßregelvollzug. Wofür sonst?
Ein Ziel, für das sich in Hörfunk und Fernsehen auch andere Autoren einsetzen. Im Jahr 2006 hatte das Thema in den Sendern offenbar Konjunktur. Der Südwestrundfunk sendete im Hörfunk zwei längere Feature von Johannes Weiß, eines zum Thema »Therapie statt Strafe« und eines über »Sexualstraftäter und Menschenwürde«. Das WDR-Fernsehen stellte aus Eickelborn ein Theaterprojekt als Therapiemaßnahme vor und »arte« widmete einen Beitrag der Kunst-Therapie aus Eickelborn.
Das ZDF hat sich schon seit 2002 verstärkt dem Thema Maßregelvollzug zugewandt. In der Reihe »Die Reporter« stellte es einen Doppelmörder in Eickelborn vor, seine Unterbringung, seine Therapie und seine ungewissen Aussichten für die Zukunft. Das alles wird geschildert ohne Aufregung und Sensationslust, ohne

Bangemacherei, aber auch ohne Verharmlosung. Das Gleiche gilt für eine dreiteilige Dokumentation des ZDF aus dem Jahr 2005, die Ende November 2007 auf Phönix wiederholt wurde. Leider mitten in der Nacht von 0:30 bis 3:30 Uhr. Der Titel klingt reißerisch: »Maske des Bösen – Sexualstraftätern auf der Spur«. Der erste Teil widmet sich den »Tätern«, der zweite dem »Tatort« und der dritte »Schuld und Sühne«. Im Mittelpunkt stehen die Erkenntnisse des Wiener Kriminalpsychologen Thomas Müller, der in Eickelborn kein Unbekannter ist, weil er hier des Öfteren mit Patienten Gespräche geführt hat. Seine Hauptthese ist, dass der Tatort zu wenig Aufmerksamkeit in der Forensischen Psychiatrie finde, aber sehr viel über den Täter aussage. Denn das Tun des Täters enthalte mehr Wahrheit über ihn als manche Selbstaussage. Im Tun zeige er seine kranken Fantasien und damit sein Inneres. Und am Ende auch hier – wie in den anderen Fernsehbeiträgen – die bitter realistische Einsicht, dass bei aller Bemühung um gewissenhaft erstellte Prognosen für die Zukunft eines therapierten Täters immer ein Restrisiko bleibt. Die Antwort darauf? »Wegschließen – und zwar für immer«, wie Gerhard Schröder meinte? Ist Risiko-Vermeidung, ist die Angst vor der forensischen Prognose der bessere Ratgeber?

In einigen Fällen wird das wohl so sein. Das meinte 2001 in der ARD in einem »Boulevard Bio«, der aus Eickelborn gesendet wurde, der damalige Leitende Arzt des Zentrums für Forensischen Psychiatrie Lippstadt, Dr. Michael Osterheider. Es gäbe Patienten, so sagte er, die für eine Therapie nicht erreichbar seien und deshalb in Sicherungsverwahrung bleiben müssten. Alfred Biolek schloss die Sendung mit der Bemerkung, dass die Medien mithelfen müssten, in der Öffentlichkeit die Sachargumente in den Vordergrund zu stellen. Das ist natürlich eine lobenswerte Absicht, aber bleibt wohl nur ein frommer Wunsch, so fürchte ich, dass Aufklärung tief sitzende Ängste vertreiben könnte.

Besonders sichtbar werden diese Ängste da, wo die Realität lediglich Pate gestanden hat, und die Fantasie eines Autors frei gestalten konnte: im Spielfilm. Psychisch kranke Täter kommen häufig in Kriminalfilmen und in Psychothrillern vor. Ich meine nicht die Art Filme, wie sie gerne in den kommerziellen Fernsehprogrammen gezeigt werden, wo psychisch kranke Täter die Protagonisten für die Kategorie Horrorfilm werden. Ich rede von ganz normalen Krimis und Thrillern, wie sie in der ARD oder sonst in einem öffentlich-rechtlichen Programm zu besichtigen sind. Im NDR zum Beispiel, wo Anfang Februar 2008 – natürlich nach Mitternacht – »The Woodsman« lief. Eine rühmliche Ausnahme von allen Filmen dieser Art, die ich gesehen habe. Denn hier wird sehr realistisch die Gratwanderung einer zu gelingen scheinenden Resozialisierung eines pädophilen Täters geschildert. Der Protagonist ist so etwas wie eine Soft-Version eines Sexualstraftäters, weil er zwar die Nähe kleiner Mädchen sucht, aber nicht um Gewalt zu üben, sondern um den Geruch ihrer Haare zu genießen. Er hat dafür zwölf Jahre im Gefängnis gesessen und kämpft nun in der Freiheit gegen die Vorurteile und Anfeindungen seiner Arbeitskollegen und gegen sich selbst, um nicht rückfällig zu werden und eine Beziehung zu einer Frau aufzubauen. Ein Film, der nachdenklich macht und von einer ruhestiftenden Langsamkeit ist.

Ähnlich nähern sich der Realität von Sexualstraftätern zwei Krimis in der ARD an. Ein Tatort mit dem Titel »Verdammt«, der Ende Januar zur Hauptsendezeit lief. Und ein »Polizeiruf 110« mit dem Titel »Geliebter Mörder« Anfang Februar 2008. Beiden Filmen gemeinsam ist, dass sie einen Sexualstraftäter zeigen, der in die Freiheit entlassen wird oder im anderen Fall kurz vor seiner Bewährungszeit in der Freiheit steht. Im ersten Fall überlebt der Täter nicht einmal den ersten Tag seiner wiedergewonnenen Freiheit. Bei seiner Rückkehr in seine Wohnung wird er von einem Bewohner der Siedlung abgefangen und zusammengeschlagen. Am nächsten Morgen findet die Polizei seine Leiche in einem Müllcontainer. Im Verlauf der weiteren Handlung wird die ganze Skala von Vorurteilen und Gewalttätigkeiten bis zu einem militanten Elternverein zum Schutz der Kinder vor Sexualstraftätern vorgeführt. Am Schluss bricht die ganze Eskalations-Skala in sich zusammen, weil die polizeilichen Ermittlungen ergeben haben, dass der ermordete Sexualstraftäter nicht der Mörder des Jungen war. Er hatte unschuldig im Gefängnis gesessen. Der Angst, der Wut, der Aggression der Nachbarn folgt eine entsetzliche Leere und Sinnlosigkeit.

Im »Polizeiruf 110« geht es bei dem »Geliebten Mörder« um einen Sexualstraftäter, der ein Mädchen ermordet hat. Dafür war er in einer Forensischen Psychiatrie und hat eine erfolgreiche Therapie durchlaufen, weshalb er unbegleitete Freigänge machen darf. Er hat eine Frau kennengelernt, die an ihn glaubt, weil sie ihn liebt. Er bewundert sie und sagt ihr, »dass sie das Beste ist, was ihm im Leben passiert ist«.

Die Frau aber möchte eine normale Beziehung zu ihm – auch sexueller Art – und tauscht deshalb seine Medikamente aus. Er wird rückfällig, entführt ein Mädchen, vergeht sich aber nicht an ihr. Er zerbricht am Konflikt mit seiner Krankheit, die er für nicht heilbar hält und bringt sich um.

Zwischen diesem Film und dem »Tatort: Verdammt« gibt es Übereinstimmungen, die meines Erachtens nach nicht zufällig sind, obwohl es sich um die Produktionen verschiedener Autoren verschiedener ARD-Sender und damit auch anderer Redaktionen handelt. In beiden Filmen scheitert die Wiedereingliederung in die Freiheit. In beiden Filmen finden die psychisch kranken Straftäter den Tod. Auf eine raffinierte dramaturgische Art ist eingelöst, wonach die Ängste der sogenannten »normalen« Bürger schreien: die Täter sind weg. Was im Film möglich ist, ist in der Realität nicht zu erreichen: Sexualstraftäter können nicht hingerichtet werden. Das Grundgesetz der Bundesrepublik hat in Artikel 102 die Todesstrafe abgeschafft. Im Film aber ist sie de facto vollzogen worden. Der Zuschauer kann sich deshalb entspannt mit den bedrohlich erscheinenden Inhalten auseinandersetzen, denn die Gefahrenquelle ist endgültig beseitigt. So wie sich das Bürgerinitiativen im Idealfall auch für die Forensische Psychiatrie wünschen, dass die Kranken weggeschlossen werden – »und zwar für immer«.

Woher kommen diese Ängste? Das habe ich mich immer wieder gefragt bei der Vorbereitung auf diesen Vortrag. Ich bin dabei auf einige Zusammenhänge gestoßen, die ich hier zur Diskussion stellen möchte.

Der nächstliegende Begründungszusammenhang scheint mir zu sein, dass die westlichen Bevölkerungen, die die Aufklärung durchlaufen haben, völlig hilflos sind, wenn ihre Mittel zur Kommunikation versagen: Die Vernunft und die Sprache der Logik. Wenn ein Mensch mit diesen Mitteln nicht mehr erreicht werden kann, dann steht er außerhalb der Vereinbarungen für das Miteinander in der Gesellschaft. Er ist ein Spieler im Abseits, nicht berechenbar und deshalb bedrohlich. Er folgt nicht den gesellschaftlich normierten Verhaltensmustern, sondern folgt der eigenen Innenwelt mit eigenen Fantasien, die er in der Welt der gesellschaftlichen Normen realisieren will. In manchen Fällen hält er sich sogar formal an diese Normen, benutzt sie aber nur als eine Art äußerliches Rollenkleid. So verwundert es nicht, dass die späteren Tatorte – wie Thomas Müller sagt – die Geschichte ganz anderer Innenwelten erzählen. Ein solches Verhalten und solche Innenwelten machen Angst. Davor will sich die Gesellschaft schützen.

Die weitergehende Frage ist nun, woher denn diese normierenden Vereinbarungen in der Gesellschaft kommen. Eine mögliche Antwort auf diese Frage scheint mir das zu sein, was als »Projekt Moderne« bezeichnet wird, den Aufbruch des Menschen in die Neuzeit. Das ist der Prozess, der noch vor der Aufklärung lag und zu ihr führte. Horst-Eberhard Richter hat das Ergebnis dieses Aufbruchs »Gotteskomplex« genannt. Es ist die Usurpation des Gottesthrons durch den Menschen, seine Selbstvergottung. Große Philosophen wie Feuerbach, Marx, Nietzsche oder Ernst Bloch haben diese Selbstvergottung als menschliche Zielvorgabe durchaus begrüßt. Der Preis für die Thronbesteigung aber war der Verlust der Gotteskindschaft, ein Lebensgefühl des Aufgehobenseins, der Geborgenheit. Wohl kaum jemand hat die neue Einsamkeit des Menschen so erschütternd beschrieben wie Friedrich Nietzsche in der »Fröhlichen Wissenschaft«. Der Allmachtswahn des neuzeitlichen Menschen, seine Geschicke und die des Kosmos selbst in die Hand zu nehmen, hat wie jede Münze ihre Rückseite: den Ohnmachtskomplex aufgrund der unheilbaren narzisstischen Wunde seiner Sterblichkeit. Ein Resultat dieses Allmachts-Ohnmachts-Komplexes ist die Angst.

Die Geschichte des neuzeitlichen Menschen kann auch geschrieben werden als die Geschichte des Titanen, der ein verlassenes Kind in sich trägt. Der Spannungsbogen geht von Goethes »Prometheus« aus den Jahren 1772 bis 1774 bis zu Gottfried Benns »Nur zwei Dinge« aus dem Beginn der 1950er-Jahre.

Goethe: »Hier sitz' ich, forme Menschen / Nach meinem Bilde / Ein Geschlecht, das mir gleich sei, / Zu Leiden, weinen / Genießen und zu freuen sich, / Und dein nicht zu achten, / Wie ich.«

Wie anders liest sich da Benn:

»... es gibt nur zwei Dinge: die Leere / und das gezeichnete Ich.«

Da soll nicht Angst entstehen in diesem Titanengeist, der alle Ufer verlassen hat? Rilke hat diesen Zusammenhang als ein Versagen des Menschen verstanden. In einem Brief an den jungen Dichter Franz Kappus schrieb er am 12. August 1904:

»Wir müssen unser Dasein so weit, als es irgend geht, annehmen; alles, auch das Unerhörte, muss darin möglich sein. Das ist im Grunde der einzige Mut, den man von uns verlangt: mutig zu sein zu dem Seltsamsten, Wunderlichsten und Unaufklärbarsten, das uns begegnen kann. Dass die Menschen in diesem Sinne feige waren, hat dem Leben unendlichen Schaden getan; die Erlebnisse, die man ›Erscheinungen‹ nennt, die ganze sogenannte ›Geisterwelt‹, der Tod, alle diese uns so anverwandten Dinge, sind durch die tägliche Abwehr aus dem Leben so sehr hinausgedrängt worden, dass die Sinne, mit denen wir sie fassen könnten, verkümmert sind. Von Gott gar nicht zu reden. Aber die Angst vor dem Unaufklärbaren hat nicht allein das Dasein des Einzelnen ärmer gemacht, auch die Beziehungen von Mensch zu Mensch sind durch sie beschränkt, gleichsam aus dem Flussbett unendlicher Möglichkeiten herausgehoben worden auf eine brache Uferstelle, der nichts geschieht.«

Soweit Rilke.

Hier fühlen wir uns am sichersten, auf unseren Brachen, wo nichts geschieht. Nichts. Vor allem nicht das Schreckliche. So spricht die Angst. Sie ist der Preis der Moderne. Die Frage ist, ob die Menschen diese Angst als Rabe in sich hocken und sich von ihm hacken lassen oder ob sie nicht mit Rilke den »Mut zum Unaufklärbaren« aufbringen wollen. So das denn noch möglich ist. Denn der Zug der Moderne ist nicht mehr umkehrbar in die entgegengesetzte Richtung. Die Menschen der westlichen Welt sind eingestiegen. Der Zug hält nicht mehr an. Er kann nur mit der Kraft, mit der er in Gang gebracht worden ist, zu lenken versucht werden: mit der Kraft der Vernunft, einer humanen Vernunft. Können wir das? Oder fehlt uns dazu der Mut? Lähmt uns der alte Rabe in unserer Brust?

Mir scheint, dass es noch eine weitere Quelle der Angst gibt, die uns hindert, der Vernunft mutig zu vertrauen. Wir suchen nach Sicherheit, nach etwas, das uns einen Halt garantiert, und das es deshalb zu schützen gilt: Unser nach dem Krieg, aus dem Chaos, aus dem Nichts wieder aufgebautes Leben. Kriegskinder, die wir seit Generationen sind. Mit unseren abgespaltenen Traumata haben wir gelernt, zu funktionieren und zu schweigen. Weil, so heißt es dann immer: »Andere haben es noch viel schwerer gehabt als wir.«

Wir haben dieses Land wieder aufgebaut. Wir waren an der Sache orientiert fähig, zur Kooperation mit anderen. Wir verteidigen das Erreichte, wenn es uns jemand nehmen will. Das lassen wir nicht zu. Nie mehr. Nie mehr zurück. Immer nach vorn. Weiter. Im Rücken sitzt uns der Rabe, den wir abgespalten haben. Dreh dich nicht um. Hinter deinem Rücken wartet die Angst auf dich.

Die Angst? Welche Angst? Die Angst vor den Bildern in mir, vor dem Schrecklichen, den furchtbaren Bildern des Krieges, der Trümmer, der Toten, der bomben-bebenden Häuser, der Angst der Erwachsenen, auf deren Schoß kein Platz war für die Kinder, weil sie die Hände zwischen die Knie pressen mussten, um nicht vor Angst aus den Fugen zu geraten. Niemand will die Angst. Aber sie ist da. Und sie macht misstrauisch. Und Misstrauen ist, wie der Münchner Psychoanalytiker Michael Ermann bei seinen Forschungen mit traumatisierten Kriegskindern herausgefunden hat, Misstrauen ist eine bleibende Eigenschaft, die durch Traumatisierungen in einem Menschen wächst. Misstrauen ist der Versuch, Erfahrungen nicht wiederholen zu müssen, und Situationen zu vermeiden, die an die Traumatisierungen erinnern könnten.

Zwischen 55 und 60 Prozent der deutschen Kriegskinder des Zweiten Weltkriegs sind traumatisiert. Und wir wissen, dass traumatisch heraus gebildete Verhaltensmuster von Generation zu Generation weitergereicht werden. So der Traumaforscher und Nestor der deutschen Alternspsychotherapie Hartmut Radebold. Das heißt, dass in Deutschland und vergleichbar in den anderen kriegsbetroffenen Ländern Europas weite Teile der Bevölkerungen traumatisch belastet sind. Wenn aber die Angst ein treuer Begleiter der Traumatisierten ist, dann folgt daraus, dass weite Teile der Bevölkerung Vermeidungsstrategien leben, um eine Wiederholung von Situationen, die an die Traumatisierungen erinnern könnten, zu umgehen.

Die Angst, der die Forensik mit ihren Therapieansätzen gegenübersteht, hat also mehrere Wurzeln. So viel lässt sich vielleicht sagen: Sexualstraftäter treffen in weiten Teilen der Bevölkerung auf tief gründende Ängste. Die daraus resultierende Vermeidungsstrategie fordert die Beseitigung des Faktors, der die Angst auslöst. Wenn wir davon ausgehen, dass sich die drei von mir angenommenen Quellen der Angst gegenseitig ergänzen oder gar addieren, dann ist der Vermeidungsdruck proportional hoch.

Fazit: Die Forensische Psychiatrie sieht sich einer Öffentlichkeit gegenüber, die mit dem humanistisch geprägten Projekt einer Besserung und Resozialisierung von psychisch kranken (Sexual-)Straftätern überfordert sein dürfte. Der Widerstand von Bürgerinitiativen wie »Sicherung vor Therapie« dürfte symptomatisch dafür sein. Dennoch halte ich den Grundsatz der Forensischen Psychiatrie »Besserung und Sicherung«, Therapie und Resozialisierung für unaufgebbar. Es ist ein Grundsatz, der dem Anspruch des modernen Menschen an sich selbst entspricht.

Damit ich nicht missverstanden werde: Ich bin ein Teil dieses Volkes. Ich bin auch ein Teil des deutschen Traumas. Ich teile die Angst meiner Mitmenschen. Auch für mich sind psychisch kranke Straftäter beängstigend. Ich wohne in der Nähe einer

Landesklinik mit einer Forensischen Abteilung. Und dennoch bleibe ich dabei: Ohne einen humanen Maßregelvollzug gäben wir etwas auf, was unabdingbar zum neuzeitlichen Menschen gehört: Das Lebens- und Entwicklungsrecht aller Menschen, der sogenannten »gesunden« ebenso wie das der bewussten Normverletzer oder der kranken Menschen. Dazu benötigen wir allerdings den »Mut zum Unaufklärbaren«, wie Rilke es nannte.

Literatur

BENN G (1956) Nur zwei Dinge. Gesammelte Gedichte. Limes Verlag, Wiesbaden und Verlag der Arche, Zürich
GOETHE JWv (1772-74) Prometheus
JANUS L, Hg. (2006) Geboren im Krieg. Kindheitserfahrungen im 2. Weltkrieg und ihre Auswirkungen. edition psychosozial. Psychosozial Verlag, Gießen
RADEBOLD H et al., Hg. (2006) Kindheiten im Zweiten Weltkrieg. Kriegserfahrungen und deren Folgen aus psychohistorischer Perspektive. Juventa Verlag, Weinheim München
RADEBOLD H et al., Hg. (2008) Transgenerationale Weitergabe kriegsbelasteter Kindheiten. Interdisziplinäre Studien zur Nachhaltigkeit historischer Erfahrungen über vier Generationen. Juventa Verlag, Weinheim München
RICHTER HE (1979) Der Gotteskomplex. Rowohlt Verlag, Hamburg
RILKE RM (1985) Briefe an einen jungen Dichter. Insel Bücherei Nr. 406. Insel Verlag, Frankfurt/M
RÜCKERT S (08/2003) Wird er es wieder tun ? DIE ZEIT. Dossier
SPRANGER H, Hg. (2007) Der Krieg nach dem Krieg. Spätfolgen bei traumatisierten Menschen. Verlag Books on Demand GmbH, Norderstedt

Was wirkt bei der Behandlung forensisch-psychiatrischer Patienten mit »Psychopathy«?

Uta Kröger, Daan Van Beek, Hans Van Geest,
Rob Geraerts, Pascalle Van Der Wolf

Zusammenfassung

In den Niederlanden gilt »Psychopathy« nach Hare als ein wichtiges Kriterium bei der Prognosebegutachtung im Maßregelvollzug. Vor dem Hintergrund der politischen Forderung nach optimalem Schutz der Öffentlichkeit vor Rezidiven von Gewalt- und Sexualstraftätern wirkt sich die Diagnose nicht selten negativ auf entsprechende Entscheidungen aus und werden psychopathische Patienten zunehmend in den Longstay-Bereich abgeschoben. In diesem Beitrag wird beschrieben, wie in der Van der Hoeven Kliniek in Utrecht versucht wird, einen Behandlungsansatz für psychopathische Patienten zu entwickeln und diesen in das herkömmliche Wohngruppenkonzept zu integrieren.

Schlüsselwörter

Psychopathie, niederländischer Maßregelvollzug, integrales Behandlungskonzept für Maßregelvollzugspatienten mit hohem PCL-R Score

Einleitung

Das Konzept der »Psychopathy« (zur sprachlichen Vereinfachung wird im Weiteren von Psychopathie gesprochen) im Sinne der von Hare (1991) entwickelten Psychopathy-Checklist Revised (PCL-R) hat in der forensischen Psychiatrie international besondere Bedeutung erlangt. Psychopathie ist nach diesem Konzept durch eine tief greifende Störung der affektiv-interpersonalen Persönlichkeitsentwicklung sowie antisoziale Verhaltensmerkmale gekennzeichnet. Die PCL-R enthält Items, anhand derer festgestellt werden kann, ob eine Psychopathie vorliegt. Obwohl ursprünglich nicht als solches konzipiert, gilt die PCL-R heute als eines der gebräuchlichsten psychometrischen Verfahren zur Prognosestellung. Der prognostische Wert der PCL-R für die Vorhersage gewalttätigen Verhaltens u. a. von Maßregelvollzugspatienten ist gut belegt und die Rückfälligkeit der psychopathischen Patienten nachweislich hoch (Hare et al. 2000; Hemphill et al. 1998). Dieser Tatbestand hat zu einer kontroversen Diskussion über die Frage geführt, ob Hoch-Scorer generell als unbehandelbare Patienten einzuordnen sind. In den Niederlanden zeichnet sich eine deutliche Tendenz der Stigmatisierung psychopathischer Patienten ab. Hoch-Scorer werden bei Lockerungsentscheidungen streng beurteilt und zunehmend in den Longstay-Bereich abgeschoben. Außerdem entstehen Einrichtungen, in denen psychopathische Patienten auf ihre Motivation beziehungsweise Behandelbarkeit hin untersucht werden, bevor sie in eine Maßregelvollzugsanstalt eingewiesen werden (VAN BEEK & KRÖGER 2007). In Deutschland spielt sich ein ähnlicher Prozess ab. Uneinigkeit besteht hier zum Beispiel darüber, ob die Psychopathie eine Kontraindikation für die Sozialtherapie darstellt (NUHN-NABER & REHDER 2005), oder ob gerade der sozialtherapeutische Bereich dazu geeignet ist, Erfahrungen in der Behandlung von Psychopathen zu sammeln (THALMANN 2007). Experten wie ROSS & PFÄFFLIN (2005) äußern sich kritisch gegenüber der Tendenz, Psychopathen generell von der Behandlung auszuschließen, unter anderem wegen der häufigen Fehlzuweisungen und der Heterogenität dieser Patientengruppe.

Wie mit den Maßregelvollzugspatienten, die einen hohen PCL-R Score erreichen, umzugehen ist, ist bis heute ungeklärt. Es bestehen noch wenig aussagekräftige Studien zur Behandlung der Psychopathie. Unumstritten ist wohl, dass psychopathische Patienten im Allgemeinen eine Behandlungsbedürftigkeit, aber dennoch eingeschränkte Fähigkeit und Motivation zur Behandlung aufweisen, weshalb es fraglich ist, ob sie mit den gängigen Therapiemethoden zu behandeln sind.

In der Van der Hoeven Kliniek, einer niederländischen Maßregelvollzugsanstalt, setzt man sich seit einigen Jahren mit der Frage auseinander, wie die Behandlung so gestaltet werden kann, dass sie besser auf die speziellen Behandlungsbedürfnisse der psychopathischen Patienten zugeschnitten ist und eine Entwicklung ermöglicht, aufgrund derer die Rückfallgefahr vermindert und letztlich eine Einweisung in den Longstay-Bereich vermieden werden kann. Inzwischen ist in der Klinik ein integraler Behandlungsansatz für die psychopathischen Patienten entwickelt worden, der den in Kanada von WONG & HARE (2005) erstellten Programmrichtlinien für die klinische Behandlung psychopathischer Gewalttäter weitestgehend entspricht. Diese Richtlinien sind gemäß den »What works«-Prinzipien von ANDREWS & BONTA (2006) erstellt, die modernen wissenschaftlichen Erkenntnissen zufolge erfüllt sein müssen, wenn die Täterbehandlung zur Reduzierung der Rezidivgefahr führen soll. Diese umfassen das Risiko-, Bedürfnis-, Responsivitäts- und Integritätsprinzip.

In diesem Beitrag wird beschrieben wie der integrale Behandlungsansatz den »What works«-Prinzipien entsprechend in den allgemeinen Behandlungskontext der Van der Hoeven Kliniek integriert ist.

Die Van der Hoeven Kliniek

Die Van der Hoeven Kliniek in Utrecht ist eine der zwölf Maßregelvollzugskliniken in den Niederlanden. In die Klinik sind rund 160 Patienten und Patientinnen aufgenommen, von denen beinahe ein Drittel transmural behandelt wird. Traditionsgemäß steht in der Klinik die Behandlung von persönlichkeitsgestörten Patienten im Vordergrund. Auch heute erfüllen mehr als 90 % der Patienten die Kriterien einer oder mehrerer Persönlichkeitsstörungen. Die Zahl der primär psychotisch erkrankten Patienten nimmt jedoch beständig zu wie auch die Komorbidität von Störungen der Achse I und II des DSM-IV-TR. Insgesamt liegt bei 80 % der Patienten eine Störung der Achse I vor. Dabei handelt es sich unter anderem um psychotische Störungen und Affektstörungen (20 %), autistische Störungen (10 %), Suchtkrankheiten (45 %) und Paraphilie (27 %) (VAN BINSBERGEN et al. 2007). Den aktuellen Daten zufolge weisen 35 % der heutigen Patientenpopulation einen PCL-R Gesamtwert zwischen 20 und 29 auf. Bei 22 % handelt es sich um eine hohe Ausprägung der Psychopathie (≥ 30). Überwiegend beziehen sich die hohen Werte auf den Faktor 2 des PCL-R, der Merkmale eines sozial abweichenden Lebensstils betrifft.

Die Van der Hoeven Kliniek wurde 1955 auf der Basis des von Maxwell Jones inspirierten Konzepts der therapeutischen Gemeinschaft gegründet. Im Laufe der Zeit hat sich das Behandlungskonzept weiterentwickelt. Heute definiert es sich als eine strukturierte und normalisierte therapeutische Gemeinschaft mit einem breiten, multidisziplinären und »evidence based« Behandlungsangebot, das kognitiv-behaviorale, systemtherapeutische sowie pharmakologische Behandlungsansätze integriert (VAN BINSBERGEN et al. 2007; LUCIEER 2005; Dr. Henri van der Hoeven Stichting 2002).

Die Patienten verfügen in der Klinik über viel Bewegungsfreiheit, haben ständigen, intensiven Kontakt zu ihren Mitpatienten und Behandlern und sind stark in den Behandlungsprozess involviert. Wesentliche Elemente dieses freien Umgangs miteinander sind gegenseitiger Respekt, Offenheit und Selbst- wie Mitverantwortung. Die Patienten sind in Wohngruppen untergebracht, die in Bezug auf Pathologie, Delinquenz und Geschlecht heterogen zusammengestellt sind. Eine Ausnahme bilden die psychotischen und psychoseanfälligen Patienten, die in speziellen Wohngruppen oder auf einer Station für Einzeltherapie verbleiben. In der Wohngruppe werden alle Probleme des täglichen Zusammenlebens miteinander besprochen und der Haushalt gemeinsam geregelt. Darüber hinaus wird die persönliche Entwicklung eines jeden Gruppenmitglieds verfolgt, der Behandlungsverlauf gemeinsam evaluiert und fortlaufend angepasst. Die Handlungs- und Bewegungsfreiheit jedes einzelnen Patienten ist an konkrete Absprachen gebunden. Dadurch ist jedem Patienten bekannt, was ihm und seinen Mitpatienten erlaubt ist und was nicht. Wer sich nicht an seine Absprachen hält und risikovolles Verhalten zeigt, wird zeitweilig in seinen Freiheiten eingeschränkt, bis er wieder bereit ist, die Verantwortung für sein Problemverhalten zu übernehmen.

Die Patienten partizipieren nicht nur aktiv an der Planung und Evaluation der Behandlung, sondern sind auch für die Sicherheit in der Klinik (mit-)verantwortlich. Normen, die sich Patienten in ihrem kriminellen Milieu oder der Haftzeit zu eigen gemacht haben, zum Beispiel, dass man den anderen nicht verzinkt, werden nicht toleriert. Zugunsten des gemeinsamen Kontakts und des Risikomanagements wird viel Zeit in die interne Kommunikation investiert. Täglich findet eine Mitarbeiterkonferenz statt, in der der Behandlungsverlauf und die Freiheitsregelung einzelner Patienten, besondere Zwischenfälle oder auch allgemeine Themen der Behandlung zur Sprache kommen. Darüber hinaus werden alle Ereignisse des Tages schriftlich festgelegt, sodass alle Mitarbeiter und Patienten gut über den Klinikbetrieb informiert sind. Ein Klinikrat, der sich aus Vertretern von Betreuern und Patienten der verschiedenen Wohngruppen zusammensetzt, hat die tägliche Aufgabe, die Ruhe und Sicherheit in der Klinik zu gewährleisten und gegebenenfalls wiederherzustellen. Der Klinikrat beratschlagt gemeinsam, welche Maßnahmen ergriffen werden sollen und führt diese aus. Dabei beteiligen sich auch die Patienten, mit Ausnahme der Psychosekranken, am Separieren ihrer Mitpatienten.

In der Van der Hoeven Kliniek gehen nicht nur Behandlung und Risikomanagement, sondern zugleich Rehabilitation Hand in Hand. Die Patienten werden von Anfang an gezielt auf eine Rückkehr in die Gesellschaft vorbereitet. Das achtstündige Tagesprogramm ist umfangreich und verbindlich. Außer Einzel- und Gruppentherapie, Sport- und kreativen Aktivitäten verfügt die Klinik zur Vorbereitung auf die Rückkehr in den regulierenden Arbeitsprozess über hoch qualifizierte Ausbildungs- und Arbeitsstätten.

Die Reintegration in die Gesellschaft geschieht schrittweise. Nach der klinischen Behandlung werden die Patienten, entsprechend ihrem jeweiligen Sicherheits- und Betreuungsbedürfnis in unterschiedlichen transmuralen Einrichtungen untergebracht. Das Angebot umfasst die Unterbringung in beschützenden Wohnstätten, eigenständiges Wohnen in diversen Appartements in der Stadt sowie Einrichtungen zur Langzeitunterbringung (KEUNE et al. 2006).

Entwicklung eines integralen Behandlungsansatzes

Im Jahre 1999 führte die Van der Hoeven Kliniek als erste Maßregelvollzugsklinik in den Niederlanden den PCL-R im Rahmen der Risikoeinschätzung ein (HILDEBRAND et al. 2002). Außerdem wurden Erkenntnisse aus der Psychopathieforschung teilweise bei der Behandlung einzelner Patienten mit hoher psychopathischer Ausprägung verwertet (VAN BEEK & KRÖGER 2007). Im Laufe der Zeit entstand jedoch das Bedürfnis nach einem integralen, »evidence based« Behandlungsansatz. Aus diesem Anlass wurden im Jahre 2005 Wong und seine Mitautorin Gordon (2005) zu einem konsultativen Besuch in die Klinik eingeladen. Sie waren vom Behandlungskonzept der Van der Hoeven Kliniek positiv beeindruckt und vertraten die Ansicht, dass es mit den von ihnen erstellten Programmrichtlinien kompatibel ist. Empfohlen wurde jedoch, die Messbarkeit der Behandlungsresultate zu verbessern und stärker auf die Faktoren zu achten, die es dem Patienten erschweren, an der Behandlung teilzunehmen (Responsivitätsprinzip), sowie die einzelnen Behandlungsaktivitäten im Hinblick auf die zu behandelnden Risikofaktoren besser aufeinander abzustimmen (Integritätsprinzip).

Gegenwärtig wird die Behandlung der psychopathischen Patienten den genannten Richtlinien entsprechend durchgeführt (vgl. auch Beek 2006, De Ruiter & Veen 2006). Die Planung und Evaluation der Behandlung erfolgt dabei, den Richtlinien gemäß, auf der Basis des transtheoretischen Modells der Veränderungsbereitschaft von Proschaska & DiClemente (1992). Darüber hinaus ist das »Goodlives«-Rehabilitationsmodell von Ward & Stewart (2003), das für die Verbesserung der Motivation Anhaltspunkte bietet, in den Behandlungsansatz aufgenommen.

Der entstandene integrale Behandlungsansatz lässt den Behandlern ausreichend Spielraum, um den unterschiedlichen Behandlungsbedürfnissen der einzelnen Patienten gerecht zu werden. Viele Aspekte des Behandlungsansatzes sind auf die Behandlung persönlichkeitsgestörter Patienten im Allgemeinen übertragbar. Vor allem das Responsivitäts- und das Integritätsprinzip stellen jedoch besondere Anforderungen an die Behandlung von Psychopathen, wodurch sich diese doch erheblich von der Behandlung der übrigen Klientel unterscheidet.

Im Folgenden wird erläutert, wie im Sinne der »What works«-Prinzipien Form und Inhalt der Behandlung der psychopathischen Patienten bestimmt wird.

Die »What Works«-Prinzipien bei der Behandlung von Psychopathen

Das Risikoprinzip

Das Risikoprinzip beinhaltet, dass die Intensität der Behandlung von der Höhe des Rückfallrisikos des Patienten abhängig sein sollte (Andrews 2006). Die Risikoeinschätzung findet auf der Basis gut validierter psychometrischer Instrumente zur Verhaltensprognose statt wie dem HCR-20, SVR-20 und der PCL-R. Da Patienten mit einem hohen PCL-R Score gegenüber Nicht-Psychopathen höhere Rückfallquoten aufweisen (Serin & Amos 1995) sollte die Behandlung intensiv sein und von langer Dauer. Dabei macht es noch einen Unterschied, auf welchem der zwei Faktoren der PCL-R Patienten hoch scoren, im affektiv-interpersonalen Bereich (Faktor 1) oder im Bereich des antisozialen Verhaltens und Lebensstils (Faktor 2). Insbesondere Patienten, die im Bereich des Faktors 2 auffällig sind, weisen eine hohe allgemeine und gewalttätige Rückfälligkeit auf und neigen im institutionellen Kontext mehr zu verbaler und physischer Aggression. Diese Aggression ist mehr reaktiver Art und beruht vor allem auf der schlechten Impulskontrolle (BLAIR et al. 2005; HILDEBRAND 2005; WALTERS 2003). Patienten, die im Bereich des Faktors 1 hoch scoren, zeigen im stationären Kontext eher störendes Verhalten aufgrund ihres oft provokativen und feindseligen Interaktionsstils. Sie neigen mehr zu einer instrumentalen Aggression (HOBSON et al. 2000). Außerdem besteht bei Komorbidität von Psychopathie und sexueller Devianz eine besonders hohe Rückfallgefahr (HILDEBRAND 2004).

In den Niederlanden sind alle Maßregelvollzugskliniken zur standardmäßigen Anwendung der Prognoseinstrumente verpflichtet, und zwar sowohl in jährlichen Abständen als auch gesondert im Rahmen von Lockerungs- und Entlassprognosen. Eine unabhängige Kommission von forensischen und juristischen Experten entscheidet aufgrund der aktualisierten Prognosen über die von den Kliniken beantragten Lockerungen. Obwohl in den Niederlanden wie im gesamten europäischen Raum ein Cut-Off-Wert von ≥ 26 für Psychopathie gebräuchlich ist, spricht man in den Niederlanden im Rahmen der Prognosestellung von einer hohen Ausprägung der Psychopathie bei einem PCL-R Gesamtscore von ≥ 30. Bei einem Gesamtscore von 20–29 ist von psychopathischen Zügen die Rede. Ein hoher PCL-R Score macht eine besonders kritische Abwägung der Risiko- und protektiven Faktoren erforderlich, da Letztere zur Verminderung der potenziell hohen Rezidivgefahr beitragen können. In der Van der Hoeven Kliniek werden zur Ergänzung der herkömmlichen Risikoeinschätzung die protektiven Faktoren mithilfe einer auf der Basis von Literaturstudien zusammengestellten Checkliste gemessen, dem Structured Assessment of PROtective Factors for violence risk (SAPROF) (DE VOGEL et al. 2007).

Das Bedürfnisprinzip

Das Bedürfnisprinzip beinhaltet, dass sich die Behandlung auf die relevanten dynamischen Risikofaktoren richten muss, um die Rezidivgefahr zu vermindern. Mit diesen Risikofaktoren sind die kriminogenen, an Gewalttätigkeit liierten Bedürfnisse des Patienten gemeint, die sich aus der Vorgeschichte, Psychodiagnostik, kollateralen Informationen von Familie und (Ex-)Partnern sowie später auch aus dem Deliktszenario ableiten lassen. Diese Bedürfnisse können Attitüden, Auffassungen oder Verhaltensweisen betreffen. Beispiele dynamischer Risikofaktoren psychopathischer Patienten bilden ihr Sensationshunger, impulsives, unverantwortliches Verhalten, ihre antisozialen Kognitionen und ihr antisoziales Netz. Das Behandlungsprogramm sollte umfassend sein und auf die festgestellten Risikofaktoren zielen (WONG & HARE 2005; THORNTON & BLUD 2007). Das Behandlungsresultat ist daran abzulesen, ob sich eine Veränderung hinsichtlich dieser Faktoren abzeichnet.

In der Van der Hoeven Kliniek verschafft man sich zu Beginn der Behandlung beim Erstellen der Behandlungspläne eine Übersicht über die dynamischen Risikofaktoren und verbindet damit konkrete Behandlungsziele, auf die alle Behandlungsaktivitäten ausgerichtet sind. Zum Beispiel kann der Patient X sich mit seinen Behandlern darüber einig sein, dass seine Impulsivität einen wichtigen dynamischen Risikofaktor darstellt. Im Behandlungsplan wird dann ausgeführt, wie Patient X innerhalb der Psychotherapie, der Wohngruppe, beim Sport, bei den kreativen Aktivitäten, der Berufsausbildung und dem Arbeitstraining an diesem Problem arbeiten kann. Jede Behandlungsaktivität setzt dafür ihre eigenen Mittel ein. Die Behandlung wird anhand der Ziele regelmäßig evaluiert. Abhängig von den jeweiligen Fortschritten werden Lockerungen zugestanden.

Das Responsivitätsprinzip

Nach dem Responsivitätsprinzip müssen die angewandten Behandlungsinterventionen so optimal wie möglich auf das individuelle Lernvermögen und die Lernbedürfnisse des psychopathischen Patienten abgestimmt sein. Bei der Behandlung von Psychopathen sind nach Wong & Hare die folgenden Responsivitätsfaktoren von Bedeutung:
- die Unfähigkeit, eine therapeutische Beziehung einzugehen;
- die mangelnde Motivation (»treatment readiness«);
- die defiziente Informationsverarbeitung.

Eine tragfähige *therapeutische Beziehung* hat nachweislich einen günstigen Einfluss auf das Behandlungsresultat sowie auf die Verminderung der Rezidivgefahr. Vor allem die affektiv-interpersonalen Persönlichkeitszüge der Psychopathen – ihr oberflächliches Gefühlsleben, Mangel an Gewissensbissen, Empathie und Verantwortungsgefühl sowie ihr oberflächlicher Charme, pathologisches Lügen und betrügerisch-manipulatives Verhalten – beeinträchtigen jedoch die Entwicklung einer solchen Beziehung (WONG & HARE 2005; HOBSON, SHINE & ROBERTS 2000; vgl. auch DINGS 2005). Vielen Psychopathen mangelt es an emotionaler Tiefe, um sich mit ihren eigenen Gefühlen oder den Gefühlen anderer auseinanderzusetzen und emotionale Bindungen einzugehen. In wissenschaftlichen Experimenten konnte nachgewiesen werden, dass negative emotionale Reize wie Angst bei Psychopathen auffallend wenig Respons auslösen und dass Worte mit emotionaler Bedeutung schlechter verarbeitet werden (HERBA et al. 2007; BLAIR et al. 2005; PATRICK 1994). Vermutlich handelt es sich um eine mehr allgemeine Unterstimulanz auf affektivem Gebiet, aufgrund derer Psychopathen wenig Angst oder Trauer empfinden und kaum Empathie und ein Gewissen entwickeln. Dies könnte auch erklären, warum sie sich weniger gehindert fühlen, ihre gewalttätigen Impulse auszuleben und ein auffallendes Bedürfnis nach immer neuen Herausforderungen, Sensationen und Abenteuern zeigen. Möglicherweise beruhen auch die negativen Denkschemata der Psychopathen, wie das Unterstellen von Feindseligkeit bei anderen, auf diesen affektiven Defiziten.

Da Psychopathen aufgrund ihrer Defizite kaum von Behandlungen profitieren, in denen das Besprechen der Gefühle im Vordergrund steht (THORNTON & BLUD 2007), zielt die Behandlung weniger auf Selbstreflexion und die Förderung von Empathie und Gewissen. Man versucht eher, dem Patienten Fertigkeiten beizubringen, die es ihm ermöglichen, auf adäquatere Weise mit seinen Defiziten umzugehen. Das Behandlungsangebot ist abwechslungsreich und enthält positive Anreize wie immaterielle Belohnungen oder Herausforderungen, die an besondere Stärken und Talente der Patienten appellieren. Ein positives, unterstützendes Behandlungsklima ist eine wichtige Voraussetzung für den konstruktiven Umgang mit psychopathischen Patienten, da sie sich leicht in ihrem Stolz gekränkt fühlen, woraus Konflikte entstehen können. Die Patienten werden auf freundliche, respektvolle Weise und ohne moralische Abwertung auf ihr Fehlverhalten angesprochen sowie auf die Vorteile konstruktiveren Verhaltens hingewiesen. Da negative emotionale Stimuli den psychopathischen Patienten kaum berühren, hat Bestrafung keinen korrigierenden Effekt. Zwar muss unakzeptablem Benehmen deutliche Grenzen gesetzt werden, es hat jedoch wenig Sinn, sich ausschließlich auf die negativen Konsequenzen des Verhaltens zu konzentrieren. Belohnungen scheinen dagegen wohl einen positiven Effekt auf das Verhalten von Psychopathen zu haben. Die Behandlungsattitüde ist außerdem transparent und sachlich. Alle an der Behandlung beteiligten Personen, die verschiedenen Behandler, Mitpatienten und das soziale Netz werden ausführlich über die psychopathische Problematik des Patienten informiert sowie über die Implikationen, die sich hieraus für ihn und seine direkte Umgebung ergeben. Gefühle der Enttäuschung, Ohnmacht oder Ablehnung bei den Betroffenen können so leichter besprochen und gemildert werden.

Gleichzeitig gründen die Behandler ihre Interventionen und die Art ihres Umgangs mit dem Patienten, mehr als dies bei anderen Patienten der Fall ist, auf ständige Beobachtung und Kontrolle des Verhaltens. Man erwartet vom Patienten, übertrieben gesagt, keine Worte, sondern Taten.

Die *mangelnde Motivation* bildet ein wesentliches Problem in der Behandlung von Psychopathen. Ihr übersteigertes Selbstwertgefühl und das Fehlen von Schuldgefühlen und Leidensdruck verhindern die Entwicklung intrinsischer Motivation. Darüber hinaus brauchen sie starke, wechselnde Stimuli, um sich nicht zu langweilen und ihr Interesse zu verlieren. Sie können sich deshalb schlecht auf Langzeitziele richten und sind geneigt, sich die erwünschte Spannung durch störendes oder antisoziales Verhalten zu verschaffen. Das transtheoretische Modell der Veränderungsbereitschaft (PROSCHASKA & DICLEMENTE 1992) bietet eine wichtige Orientierungshilfe, um feststellen zu können, in welchem Stadium der Motivation sich der Patient in Bezug auf seine jeweiligen Risikofaktoren befindet und welche Behandlungsstrategie jeweils erforderlich ist, um die Motivation zu fördern. Bei den psychopathischen Patienten wird zu Beginn der Behandlung und solange wie er sich in den ersten Stadien des Motivationsprozesses befindet, der sozial abweichende, kriminelle Lebensstil immer wieder problematisiert. Dabei werden die Konsequenzen einer Fortsetzung dieses Lebensstils und die des Aufbaus eines pro-sozialen Lebens gegeneinander abgewogen. Der Patient braucht Zeit, um zu entscheiden, ob sich eine Verhaltensänderung überhaupt lohnt und ob er auf die kurzfristigen Vorteile seiner alten Verhaltensmuster wirklich verzichten will. Dabei warten die Behandler bewusst ab und üben keinen Zwang aus. Die Initiative wird dem Patienten überlassen. Er bestimmt im Grunde selbst, wie lange die Behandlung dauert. Die Behandler untersuchen kritisch, ob es sich bei sichtbaren Verhaltensänderungen um eine tatsächliche Entwicklung oder nur oberflächliche Anpassung handelt. Allzu schnell von Fortschritten auszugehen, kann zu risikovollen Fehleinschätzung führen und das Fehlverhalten eher noch verstärken. Die Behandler selbst können dadurch entmutigt werden und ihren eventuellen Pessimismus zu Beginn der Behandlung bestätigt sehen. Sie müssen realisieren, dass die Patienten in diesem frühen Stadium noch über keine wirklichen Verhaltensalternativen verfügen. Auch der Patient selbst wird darauf hingewiesen, dass es ein mühsamer und zeitraubender Prozess ist, tief eingeschliffene Gewohnheiten zu verändern. Es wird dem Patienten deutlich gemacht, dass gute Vorsätze allein nicht ausreichen, sondern dass diese in konkretes Handeln umgesetzt werden müssen, was nicht von heute auf morgen gelingt. Die Erwartungen werden demnach eher gedämpft.

Die gemeinsam mit den Patienten erstellten Rückfallpräventionspläne stützen auf dem »Goodlives«-Modell von WARD & STEWART (2003). Ausgangspunkt dieses Modells ist, dass Menschen zielorientiert und daher eher bereit sind, ihr Verhalten zu ändern, wenn es ihnen dadurch gelingt, ihre primären Bedürfnisse zu befriedigen. In erster Linie wird daher mit den psychopathischen Patienten besprochen, wie sie ihre Ziele, zum Beispiel ein interessantes, abwechslungsreiches Leben zu führen, auf sozial akzeptable, nicht-kriminelle Weise realisieren können. Erst danach wird mit den Patienten untersucht, welche Verhaltensweisen oder Situationen zu vermeiden sind, um pro-soziale Annäherungsziele sicherzustellen. Steht in der Behandlung primär die Vermeidung risikovoller Verhaltensweisen im Fokus, erleben insbesondere Psychopathen die Behandlung als demotivierend. Dies kann zu störendem »acting out« oder gar zu Therapieabbrüchen führen.

Aufgrund möglicherweise angeborener *Defizite bei der Informationsverarbeitung* versagt die Selbstregulation von Psychopathen. Neurokognitive Untersuchungen haben ergeben, dass Psychopathen schlecht in der Lage sind, die negativen Konsequenzen ihres Verhaltens zu überschauen und aus ihren Fehlern zu lernen. Sie haben die Neigung, einen einmal eingeschlagenen Weg zu verfolgen, ohne dabei ihre Aufmerksamkeit auf relevante neue Informationen zu richten. Dadurch sehen sie keine Veranlassung, den gewählten Kurs zu wechseln, auch wenn dies zu ihrem eigenen Vorteil wäre (NEWMAN 1998). Diese eingeschränkte Informationsverarbeitung wird durch Alkohol- und Drogenkonsum noch weiter beeinträchtigt.

Eine gut strukturierte, überschaubare Behandlungssituation hilft den psychopathischen Patienten, Informationen auf eine adäquatere Weise zu verarbeiten. In der Van der Hoeven Kliniek wird nach einer intensiven Beobachtungs- und diagnostischen Phase zu Beginn der Behandlung ein Behandlungsplan erstellt. Dies geschieht in enger Zusammenarbeit mit dem Patienten. In diesen Plan werden die spezifischen Risiko- und Responsivitätsfaktoren aufgenommen sowie die (weiter) zu entwickelnden protektiven Faktoren. Die notwendigen Interventionen werden im Laufe der Behandlung dosiert angeboten.

Insbesondere bei Patienten, bei denen ein impulsiver, unverantwortlicher Verhaltensstil im Vordergrund steht, richtet sich die Behandlung oft als Erstes auf die Verbesserung der Selbstregulation und die Gewährleistung der Sicherheit. Damit steht die intensive Kontrolle, Begrenzung und Strukturierung des Patienten im Vordergrund. Der Patient nimmt in begrenztem Maße an Aktivitäten der Wohngruppe teil oder wird, in extremen Fällen, auf einer speziellen Station einzeltherapeutisch behandelt. Die Bewegungsfreiheit in der Klinik bleibt dann ebenfalls eingeschränkt. Gleichzeitig wird ein passendes Behandlungsprogramm angeboten. Innerhalb der Psychotherapie, aber auch mithilfe von zum Beispiel Sport- und kreativen Fächern können Patienten lernen, ihre Spannungen und Aggressionen besser zu regulieren. Eine medikamentöse Behandlung kann ebenfalls nützlich sein, um die Impulskontrolle zu verbessern, erhöhtes Misstrauen zu dämpfen oder einen Rückfall in Alkohol- und Drogenmissbrauch entgegenzuwirken.

Danach konzentriert man sich schrittweise auf die übrigen Behandlungsziele wie die Verbesserung der Informationsverarbeitung, die Veränderung kognitiver Verzerrungen und die Entwicklung eines pro-sozialen Lebensstils. Um weniger impulsiv und undurchdacht zu handeln, müssen Psychopathen lernen, sich erst die Zeit zu nehmen und ihre Situation zu überdenken, bevor sie in Aktion treten. Einsicht in ihre dysfunktionalen Denkschemata erhalten sie durch die Psychotherapie und mithilfe von Rollenspielen, die im Rahmen der Theaterfächer durchgeführt werden. Bei den psychopathischen Patienten ist es besonders wichtig, dass sie lernen, Verantwortung für ihre kriminellen Denk- und Verhaltensweisen zu übernehmen. Die Wohngruppe bietet hierfür eine Gelegenheit par excellence. Die Psychopathen werden von ihren Behandlern und Mitpatienten konsequent auf unverantwortliches Benehmen, wie Rücksichtslosigkeit und Scheinanpassung oder die Nichteinhaltung von Zusagen angesprochen.

Patient X lernt zum Beispiel mithilfe seines Psychotherapeuten und einem Betreuer seiner Wohngruppe, seine destruktiven Interaktionen bewusster wahrzunehmen und diese konstruktiver zu gestalten. Dabei bespricht er mit seinem Psychotherapeuten und Betreuer, mit welchen Tricks er seine Ziele in der Interaktion mit seinen Betreuern und Mitpatienten in der Wohngruppe zu erreichen versucht, zum Beispiel anderen die Schuld für etwas in die Schuhe schieben, um vom eigenen Fehlverhalten abzulenken, oder nur das erzählen, was andere seiner Einschätzung nach hören wollen, beziehungsweise A sagen und B tun. Er stellt eine Rangordnung auf, welche dieser Verhaltensweisen er mehr oder weniger häufig anwendet, und einigt sich mit seinem Betreuer und Psychotherapeuten darüber, welche am häufigsten vorkommen. Diese Verhaltensweisen werden über einen längeren Zeitraum sowohl vom Betreuer als auch vom Patienten selbst registriert, wöchentlich besprochen und konkret angegangen.

Intensive Rückfallprävention und Nachsorge sind von essenzieller Bedeutung, um sicherzustellen, dass die Behandlung auf Dauer zur Verminderung der Rezidivgefahr führt. Gerade bei Psychopathen besteht die Gefahr, dass der Effekt nur oberflächlicher und kurzfristiger Art ist. Während der transmuralen Behandlung zeigt sich innerhalb eines noch relativ sicheren Kontextes, ob die in der Behandlung erworbenen Fertigkeiten und Kenntnisse den Anfechtungen des Lebens in der freien Gesellschaft standhalten können. Konsequente Betreuung und Beaufsichtigung sind bei den psychopathischen Patienten oft noch lange nach der Entlassung aus dem klinischen Bereich und nicht selten sogar dauerhaft erforderlich.

Das Prinzip der Behandlungsintegrität

Das Prinzip der Behandlungsintegrität beinhaltet, dass die Behandlung so ausgeführt wird, wie sie beabsichtigt ist. Dies setzt einen Behandlungsplan mit messbaren Behandlungszielen, ein ständiges Monitoring des Behandlungsverlaufs sowie regelmäßige Evaluationen der Behandlungsresultate voraus. An der Planung und Evaluation sind die Behandler, der Patient selbst und seine Wohngruppe intensiv beteiligt. Einen wichtigen Maßstab der Behandlungsplanung und -evaluation bildet das genannte Modell der Veränderungsbereitschaft von PROSCHASKA und DICLEMENTE (1992). Anhand qualitativer und quantitativer Kriterien wird beurteilt, in welchem Stadium der Motivation sich der Patient in Bezug auf seine verschiedenen Problemgebiete, beziehungsweise Risikofaktoren befindet. Allen Patienten der Klinik ist dieses Modell bekannt. Es vermittelt ihnen Einsicht in den eigenen Motivationsprozess und hilft ihnen darüber hinaus, Rückfälle in Fehlverhalten nicht als Versagen, sondern als Chancen für eine positive Weiterentwicklung zu sehen.

Bei den psychopathischen Patienten ist es von großer Bedeutung, dass sich die Behandlung nicht auf einzelne Personen stützt, sondern auf eine multidisziplinäre Zusammenarbeit aller an der Behandlung beteiligten Personen, wobei diese ihre Interventionen gut aufeinander abstimmen. Der oberflächliche Charme und das betrügerisch-manipulative Verhalten der Psychopathen birgt nämlich die Gefahr in sich, dass sie sich nur scheinbar anpassen, ihre Behandler hintergehen oder diese gegeneinander ausspielen (THORNTON & BLUD 2007). Manche Behandler zum Beispiel können sich unter dem Einfluss der Opferrolle, die diese Patienten überzeugend spielen können, darauf versteifen, einen Patienten unbedingt retten zu wollen und sich anderen gegenüber als sein Interessensvertreter verhalten. Andere typische Verhaltensmuster wie dominantes, streitlustiges und verbal aggressives Auftreten können Furcht einflößen oder Resignation hervorrufen und eine lähmende Wirkung auf ein Behandlungsteam haben, was es daran hindert, notwendige Maßnahmen zu ergreifen. Behandler, die mehr Abstand zum Patienten haben, können die Fallstricke, die sich im direkten Umgang mit den psychopathischen Patienten ergeben, oft leichter durchschauen und das Behandlungsteam mit ihren Einsichten und Ratschlägen unterstützen.

Neben den behandlungsinhaltlichen Besprechungen nimmt jedes Behandlungsteam regelmäßig an einer supervisierten Besprechung teil, in der die Zusammenarbeit untereinander sowie die Interaktion mit den Patienten im Vordergrund stehen. Problematisch verlaufende Interaktionen zwischen Patient und Betreuern werden zum Beispiel mithilfe von Rollenspielen nachgespielt. Die Betreuer werden so im Umgang mit ihren Patienten intensiv begleitet und trainiert.

Schlussbetrachtung

Die Behandlung psychopathischer Patienten ist kein leichtes Unterfangen. Im Vorangegangenen ist der Versuch beschrieben, Psychopathen effizienter als bisher zu behandeln, indem man die jeweiligen dynamischen Risikofaktoren und den persönlichen Lernstil des Patienten stärker berücksichtigt sowie eine zielgerichtete Zusammenarbeit aller an der Behandlung beteiligten Personen anstrebt. Entsprechende Studien müssen noch den Nachweis dafür erbringen, dass dieser Behandlungsansatz innerhalb des beschriebenen Settings zu positiven Behandlungsresultaten im Sinne einer Reduzierung von Rezidiven führt. Das Verhalten der Psychopathen stellt in jedem Fall eine besondere Herausforderung und oft auch Belastung für den Behandler und das therapeutische Klima dar. Darüber hinaus werden die Forderungen, die die Gesellschaft an den Schutz vor diesen Patienten stellt, immer weiter hochgeschraubt. Unter diesen Umständen gegen den Strom zu schwimmen, ist schwer und kann als Übermut oder naiver Idealismus abgetan werden.

Durch die intensive Forschung gewinnen wir immer mehr Erkenntnisse über das Gebiet der Psychopathie. Dieses Wissen mit dem Ziel anzuwenden, der Behandelbarkeit psychopathischer Patienten neue Grenzen zu setzen, stellt eine ethische und gesellschaftliche Verpflichtung dar, der wir uns nicht entziehen sollten.

Literatur

Andrews DA, Bonta J (2006). The Psychology of Criminal Conduct. Fourth Edition. LexisNexis

Beek DJ Van (2006) ›What works‹ Principes in de behandeling van pedoseksuelen. In: Oei TLI., Groenhuijsen MS (Hrsg.) Capita selecta van de forensische psychiatrie anno 2006. Kluwer, Deventer

Beek DJ Van, Kröger U (2007) The Treatment of Psychopathic Patients in the Netherlands. In: Feldhous A, Saß H (Hrsg.) International Handbook on Psychopathic Disorders and the Law. John Wiley and Sons Ltd, The Atrium, Southern Gate, Chichester, West Sussex

Binsbergen MH Van, Keune LH, Gerrits J, Wiertsema HL (2007). Organising Forensic Psychiatry. Clinical Practice at the Van der Hoeven Kliniek. Van der Hoeven Kliniek, Utrecht

Blair J, Mitchell D, Blair K (2005). The Psychopath: Emotion and the Brain. Blackwell Publishing, Oxford

Day R, Wong S (1996) Anomalous perceptual asymmetries for negative emotional stimuli in the psychopath. Journal of Abnormal Psychology. 105: 648–652

Dings F (2005) Effectiviteit van behandeling van psychopathie. Literatuurscriptie in het kader van de studie Klinische Psychologie aan de Universiteit van Amsterdam. Universiteit van Amsterdam

Dr. Henri van der Hoeven Stichting (2002). Jaarverslag 2002. Dr. Henri van der Hoeven Stichting, Utrecht

Hare RD (1991) Manual for the Hare Psychopathy Checklist Revised. Multi Health Systems, Toronto

Hare RD, Clare D, Grann M, Thornton D (2000) Psychopathy and the predictive validity of the PCL-R: An international perspective. Behavioral Sciences and the Law, 18: 623–645

Hemphill JF, Templeman R, Wong S, Hare RD (1998) Psychopathy and crime: Recidivism and criminal careers. In: Cooke DJ, Forth AE, Hare RD (Hrsg.) Psychopathy: Theory, Research and Implications for Society. Kluwer, Dordrecht, 375–397

Herba CM, Hodgins S, Blackwood N, Kumari V, Naudts KH, Phipilis M (2007) The neurobiology of psychopathy: a focus on emotional processing. In: Hervé H, Yuille JC (Hrsg.) The Psychopath: Theory, Research and Practice. Lawrence Erlbaum Associates Publishers, Hillsdale, New Jersey, 253–283

Hildebrand M, Ruiter C De, Vogel V De & Wolf P Van Der (2002) Reliability and factor structure of the Dutch language version of Hare's Psychopathy Checklist. International Journal of Forensic Mental Health, 1: 139–154

Hildebrand M (2004) Psychopathy in the treatment of forensic psychiatric patients: assessment, prevalence, predictive validity and clinical implications. Proefschrift, Universiteit van Amsterdam. Dutch University Press, Amsterdam

Hildebrand M, Hesper BL, Spreen M, Nijman HLI (2005) De waarde van gestructureerde risicotaxatie en van de diagnose psychopathie. EFP Actuele kennis. Amsterdam: Spinhex & Industrie

Hobson J, Shine J, Roberts R (2000) How Do Psychopaths Behave in a Prison Therapeutic Community? Psychology, Crime and Law 2: 139–154

Keune LH, Binsbergen MH Van, Broek EWM Van Den (2006) Transmurale behandeling in de Van der Hoeven Kliniek. Forum Educatief, Utrecht

Lucieer J (2005) Toezicht op de Dr. Henri van der hoeven kliniek, waar veiligheid en behandeling hand in hand gaan. In: Meyer J, Greeven PGJ, Marle HCJ Van (Hrsg.) Het helend huis. Dr. Henri van der Hoeven Kliniek 1995-2005. Liber Amicorum. Spinhex & Industrie, Amsterdam, 33–42

Newman JP (1998) Psychopathic behavior: An information processing perspective. In: Cooke DJ, Hare RD, Forth A (Hrsg.) Psychopathy: Theory, research and implications for society. Kluwer Academic Publishers, The Netherlands, 81–104

NUHN-HABER C, REHDER U (2005) Psychopathie – Gegenindikation für Sozialtherapie? Moantsschrift für Kriminologie und Strafrechtsreform. 4: 257–272

PATRICK CJ (1994) Emotion and psychopathy: Startling new insights. Psychophysiology. 31: 319–330

PROSCHASKA JO, DICLEMENTE CC (1992) The transtheoretical model of change. In: NORCROSS JC, GOLDFRIED MR (Hrsg.) Handbook of psychotherapy integration. Basic Books, New York, 300–334

ROSS T, PFÄFFLIN F (2005) Risk Assessment im Maßregelvollzug: Grenzen psychometrischer Gefährlichkeitsprognose im therapeutischen Umfeld. Monatsschrift für Kriminologie und Strafrechtsreform. 1: 1–11

RUITER C DE, VEEN VC (2006) Voorkomen van recidive bij geweldsdelinquenten: wat werkt? Directieve therapie. 26: 105–125

SERIN RC, AMOS NL (1995) The Role of Psychopathy in the Assessment of Dangerousness. International Journal of Law and Psychiatry. 18: 231–238

THALMANN T (2007) Was tun mit den Psychopathen? Kriminalpädagogische Praxis, 45: 45–59

THORNTON D, BLUD L (2007) The Influence of Psychopathic Traits on Response to Treatment. In: HERVÉ H, YUILLE JC (Hrsg.) The Psychopath: Theory, Research and Practice. Lawrence Erlbaum Associates Publishers, Hillsdale, New Jersey, 505–539

VOGEL V DE, RUITER C DE, BOUMAN Y (2007) Meten van protectieve factoren en het belang hiervan voor behandeling in forensische settings: Introductie van de SAPROF. Tijdschrift voor Psychotherapie, 33: 102–119

WONG SCP, HARE RD (2005) Guidelines for an Psychopathy Treatment Program. Multi-Health Systems Inc., Toronto

WONG SCP, GORDON DA (2005). Violence Reduction Program (VRP). Pre-Implementation Consultation Report. Psynergy Consulting, Toronto

WARD T, STEWART CA. (2003). Good lives and the rehabilitation of sexual offenders. In: WARD T, LAWS DR, HUDSON SM (Hrsg.). Sexual deviance: issues and controversies. Thousand Oaks, Sage, 21–44

Überweisung in den Vollzug einer anderen Maßregel

Chancen und Risiken

Johannes Leygraf

Zusammenfassung

Die Regelung des § 67a StGB führte in der Vergangenheit ein recht stiefmütterliches Dasein. In der täglichen Praxis spielt sie kaum eine Rolle. Gleichwohl hat es sowohl in der Vergangenheit als auch in der jüngsten Zeit einige Diskussionen um die Norm gegeben. Hierbei ging es und geht es im Grunde nicht um ihren eigentlichen Regelungsbereich; vielmehr wird immer wieder der Versuch gemacht, den Anwendungsbereich für andere Zwecke zu erweitern. Zum einen wird der Versuch unternommen, im Rahmen der nachträglichen Sicherungsverwahrung bei Tätern, die während des Vollzuges an einer Psychose erkrankt sind, praktisch eine (nicht geregelte) nachträgliche Unterbringung gem. § 63 StGB anzuordnen. Zum anderen gibt es immer wieder Bestrebungen, den § 67a II StGB so auszulegen oder zu ändern, dass er eine Überweisung in die Sicherungsverwahrung zulässt, um so das Problem der »Nichtbehandelbaren« zu lösen. Beide Ansätze sind abzulehnen.

Schlüsselwörter

Überweisung in den Vollzug einer anderen Maßregel, nachträgliche Sicherungsverwahrung, Nichtbehandelbare

Regelungsgehalt der Norm

Nach § 67a I StGB kann das Gericht in den Fällen der Anordnung einer Maßregel nach § 63 StGB oder § 64 StGB die untergebrachte Person nachträglich in den Vollzug der anderen Maßregel überweisen, wenn ihre Resozialisierung dadurch besser gefördert werden kann.

§ 67a II StGB sieht die Überweisung einer Person, gegen die Sicherungsverwahrung angeordnet worden ist, in eine Anstalt nach § 63 StGB oder § 64 StGB vor; der umgekehrte Weg ist allerdings nicht geregelt. Dies wurde in der Vergangenheit teilweise kritisiert, teilweise wurden Versuche unternommen, Umgehungsmöglichkeiten zu finden. Dies wird noch im Weiteren dargestellt.

§ 67a II 2 StGB wurde durch das »Gesetz zur Sicherung der Unterbringung in einem psychiatrischen Krankenhaus und in einer Entziehungsanstalt« vom Juli 2007 neu in die Norm aufgenommen. Nunmehr kann bereits während des Vollzuges der Strafe eine Überweisung in die Maßregeleinrichtung erfolgen. Ob diese Regelung – um die es erhebliche Kontroversen zwischen der Bundesregierung und dem Bundesrat gab – vernünftig ist, kann durchaus bezweifelt werden.[1] Sprachlich missglückt ist sie in jedem Fall. Einen »Zustand nach § 20 oder § 21« gibt es nicht. Denn diese Vorschriften regeln die Schuldfähigkeit im Hinblick auf eine konkrete Tat. Daher kann ein solcher Zustand ohne eine bestimmte Tat nicht festgestellt werden. Gemeint ist offensichtlich das Vorliegen eines psychischen Defektes im Sinne der Eingangskriterien des § 20 StGB, die bei künftigen Taten zu einer Aufhebung oder erheblichen Beeinträchtigung der Einsichts- oder Steuerungsfähigkeit führen könnte.

§ 67a III StGB regelt die Möglichkeit der nachträglichen Änderung einer einmal getroffenen Entscheidung. In § 67a IV StGB wird bestimmt, dass sich die Fristen bzgl. der Dauer der Unterbringung und ihrer Überprüfung nach den Vorschriften für die im Urteil angeordnete Unterbringung richten. Es wird klargestellt, dass nicht die Maßregelanordnung geändert, sondern nur der Ort des Vollzuges neu bestimmt wird. Das darf nicht aus dem Auge verloren werden. Denn die einzelnen Vollstreckungsregeln sind je nach Maßregel durchaus unterschiedlich.

Die Höchstdauer der Unterbringung nach § 64 StGB beträgt zwei Jahre zuzüglich zwei Drittel der gleichzeitig verhängten Strafe, §§ 67d I, 67 IV StGB; ihre Erforderlichkeit ist im Abstand von sechs Monaten zu überprüfen, § 67e II StGB. Demgegenüber ist die Unterbringung gem. § 63 StGB unbegrenzt; sie ist im Jahresabstand zu überprüfen. Für die Sicherungsverwahrung ist gleichfalls keine Höchstfrist vorgesehen. Hier ist jedoch § 67d III StGB zu beachten. Nach Vollzug von zehn Jahren muss sie für erledigt erklärt werden, wenn die zukünftige Gefahr erheblicher Straftaten, durch welche die Opfer seelisch oder körperlich schwer geschädigt werden, nicht festgestellt werden kann. Hier dreht sich der Prognosemaßstab um. Erforderlich ist nicht mehr eine positive Legalprognose. Zweifel gehen nicht mehr zulasten des Untergebrachten. Hier steht sich der Sicherungsverwahrte also erheblich besser als ein nach § 63 StGB Untergebrachter. Die Überprüfungsfristen betragen zwei Jahre.

Relevanz der Regelungen in der Praxis

a) Nach der Vorstellung des Gesetzgebers soll Absatz 1 der Norm dem Bedürfnis dienen, das System der Maßregeln so weit wie möglich Zeckmäßigkeitsgesichtspunkten unterzuordnen. Dies sollte auf der Erfahrung beruhen, dass sich oftmals

---
1 Vgl. FISCHER StGB, 55 Aufl. § 67a Rn. 5.

erst während des Vollzuges herausstelle, welche besondere Behandlung für die Resozialisierung des Täters am geeignetsten sei.[2] Ob dies tatsächlich der Fall ist, ist zu bezweifeln. Kriminologische Befunde zur tatsächlichen Praxis oder statistische Zahlen fehlen. Es wird allgemein vermutet, dass von der Vorschrift eher selten Gebrauch gemacht wird.[3] Mir selbst ist während meiner Tätigkeit eine solche Entscheidung nur sehr selten untergekommen. Dabei ist mein Senat für die Maßregelentscheidungen für den gesamten OLG Bezirk Hamm mit immerhin 9 Millionen Einwohnern zuständig. Dies mag allerdings auch daran liegen, dass wir nur im Beschwerdeverfahren mit der Frage befasst werden können und in der Regel der Untergebrachte sich gegen eine solche Anordnung kaum beschweren wird. Im Hinblick auf den heutigen Vortrag habe ich mich daher auch bei Kollegen der zuständigen Vollstreckungskammern im Bezirk nach der Relevanz der Vorschrift erkundigt. Diese haben sie gleichfalls als sehr gering beurteilt. So komme es in wenigen Fällen zu einer Überweisung aus der Maßregel gem. § 64 StGB in die des § 63 StGB, um so einen letzten Versuch der Behandlung vor der Erledigung wegen Erfolglosigkeit, § 67 d V StGB, zu ermöglichen.

Hierbei muss jedoch berücksichtigt werden, dass auf diesem Weg nicht die Regelung des § 67 d V StGB umgangen werden darf. Stellt sich heraus, dass sich auch in der Unterbringung gem. § 63 StGB ein Behandlungserfolg nicht erzielen lässt, ist sie zwingend für erledigt zu erklären. Die Fortdauer der Unterbringung im psychiatrischen Krankenhaus lässt sich dann nicht mit dem Argument, die Unterbringung diene nicht nur dazu erkrankte oder krankhaft veranlagte Menschen zu heilen, sondern bezwecke auch den Schutz der Allgemeinheit, rechtfertigen. Dies ist zwar für die Unterbringung nach § 63 StGB richtig, gilt für § 64 StGB, bei dem es allein um Behandlung geht, nicht. Denn diese Maßregel darf nur bei hinreichend konkreter Erfolgsaussicht angeordnet werden, § 64 S. 2 StGB und ist sofort für erledigt zu erklären, wenn diese nicht mehr bestehen. Dass dies teilweise auch von Gerichten falsch gesehen wird, zeigt folgendes Beispiel:[4]

> Der Untergebrachte war wegen Raubes und Diebstahls in zehn Fällen zu einer Gesamtfreiheitsstrafe von drei Jahren und sechs Monaten sowie zur Unterbringung in einer Entziehungsanstalt verurteilt worden. Der Unterbringungsanordnung lag die Diagnose »schwere Borderline-Persönlichkeitsstörung« und »Abhängigkeitssyndrom mit multiplen Substanzgebrauch« zugrunde. Nachdem sich in der Unterbringung alsbald zeigte, dass die Straffälligkeit des Untergebrachten Ausdruck seiner dissozialen Persönlichkeitsstruktur und die Missbrauchsproblematik nur eine sekundäre Erscheinung war, wurde gem. § 67 a I StGB der Vollzug der Maßregel in einem psychi-

---

2 SCHÖNKE/SCHRÖDER-STREE StGB 27. Aufl. § 67a Rn 1.
3 Nomos Kommentar/POLLÄHNE/BÖLLINGER StGB 3. Aufl. § 67a Rn 5.
4 Beschluss des KG vom 26. 2. 2002, 5 Ws 118/02 (bei juris).

atrischen Krankenhaus angeordnet. Doch auch hier verweigerte der Untergebrachte jede Mitarbeit aufgrund fehlender Krankheitseinsicht. Nun hätte zwingend wegen fehlender Erfolgsaussicht die Unterbringung für erledigt erklärt werden müssen. Das Kammergericht befasste sich in seiner Entscheidung auch mit dieser Frage, ging aber von dem falschen Prognosemaßstab »aussichtslos«, der trotz des Gesetzeswortlautes aufgrund der Entscheidung des Bundesverfassungsgerichts vom 16.3.1994[5] auch schon damals nicht mehr galt, aus. Es ordnete die weitere Vollziehung der Unterbringung an, da diese auch den Schutz der Allgemeinheit vor der Gefährlichkeit des Täters bezwecke. Dies ist aus den dargestellten Gründen nicht richtig.

b) § 67a II StGB sieht die Möglichkeit der Überweisung eines in der Sicherungsverwahrung Untergebrachten in den Vollzug einer Maßregel gem. § 63 StGB oder § 64 StGB vor. Von dieser Möglichkeit ist gleichfalls in der Vergangenheit kaum Gebrauch gemacht worden. Dies kann auf den ersten Blick verwundern. So könnte man auf den Gedanken kommen, dass die Resozialisierung des Verurteilten im Prinzip überall besser gefördert werden kann als im Vollzug der Sicherungsverwahrung.[6] Häufig liegen bei diesen Untergebrachten erhebliche Persönlichkeitsstörungen vor, die durchaus behandlungsbedürftig sind. Eine solche klinische Behandlung hat Vorrang vor der Verwahrung.[7] Man fragt sich deshalb, warum nicht häufiger von dieser Möglichkeit Gebrauch gemacht wird. Der Grund wird sein, dass sich – zumindest nach Einschätzung der Kliniken – schon zu viel nicht behandelbare Patienten im Maßregelvollzug befinden und dieser nicht noch mehr mit dieser Klientel belastet werden soll. Denn die Sicherungsverwahrung, zumindest in dem Umfang in dem sie in der Vergangenheit angeordnet wurde, traf als Ultima Ratio in der Regel ohnehin nur die Behandlungsresistenten.[8] Ich habe deshalb noch nie im Gutachten eines Sachverständigen gelesen, dass er empfehle, den Verwahrten in eine andere Maßregel zu überweisen.

Mit dieser Frage war mein Senat noch im Januar dieses Jahres befasst. Der Betroffene war wegen gravierender Rauschgift- und Waffendelikte zu einer Freiheitsstrafe von neun Jahren und der Unterbringung in die Sicherungsverwahrung verurteilt worden. Zuvor hatte er bereits wegen Rauschgifthandels und eines Bankraubes, begangen mit einer scharfen Waffe (abgesägte Schrottflinte) während eines Hafturlaubes, langjährige Freiheitsstrafen verbüßen müssen. Aufgrund einer Rauschmittelabhängigkeit war während des Verfahrens auch eine Unterbringung gem. § 64 erörtert, aber wegen fehlender Erfolgsaussicht abgelehnt worden. Wir hatten nun nach Vollverbüßung der Strafe zu entscheiden, ob der Vollzug der Sicherungsverwahrung

---

5 BVerfGE 91, 1 ff.
6 So POLLÄHNE/BÖLLINGER a.a.O. Rn 26.
7 BVerfGE 109, 133, 154.
8 Vgl. HORSTKOTTE, Prot. des Sonderausschusses für die Strafrechtsreform, VII. Wahlperiode, S. 1069.

erforderlich ist, § 67 c StGB. In diesem Zusammenhang machte der Untergebrachte bzw. sein Verteidiger als »zweite« Verteidigungslinie geltend, »wenn schon Sicherungsverwahrung dann aber Vollzug in der Unterbringung gem. § 64 StGB«. Dies haben sowohl die Strafvollstreckungskammer als auch wir abgelehnt. Eine echte Therapiebereitschaft war nicht zu erkennen. Der Verurteilte hatte während des langen Vollzuges immer wieder zu Rauschmitteln (Heroin) gegriffen. Bei seiner Anhörung hatte er noch angegeben, keine Veranlassung zu haben, vom Substanzmissbrauch abzulassen, solange er sich nicht in der Unterbringung befinde.

§ 67 a II StGB und nachträgliche Sicherungsverwahrung

Nun ist in der jüngsten Vergangenheit die Regelung aus ganz anderen Gründen in die Diskussion geraten und zwar im Zusammenhang mit der Anordnung der nachträglichen Sicherungsverwahrung, § 66 b StGB. Eine solche Anordnung bedarf der Feststellung neuer Tatsachen, welche erst nach der Verurteilung erkennbar geworden sind. Bei der Frage, ob eine Tatsache neu ist oder ob sie im Erkenntnisverfahren erkennbar war, hat der Bundesgerichtshof die Messlatte zwischenzeitlich so hoch gehängt, dass es kaum zu rechtskräftigen Anordnung der nachträglichen Sicherungsverwahrung kommt.[9] Ist dies einmal der Fall, wird die neue Tatsache häufig aus einer erst während des Vollzuges aufgetretenen psychische Erkrankung oder auf einer Verschlimmerung derselben, welche nun zur Gefährlichkeit des Verurteilten geführt haben soll, hergeleitet. So hat der Bundesgerichtshof die Unterbringung eines Betroffenen in die nachträgliche Sicherungsverwahrung in folgendem Fall gebilligt:[10]

Der Betroffene war vom LG Augsburg – Jugendkammer – am 6.11.1991 wegen Vergewaltigung in Tateinheit mit Beischlaf zwischen Verwandten, sexueller Nötigung, sexuellem Missbrauch von Kindern, sexuellem Missbrauch von Schutzbefohlenen und gefährlicher Körperverletzung, ferner wegen gefährlicher Körperverletzung in vier Fällen, vorsätzlicher Körperverletzung und vorsätzlichen Fahrens ohne Fahrerlaubnis zu einer Gesamtfreiheitsstrafe von 15 Jahren verurteilt worden. Als höchste Einzelstrafe verhängte die Kammer für das tateinheitlich verwirklichte Verbrechen gem. § 177 StGB aF eine Freiheitsstrafe von 13 Jahren. Hauptsächlicher Gegenstand des Urteils waren etwa 1500 bis 2000 massive sexuelle Übergriffe des Betroffenen auf seine Frau und seine am 28.10.1974 geborene Tochter im Zeitraum zwischen Juni 1981 und November 1991. Der Betroffene hatte mit seiner Tochter gegen deren Willen bis zu fünf Mal täglich den Vaginal-, Oral- und Analverkehr ausgeübt und sie und ihre Mutter sowohl zu lesbischen Sexualpraktiken als auch zur Duldung

---

9 Vgl. die zahlreichen Nachweise bei FISCHER StGB 55. Aufl. § 66 b Rn. 18.
10 BGH Beschluss vom 24.3.2006, 1 StR 27/06.

sodomitischer Handlungen, die er von den Hunden der Familie an ihnen ausüben ließ, gezwungen. Daneben kam es zu Gewalttätigkeiten, indem der Betroffene seine Ehefrau und Tochter grundlos schlug, an ihrem Körper Zigaretten ausdrückte oder seine Tochter bis zum Eintritt der Bewusstlosigkeit würgte.

Die Jugendkammer hatte von der Unterbringung des – in der damaligen Hauptverhandlung geständigen – Betroffenen in der Sicherungsverwahrung Abstand genommen. Trotz Vorliegens der Voraussetzungen des § 66 II StGB sei zu berücksichtigen, dass keine Erfahrungen mit dem Betroffenen vorlägen, aus denen daraus geschlossen werden könne, dass er durch Haft nicht zu beeindrucken sei. Zudem sei zu erwarten, dass sich während der langjährigen Verbüßung der Haftstrafe neue Lebensbedingungen für die Tatopfer herausbilden würden und der Betroffene innere Distanz zu seiner Familie finden würde; gerade vor dem Hintergrund, dass der Betroffene im Wesentlichen im Familienbereich straffällig geworden sei, spreche dies gegen seine Gemeingefährlichkeit.

Nach den Feststellungen der nunmehr befassten Jugendkammer hat sich diese Prognose nicht bestätigt. Der Betroffene lebte in der Justizvollzugsanstalt zurückgezogen und einzelgängerisch. Er hatte zu niemandem Kontakt, weder zu Mitgefangenen noch zum sozialpsychologischen oder kirchlichen Dienst der Anstalt. Eine ihm angebotene Sexualtherapie lehnte er ab, weil sie bei ihm nicht nötig sei. Seit Beginn des Strafvollzuges leugnete er seine Straftaten und versuchte, zu seiner – von ihm mittlerweile geschiedenen – Ehefrau und seiner Tochter Briefkontakt herzustellen. Er war der Auffassung, dass seine Ehefrau und Tochter ihn lieben und vermissen, und er nach seiner Haftentlassung zu ihnen zurückkehren könne. Während des Strafvollzuges erkrankte der Betroffene an einer paranoid halluzinatorischen Schizophrenie. Aufgrund dieser psychiatrischen Erkrankung war er nicht für eine sozialtherapeutische Behandlung geeignet und wurde deshalb nicht in diese Abteilung verlegt. Es bestehen keine Sozialkontakte mehr, der Betroffene hat weder Wohnung noch Arbeitsstelle in Aussicht. Seine geschiedene Ehefrau und seine Tochter meiden den Kontakt mit dem Betroffenen, weil sie noch immer große Angst vor ihm haben und mit ihm nichts mehr zu tun haben möchten.

Das LG hat die Voraussetzungen der nachträglichen Sicherungsverwahrung bejaht (§ 66 b II StGB). Als neue Tatsache i. S. der Vorschrift hat es die im Jahr 1995 während der Verbüßung der Haft bei dem Betroffenen aufgetretene Psychose gewertet. Gestützt auf die Gutachten der angehörten Sachverständigen hat es insoweit festgestellt, dass sich bei dem Betroffenen ein systematischer Wahn mit hoher Aggressivität bei fehlender Krankheitseinsicht und Behandlungsmotivation entwickelt habe. Im Hinblick auf seine Familie und die zu ihren Lasten begangenen Straftaten bestehe ein vollständiger Wahrnehmungsverlust. Der Betroffene halte sich für unschuldig und sehe sich als Opfer eines Justizkomplottes. Er sei krankheitsbedingt der Überzeugung, dass auch seine Frau und Tochter an seine Unschuld glauben und allein die Justiz für den Abbruch des Kontaktes zu ihnen verantwortlich sei. Bei der von ihm beabsichtigten Rückkehr zu seiner Familie werde es ihm darum gehen, die aus seiner Sicht seit 15 Jahren gegen ihn gerichtete Verschwörung zu beseitigen und seine Familie dem vermeintlichen Einfluss und Druck staatlicher Stellen zu entziehen.

In seiner Gesamtwürdigung kommt das LG sachverständig beraten zu der Einschätzung, dass der Betroffene ein hohes Gewaltpotenzial aufweise, das mit hoher Wahrscheinlichkeit zum Durchbruch kommen werde, wenn der Betroffene in Freiheit feststelle, dass die durch sein Wahnsystem aufgebauten Erwartungen sich nicht erfüllen; es werde dann zu Straftaten gegen das Leben und die körperliche Unversehrtheit seiner Ehefrau, seiner Tochter und eines jeden Dritten kommen, der seinen wahnhaften Vorstellungen entgegentrete.

Was hat nun diese Entscheidung mit dem heutigen Thema zu tun? Der Bundesgerichtshof hatte erkannt, dass die nunmehrige Gefährlichkeit des Täters auf seiner Erkrankung beruhte und regte an, dass die Strafvollstreckungskammer ihn gem. § 67a II StGB in den Vollzug der Maßregel gem. § 63 StGB überweisen solle.

Dieses Urteil vermag nicht zu überzeugen. Zwar wird in der Erkrankung des Gefangenen im Vollzug und dem sich daraus entwickelten Wahnsystem eine neue Tatsache i. S. des § 66b StGB zu sehen sein.[11]

Fraglich ist jedoch schon der erforderliche symptomatische Zusammenhang zwischen der Anlassverurteilung und der sich aus der neuen Erkrankung ergebenden Gefährlichkeit. Die Anlasstaten waren geprägt von der sexuellen Deviation des Verurteilten. Nunmehr sind Taten im Wahn aufgrund der neuen Erkrankung zu gewärtigen. Sie richten sich nur zufällig gegen die ursprünglichen Opfer. Zudem lägen für die zu erwartenden Taten die Voraussetzungen des § 63 StGB vor. Es ist systemwidrig, bei dem Vorliegen der Voraussetzungen dieser Norm die Maßregel der §§ 66/66b StGB anzuordnen, welche nach allgemeiner Meinung die belastendere im Vergleich zu § 63 StGB ist.[12] Da aber eine nachträgliche Unterbringung nach § 63 StGB nicht vorgesehen ist, hat sie zu unterbleiben. Daran ändert auch die Möglichkeit der nachträglichen Überweisung in den Vollzug der Unterbringung in einem psychiatrischen Krankenhaus gem. § 67a II StGB nichts, auf die der Bundesgerichtshof am Ende der Entscheidung hinweist. Diese setzt nämlich die wirksame Anordnung der Maßregel voraus. Die Überweisung dient nur der besseren Resozialisierung. Dass der Ansatz des Bundesgerichtshofs nicht richtig sein kann, zeigt auch die Gesetzessystematik. Auch nach Überweisung in den Vollzug in einer anderen Maßregel bleibt Vollstreckungsgrundlage die ursprüngliche Anordnung. Gemäß § 67a IV StGB richtet sich die Überprüfung der Maßregel nach den Vorschriften, die für die im Urteil angeordnete Unterbringung gelten. Nach zehn Jahren müsste

---

11 So BVerfG NJW 2006 aaO S. 3485 unter Hinweis auf die vorliegende Entscheidung.
12 BGH 42, 308; BGH, NStZ 98, 35; Schönke/Schröder-Stree aaO § 72 Rn. 3.

dann beim Untergebrachten gem. § 67d III StGB geprüft werden, ob er »infolge seines Hanges erhebliche Straftaten begehen wird«. Ein solcher Hang wurde jedoch gerade nicht festgestellt, vielmehr allein eine Erkrankung i. S. des § 63 StGB. Der vom Verurteilten ausgehenden Gefahr durfte daher nicht durch eine Unterbringung gem. § 66b II StGB begegnet werden. Hier kommen allein Maßnahmen nach den Landesunterbringungsgesetzen (beispielsweise in NRW das PsychKG) in Betracht, solange der Betroffene keine neue Straftat begeht, die eine Unterbringung gem. § 63 StGB rechtfertigen könnte. § 67a II StGB darf also nicht dazu missbraucht werden, auf einem Schleichweg eine vom Gesetzgeber nicht vorgesehene nachträgliche Unterbringung in einem psychiatrisches Krankenhaus zu ermöglichen.

Dass der Gesetzgeber nicht über den Umweg des § 67a II StGB eine nachträgliche Unterbringung in der Maßregel des § 63 StGB ermöglichen wollte, hat der 1. Strafsenat selbst in einer Entscheidung, die nur einen Tag vor den eben dargestellten erging, zum Ausdruck gebracht.[13]

Sachverhalt: Der im Jahr 1934 geborene Betroffene erlitt 1955 bei einem Motorradunfall eine Schädelbasisfraktur, in deren Folge es bei ihm zu einer organischen Persönlichkeitsstörung kam. Ein schon damals festgestellter frontaler Hirnsubstanzdefekt führte zu einem fortscheitenden Persönlichkeitsabbau. 1994 wurde er wegen dreier Vergehen des sexuellen Missbrauchs von Kindern (Berühren der Brust unter dem T-Shirt und der Scheide über der Kleidung; Zungenküsse) zu einer Freiheitsstrafe von acht Monaten verurteilt. Die Vollstreckung wurde zur Bewährung ausgesetzt. Eine erhebliche Verminderung der Steuerungsfähigkeit wurde nicht ausgeschlossen. Die Strafe wurde nach Ablauf der Bewährungszeit 1997 erlassen.

1999 wurde er wegen Vergewaltigung in zwei Fällen zu einer Gesamtfreiheitsstrafe von drei Jahren sechs Monaten verurteilt. Er hatte 1986 die damals zwölfjährige Tochter seiner Geliebten vergewaltigt. Zwei weitere Taten zum Nachteil der Schwester des Opfers wurden wegen Verjährung eingestellt.

Nach Verbüßung der Strafe wurde er im April 2002 nach dem (später für verfassungswidrig erklärten) BayStrUBG unbefristet in eine Justizvollzugsanstalt untergebracht. Diese Anordnung wurde 2003 unter der Auflage, in einem Seniorenhaus Aufenthalt zu nehmen, ausgesetzt. Hier kam es zu sexuellen Übergriffen auf demente Mitbewohnerinnen. Er kam erneut in die Unterbringung, zunächst aufgrund des BayStrUBG und nach Einführung der nachträglichen Sicherungsverwahrung aufgrund des § 275a V StPO.

Das LG Passau ordnete durch Urteil vom 10. Juni 2005 die Unterbringung in die nachträgliche Sicherungsverwahrung an und überwies ihn schon mit dem Urteil gem. § 67a II StGB in ein psychiatrisches Krankenhaus. Als »neue Tatsache« zog es den während der Haft fortgeschrittenen, auf den unfallbedingten Hirnsubstanzdefekt be-

---

13 BGH Urteil vom 23. März 2006 1 StR 476/05.

ruhenden Persönlichkeitsabbau heran. Dieser habe dazu geführt, dass der Betroffene nicht mehr in der Lage sei, im Sexualbereich Grenzen zu erkennen. Die Überweisung der Unterbringung in einem psychiatrischen Krankenhaus wurde damit begründet, die vorliegenden Störungen bedürften einer hoch qualifizierten therapeutischen und pflegerischen Betreuung.

Der Bundesgerichtshof hat diese Entscheidung zu Recht aufgehoben und bezüglich der Regel des § 67a II StGB ausgeführt, eine mit dem Urteil ausgesprochene Überweisung (»uno actu«) bedeute eine vom Gesetzgeber nicht vorgesehene nachträgliche Unterbringung in der Maßregel des § 63 StGB. Sie sei daher unzulässig. Eine entsprechende Entscheidung hat auch der 2. Strafsenat getroffen.[14] Beide Entscheidungen befassen sich zwar nur mit der gleichzeitigen Anordnung des § 67a II StGB. Ich meine, dass es in der Sache keinen großen Unterschied macht, ob ich den Vollzug im psychiatrischen Krankenhaus sofort anordne oder aber darauf verweise, dass dies die Strafvollstreckungskammer im Anschluss an die Entscheidung wird tun müssen.

Dies sieht der 1. Senat in einer jüngeren Entscheidung selbst so.[15] Auch hier war der Betroffene während des Vollzuges einer Freiheitsstrafe von sieben Jahren wegen vers. Mordes in Tateinheit mit räuberischem Angriff auf einen Kraftfahrer an einer paranoiden Psychose mit Denkstörungen und Wahnvorstellungen erkrankt. Dies wertete das Tatgericht als »neue Tatsache«. Das wahnhafte Beeinträchtigungs- und Beeinflussungserleben erhöhe die bereits persönlichkeitsbedingt vorhandene Neigung zu Aggressivität und Impulsivität. Dies reichte dem Bundesgerichtshof zu Recht nicht, da es an der Feststellung eines symptomatischen Zusammenhangs zu den Anlasstaten fehle. Zudem müsse auch, trotz Vorliegens der (neuen) Erkrankung, die Gefährlichkeit sich aus einem Hang zur Begehung von Straftaten ergeben.

Hält der Bundesgerichtshof in Zukunft diese Rechtsprechung durch, wird es kaum noch zu einer Anordnung der nachträglichen Sicherungsverwahrung aufgrund einer psychischen Erkrankung kommen. Dann wird sich auch die Frage der Anwendung des § 67a II StGB in diesem Zusammenhang nicht mehr stellen.

Sollte § 67a II StGB zweispurig ausgestaltet werden?

In der Vergangenheit hat es immer wieder Diskussionen gegeben, ob § 67a II StGB nicht auch den umgekehrten Weg, also die Überweisung eines nach § 63 StGB Untergebrachten in die Sicherungsverwahrung, eröffnen müsse. Solche Bestrebungen gerade aus dem Bereich der forensischen Psychiatrien erfolgten vor dem Hintergrund, eine Möglichkeit zu schaffen, als »behandlungsresistent« angesehene Patienten in eine andere Form der gesicherten Unterbringung verbringen zu können.

---

14 BGH StV 2006, 413.
15 BGH Beschluss vom 9. Januar 2007, 1 StR 605/06.

Eine Strafvollstreckungskammer hatte gar den Versuch gemacht, über das Verfassungsgericht diesen Weg zu eröffnen und, als dies misslang, die Norm »analog« so auszulegen, dass sie eine solche Anwendung ermöglichte. Dem lag folgender Sachverhalt zugrunde:

> Der Betroffene wurde durch Urteil des LG Frankfurt vom 3.12.1984 wegen mehrerer (versuchter) Vergewaltigungen jeweils in Tateinheit mit Körperverletzung zu einer Gesamtfreiheitsstrafe von fünf Jahren und sechs Monaten verurteilt. Gleichzeitig wurde seine Unterbringung in einem psychiatrischen Krankenhaus (§ 63 StGB) angeordnet. Er befand sich zunächst neun Jahre in der Unterbringung in Haina. Nach Einschätzung der Klinik zeigte er sich nicht behandelbar. Man regte an, ihn in die Sicherungsverwahrung zu überweisen. Da § 67a II StGB dies nicht vorsieht, legte die Strafvollstreckungskammer Marburg dem Verfassungsgericht die Sache gem. Art. 100 GG zur Entscheidung vor, da sie den Ausschluss dieser Möglichkeit für verfassungswidrig erachtete.
>
> Mit Beschluss vom 17.5.1994 erklärte die 2. Kammer des 2. Senats des BVerfG die Vorlage für unzulässig.[16]
>
> Es bemängelte, dass das vorlegende Gericht schon nicht dargelegt habe, warum der Betroffene in der Sicherungsverwahrung besser resozialisiert werden könne. »Resozialisierung« sei dahin zu verstehen, dass sie jede Einwirkung auf den Untergebrachten erfasse, die unmittelbar oder mittelbar dazu beitrage, dass er künftig ein Leben ohne Straftaten führen könne. Eine mögliche Besserstellung bei der Art der Vollziehung der Unterbringung diene nicht der Resozialisierung.
>
> Des Weiteren machte das Verfassungsgericht lange Ausführungen zum Gesetzgebungsverfahren, um aufzuzeigen, dass der Gesetzgeber die Möglichkeit der Zweigleisigkeit bedacht und mit guten Gründen ausgeschlossen habe.
>
> Die Strafvollstreckungskammer Marburg ließ sich gleichwohl nicht entmutigen. Mit Beschluss vom 3.5.1995 überwies sie den Untergebrachten in »verfassungskonformer Auslegung« des § 67a II StGB in die Sicherungsverwahrung. Der Beschluss wurde rechtskräftig. Offensichtlich gefiel es dem Untergebrachten in der JVA Schwalmstadt besser als in Haina. Erst bei der Zweijahresüberprüfung 1997 griff die Staatsanwaltschaft Frankfurt die dann erfolgte Fortdauerentscheidung der Strafvollstreckungskammer an und erreichte die Aufhebung des Beschlusses durch das OLG Frankfurt.[17]

Das OLG Frankfurt verwies bei seiner Entscheidung zu Recht auf den zuvor ergangenen Beschluss des Verfassungsgerichts. Dieser war von der StVK Marburg missverstanden worden. Sie hatte den Satz aus der Verfassungsgerichtsentscheidung: »Deutlich wird aus alledem, dass der Gesetzgeber die Möglichkeit, durch die Über-

---

16 BVerfG NJW 1995, 772.
17 OLG Frankfurt JR 1998, 431.

weisung aus dem Vollzug einer Maßregel in die andere den Erfolg der Resozialisierung zu fördern, *nicht erkannt hat* für den Fall des Wechsels einer Unterbringung aus dem psychiatrischen Krankenhaus in die Sicherungsverwahrung«, den Sinn gegeben, der Gesetzgeber habe nicht gesehen, dass die Resozialisierung auch durch die Überweisung in die Sicherungsverwahrung erreicht werden könne. Es liege somit eine ungewollte Regelungslücke vor. Tatsächlich gemeint war allerdings, dass nach Ansicht des Verfassungsgerichts der Gesetzgeber die Frage der Möglichkeit der Resozialisierung durch den Wechsel geprüft und verneint hat.
Daher ist nach geltendem Recht auch bei noch so kunstvoller Gesetzesauslegung eine Überweisung in den Vollzug der Sicherungsverwahrung gem. § 67a II StGB nicht möglich. Fraglich ist, ob hier eine Öffnung durch eine Gesetzesänderung ermöglicht werden kann. Hier reichte allein die Änderung des § 67a II StGB nicht aus. Denn unabhängig von der bisherigen Eingleisigkeit dieser Regel, kann schon nach § 67a I StGB eine Überweisung nur dann erfolgen, wenn dadurch die Resozialisierung des Täters besser gefördert werden kann. Dies ist jedoch nach einhelliger Meinung in der Sicherungsverwahrung kaum denkbar. Daher müsste auch dieser Teil der Regelung geändert werden. Dann entfiele jedoch der eigentliche Normzweck, der die Wahl der bestmöglichen Vollzugsform für die Resozialisierung ermöglichen soll. Das (vermeintliche) Problem der »Nichtbehandelbaren« lässt sich somit auch nicht durch eine Änderung des § 67a II StGB erreichen. Es müsste schon eine völlig neue Regelung geschaffen werden. Dass dies in naher Zukunft durch den Gesetzgeber in Angriff genommen wird, steht nicht zu erwarten. Zumindest der Bundesrat sieht derzeit kein Bedürfnis, die Frage der Unterbringung Nichtbehandelbarer neu zu regeln. Die Bundesregierung hatte mit dem Gesetzentwurf eines »Gesetzes zur Sicherung der Unterbringung in einem psychiatrischen Krankenhaus und in einer Entziehungsanstalt« im letzten Jahr versucht, hier Abhilfe zu schaffen. Danach sollte gem. § 67 IV StGB nach einem Jahr Unterbringung die Vollstreckungsreihenfolge dann geändert werden, »wenn die Resozialisierung der untergebrachten Person durch den weiteren Vollzug der Maßregel derzeit nicht gefördert werden kann«.[18] Diese Bestimmung ist jedoch auf Betreiben des Bundesrates gestrichen worden. Dies wurde damit begründet, dass es so zu einer »Abschiebung« lästiger Kranker vom Maßregel- in den Strafvollzug führen werde. Dies würde zu einer Belastung der Mitgefangenen führen.[19]

---

18 BT-Drucks. 16/1110 S. 7.
19 BT-Drucks. 16/1110 S. 22.

Zusammenfassung

Abschließend lässt sich feststellen, dass in der Vergangenheit § 67 a StGB keine große Relevanz für den Maßregelvollzug hatte. Dies ist auch in Zukunft nicht zu erwarten. Die Norm ist vor allem nicht geeignet, die Möglichkeit der nachträglichen Anordnung einer Unterbringung gem. § 63 StGB zu erreichen oder das Problem der »Nichtbehandelbaren« zu lösen. Dies lässt sich auch nicht durch eine Änderung des § 67 a II StGB erreichen.

Literatur

Fischer, Strafgesetzbuch, Kommentar, 55. Auflage 2008 Nomos Kommentar zum Strafgesetzbuch, Kindhäuser/Neumann/Paeffgen (Hrsg.), 2. Auflage 2005
Schönke/Schröder, Strafgesetzbuch, Kommentar, 27. Auflage 2006

Reparatur der Seele – Moderne Begriffe im Dienste magischen Denkens

Jenny Mahler

Zusammenfassung

Allmacht und Ohnmacht sind stets gegenwärtige Themen, wenn Therapeuten und Patienten einander begegnen. Hoffnungen, Wünsche, Verzagtheit und Verzweiflung verlangen als komplexes Gemisch nach einer Vereinfachung der Lage. Was läge da näher als die seit Jahrtausenden bewährten Gegensätze zwischen Täter und Opfer sowie den Leidenden und dem Heiler. Werden diese Zugangsweisen nicht weiterbewegt, können sie zu einer Erstarrung führen: Allmächtige Heiler sollen auf magische Weise eingreifen, heilen, den Patienten vor dem Bösen retten und die Gesellschaft gleich mit. Diese Erwartungen können auch und gerade in Diskussionen mit modernen Begriffen Einlass finden: Wer nicht nach den neuesten therapeutischen Standards (evaluierbar und qualitätsgesichert) handelt und siegt, versagt und findet sich in der Hölle der Bösen wieder.

Schlüsselwörter

Behandlungsstandards, Qualitätssicherung, magisches Denken, Reaktionsbildung, gesellschaftliche Entwicklung

Magisches Denken und Allmachtsfantasien

Sandor Ferenczi beschreibt in seiner Arbeit »Entwicklungen im Wirklichkeitsraum« die Funktion des magischen Denkens im Verlauf der psychischen Entwicklung. Demnach macht ein Kind schon früh die Erfahrung, dass motorische und akustische Entladungen, die einer subjektiven Notlage wie Hunger oder Einsamkeit Ausdruck verleihen, äußere Hilfe herbeirufen, die dann auch prompt eintrifft. Es erlebt also, dass kleine Gesten zu umfangreichen Ereignissen führen, die seinen Willen geschehen lassen. Später entwickelt sich aus diesen Erfahrungen zusammen mit den wachsenden Fähigkeiten des Kindes eine förmliche Gebärdensprache, die es dem Kind ermöglicht, sich allmächtig zu fühlen und Wünsche erfüllt zu bekommen, wenn es sich an diese Gesten hält. Es erlebt die Periode der *Allmacht der Gesten*.
In charmanter Weise führen uns die »Jedi-Ritter« aus der Star-Wars-Serie den Vorgang vor: Dort gelingt die Allmacht der Gesten den Erwachsenen noch wie

einem Kind. Das Kind muss später lernen, zwischen seinem Innenleben und der äußeren Realität zu unterscheiden.

In unserem Alltag erleichtern wir uns den Druck der Realität, in dem wir auf Gebärden und kleine Rituale zurückgreifen – sei es Beten, Winken oder Fluchen – unabhängig davon, ob wir bewusst einem (Aber-)Glauben anhängen.

In der Bewältigung der Wirklichkeit, die uns (häufiger als erwünscht) unsere Ohnmacht vor Augen führt und uns nicht nur Unangenehmes, sondern Unerträgliches aufbürdet, greifen wir gerne auf die einst so hilfreiche Wirksamkeit unserer magischen Erfahrungen zurück.

Als Gesunde vermögen wir zwischen unseren kleinen Hilfsmitteln und der Wirklichkeit zu unterscheiden, selbst wenn wir schon einmal auf dem Weg zur Arbeit umkehren mussten, weil wir nicht sicher waren, ob das Bügeleisen ausgeschaltet ist.

Zwangskranke sind dagegen ausgiebig auf diese kindlichen Abwehrmechanismen angewiesen. Sie erleiden dadurch eine Hemmung ihrer Entwicklung und eine Einschränkung ihrer Handlungsmöglichkeiten.

Als *Reaktionsbildung* kann der Rückgriff auf diese kindlichen Strategien hilfreich sein. So kann die Scham mithilfe geeigneter Rituale die Durchführung einer exhibitionistischen Handlung abwehren. Ein Waschzwang kann helfen, den Wunsch die Eltern zu töten, deretwegen man sich nicht an die Realisierung seiner pubertären Sexualwünsche zu wagen glaubt, nicht in die Tat umzusetzen.

Die unerträgliche Angst vor allem, was einem das Leben als Nächstes bietet, lässt sich wunderbar mit dem Zählen von Gehwegplatten lindern, besonders wenn man ein paar Begleit-Gesten richtig platziert.

Wir finden also in unserem Alltag und in einigen Krankheitsbildern eine Parallelität von magischem Denken und einer rationalen Auffassung der Wirklichkeit vor. Im Folgenden möchte ich mich mit der Frage beschäftigen, ob wir Denkweisen und Handlungen, die wir in moderne und wissenschaftliche Konzepte integriert finden, ebenfalls mit magischem Denken aufgreifen.

Das Wunder in der Moderne

Die Wirkmächtigkeit einer Behandlung erscheint umso überzeugender, je umfangreicher der sichtbare Erfolg im Vergleich zur angewandten Maßnahme abschneidet. An solchen Kriterien gemessen, haben Sozialtherapie und Psychotherapie zunächst einen geringen Stellenwert. Der augenscheinliche oder zählbare Zusammenhang zwischen einer Handlung des Heilens (durch Pflegekraft, Psychotherapeut oder Arzt) und einer erhofften Wirkung lässt sich nicht so leicht spontan ableiten.

In meiner Ausbildungszeit in der Kinderchirurgie fragte mich der operierende Professor: »Haben Sie schon mal eine Seele gesehen, Frau Kollegin?« Während er äußerst wirkmächtig dem Blinddarm eines achtjährigen Knaben entfernte. Er ahnte wohl damals schon, dass ich mich anderen beruflichen Anstrengungen widmen würde.

Die Indikation und die Durchführung der Appendektomie entstammen den Erkenntnissen und Erfahrungen der modernen naturwissenschaftlich fundierten Medizin und führen, evidenzbasiert, in vielen Fällen zu einem lebensrettenden Behandlungsergebnis. Der fähige Kollege hatte aber offenbar das Bedürfnis, die große Wirkung seiner Geste herauszuheben und sie im Vergleich zum Unsichtbaren und Unzählbaren als mächtiger darzustellen. Im psychischen Erleben des Kollegen, mag er dessen Existenz nun leugnen oder nicht, finden wir also eine Gleichzeitigkeit von rationalen Zugangsweisen zur Wirklichkeit, die gleichwohl unbewusst dem eigenen Handeln eine Art magische Wirkung zuschreiben.

Die Behandlung von psychischen Erkrankungen wird oft mit Misstrauen oder gar Geringschätzung betrachtet, da der Behandlungsgegenstand so wenig greifbar erscheint und die zur Verfügung stehenden Behandlungsformen weniger »mächtig« wirken. Sie laden daher auch weniger zur Identifikation mit den Behandlern ein.

Wissenschaft

In Naturwissenschaft und Medizin war das Motto »Wahr ist was zählbar ist!« für die Entwicklung neuer Erkenntnisse vorübergehend hilfreich. Die Dogmen der Kirche vom ewig Unerklärlichen und die feudalen Strukturen hatten neue Entdeckungen blockiert. Die Aufklärung ermöglichte mit ihrer kritischen Forderung nach messbaren und in Experimenten wiederholbaren Forschungen eine umfangreiche wissenschaftliche und gesellschaftliche Entwicklung.

Der Prozess kehrt sich aber um, wenn die Erkenntnis an eine Grenze stößt, hinter der alles weitere Erkennen verneint wird, weil die folgenden Fragen und Entdeckungen Angst hervorrufen. Dann kann die Reduzierung der Forschung auf das »Zählen« der weiteren Entwicklung im Wege stehen. Der Forscher oder Politiker gerät in der Folge in die paranoide Position desjenigen, der in zunehmender Erstarrung ein vorübergehendes Verstehen zur finalen Methode und Wahrheit erklärt und diese dann als Grundlage seine Herrschaft verteidigen muss.

Die bedenkenlose Übertragung von ursprünglich *naturwissenschaftlichen* Erkenntnistechniken auf andere Bereiche kann zu dem Trugschluss führen, dass reines Quantifizieren ein Datum wissenschaftlich macht. Im Sinne G. Devereuxs können wir dieses Vorgehen dann manchmal als zwanghaft (im Sinne des magischen Denkens) klassifizieren, weil »das Zählen« nicht mehr dem Erkennen dient, sondern eine unbewusste innere Befindlichkeit auf die Wirklichkeit projiziert.

Mit Devereux können wir so weit gehen, bereits die Forschungsabsicht auf ihre mögliche Herkunft aus einer unbewussten Allmachtsfantasie zu hinterfragen. Die

Debatte über aktuelle Forschungsansätze, die wie in der Stammzellforschung, besonders große Heilungsversprechen zu ihrer Legitimation anführen, könnte von solch kritischer Motivationsforschung profitieren.
Ein Arbeitsbereich wie die *Psychiatrie* erzeugt einen Forschungsbedarf, der von klassisch naturwissenschaftlichen Fragen bis hin zu vielschichtigen verhaltenswissenschaftlichen und ethischen Themen reicht. Die Suche nach Klarheit kann in solch schwieriger Situation ein Ansporn auf der Suche nach Verbesserungen sein; sie kann aber auch unbeweglich machen, wenn wir Wahrheit mit subjektiver Gewissheit verwechseln.
Angesichts zweier gleichwertiger Theorien entscheiden wir uns für die jeweils ökonomischere. Statistisch korrekte Studien vermitteln den Eindruck, eine leichte Erklärung zu bieten, die man dann für wahr halten kann. Zudem müssen wir uns fragen, ob physikalisch-mathematische oder biochemisch kodierte Verhaltensmodelle wirklich ökonomischer sind und auf die Dauer für die Anwendung hilfreicher wären als z. B. kognitive oder psychoanalytische Modelle.

Gesellschaftliche Bedingungen

Das gesellschaftliche Gesamtgefüge ändert sich so rasch, dass bewährte Anpassungsmechanismen das *Ich* nicht mehr entlasten können. Dies gilt für Wohnbedingungen, Familienstrukturen, die Situation am Arbeitsplatz und Formen der Begegnung gleichermaßen.
Le Corbusier spricht vom Haus als einer »Wohnmaschine«. In Anlehnung an diese Metapher ließe sich die Sorge formulieren, die Anwendung von Begriffen aus dem Prozessmanagement im Gesundheitswesen könne darauf abzielen, dass die hier Tätigen maschinengleich funktionieren sollen. Die Menschen, die in diesen Bereichen arbeiten, laufen Gefahr, in der institutionellen Bewertung dem Maschinen und Material-Park zugeordnet zu werden – auf »Hardware« reduziert. Die Gleichsetzung von (psychischer) Gesundheit mit einem Produkt würde Patienten und Behandler einer Verdinglichung zuführen.
Die Mischung, mit deren Hilfe ein bereitwilliger Mitarbeiter mit einer großen Portion Pflichtbewusstsein und etwas Erfindungsgeist seine Aufgaben erfüllen konnte, funktioniert oft nicht mehr und kann häufig den Anforderungen nicht mehr angepasst werden. Gerade im Gesundheitswesen gehen notwendige Vorstellungen vom Zusammenhang des eigenen beruflichen Handelns mit der Institution verloren. Damit verschwindet die integrierende Vorstellung von Sinn oder Wert der beruflichen Tätigkeit. Die Begriffe *Pflege* oder *Psychotherapie* enthalten etwas anderes als nach Minuten »durchgetaktete« Standardabläufe.
Der Begriff *Qualitätssicherung* stammt aus der Industrie und soll sicherstellen, dass ein Produkt ein festgelegtes Niveau erreicht. Dabei geht es ausdrücklich darum,

Gleichheit zu erzeugen, nicht Verbesserung. Der Prozess der Qualitätssicherung lässt sich am ehesten in Unternehmen mit rechnergestützten Systemen abbilden. Die schnelle Wirkung eines »Klicks« in einem gut funktionierenden Programm kann in verführerischer Weise an die kindliche Allmacht der Gesten erinnern. Was halten Sie in diesem Zusammenhang von dem 1964 entwickelten »0-Fehler-Programm« des US-Verteidigungsministeriums?

Die Produktionsbedingungen verändern sich also in einer Geschwindigkeit, die derzeit keine konstruktive Entsprechung in ihren gesellschaftlichen Entwicklungen findet. Vieles geht heute per Mausklick, das früher aufwendigen Einsatz erfordert hätte. Warum nicht auch die Abschaffung von Delinquenz?

Viele Institutionen befinden sich in einer Krisensituation und setzen der damit verbundenen Unklarheit, Unerklärlichkeit und Unsicherheit eine Flut von Normierungsmaßnahmen entgegen. Da diese in ihrer Vielzahl aber gar nicht geeignet sind, kreative Entwicklungen zu eröffnen, droht eine Eskalation regulierender Maßnahmen, die die Ängste, die sie regulieren sollen, eher noch verstärkt.

Die Annahme, eine ordnungsstiftende Maßnahme werde die ersehnte Stabilität bringen, erzeugt eine Hoffnung auf ein Wunder, das alles wieder »gutmacht«.

Für den Maßregelvollzug und andere Einrichtungen des Gesundheitswesens droht eine Reduzierung des Behandlungsauftrages auf einen Verwaltungsakt. Dies hätte eine Entwertung aller Berufsgruppen zur Folge, deren Arbeit einen direkten Kontakt zum Patienten erfordert.

Im Alltag und im therapeutischen Gespräch entsteht ein Spannungsfeld, innerhalb dessen der Patient und die professionell Tätigen Erfahrungen machen, die sich schwerlich mit normativen Erfassungsbögen darstellen lassen.

In den Behandlungssituationen findet Irritation statt, Ermutigung, Bestätigung und Langeweile. Die Patienten wiederholen alte Handlungsmuster, sollen aber auch Gelegenheit erhalten, neue Möglichkeiten bei sich und anderen zu entdecken. Diese sind, wohlgemerkt, nicht immer besser. Nicht zuletzt deshalb enthält der therapeutische Prozess auch Elemente des Unheimlichen. Das soll mit Mitteln der Rückführung auf Zählbares und linear Beschreibbares »gebannt« werden.

Begriffe wie »evidenzbasiert«, »standardisiert«, »evaluierbar« suggerieren, dass die Wirklichkeit in Aufzählungen von Einzelereignissen darstellbar sei. Dabei geht nicht nur das verloren, was außerdem noch geschieht, es wird auch die Vorstellung von der Begrenztheit des Beschriebenen verleugnet. Es bleibt eine Art kultische Handlung übrig, deren Wert in der Aufrechterhaltung des Vorgangs besteht. Wird das Ritual infrage gestellt, droht dem Schöpfer des Vorgangs der Untergang, da der Mythos über die lebenserhaltende Bedeutung der vorgeschriebenen Handlungen entzaubert wird.

Die individuelle Ebene

Der Patient agiert, um die Wirklichkeit mit seiner Allmachtsfantasie in Deckung zu bringen. Bei einem schwer in seiner Persönlichkeit gestörten Patienten kann der Versuch, das eigene Innenleben und seine immanenten Triebwünsche der Wirklichkeit aufzuzwingen, zu fatalen Folgen führen. Aufgrund ihrer Unfähigkeit, zwischen sich selbst und der Umwelt realistisch zu differenzieren, greifen schwer gestörte Individuen zu extremen Verhaltensweisen, um ihre innere Spannung zu lösen, gleichgültig, ob ein unerträglicher Affekt beseitigt oder ein Triebwunsch erzwungen werden soll.

Der Stationsalltag ist oft von Auseinandersetzungen geprägt, in denen der Konflikt zwischen dem Realitätsbezug und der Allmachtsfantasie und deren Produkten Thema wird. Inwiefern z. B. agiert ein ungewaschener Patient seine Allmachtsfantasie aus? Das Verhalten ruft ohne ein Wort (nicht mal das!) eine intensive Dynamik wach zwischen Patient, Pflegekräften und Therapeuten. Der Ungewaschene erlebt sich als Manipulator mithilfe seines vermeintlichen Nicht-Handelns und seiner »olfaktorisch kodierten« Aura. Was nun?

Lassen wir uns auf eine Konflikt-Dynamik nach dem narzisstischen Muster (nur einer wird gewinnen) ein, entwickeln wir eine Gegenallmachtsfantasie und laufen Gefahr, uns auf die infantile Ebene des Patienten zu begeben. Das heißt auch, dass unsere Reflexions- und Handlungsfähigkeit, die für die Auflösung des Konflikts und damit der Vermittlung eines anderen Weges, als der Frage nach dem Entweder-oder unverzichtbar wäre, verloren gehen kann.

Zur Klärung muss ein Unterschied in der Hierarchie der Generationen, der durch das Team vertreten wird, und die soziale Situation dargestellt werden, weil der Patient die Reaktionen auf seine Erscheinungsform im Verständnisrahmen seines dualen Wahrnehmungssystems einordnet.

Solche Verzerrungen der Wirklichkeit und ihrer Wahrnehmung sind ein schwer beschreibbarer Arbeitsgegenstand. Ein Teil der dafür notwendigen Interaktionen findet in einem Bereich statt, der durch Qualitätsnormen nicht erfassbar wird. Genauso wenig ist vorhersagbar, wie viele Reaktionsmöglichkeiten einer einfachen Intervention folgen können.

Innere Schicksale der Aggression

Innere Schicksale der Aggression können nicht ausschließlich durch äußere Maßnahmen gebändigt werden – weder für unsere Patienten noch für uns professionelle Behandler.

Zudem verliert die destruktive Energie, die zu einigen Delikten unserer Patienten geführt hat, nichts von ihrer chaotischen Unbeherrschtheit, wenn sie nicht im

Rahmen eines therapeutischen Prozesses bearbeitet wird. Voraussetzung für diese Bearbeitung ist aber die Bereitschaft der Teammitglieder, sich der Ungeheuerlichkeit der Affekte und Fantasien zu stellen.

Dazu benötigen sie ein Team und mutige Protagonisten der Hierarchie, die die Aufgabe, einen schnellen, endgültigen »Reparaturauftrag« zu erfüllen, relativieren (man könnte auch sagen: lockern). So entsteht ein Spielraum, der Patienten und Mitarbeitern Entwicklung ermöglicht. Man könnte auch sagen, die Patienten benötigen einen Übergangsraum, der es ihnen ermöglicht, die infantilen Erlebnisweisen zugunsten eines verbesserten Realitätsbezuges aufzugeben.

Funktion der Verleugnung

Der Ansatz, äußere und innere Konflikte durch normierte Abläufe sicher zu erfassen und abzuschließen, versucht Begrenztheit in Machbarkeit zu verwandeln. Die schwer erträgliche Erfahrung der Vergeblichkeit unseres Tuns wird in einer Regulierungsflut unkenntlich gemacht.

Die Mitarbeiter aller Berufsgruppen stehen vor der schwierigen Aufgabe, einen Erfahrungsraum zu schaffen, in dem die Patienten in die Lage versetzt werden, auf die Allmachtsfantasien, die ihren Triebwünschen immanent sind, zu verzichten. Dieser Verzicht ermöglicht die Entwicklung neuer Fähigkeiten im Bereich der sozialen Interaktion und schafft Raum für Gefühlsqualitäten, die nicht ausschließlich an Fragen von Macht und Ohnmacht gebunden sind. Dazu gehört auch die Akzeptanz von Enttäuschung und Mittelmäßigkeit der eigenen Person und der sozialen Umgebung.

Sind wir uns der Grenzen unserer Möglichkeiten und der Institution nicht bewusst, dann verzichten wir darauf, den Patienten dabei zu helfen, einen neuen Möglichkeitsraum zu entdecken. Dazu müssen wir natürlich auch die Vermittlung der Ungleichheit zwischen Patient und Institution thematisieren.

Werden aber die institutionellen Zwänge von Sicherungsaufgaben bis hin zur Dokumentation auf Normierung und sich selbst immer wieder neu erzeugende Formalismen begrenzt, verflacht der Entwicklungsraum für Patienten und professionelle Helfer.

Das mag der Angst vor Freiheit und Verantwortung entgegenkommen, läuft aber dem therapeutischen Auftrag zuwider. Der Auftrag der Sicherung wird aber rituell verstärkt nachgewiesen, vom Zaun bis hin zu zahlreichen formalisierten Abläufen, die den Alltag durchsetzen.

Ein Teil dieser Abläufe kann nützlich sein, um einen Überblick zu gestalten und Verbindlichkeit zu erzeugen. Das ist in der Begegnung mit den Patienten wichtig und integriert die Station in die Institution. Sie können natürlich auch im Stil des Zählens von Gehwegplatten der Beruhigung der Gemüter dienen.

Bedenken wir noch, dass im gesamten Gesundheitswesen die Entscheidungen über solche Prozesse weniger von den Ausführenden getroffen werden als von Repräsentanten übergeordneter Strukturen, die einander ebenfalls beruhigen müssen – von der Klinik-Hierarchie über den Träger bis hin zur Politik. Deren Vertreter stehen unter dem besonderen Druck, Angstfreiheit und Erlösung als Produkt anbieten zu wollen. Dem Volk gegenüber als potenziellem Wähler- und Ab-Wähler-Reservoir wird die durch die unberechenbare wirtschaftliche und soziale Dynamik begünstigte Angst betont und die Erlösung von solchen Qualen mithilfe Kontrolle versprechender Konzepte verkauft. Die Halbwertszeit der jeweiligen Lösungsvorschläge verkürzt sich in zunehmendem Maße.

Die Politik muss also ihre Angst vor Machtverlust und ihre Identifikation mit der verständlichen Unsicherheit, die durch die Geschwindigkeit der Entwicklung entsteht, verstärken, um ihre Wunderversprechen an den Konsumenten bringen zu können. Konzepte wie »Terrorismus« und »alle Sexualstraftäter« lassen sich als Angst-Behälter nutzen. Dabei entsteht eine Eskalation, die für jede neue und alte Angst eine weitere vereinzelte Sicherheitsmaßnahme fordert. Das kann Folgen für Einzelvorschriften in den umsetzenden Institutionen haben. Weit gravierender ist aber der Versuch des Gesetzgebers, auf ein komplexes und veränderliches Gemisch mit einer Flut von Einzelmaßnahmen zu reagieren. Dabei spielen die Möglichkeiten, die die Computertechnologie zur Verfügung stellt, eine wichtige Rolle. Als emotionaler Rest bleibt dann die Vorstellung übrig, dass mithilfe weniger Anwendungen auf der Tastatur in äußerst wirkmächtiger Weise die Gespenster, die man rief, wieder vertrieben werden können.

Endlösungskonzepte sind nicht nur gescheitert, sondern haben sich in einem Ausmaß als tödlich erwiesen, das die Mordlust unserer Patienten weit in den Schatten stellt.

Nur mit der Einsicht in die Grenzen des Machbaren wachsen uns neue Handlungsmöglichkeiten zu. Lassen Sie uns also ein wenig machtlos sein!

Literatur

Dahmer H (2006) Sozialer Zwang und mögliche Befreiung? In: Werkblatt 56: 3–22
Devereux G (1992), Angst und Methode in den Verhaltenswissenschaften Suhrkamp, Frankfurt am Main, S. 25–29
Ferenczi S (1970) Schriften zur Psychoanalyse. Fischer Frankfurt am Main S. 154–156
Freud S (1991) Totem und Tabu. Fischer Frankfurt am Main S. 125–150
Parin P (1992) Der Widerspruch im Subjekt. Europäische Verlagsanstalt, Hamburg S. 108–111

Der Maßregelvollzug – ein Auslaufmodell?

John Mahler

Zusammenfassung

Die Forderung, Menschen mit Straftaten infolge einer Persönlichkeitsstörung in Justizvollzugsanstalten unterzubringen und dort – sofern erforderlich und/oder möglich – zu behandeln, wurde in den letzten Jahren immer lauter. Der Maßregelvollzug solle sich auf seine »originären« Aufgaben, nämlich die Behandlung von Menschen mit Erkrankungen aus dem schizophrenen Formenkreis beschränken. Parallel richten die allgemeinpsychiatrischen Krankenhäuser Stationen ein, die auch unter Berücksichtigung der erforderlichen Sicherungsmaßnahmen auf die Behandlung von Straftätern mit psychischen Erkrankungen ausgerichtet sind. Diese Entwicklungen führen zu den Fragen: Deuten sie auf eine Umsetzung der Forderungen aus den Siebzigerjahren des vorigen Jahrhunderts nach gemeindenaher Versorgung nun auch für den Maßregelvollzug hin? Ist der Maßregelvollzug ein Auslaufmodell?

Schlüsselwörter

Maßregelvollzug, Sicherheit, Persönlichkeitsstörung, psychische Erkrankung, Fehlunterbringung

Seit einigen Jahren werden aus Fachkreisen Stimmen lauter, der Maßregelvollzug solle sich auf seine originären Aufgaben beschränken. Gemeint ist mit dieser Idee nicht etwa, dass die Sicherung im Vordergrund stehen sollte. Gemeint ist vielmehr, der Maßregelvollzug solle sich vorrangig auf die Behandlung von Menschen, die infolge einer Erkrankung aus dem schizophrenen Formenkreis oder einer hirnorganischen Störung eine Straftat begangen haben, beschränken. Diese Forderung klingt an sich plausibel, weil psychiatrische Krankenhäuser – und somit auch Maßregelvollzugskliniken – für die Behandlung von Menschen zuständig sind, die infolge einer Schädigung oder Funktionsstörung des Gehirns in ihren sozialen Funktionen beeinträchtigt sind. Die psychiatrischen Krankenhäuser behandeln aber nicht nur diese Störungsbilder, sondern auch weitere psychische Störungen, nämlich solche, die infolge von Sozialisationsschäden zu gravierenden Störungen der psychischen Funktionen geführt haben. Vorab jedoch ein kurzer Überblick über die Geschichte der Psychiatrie, weil die Kenntnis dieser Entwicklung einen

Zugang zu den heutigen Kontroversen bezüglich der Unterbringungsmodalitäten von psychisch kranken Rechtsbrechern ermöglicht und Parallelen in der Historie erkennen lässt.

Nachdem im 17. Jahrhundert den Klöstern die Kompetenzen für die Verwahrung psychisch Kranker abgesprochen worden waren, wurden diese Menschen in Arbeits- und Armenhäuser verwahrt, wenn sie in der Gemeinde nicht mehr toleriert werden konnten. In diesen Einrichtungen waren neben psychisch Kranken auch Menschen untergebracht, die mit ihrem Lebenswandel (z. B. Prostitution, Alkoholabhängigkeit, Müßiggang, Armut) oder aufgrund besonderer Lebensumstände (z. B. Waisen) auffällig geworden waren. Die Bewohner wurden – wie man es heute halbwegs neutral ausdrücken kann – einem strukturierten Tagesablauf zugeführt. Es ging aber nicht nur darum, den Tag mit Arbeit zu füllen. Die Allgemeinheit sollte vor den gefährlichen Irren und Menschen mit lasterhaftem Lebenswandel geschützt werden. Man kann sich vorstellen, dass psychisch Kranke von der Unterbringung in diesen Institutionen kaum profitieren konnten, weil auf ihre besonderen Bedürfnisse nicht eingegangen wurde, sondern Leistung das entscheidende Kriterium war.

Zu Beginn des 19. Jahrhunderts, als die bürgerliche Gesellschaft sich herausbildete und Menschenrechte diskutiert wurden, entstand auch die Vorstellung, psychisch Kranken ein Recht auf Fürsorge und Pflege zuzusprechen. Es wurden Anstalten gebaut, in denen psychisch Kranke von Armen und Straftätern getrennt untergebracht wurden.

Gegen Ende des 19. Jahrhunderts stieg die Zahl der Menschen, die in psychiatrischen Anstalten untergebracht waren, erheblich an. Dies ist nicht vorrangig auf eine Zunahme psychischer Erkrankungen zurückzuführen, sondern darauf, dass die staatliche Verwaltung einen immer größeren Einfluss auf die Anstaltsnutzung gewann. Behandelt wurden die Kranken zwar etwa seit Mitte des 19. Jahrhunderts von Ärzten, eingewiesen wurden sie aber immer häufiger von kommunalen Polizei- und Verwaltungsbehörden. Diese Behörden versuchten, die Anstalten von ihrem Ordnungs- und Sicherheitsdenken her zu vereinnahmen. 1901 legte das preußische Innenministerium in einem Erlass (Verfahren bei der Entlassung gefährlicher Geisteskranker) fest, dass die Polizeibehörden vor einer beabsichtigten Entlassung aus der Irrenanstalt zu konsultieren waren und deren Einspruchsrecht zu berücksichtigen war, sofern Bedenken wegen des Vorlebens, der wirtschaftlichen und Familienverhältnisse bestanden. Bedenken bestanden z. B. bei Menschen, die wegen häufiger kleinerer Gelegenheitsdiebstähle mehrfach vorbestraft waren und denen daher eine Neigung zugesprochen wurde, sich an fremdem Eigentum zu vergreifen.

Deutlich wird an diesem kurzen und unvollständigen Abriss der Geschichte der Psychiatrie, dass allenfalls während einer kurzen Periode eine Trennung von psychisch Kranken und Straftätern vorgenommen wurde. Relativ zügig dominierte der Sicherheitsgedanke gegenüber einem Resozialisierungskonzept.

Bei dieser Entwicklung darf aber nicht übersehen werden, dass z.B. während der Weimarer Republik nicht etwa stringent auf eine dauerhafte Unterbringung von psychisch Kranken abgezielt wurde. In den Zwanzigerjahren des 20. Jahrhunderts wurde eine aktive Behandlung forciert, indem u.a. über die Arbeitstherapie versucht wurde, die Voraussetzungen für eine Reintegration der Patienten in die Gesellschaft zu schaffen. Ebenfalls während der Weimarer Republik gab es bereits die Nachsorge, indem die Anstalten Ärzte freistellten, die Sprechstunden für die Entlassenen abhielten und erforderliche Hausbesuche vornahmen.

Die Entlassungen aus der Anstalt und die Nachsorge erfolgten allerdings nicht nur aus humanitären Gründen, sondern waren auch Folge der Weltwirtschaftskrise und der dadurch bedingten knappen finanziellen Ressourcen. Das Argument der äußerst beschränkten finanziellen Mittel wurde gegen Ende der Weimarer Republik benutzt, um die Sterilisation psychisch Kranker zu befürworten. Im Nationalsozialismus wurde von zahlreichen Psychiatern der Gedanke der Sterilisation aufgegriffen, nun aber unter dem Aspekt Verhütung erbkranken Nachwuchses. Eine Steigerung dieser Überlegungen fand sich in der »Euthanasie« im deutschen Faschismus. Die Psychiatrie hatte sich damit von allen Maßstäben eines humanen Umgangs mit psychisch Kranken entfernt.

Erst in den Sechzigerjahren des 20. Jahrhunderts im Zuge einer sich wandelnden politischen Stimmungslage entstanden vor allem sozial- und gemeindepsychiatrische Reforminitiativen. Es wurde abgerückt von den großen Landeskrankenhäusern und sukzessive psychiatrische Abteilungen ortsansässigen somatisch ausgerichteten Kliniken angegliedert. Ebenfalls wurde den Forderungen aus der Sozialpsychiatrie (ambulant vor stationär, offen vor geschlossen) Rechnung getragen. Parallel hierzu wurden überwiegend in den Achtzigerjahren des letzten Jahrhunderts Maßregelvollzugsgesetze oder Unterbringungsgesetze in den meisten Bundesländern Westdeutschlands verabschiedet und entsprechende Kliniken eingerichtet oder aber in Landeskrankenhäusern vorhandene Abteilungen für die Behandlung von psychisch kranken Straftätern (»Rottland-Bereich«) in eigenständige Maßregelvollzugskliniken umgewandelt.

In den Achtziger- und Neunzigerjahren des 20. Jahrhunderts bestand bei vielen im Maßregelvollzug Tätigen ein ausgeprägter Optimismus bezüglich der Behandlung von Persönlichkeitsstörungen. Es wurde davon ausgegangen, durch Psycho- und Begleittherapien Sozialisationsschäden behandeln und die Persönlichkeitsgestörten mehr oder weniger rasch wieder in die Gesellschaft integrieren zu können. Bei den Patienten mit Erkrankungen aus dem schizophrenen Formenkreis überwog ein Pessimismus, weil grundlegende Veränderungen des Störungsbildes nicht erwartet wurden, sondern nur Besserungen durch kontinuierliche medikamentöse Behandlung und psychoedukative Maßnahmen. Diese Einstellungen wandelten sich, nachdem Anfang und Mitte der Neunzigerjahre des letzten Jahrhunderts gravierende

Rückfalltaten von Persönlichkeitsgestörten aufgetreten waren. Kurzzeitig trat die Vorstellung in den Vordergrund, bei Persönlichkeitsgestörten kaum etwas bewirken zu können und jederzeit mit Rückfalltaten rechnen zu müssen. Die Einstellungen zu den Psychotikern änderten sich ebenfalls. Hier stand nun im Vordergrund, mit den Psychopharmaka Mittel in der Hand zu haben, die – sofern die regelmäßige Einnahme gesichert war – Rückfalltaten mit größter Sicherheit verhindern würden. Verknüpft war mit dieser Vorstellung, dass bei dieser Patientengruppe im Vergleich zu Persönlichkeitsstörung von einer kürzeren Verweildauer im Maßregelvollzug und damit von einer Minderung der Kosten für die Unterbringung auszugehen war.

Diese Erwartungen haben sich nicht erfüllt. Die Kosten für den Maßregelvollzug steigen nahezu kontinuierlich. Eine gegenläufige Entwicklung mit Verkürzung der Unterbringungsdauer ist seit Jahren nicht zu erkennen, auch nicht bezüglich der Patienten, die aufgrund einer affektiven oder schizophrenen Erkrankung mit Straftaten in Erscheinung getreten sind.

Bei Intensivierung der Behandlung drängt sich geradezu der Gedanke auf, dass die Kosten steigen müssen. Es wird sofort an die Einstellung von mehr Personal gedacht, um umfangreiche psychotherapeutische, sozio- und milieugestaltende sowie begleittherapeutische Maßnahmen anbieten zu können. Anzumerken ist bei solchen Gedanken allerdings, dass man einen Psychiatriepatienten auch mit einer Unmenge an therapeutischen Angeboten überfordern kann. Intensivierung der Behandlung bedeutet nicht immer ein Mehr an Angebot, sondern eher sinnvolle Nutzung der Ressourcen.

Hier haben sich in den vergangenen etwa 15 Jahren grundlegende Veränderungen in vielen Maßregelvollzugskliniken ergeben. In der Psychotherapie wird nicht mehr allgemein auf eine Wiederaufnahme der Entwicklung hingearbeitet, sondern gezielt die Störungsanteile bearbeitet, denen ein entscheidender Anteil an der Straffälligkeit zugeordnet werden kann. – Sollte die Persönlichkeitsentwicklung unter diesen Bedingungen trotzdem wiedereinsetzen, kann dies kaum als Behandlungsfehler betrachtet werden. – Es wurden spezielle Behandlungsprogramme entwickelt, die für einzelne Störungsbilder oder spezielle Deliktgruppen einzel- oder gruppentherapeutisch angewendet werden. Es wurde/wird auch vermehrt darauf geachtet, ob der betreffende Patient zur Mitarbeit an der Behandlung noch motiviert werden muss oder aber, nach jahrelanger Therapie, Gesprächsangebote vorrangig als Abwechslung im eintönigen Stationsalltag begriffen, ohne eigeninitiativ seine inneren oder äußeren Konflikte anzusprechen. In letzterem Fall wird heute sorgfältiger mit den Ressourcen umgegangen. Diesen Patienten werden vorrangig tagesstrukturierende Maßnahmen angeboten, jedoch die Option offen gehalten, dass er jederzeit wieder die inhaltliche Arbeit aufnehmen kann.

Trotz der optimalen Nutzung der Ressourcen sind die Kosten für den Maßregelvollzug gestiegen. Es haben sich Hinweise ergeben, dass Risiken, die von psychisch

Kranken ausgehen, noch vor der Unterbringung zwar grundsätzlich erkannt werden, aber präventive Maßnahmen nicht veranlasst werden oder nicht eingeleitet werden können, sodass doch ein Unterbringungsverfahren eingeleitet werden muss.

Die Veränderungen in der Allgemeinpsychiatrie, mit Abbau der Langzeitstationen und Einrichtung überwiegend offener Stationen sowie die zunehmenden Schwierigkeiten der Allgemeinpsychiatrie eine – sofern erforderlich – längerfristige Behandlung psychisch Kranker zu gewährleisten, aber auch die Auffasung einiger Kollegen, die »Drehtürpsychiatrie« biete den Patienten die Möglichkeit, ihre Belastbarkeit außerhalb der Klinik zu trainieren, führt letztlich dazu, dass diese Patienten sich selbst überlassen sind und infolge ihres geringen sozialen Repertoires keine adäquaten Hilfen einfordern können und krankheitsbedingt vermehrt in Auseinandersetzungen geraten oder aber zu Reaktionen neigen, die bei einer ausreichenden Begleitung nicht auftreten würden. Gleichzeitig haben sich in den vergangenen Jahren gesellschaftliche Veränderungen ergeben mit erhöhter Ablehnung von abweichendem Verhalten und der verschärften Ansicht von »Man muss nur wollen«, »Alles ist machbar Herr Nachbar« oder »Jeder ist seines Glückes Schmied«, obwohl die gesamtgesellschaftliche Entwicklung (auch gut qualifizierte Arbeitnehmer sind zunehmend von Arbeitslosigkeit bedroht) dieser Vorstellung entgegenläuft.

Diese Veränderungen in der Allgemeinpsychiatrie und Tendenzen in der Gesellschaft beeinträchtigen sicherlich vorrangig die Behandlung von Menschen mit affektiven und schizophrenen Störungen. Aber auch Personen mit Persönlichkeitsstörungen, insbesondere die impulsive und emotional instabile Persönlichkeitsstörung, aber ebenso die vermeidend selbstunsichere, dependente und zwanghafte Persönlichkeitsstörung sind von diesen Veränderungen betroffen, weil ein zentrales gemeinsames Element dieser Persönlichkeitsstörungen ist, dass sie ausgeprägte Defizite in ihren sozialen Kompetenzen aufweisen.

Wenn vom Maßregelvollzug gefordert wird, Ressourcen sinnvoll zu nutzen, muss gleichzeitig eine ausreichende Versorgung der Bevölkerung in allgemeinpsychiatrischen Kliniken gesichert sein. Bei Patienten mit ausgeprägten sozialen Defiziten oder extrem geringer Belastbarkeit mit der Neigung zu aggressiven Reaktionen muss auch die Nachsorge – gegebenenfalls mit kontinuierlicher Neurolepsie – gewährleistet sein, damit das Risiko für Straftaten gemindert wird und die Unterbringung im Maßregelvollzug verhindert werden kann. Unter diesem Gesichtspunkt ist, entgegen der oben angeführten Forderung einiger Kollegen (der Maßregelvollzug solle sich auf seine originären Aufgaben beschränken), der Maßregelvollzug auch, aber nicht vorrangig für die Behandlung von Patienten mit affektiven oder schizophrenen Erkrankungen zuständig, weil die meisten Menschen mit diesen Störungsbildern bereits suffizient in allgemeinpsychiatrischen Krankenhäusern behandelt und mithilfe von gesetzlichen Betreuungen und/oder sozialpsychiatrischen Diensten gut begleitet werden könnten. Eine sinnvolle Nutzung der Ressourcen fängt also nicht erst im Maßregelvollzug an, sondern beginnt bereits bei der allgemeinpsychiatrischen Versorgung der Bevölkerung.

Zu den Patientengruppen, die seltener in der Allgemeinpsychiatrie Hilfe suchen, gehören die paranoide, schizoide, dissoziale und narzisstische Persönlichkeitsstörung. Menschen mit solchen Persönlichkeitsstörungen sind in ihrem Sozialverhalten infolge erheblicher Störungen im Wahrnehmen, Denken, Fühlen und in ihrer Beziehungsfähigkeit beeinträchtigt. Ohne zu erkennen, dass die aus ihren Verhaltensweisen resultierenden Konflikte in ihnen selbst begründet sind, gehen sie vielmehr davon aus, dass sich ihr Gegenüber falsch verhält oder grundlos auf die Durchsetzung eigener Wünsche besteht. Aufgrund dieser Persönlichkeitszüge kann es zu Straftaten kommen. Diese Patienten erkennen aber selbst unter diesen Bedingungen störungsbedingt in der Regel keinen Behandlungsbedarf und müssen über eine mehr oder weniger lange Phase erst einmal zur Therapie motiviert werden. Über die Ressourcen, die hierfür erforderlich sind, verfügen die allgemeinpsychiatrischen Kliniken nicht. Der Maßregelvollzug ist dagegen u. a. auf diese Klientel spezialisiert.

Gelegentlich werden Stimmen laut, die grundsätzlich eine Unterbringung von Persönlichkeitsgestörten auf Sozialtherapeutischen Abteilungen in Justizvollzugsanstalten fordern, weil Persönlichkeitsgestörte vorrangig ihr Sozialverhalten ändern müssten und daher keiner psychiatrischen Behandlung bedürften. Dies wird auch mit den deutlich geringeren Kosten in der Justizvollzugsanstalten begründet.

Vergleicht man die Sozialtherapeutischen Abteilungen mit dem Maßregelvollzug ergeben sich auf den ersten Blick keine grundlegenden Unterschiede. Im Maßregelvollzug nimmt die Sozio- und Milieugestaltung mit Förderung der sozialen Kompetenzen und Erwerb von Fertigkeiten zur Bewältigung des Alltags breiten Raum ein. Auch in den Sozialtherapeutischen Abteilungen sind die Einschlusszeiten im Vergleich zu regulären Abteilungen der Justizvollzugsanstalten deutlich geringer, weil die Gefangenen unter Anleitung in Groß- und Kleingruppen angemessenes Sozialverhalten einüben sollen. In den Sozialtherapeutischen Abteilungen werden wie im Maßregelvollzug niederschwellige Gesprächsgruppen verpflichtend angeboten, in denen die Lebensgeschichte und die Ursachen, die Anteil an der Delinquenzentwicklung gehabt haben können, besprochen werden. Ebenso werden in beiden Unterbringungsformen Psychotherapie in Einzel- und/oder Gruppensitzungen angeboten. Wenn es denn vordergründig keine grundlegenden Unterschiede zwischen den beiden Unterbringungsformen zu geben scheint, stellt sich die Frage, aus welchen Gründen sich nicht auf die preisgünstigere Unterbringungsform beschränkt wird.

Der wesentliche Unterschied ist allerdings, dass in der Hauptverhandlung eine psychische Störung festgestellt oder auch nicht festgestellt wurde. Gemeinsam ist beiden Gruppen der Untergebrachten, dass sie infolge von Sozialisationsschäden unangemessenes Sozialverhalten zeigen. Während diese Verhaltensweisen aber bei Maßregelvollzugspatienten auf gravierende Störungen der psychischen Funktionen zurückgeführt werden kann mit der Folge von erheblichen Beeinträchtigungen in der aktiven Gestaltung eines mehr oder weniger angemessenen Lebens, ist der Häftling in der Justizvollzugsanstalten in der Regel in der Lage, seinen Lebensunterhalt in irgendeiner Art sicherzustellen.

– An dieser Stelle muss nicht diskutiert werden, dass sich im Strafvollzug zahlreiche Gefangene befinden, die infolge schwerwiegender psychischer Störungen delinquent geworden sind und eigentlich einer psychiatrischen Behandlung bedürfen. Das ist bekannt und in zahlreichen Veröffentlichungen nachzulesen. –

Wesentlich ist im Kontext dieses Beitrags, dass die Beeinträchtigungen der Maßregelvollzugspatienten nicht nur Psycho- und Soziotherapie unter gesicherten Bedingungen erfordern, sondern sie müssen im Alltag von medizinisch/psychiatrisch geschultem Personal, also Krankenpflegepersonal, begleitet werden. Im Stationsalltag muss überprüft werden, ob Verhaltensauffälligkeiten vorrangig in der psychischen Störung begründet sind oder auf andere Gründe zurückgeführt werden können. Entsprechend der jeweiligen Ursache wird ein Arzt oder ein Psychotherapeut hinzugezogen oder überwiegend strukturierend eingegriffen.

Bis vor relativ kurzer Zeit waren im Maßregelvollzug auf den Behandlungsstationen die Türen der Patientenzimmer grundsätzlich 24 Stunden offen. Es sollten Bedingungen vorgehalten werden, die – soweit möglich im geschlossenen Rahmen – üblichen Lebensumständen entsprechen sollten. Aus Kostengründen wird nun auch auf Stationen im Maßregelvollzug Nachteinschluss vorgenommen. Der Zwang zum Sparen ist nachvollziehbar. Man wird allerdings darauf achten müssen, dass nicht wie schon vor Jahren aus einem wissenschaftlich nicht haltbaren Sicherheitsdenken heraus nun auch aus Kostengründen weitere Schritte hin zur Angleichung an die Justizvollzugsanstalten gemacht werden.

Bei all den Klagen über die hohen Kosten des Maßregelvollzugs sollte nicht übersehen werden, dass in den meisten Fällen wohl zutreffend festgestellt wird, ob eine Straftat auf eine psychische Störung zurückzuführen ist oder nicht.

Die im Vergleich zum Strafvollzug signifikant niedrigere Rückfallquote für Patienten aus dem Maßregelvollzug lässt erkennen, dass diese Menschen von der psychiatrischen Behandlung profitieren konnten.

Neben der Forderung, Persönlichkeitsgestörte überwiegend in Sozialtherapeutischen Abteilungen unterzubringen, finden sich auch andere Tendenzen. Bereits seit vielen Jahren sind einige allgemeinpsychiatrische Kliniken bereit, Patienten aus dem Maßregelvollzug zu übernehmen, Behandlung und Nachsorge anzubieten. In einigen Kliniken sind diese Patienten gemeinsam auf einer Station untergebracht, in anderen Häusern auf mehrere Stationen verteilt. Zunehmend richten allgemein-

psychiatrische Krankenhäuser spezielle Stationen zur Behandlung forensisch psychiatrischer Patenten ein.
Diese Entwicklung scheint damit den Bestrebungen der Reforminitiativen in der Psychiatrie ab den Sechzigerjahren zuwiderzulaufen. Tatsächlich ist durch die Kombination von Öffnung der Kliniken, Schwerpunktsetzung auf ambulante Behandlung und knappen finanziellen Ressourcen das Dilemma entstanden, dass die Allgemeinpsychiatrie keine ausreichende Behandlung mehr bieten kann, und eine zunehmende Zahl von Patienten mit schizophrenen Erkrankungen vermehrt mit Delikten auffallen und im Maßregelvollzug untergebracht werden. Es scheint das Kind mit dem Bade ausgeschüttet worden zu sein. Über die Verschiebung der Kosten, weg von der Krankenkasse, hin zum Steuerzahler, will ich nicht eingehen. Erschreckend ist vielmehr, dass Patienten, die eigentlich – wie schon zu Zeiten der Weimarer Republik – nach einer stationären Behandlung ausreichend nachbetreut in ihrem gewohnten sozialen Umfeld leben könnten, nun über längere Zeit mehr oder weniger entfernt von ihrem Heimatort im Maßregelvollzug behandelt werden müssen. Hinzu kommt, dass diese Patienten nicht mehr vorrangig unter ärztlichen Gesichtspunkten auf geschlossenen Stationen, sondern durch – unstreitig begründete – Gerichtsurteile untergebracht werden. Tragisch ist daran, dass anscheinend allgemeinpsychiatrische Kliniken – aus welchen Gründen auch immer – nicht mehr ihren Aufgaben nachkommen können, nämlich die Behandlung von Menschen mit affektiven oder schizophrenen Erkrankungen zu gewährleisten, ja indirekt sogar zu einer Chronifizierung der jeweiligen Störung beitragen.
Die Entlastung des Maßregelvollzugs beginnt nicht erst, indem geprüft wird, ob und welche Patienten auf speziell eingerichteten forensisch-psychiatrischen Stationen in der Allgemeinpsychiatrie behandelt werden können. Vielmehr sollten dort grundsätzlich die erforderlichen Behandlungsmaßnahmen vorgehalten werden. Günstig wäre auch auf die Erfahrungen der Maßregelvollzugskliniken in der Nachsorge mit engmaschiger Begleitung der Patienten und der Nachsorgeeinrichtungen sowie – soweit erforderlich – Absicherung der kontinuierlichen Neurolepsie zurückzugreifen, um die Traumatisierung durch eine Unterbringung gemäß § 63 StGB zu verhindern.
Würden die eben skizzierten Bedingungen realisiert, stellt sich gleich fast die Frage, ob Maßregelvollzugskrankenhäuser dann überhaupt noch benötigt werden. Diese Frage kann mit einem klaren Ja beantwortet werden. Nicht nur, weil der § 63 StGB fortbesteht, sondern weil die forensische Psychiatrie nicht von der Psychiatrie im Allgemeinen getrennt werden kann. Es gab schon immer Patienten, und hieran wird sich auch in der Zukunft nichts ändern, die trotz ausreichend vorgehaltener Behandlungsangebote und umfassender Nachsorge aufgrund von Symptomen oder Exacerbationen ihrer psychischen Störung strafrechtlich in Erscheinung getreten sind und einer intensiveren Behandlung bedurften/bedürfen, als sie die Allgemein-

psychiatrie leisten kann. Der Maßregelvollzug ist damit kein Auslaufmodell, sondern eine sinnvolle Ergänzung zur Allgemeinpsychiatrie.

Literatur

Best D, Rössner D (2007) Die Maßregeln der Besserung und Sicherung. In: Kröber H-L, Dölling D, Leygraf N, Sass H (Hrsg.): Handbuch der Forensischen Psychiatrie Band 1 – Strafrechtliche Grundlagen der Forensischen Psychiatrie. Steinkopf, S. 250–298

Blasius D (1994) »Einfache Seelenstörung« – Geschichte der deutschen Psychiatrie 1800–1945. Fischer, Frankfurt/Main

Dessecker A (2004) Gefährlichkeit und Verhältnismäßigkeit. Duncker & Humblot, Berlin

Dönisch-Seidel U, Siebert M, Geelen A (2007) Vernetzung von forensischer Psychiatrie und Allgemeinpsychiatrie. In: Saimeh N (Hrsg): Maßregelvollzug in Zeiten ökonomischer Begrenzungen, Psychiatrie-Verlag, Bonn, S. 28–32

Kröber H-L (2005) Forensische Psychiatrie. Ihre Beziehungen zur klinischen Psychiatrie und zur Kriminologie. Der Nervenarzt 76: 1376–1381

Kutscher S-U, Seifert D (2007) zur aktuellen Situation schizophrener Patienten im Maßregelvollzug in Nordrhein-Westfalen. In: Saimeh N (Hrsg): Maßregelvollzug in Zeiten ökonomischer Begrenzungen, Psychiatrie-Verlag, Bonn, S. 130–137

Mahler J (2000) Entweichungen aus dem Maßregelvollzug – Gefährdung der öffentlichen Sicherheit? Medizinische Dissertation, Universität Ulm

Rupprecht M (2007) Maßnahmen zur Umsetzung der Einsparnotwendigkeit im nordrhein-westfälischen Maßregelvollzug – Stand und Perspektiven. In: Saimeh N (Hrsg): Maßregelvollzug in Zeiten ökonomischer Begrenzungen, Psychiatrie-Verlag, Bonn, S. 209–211

Kriminalität als Krankheit

Ergebnisse und Thesen aus Sicht der Hirnforschung

Hans J. Markowitsch

Zusammenfassung

Genausstattung und Umwelteinflüsse determinieren die Persönlichkeit. Beide Variablen sind nicht statisch, sondern Veränderungen unterworfen; deswegen stellt delinquentes Verhalten die Summe von genetischen und Umweltausprägungen dar, die bis zur Gegenwart auf das Individuum einwirkten. Kriminelles Verhalten ist von der gesellschaftlich vorgegebenen Norm abweichendes, das entstanden ist durch Hirnveränderungen, die endogen oder durch die Umwelt hervorgerufen wurden. Damit existieren auch nur graduelle Unterschiede zwischen forensisch und nicht-forensisch Straffälligen. Darüber hinaus wird betont, dass bei einer in ihrem Wertesystem labilen oder durch starke externe Einflüsse beherrschten Persönlichkeit leicht aus normentsprechendem normabweichendes Verhalten werden kann.

Schlüsselwörter

Gehirn, Gene, neurofunktionelle Entwicklung, Empathie, »freier Wille«

Das Gehirn bestimmt das Verhalten

»What makes us tick?« fragte ein berühmter Oxforder Psychologieprofessor schon vor Jahrzehnten (Weiskrantz 1973). Die modernen Neurowissenschaften geben darauf eine recht eindeutige Antwort: Unsere Gene und die von Beginn unserer embryonalen Entwicklung an auf uns einwirkenden Umwelteinflüsse bedingen, was wir aktuell darstellen und wie wir uns aktuell verhalten (Gabbard 2005; Johnson & Munakata 2005; McGue 1998). Diese »Binsenweisheit« wird gleichwohl bis heute nur schwer akzeptiert, obwohl sie durch unzählige Beispiele untermauert werden kann. Jeder akzeptiert, dass Säuglinge noch nichts von der Welt wissen und deswegen alles, was auf sie einwirkt, sie verändert. Mit ihrem Erwachsenwerden erhöht sich ihr Gehirngewicht nicht nur um das Dreifache, sondern es kommt insbesondere zu einem massiven Anstieg von Verbindungen zwischen Nervenzellen, die durch – vereinfacht gesagt – unterschiedliche Verhältnisse guter/günstiger und schlechter/unvorteilhafter Einflüsse bedingt sind. Treten plötzliche Veränderungen auf Hirnebene auf, dann kommt es zum Zusammenbruch des Kartenhauses an angeeigneten Verhaltensweisen. Dies soll im Folgenden an Beispielen erläutert werden.

Zusammenhänge zwischen Hirnschäden und Persönlichkeitsänderungen

Immer wieder als Paradefall zitiert wird der schon 1848 im *American Journal of the Medical Sciences* von Harlow beschriebene 25-jährige Eisenbahnvorarbeiter Phineas Gage, der damals eine Brechstange durch den Kopf geschossen bekam – bewirkt durch eine Sprengpulverdetonation (s. a. BIGELOW 1850). Die Eisenstange von gut einem Meter Länge bohrte sich vom Unterkiefer über die Gegend des linken Auges durch seinen Schädel und verließ diesen oben frontal, beim Austritt ein Loch von 8 cm Durchmesser hinterlassend. Phineas Gage war anfänglich nicht bewusstlos, konnte sogar trotz austretender Hirnmasse den Umstehenden Rede und Antwort stehen. Innerhalb von drei Monaten erholte er sich von dem Unfall, sodass er an seine Arbeitsstelle zurückkehren konnte, wo es jedoch hieß »He is no longer Gage« – er sei nicht mehr der Alte. Er wirkte unstet, ungeduldig, mürrisch, launisch, aufsässig, mimosenhaft und ohne Plan und Einsicht. Der betreuende Arzt formulierte, dass Phineas Gages intellektuelle Fähigkeiten denen eines Kindes entsprächen, er aber die tierischen Leidenschaften eines starken Mannes habe. Entsprechend blieb Gage auch nicht mehr lange auf seiner Arbeitsstelle an der Ostküste der USA, sondern wechselte nach Kalifornien und dann nach Chile, wo er eine Kutschenlinie aufmachte und Guanodünger transportierte. Zwölfeinhalb Jahre nach dem Unfall starb er nach mehreren epileptischen Anfällen (HARLOW 1869).

Bemerkenswert am Fall von Phineas Gage ist, dass man einerseits – und das 1848 – eine derartig massive Hirnschädigung überstehen kann, ohne durch die Folgen in seiner Lebensführung drastisch eingeschränkt zu sein; andererseits, dass die Stirnhirnverletzung selektiv »eine andere Person« aus Gage gemacht hatte. Dies betonte auch Leonore WELT (1888) – eine der ersten Ärztinnen weltweit – die in einer mit »Ueber Charakterveränderungen des Menschen infolge von Läsionen des Stirnhirns« betitelten Beschreibung mehrerer Fälle ganz ähnliche Beobachten gemacht hatte. Sie beschrieb beispielsweise einen Kürschnermeister, der nach einem Fenstersturz ähnlich wie Gage einen Stirnhirnschaden davontrug. Dadurch, so schrieb sie, wurde aus einem akkuraten, ordentlichen Handwerksmeister ein mürrischer, launischer und aufsässiger Patient, der seine Mitpatienten tyrannisierte und sich ständig über das Klinikpersonal, seine Unterbringung und das ihm servierte Essen beschwerte.

Ein Beispiel aus heutiger Zeit für Zusammenhänge zwischen Hirnschäden und Persönlichkeitsänderungen stammt von BURNS und SWERDLOW (2003). Sie beschrieben einen Familienvater, der sich plötzlich an seinen beiden Kindern verging, verurteilt wurde und dann im Gefängnis über starke Kopfschmerzen klagte. Als mittels Kernspintomografie sein Gehirn untersucht wurde, fand sich darin ein großer Tumor im unteren Stirnhirnbereich, der auf sein Orbitalhirn drückte. Nach Tumorentfernung verhielt sich der Familienvater wieder völlig normal, wurde entlassen und kehrte zu seiner Familie zurück. Aber nicht nur Schäden im Stirnhirnbereich, sondern auch solche in der Amygdala können zu Veränderungen in Persönlichkeitsdimensionen führen. So haben wir in mehreren Studien Veränderungen im Emotionalverhalten nach Degenerationen im Bereich der Amygdala gefunden (z. B. MARKOWITSCH et al. 1994; SIEBERT et al. 2003). Insbesondere waren die Patienten recht furchtlos, teilweise fanden sich aber auch in weiteren Bereichen ihres Emotionalverhaltens Abweichungen vom Normalzustand.

Zusammengefasst wird somit deutlich, dass Hirnschäden oder – wie andere Studien zeigen – eine veränderte Hirnaktivität in bestimmten Bereichen zu Veränderungen im Persönlichkeitszustand und den Fähigkeiten, angepasst auf Umweltsituationen zu reagieren, führen. Hierauf aufbauend möchte ich mit folgender Generalisierung argumentieren und diese am Beispiel begründen: Wenn wir bei eklatanten Veränderungen auf Hirnebene Veränderungen in Verhalten und Persönlichkeitsstruktur akzeptieren, sollten wir auch weitergehen und akzeptieren, dass jede Form von Hirnveränderung Verhalten ändert und umgekehrt, jede Form von Umwelteinfluss wiederum das Gehirn verändert. Ist dem aber so, so gibt es keine Grenze zwischen gesundem oder normalem und krankhaftem oder anormalem Verhalten. Wir können nicht sagen, wenn jemand sich fünf- oder fünfzehn Mal am Tag seine Hände wäscht, ist das normal, wenn er es zwanzig (oder 30 oder 50) Mal tut, ist das anormal oder gar abartig. Diese These des Graduellen in der Verhaltensexpression soll im Folgenden weiter untermauert werden.

Genetische Einflüsse

Gegenwärtige genetische und neurowissenschaftliche Forschungen demonstrieren, dass es Zusammenhänge zwischen individuellen genetischen Konstellationen, veränderten neurochemischen Prozessen im Gehirn, Persönlichkeitsmerkmalen und der Motivation von Straftaten gibt (MARKOWITSCH 2006a; MARKOWITSCH & SIEFER 2007). Die Vererbbarkeit aggressiver Verhaltensweisen liegt bei 50–75 %. Für das Monoaminoxidase A (MAO-A)-Gen werden ein stark und ein schwach exprimierender Genotyp unterschieden (MAO-A ist ein Enzym, das eine wichtige Funktion bei der neurochemischen Signalübertragung durch den Neurotransmitter Serotonin hat). Von dem schwach exprimierenden Genotyp wird vermutet, dass seine Träger reduzierte Volumina limbischer Gehirnstrukturen, eine Hyperreaktivität der Amygdala auf emotionale Stimulation sowie verminderte kontrollierende und hemmende Funktionen limbischer und präfrontaler Gehirnregionen zeigen und auf

Verhaltensebene zu einer erhöhten Gewaltbereitschaft neigen können (DRESSING et al. 2008; MEYER-LINDENBERG et al. 2006). (Strukturelle oder funktionelle Veränderungen im Bereich der Amygdala werden immer wieder in Zusammenhang mit Gewalt diskutiert. So bei Patienten mit Urbach-Wiethe Krankheit [MARKOWITSCH et al. 1994; SIEBERT et al. 2003], bei genetischen Modulationen von Amygdalafunktionen [HARIRI et al. 2005] und bei der sog. Limbisch-Psychotischen Triggerreaktion [PONTIUS 2008].) Für die Interpretation und Bewertung solcher genetischer und neurobiologischer Befunde ist es jedoch von großer Wichtigkeit, sich vor Augen zu halten, dass Interaktionen zwischen einer Reihe von Genen und der Umwelt die Ausprägung des aggressiven Verhaltens eines Individuums bestimmen.

Neurobiologie und Schuldfähigkeit für Straftaten

Die Rolle des Neurotransmitters Serotonin für die Handlungskontrolle wurde in den USA im Zusammenhang des Falles Donald Schell intensiv diskutiert (siehe WHITEHEAD 2003). Der 60-jährige Donald Schell tötete nach zweitägiger Einnahme eines die Serotoninwiederaufnahme hemmenden Medikaments (Selective Serotonin Reuptake Inhibitor; SSRI) seine Frau, seine Tochter, seine neun Monate alte Enkelin und dann sich selbst. Das Medikament war ihm von einem Arzt als Antidepressivum verschrieben worden. Die Herstellerfirma des Medikaments wurde vom Gericht zu 80 %, Schell zu 20 % schuldig angesehen. Die überlebenden Verwandten erhielten über sechs Millionen Dollar Entschädigung. Bekannt wurde im Verlauf der Gerichtsprozesse auch, dass der SSRI, mit dem Donald Schell behandelt worden war, bei freiwilligen gesunden Testpersonen Angst, Albträume und Halluzinationen hervorrief.

Auch Ritalin – das am häufigsten gegen das Aufmerksamkeits-Defizit-Hyperaktivitäts-Syndrom (ADHS) verordnete Medikament – kann als Nebenwirkung Aggressivität und gewalttätiges Verhalten begünstigen. Ritalin enthält den D2-Rezeptor Agonisten Methylphenidat und stimuliert das dopaminerge Neurotransmittersystem, das, was die Hirnrinde betrifft, insbesondere in das Stirnhirn projiziert und ebenfalls an der Handlungskontrolle beteiligt ist. Insofern kann von einer Interaktion verschiedener Neurotransmittersysteme bei der Regulation und Kontrolle emotionalen Verhaltens ausgegangen werden.

Emotionsverarbeitung im Gehirn

Das limbische System, ein phylogenetisch älterer Teil des Gehirns, gilt als das »emotionale Gehirn«. Neben der Emotionsverarbeitung werden ihm auch zentrale Gedächtnisfunktionen zugeschrieben (MARKOWITSCH 2003 a, b, 2006 b; MARKOWITSCH & KALBE 2007).

Funktionen der Amygdala wurden im Zusammenhang mit der Verarbeitung von Emotionen bislang am intensivsten untersucht. Selektive bilaterale Schädigungen der Amygdala (Mineralisierung) findet man typischerweise bei Patienten mit der sogenannten »Urbach-Wiethe Krankheit« (SIEBERT et al. 2003). Dadurch gelingt den betroffenen Patienten die Überprüfung einkommender (z. B. perzeptueller) Information auf ihre biologische und/oder soziale Bedeutung nicht in ausreichendem Maße, sodass sie sich häufig sozial distanzlos und emotional unangemessen (z. B. sexuell anzüglich) verhalten (TRANEL & HYMAN 1990; MARKOWITSCH et al. 1994). Die Vererbbarkeit der Urbach-Wiethe Krankheit ist nachgewiesen (SIEBERT et al. 2003).

Schädigungen oder Hyperaktivitäten der Amygdala werden auch mit Gewalttätern in Zusammenhang gebracht. MARK und ERWIN (1970) beschrieben eine Reihe von Patienten, die nach Veränderungen im Bereich der Amygdala äußerst gewalttätig wurden (ein Teil der Fallbeschreibungen findet sich in MARKOWITSCH & SIEFER 2007). So z. B. einen 43-jährigen kleinen, muskulären Mann, der eng in ein Fischnetz eingewickelt ins Krankenhaus eingeliefert worden war. Trotzdem war sein Auftreten extrem bedrohlich. Er schnaubte, zeigte seine Zähne und versuchte, sobald man sich ihm näherte, Arme oder Beine aus dem Netz zu strecken. Frau und Tochter waren zu geschockt, um über ihn berichten zu können. Man bekam lediglich heraus, dass er plötzlich zum Fleischermesser gegriffen hatte und sie zu töten versuchte. Die alarmierte Polizei nahm ihn fest und brachte ihn ins Krankenhaus, nachdem sie festgestellt hatte, dass er nicht mehr normal sprechen konnte. Nach einer hohen Dosis an Beruhigungsmitteln wurde er in eine neurologische Klinik gebracht. Ein Tumor, der auf den Mandelkern drückte, war die Ursache für seinen Gewaltausbruch. Nachdem dieser entfernt worden war, kehrte er friedfertig zu seiner Arbeit als Nachtwächter zurück.

BOGERTS (2006) beschreibt den Fall des ›Hauptlehrers Wagner‹, der seine Frau, seine vier Kinder und acht männliche Personen aus seinem Wohnort tötete. Zwölf weitere Personen verletzte er schwer. Post-mortem-Untersuchungen von Wagners Gehirn zeigten pathologische Veränderungen in Regionen, in denen aus den kortikalen Assoziationsfeldern eingehende Information zu Hippocampus und Amygdala umgeschaltet werden. Dies sind Regionen, die für eine realitätsgerechte emotionale Einstufung und Bewertung perzeptueller Information aus der Umwelt eine entscheidende Rolle spielen. Ein anderer von BOGERTS (2006) geschilderter Fall ist der des Amokläufers Charles Whitman, der zunächst seine Frau und seine Mutter tötete, anschließend vom Turm der Universität von Texas auf alles schoss, was sich bewegte, und schließlich sich selbst tötete. Die Autopsie von Whitmans Gehirn zeigte seitlich angrenzend an die rechte Amygdala einen Tumor. Wagner, der bislang psychologisch unauffällig gewesen war, hatte einige Monate vor seiner Wahnsinnstat über ihm selbst unerklärliche emotionale Irritationen, vor allem eine wachsende Aggression, geklagt. Die beiden von BOGERTS (2006) berichteten Fälle sowie auch die neuropathologischen Befunde an Urbach-Wiethe Patienten (SIEBERT et al. 2003) verdeutlichen, dass Veränderungen der Amygdala und angrenzender Strukturen die neuronale Grundlage sowohl extremer Gewaltbereitschaft als auch sozial und gesellschaftlich »harmloserer« neurologischer und psychiatrischer Erkrankungen bilden können.

Teile des orbitofrontalen und medialen Stirnhirns und des benachbarten anterioren cingulären Cortexes modulieren die Aktivität der tieferen, limbischen Kernstrukturen (z. B., Amygdala, Hypothalamus). Es gibt zahlreiche Hinweise aus neuropsychologischen und neurofunktionellen Studien, dass bei Personen mit sozial schädigendem Verhalten die Kontrolle emotionaler Prozesse gestört ist (RAINE 2001; RAINE et al. 1998, 2000). Schädigungen im Stirnhirnbereich sind bei Gewalttätern nicht selten. Neben Persönlichkeitsdimensionen sind auch Vorgänge von Handlungs-, Impuls- und Selbstkontrolle an das Stirnhirn gebunden, allerdings eher an dorsolateral und medial frontale Anteile. Ein Verlust der Selbstkontrolle tritt bei kriminellen Handlungen häufig auf. CAUFFMAN und Mitarbeiter (2005) zeigten, dass mangelnde Selbstkontrolle ein Kriterium darstellt, das selbst bei Universitätsstudenten zwischen Individuen differenziert, die leichtere Straftaten begehen, und solchen, die dies nicht tun.

Genetische und umweltbedingte Determinanten von Gewaltbereitschaft

Ein Amalgam aus genetischen Dispositionen, sozialen Risikofaktoren in der Kindheit (z. B. Gewalterfahrungen, Deprivation, Waisenkind), angeborenen und/oder erworbenen Dysfunktionen des Gehirns sowie psychischen Erkrankungen kann als sich aufschaukelnde Interaktion gewalttätiges Verhalten induzieren und verstärken (LEWIS et al. 1985, 1987). Trotz der Evidenz für genetische und neurobiologische Determinanten von Gewaltbereitschaft (siehe oben; z. B. MEYER-LINDENBERG et al. 2006), dürfen nicht die zahlreichen sozialen und ökonomischen Faktoren bei der Entstehung kriminellen Verhaltens vergessen werden (z. B. MILLER 1986; HERRMANN 1999). Dazu gehören Armut, Gewalt und Deprivation im Elternhaus, mangelhafte Erziehung und Schulbildung. Suchtmittelkonsum ist ein für die Motivation von Gewalttaten relevanter Faktor, der an der Schnittstelle zwischen neurobiologischen Prozessen und sozioökonomischen Umweltbedingungen anzusiedeln ist. Der Genuss von Drogen schädigt das Gehirn nachhaltig. Von Amphetaminen weiß man, dass sie insbesondere Kontrollfunktionen des orbitofrontalen und medialen präfrontalen Kortexes beeinträchtigen (HOMAYOUN & MOGHADDAM 2006; SEKINE et al. 2006; BAILLARGEON et al. 2007). Die abhängigkeitsbedingte Notwendigkeit der Beschaffung von Drogen führt häufig in ökonomische Notlagen, die ebenfalls kriminelles Verhalten fördern. Lebensform und Hirnfunktion können auf diese

Weise in Wechselwirkung treten, sodass es zu einer kumulativen Schädigungstendenz kommt.

Möglichkeiten und Grenzen der Prävention von Straftaten und Behandlung von Straftätern

Die gegenwärtigen genetisch-neurowissenschaftlichen Erkenntnisse machen übereinstimmend deutlich, dass der »freie Wille« nicht nur im Kontext der Rechtsprechung und forensischen Psychiatrie, sondern auch in Bezug auf das »normale« Handeln eines Individuums in seinem Lebenszusammenhang als eine soziokulturelle Fiktion aufzufassen ist (MARKOWITSCH 2006 a, b) – eine Erkenntnis, die sich auch schon bei Schopenhauer oder Freud (»Illusion des freien Willens«; FREUD 1919) finden lässt. Trotzdem kann eine Gesellschaft nur dann funktionieren und sich schützen, wenn sie Verletzungen ihrer Grundsätze durch entsprechende Sanktionen bekämpft. Die Frage, die sich in diesem Zusammenhang für die forensische Psychiatrie stellt, ist jedoch, ob man aus den gegenwärtig verfügbaren Erkenntnissen über genetisch-neurobiologische und umweltbedingte Determinanten gewaltbereiten Verhaltens für die Verbrechensprävention lernen kann.

Wie viele Studien zeigen (z. B. LEWIS et al. 1985, 1987) kommt der frühkindlichen Entwicklung und Erziehung eine entscheidende Bedeutung zu (SINGER 2006). Frühe Erfahrungen verändern unter anderem die Verfügbarkeit von Neuropeptiden, die für die Regulation des sozialen Verhaltens von entscheidender Bedeutung sind. So fanden FRIES et al. (2005) bei der Untersuchung von Bindungshormonen (z. B. Oxytocin) bei rund siebenjährigen Kindern, die ihre ersten Lebensjahre in schlecht geführten russischen und rumänischen Waisenhäusern verbracht hatten und danach von amerikanischen Eltern adoptiert worden waren, dass diese Kinder im Vergleich zu leiblichen Kindern der Adoptiveltern sehr wenig Bindungshormone ausschütteten, was die Autoren als langfristig nicht zu korrigierendes Manko der frühkindlichen Sozialdeprivation interpretierten. Gleichwohl will ich betonen, dass das Gehirn grundsätzlich über die Lebensspanne plastisch, also veränderbar in Abhängigkeit von Umwelteinflüssen bleibt, was für die Therapie von Straffälligen von großer Bedeutung ist.

Umweltabhängige neuronale Plastizität stellt somit ein Phänomen für die Entstehung klinischer Symptome wie auch für die Wirksamkeit psychotherapeutischer Interventionen dar (BRAND & MARKOWITSCH 2006; REDDEMANN et al. 2002). Dies gilt generell für jede psychiatrische Erkrankung und insofern auch für den Bereich der forensischen Psychiatrie und die Behandlung von Straftätern. Dennoch müssen Grenzen der Möglichkeiten psychotherapeutischer Intervention in Betracht gezogen werden. Diese Grenzen werden insbesondere durch genetische Dispositionen sowie erworbene pathologische Veränderungen des Gehirns bestimmt. Zum Aspekt der genetischen Disposition ist festzuhalten, dass auch Umwelteinwirkungen, die im frühesten Kindesalter geschehen, auf genetisch unterschiedlich determinierte Gehirne treffen. Die Mehrzahl der sich mit Genetik und Umwelt befassenden Wissenschaftler misst der Genetik ein höheres Gewicht bei der Ausformung der Persönlichkeit zu als der Umwelt, während Psychologen häufig eine umgekehrte Gewichtung vertreten. Es besteht jedoch eine weitreichende Einigkeit darüber, dass die postnatale funktionelle Entwicklung des menschlichen Gehirns in keinem Lebensstadium als passive Entfaltung eines sequenziellen Reifungsprozesses aufgefasst werden kann, sondern als aktivitätsabhängiger Prozess, gesteuert und begrenzt durch individuelle Dispositionen, betrachtet werden muss. Betont werden soll hier allerdings nochmals, dass auch ein Teil unserer Gene umweltabhängig an- oder abgeschaltet (exprimiert) werden und dass deswegen dann, wenn sich ungünstige genetische und umweltabhängige Konstellationen im Kindesalter akkumulieren, im weiteren Verlauf des Lebens ein Abgleiten in Delinquenz wahrscheinlich wird.

Besondere Bedeutung bei strafrechtlich relevantem Verhalten kommt einer gesteigerten Aggressionstendenz zu. In der Evolution haben sich unterschiedliche Formen aggressiver Verhaltensweisen herausgebildet – furchtinduzierte Aggression, Beutefangaggression, maternale und sexuelle Aggression sind, genau wie die nach Schmerz und Frustration auftretende Irritationsaggression, nur Beispiele für Aggressionsformen, die dazu dienen, das eigene Leben zu sichern. Destruktive Aggressionsformen stellen dagegen eine rein beim Menschen vorkommende Form der Aggression dar. Aggressives Verhalten beim Menschen erhält seine individuelle und gesellschaftliche Ausformung durch genetische und physiologische Mechanismen (z. B. Hormone wie Testosteron) sowie durch psychologische, soziokulturelle und ökologische Faktoren. Aggression stellt aber auch diejenige Emotion dar, die zu impulsiven gewaltbereiten Verhaltensweisen führt, die nicht mit den sozialen und gesellschaftlichen Grundsätzen in Einklang stehen. Die neben Bestrafung (z. B. durch Freiheitsentzug) am häufigsten angewendeten Maßnahmen zur Prävention von Gewalttaten und Behandlung von straffällig gewordenen Gewalttätern in Justizvollzugsanstalten sind psychotherapeutische Ansätze, die auf eine Verhaltensveränderung durch Gespräche, durch soziale Kommunikation und die auf Einsicht setzen. Das als »Anti-Aggressions-Training« (AAT) bezeichnete Programm ist ein Beispiel für eine sozialpädagogisch-psychologische Behandlungsmethode, die seit mehreren Jahren insbesondere in Justizvollzugsanstalten bei gewaltbereiten Wiederholungstätern, aber auch in Schulen und anderen Erziehungs- und Bildungseinrichtungen als Maßnahme gegen Gewalt zur Anwendung kommt. Das AAT ist in vier Phasen untergliedert, die Integrationsphase (Aufklärung und Information über die Inhalte und Ziele des AAT), die sich daran anschließende Phase 2, die zur Vorbereitung für eine Konfrontation dient. Dann die dritte Phase, in der der Täter provoziert wird, in dem man ihn mit seinen Gewalthandlungen und Gewaltrechtfertigungsversuchen konfrontiert (»heißer Stuhl«). In Phase 4 des AAT soll es dann zu einer Deeskalation, einer Reduktion von Gewalt kommen. Veränderungen der Bewertung von Gewalttaten werden diskutiert und reflektiert. Das AAT baut auf vielfältige bewusste und unbewusste Lernprozesse auf, zeigt Verhaltensalternativen und ebnet so den Weg für die Bereitschaft diese anzuwenden. Bislang gibt es allerdings hinsichtlich Straftätertherapie mittels AAT keine Studien, die dessen Effektivität bestätigten. (In einer Langzeitstudie zeigte sich, dass die Rückfallquote der mit AAT Behandelten sich kaum von der der Nicht-Behandelten unterschied; OHLEMACHER et al. 2001.) Effektiver scheint ein Einsatz derartiger Maßnahmen in der kindlichen Entwicklungsphase; hierzu dient das als »Faustlos« angebotene Programm im Schul- und Vorschulbereich (CZIERPKA 2005).

Unbewusste Lernvorgänge und protektive Umwelten

Wir nehmen viel mehr an Information unbewusst denn bewusst auf, wobei aber auch die unbewusst verarbeitete Information – die in der Kindheit sicher einen noch höheren Anteil als im Erwachsenenleben ausmacht – auf unsere Persönlichkeitsentwicklung und die Ausformung unserer Geisteshaltung entscheidende Auswirkungen hat (MARKOWITSCH & SIEFER 2007). Dies ließ sich hinsichtlich der Wahrnehmung und Bewertung von unbewusst wahrgenommenen Gesichtern und Gesichtsausdrücken ebenso zeigen (HENKE et al. 1993; DANNLOWSKI et al. 2007) wie hinsichtlich der Verhaltenswirksamkeit unbewusst dargebotener anderer Reizmaterialien (MINELLI et al. 2007). Dieses als Priming-Lernen (und Priming-Gedächtnis) bezeichnete Phänomen hat in den letzten Jahren einen enormen Einfluss nicht nur auf den Bereich der Gedächtnisforschung (z.B. MARKOWITSCH, in Vorb.), sondern auch bei Anwendungen, etwa im Bereich der Neuroökonomie, bekommen (MARKOWITSCH 2007). In Bezug auf die Effektivität therapeutischer Maßnahmen bei gewaltbereiten Straftätern stellt sich in diesem Zusammenhang die Frage, ob Verhaltensveränderungen durch unbewusstes Lernen erzielt werden können. YARALIAN und RAINE (2001) berichten, dass jugendliche Kriminelle, die im frühen Erwachsenenalter kein kriminelles Verhalten mehr zeigten, bei emotionaler Reizung eine stärkere Reaktivität des autonomen Nervensystems aufwiesen und schneller durch Konditionierung unbewusst lernten als solche, die weiterhin kriminell waren. Diese Unterschiede zwischen den beiden Untersuchungsgruppen könnten protektive Aspekte individueller Persönlichkeitsmerkmale und kognitiver Fähigkeiten reflektieren. Eine Person, die auf neue oder ambivalente Umweltreize mit starker autonomer Erregung reagiert und sich durch schnelles unbewusstes (und vermutlich auch durch bewusstes) Lernen der Umwelt leicht anpasst, sollte kriminelles Verhalten eher ablegen können, als jemand der diese Fähigkeiten nicht oder nur sehr eingeschränkt besitzt. Therapeutische Ansätze, die mit unbewusster emotionaler Stimulation und unbewusstem (emotionalen) Lernen arbeiten, könnten insofern zumindest bei einem bestimmten Personenkreis eine effektive Maßnahme gegen gewaltbereites Verhalten darstellen. Die hier relevanten protektiven Faktoren werden vermutlich zum größten Teil ebenfalls unbewusst in der Kindheit erworben. Die Bedingungen der sozialen Umwelt bewirken automatisch Veränderungen des Verhaltens eines Menschen, am stärksten in der Kindheit (SINGER 2006). Diesen Verhaltensveränderungen liegen funktionelle Veränderungen des Gehirns zugrunde. Ein Kind braucht eine sozial harmonische Reizumgebung, damit sich die Strukturen seines Gehirns (insbesondere Regionen des präfrontalen Kortexes und limbische Strukturen) so entwickeln und vernetzen, dass dem heranwachsenden Mensch ein gesellschaftlich integriertes Verhalten und die Akzeptanz entsprechender soziokultureller moralischer Grundsätze (z. B. Gerechtigkeitsvorstellungen, Verhaltensoptionen zur Durchsetzung eigener Bedürfnisse) ermöglicht wird. Dies zeigen neben der oben beschriebenen Untersuchung zur Freisetzung von Bindungshormonen (FRIES et al. 2005) auch Studien an Patienten mit dissoziativen Amnesien, die massiven negativen Stresserfahrungen in ihrer Kindheit ausgesetzt waren (MARKOWITSCH & SIEFER 2007; MARKOWITSCH 2003b, 2006b).

Ist wie bei vielen Straftätern in der forensische Psychiatrie aggressives Gewaltverhalten bereits aufgetreten, könnte als therapeutische Maßnahme gegen wiederholte Gewalttaten auch an eine »strategisch kontrollierte« Kanalisierung der Aggression gedacht werden. Auch im »normalen« Gesellschaftsleben existieren Aggressionsventile. Mannschaftssportsarten, Bodybuilding, Videospiele (z. B. Autorennen) sind gesellschaftlich bereits wohl etablierte, wenn auch im Einzelnen umstrittene Instrumente. Gerade für gewaltbereite Straftäter in der forensischen Psychiatrie und in Justizvollzugsanstalten könnten die Schaffung und der Ausbau geeigneter Aggressionsventile ein entscheidendes Vehikel für eine gesellschaftliche Reintegration sein. Auf dem Gebiet der Aggressionskanalisation ist zweifellos noch einige Forschung erforderlich, um geeignete Instrumentarien und Szenarien identifizieren zu können. Für das Erlernen alternativer »harmloser« Möglichkeiten der Kanalisation von Aggressivität könnte die Konditionierung, d. h. unbewusste Lernvorgänge, mit großer Wahrscheinlichkeit therapeutisch effektiv eingesetzt werden. Voraussetzungen für präventive wie therapeutische Maßnahmen ist eine umfassende Diagnostik des infrage kommenden Personenkreises. Hierfür bieten gerade die modernen Neurowissenschaften umfassende Möglichkeiten, wie an anderer Stelle dargelegt ist (MARKOWITSCH 2006a; MARKOWITSCH & SIEFER 2007).

Schlussfolgerungen

Neurowissenschaftliche und psychologische Forschungsergebnisse zeigen übereinstimmend, dass unser Gehirn einen hohen Grad von erfahrungsabhängiger Plastizität aufweist. Diese umweltbedingte Formbarkeit unseres Gehirns wird begrenzt durch genetische Dispositionen sowie angeborene und erworbene Gehirnschädigungen sowie durch damit einhergehende psychische Veränderungen (Psychosen). In Anbetracht dieser extrinsischen und intrinsischen Determinanten menschlichen Verhaltens ist der »freie Wille« eine soziokulturelle Fiktion (MARKOWITSCH 2004). Die umweltabhängige neuronale Formbarkeit hat ihr Maximum in den ersten Lebensjahren und nimmt mit zunehmendem Alter ab. Insofern ist es wichtig, dass Maßnahmen zur Prävention von Gewalttaten bei entsprechend gefährdeten Personen möglichst früh in Kindheit und Jugend ansetzen. Dennoch gibt es grundsätzlich lebenslang Korrekturmöglichkeiten, deren Wirksamkeit jedoch mit zunehmender Dauer krimineller Engagements abnimmt. Für die Möglichkeiten psychotherapeutischer Behandlungsansätze bleibt der Aspekt der Genetik und die dadurch bedingte neurobiologische und neurofunktionelle Determination ein begrenzender Faktor. Ausschlaggebend ist, dass von der Ebene des sozialen Umfelds als auch der genetisch-biologischen Ebene Impulse für die individuelle Entwicklung zu einer sozial verantwortlichen Person genutzt werden können. Unterstützende Sozialisationsaspekte können ungünstige genetische Anlagen korrigieren, und umgekehrt können günstige genetische Konstellationen destruktive Aspekte des sozialen Umfelds kompensieren.

Literatur

BAILLARGEON RH et al. (2007) Gender differences in physical aggression: a prospective population-based survey of children before and after 2 years of age. Developmental Psychology. 43: 13–26

BOGERTS B (2006) Gehirn und Verbrechen. In F. SCHNEIDER (Hrsg.), Entwicklungen der Psychiatrie – Symposium anlässlich des 60. Geburtstages von Henning Saß (pp. 335–347). Springer, Berlin

BRAND M, MARKOWITSCH HJ (2006) Hirnforschung und Psychotherapie. Psychotherapieforum. 14: 136–140

BURNS JM, SWERDLOW RH (2003) Right orbitofrontal tumor with pedophilia symptom and constructional apraxia sign. Archives of Neurology. 60: 437–440

CAUFFMAN E, STEINBERG L et al. (2005) Psychological, neuropsychological and physiological correlates of cerious antisocial behavior in adolescence: The role of self-control. Criminology. 43: 133–176

CIERPKA M (2005) Faustlos – Wie Kinder Konflikte gewaltfrei lösen lernen. Herder, Freiburg

DANNLOWSKI U (2007) Amygdala reactivity predicts automatic negative evaluations for facial emotions. Psychiatry Research. 154: 13–20

Dressing H et al. (2008) Implications of fMRI and genetics for the law and the routine practice of forensic psychiatry. Neurocase 4: 7–14:. (Special issue on Neuroscience and Crime, edited by H.J. Markowitsch)

Freud S (1919) Das Unheimliche. Imago. 5: 297–324

Fries ABW et al. (2005) Early experience in humans is associated with changes in neuropeptides critical for regulating social behavior. Proceedings of the National Academy of Science of the USA. 102: 17237–17240

Gabbard GO (2005) Mind, brain and personality disorders. American Journal of Psychiatry. 162: 548–655

Hariri AR et al. (2005) A susceptibility gene for affective disorders and the response of the human amygdala. Archives of General Psychiatry. 62: 146–152

Henke K et al. (1993) Subliminal perception of pictures in the right hemisphere. Consciousness and Cognition. 2: 225–236

Herrmann E (1999) Auswahlbibliographie »Sexueller Kindesmissbrauch und Sexualdelinquenz«. In R. Egg (Hrsg.), Sexueller Missbrauch von Kindern – Täter und Opfer (pp. 273–296). KUP, Wiesbaden

Homayoun H, Moghaddam B (2006) Progression of cellular adaptations in medial prefrontal and orbitofrontal cortex in response to repeated amphetamine. Journal of Neuroscience. 26: 8025–8039

Johnson MH, Munakata Y (2005) Processes of change in brain and cognitive development. Trends in Cognitive Sciences. 9: 152–158

Lewis DO et al. (1985) Biopsychosocial characteristics of children who later murder: a prospective study. American Journal of Psychiatry. 142: 1161–1167

Lewis DO et al. (1987) Biopsychosocial characteristics of matched samples of delinquents and non-delinquents. Journal of the American Academy of Child and Adolescent Psychiatry. 26: 744–752

Markowitsch HJ (2003a) The functional anatomy of learning and memory. In P. Halligan, U. Kischka, G. Beaumont (Eds.), Handbook of Clinical Neuropsychology (pp. 724–740). Oxford University Press, Oxford, UK

Markowitsch HJ (2003b) Psychogenic amnesia. NeuroImage. 20: S132–S138

Markowitsch HJ (2004) Warum wir keinen freien Willen haben. Der sogenannte freie Wille aus Sicht der Hirnforschung. Psychologische Rundschau. 55: 163–168

Markowitsch HJ (2006a) Implikationen neurowissenschaftlicher Erkenntnisse für die Jurisprudenz am Beispiel von Glaubwürdigkeitsfeststellungen. Kriminalistik. 10: 619–625

Markowitsch HJ (2006b) Emotionen, Gedächtnis und das Gehirn. Der Einfluss von Stress und Hirnschädigung auf das autobiographische Erinnern. In H. Welzer, H.J. Markowitsch (Hrsg.), Warum Menschen sich erinnern können. Fortschritte in der interdisziplinären Gedächtnisforschung (pp. 303–322). Klett, Stuttgart

Markowitsch HJ (2007) Neuroökonomie – wie unser Gehirn unsere Kaufentscheidungen bestimmt. In B. Priddat (Hrsg.), Neuroökonomie (pp. 11–67). Metropolis Verlag, Marburg

Markowitsch HJ (in Vorb.) Gedächtnis. C.H. Beck, München

Markowitsch HJ et al. (1994) The amygdala's contribution to memory – a study on two patients with Urbach-Wiethe disease. Neuroreport. 5: 1349–1352

Markowitsch HJ, Kalbe E (2007) Neuroimaging and crime. In S.Å. Christianson (Ed.), Offender's memory of violent crime (pp. 137–164). Wiley, Chichester, UK

Markowitsch HJ, Siefer W (2007) Tatort Gehirn. Auf der Suche nach dem Ursprung des Verbrechens. Campus, Frankfurt

McGue M (1998) Genetic and environmental influences on human behavioral differences. Annual Review of Neuroscience. 21: 1–24

Meyer-Lindenberg A et al. (2006) Neural mechanisms of genetic risk for impulsivity and violence in humans. Proceedings of the National Academy of Sciences of the USA. 103: 6269–6274
Miller D (1986) Affective disorders and violence in adolescents. Hospital and Community Psychiatry. 37: 591–596
Minelli A et al. (2007) Lateralized readiness potential elicited by undetected visual stimuli. Experimental Brain Research. 179: 683–690
Ohlemacher T et al. (2001) Anti-Aggressivitätstraining und Legalbewährung: Versuch einer Evaluation. In M. Bereswill, W. Greve (Hrsg.), Forschungsthema Strafvollzug. Interdisziplinäre Beiträge zur kriminologischen Forschung, Bd. 21 (pp. 345–386). Nomos: Baden-Baden
Pontius AA (2008) Kindled nonconvulsive behavioral seizures(?), analogous to nonhuman primates. A 24th case of »Limbic Psychotic Trigger Reaction«: Bizarre parental infanticide. Neurocase 4: 29–43. (Special issue on Neuroscience and Crime, edited by H. J. Markowitsch)
Raine A (2001) Is prefrontal cortex thinning specific for antisocial personality disorder? Archives of General Psychiatry. 58: 402–403
Raine A et al. (1998) Reduced prefrontal and increased subcortical brain functioning assessed using positron emission tomography in predatory and affective murderers. Behavioral Sciences and the Law. 16: 319–332
Raine A et al. (2000) Reduced prefrontal gray matter volume and reduced autonomic activity in antisocial personality disorder. Archives of General Psychiatry. 57: 119–127
Reddemann L et al. (2002) Neurophysiologische Verfahren bei Behandlungen von Patientinnen und Patienten mit komplexen posttraumatischen Belastungsstörungen und deren klinische Implikationen. In D. Mattke, S. Büsing, G. Hertel, K. Schreiber-Willnow (Hrsg.), Störungsspezifische Konzepte und Behandlung in der Psychosomatik (pp. 74–92). VAS, Frankfurt
Sekine Y et al. (2006) Brain serotonin transporter density and aggression in abstinent amphetamine abusers. Archives of General Psychiatry. 63: 90–100
Siebert M et al. (2003) Amygdala, affect, and cognition: evidence from 10 patients with Urbach-Wiethe disease. Brain. 126: 2627–2637
Singer W (2006) Was kann ein Mensch wann lernen? In H. Welzer, H. J. Markowitsch (Hrsg.), Warum Menschen sich erinnern können. Fortschritte in der interdisziplinären Gedächtnisforschung (pp. 276–285). Klett, Stuttgart
Tranel D, Hyman BT (1990) Neuropsychological correlates of bilateral amygdale damage. Archives of Neurology. 47: 349–355
Weiskrantz L (1973) Problems and progress in physiological psychology. British Journal of Psychology. 64: 511–520
Whitehead PD (2003) Causality and collateral estoppel: process and content of recent SSRI litigation. Journal of the American Academy of Psychiatry and the Law. 31: 377–382
Yaralian PS, Raine A (2001) Biological approaches to crime: Psychophysiology and brain dysfunction. In R. Paternoster, R. Bachmann (Eds.), Explaining criminals and crime: Essays in contemporary criminological theory (pp. 57–72). Roxbury, Los Angeles

Objektive Verfahren zur Diagnostik von Störungen der sexuellen Präferenz: Aufmerksamkeitsbezogene Tests am Beispiel der Pädophilie

Andreas Mokros, Michael Osterheider

Zusammenfassung

Aufbauend auf einem dreiphasigen Modell sexueller Erregung (Singer 1984) bietet die kognitive Psychologie vielversprechende Versuchsanordnungen an, um die erste Phase der sexuellen Erregung (die visuelle Reaktion) anhand von Aufmerksamkeitsmaßen diagnostisch zu nutzen. Dazu wird die Hinwendung zu bestimmten Reizqualitäten als Kriterium für sexuelle Präferenzen herangezogen, und zwar anhand von Reaktionszeitmessungen. Dies geschieht entweder direkt über die Erfassung der reinen Betrachtungsdauer oder indirekt, indem der Einfluss von Interferenzen (Wahl-Reaktionszeit) oder unterschwelligen Reizen (*Priming*) bestimmt wird. Die derzeit noch in der Entwicklung befindlichen aufmerksamkeitsbezogenen Tests sollen zu einer Objektivierung und Präzisierung der Diagnostik von Paraphilien, insbesondere der Pädophilie, beitragen, indem der Nachweis einer abweichenden Präferenz direkt auf der Ebene der Informationsverarbeitung geführt wird.

Schlüsselwörter

Aufmerksamkeit, Reaktionszeit, Pädophilie, Messung

Wie Hanson und Morton-Bourgon (2005) in einer umfassenden Meta-Analyse mit mehr als 5000 Katamnesefällen feststellen konnten, stellt sexuelle Devianz den Hauptrisikofaktor für einschlägige Deliktrückfälle bei Sexualstraftätern dar – noch vor der antisozialen Persönlichkeitsstörung. Dementsprechend kommt der exakten Diagnose und der sicheren Erkennung von Störungen der sexuellen Präferenz (vulgo: Paraphilien) eine besondere Bedeutung zu. Insbesondere im Bereich der Pädophilie ist das diagnostische Konzept jedoch schwierig einzugrenzen, worauf verschiedene Autoren hingewiesen haben (Marschall 1997; McAnulty 2006; O'Donohue, Regev & Hagstrom 2000).

Das standardisierte psychopathologische Manual der Amerikanischen Psychiatrischen Vereinigung, DSM-IV-TR (American Psychiatric Association 2000), schreibt etwa vor, dass durch die pädosexuellen Fantasien, Impulse oder Verhaltensweisen ein ausgeprägtes Leiden bei dem Betroffenen ausgelöst würde oder aber in beruflicher oder sozialer Hinsicht Beeinträchtigungen auftreten würden. Wie O'Donohue et al. (2000) ausführen, ist aber insbesondere die Bedingung des individuellen Leidens bzw. einer ich-dystonen Abspaltung dieser sexuellen Neigung im klinischen Bild oftmals gerade nicht gegeben. Zudem erscheint die Fokussierung auf tatsächlich stattgehabtes Verhalten problematisch, denn für sexuellen Missbrauch von Kindern kann es zahlreiche Ursachen geben. Derartige Delikte müssen nicht notwendigerweise in einer sexuellen Präferenz für Kinder begründet sein, worauf McAnulty (2006) hinweist. Dementsprechend empfehlen Marshall (1997), O'Donohue et al. (2000) und McAnulty (2006) übereinstimmend, dass die Diagnose einer Pädophilie auf dem eindeutigen Nachweis einer *sexuellen Präferenz* für Kinder fußen sollte.

Die Messung sexueller Präferenzen

Der Nachweis pädophiler Neigungen ist mithilfe von Fragebogenverfahren nur schwierig zu erbringen, weil die entsprechenden Fragebögen anfällig für Dissimulation sind (Drieschner & Lange 1998). Physiologische Messverfahren, insbesondere die Penis-Plethysmografie, sind einerseits aufwendig, andererseits peinlich für den Probanden und letztlich wenig aussagekräftig (Golde, Strassberg & Turner 2000; Laws 2003). Insbesondere aufgrund der Variabilität in den Messprozeduren (Marshall & Fernandez 2000) ist die Reliabilität der Penis-Plethysmografie unzureichend (Kalmus & Beech 2005; Marshall & Fernandez 2003). Zudem gelingt es motivierten Probanden, ihre genitale Reaktion entsprechend zu unterdrücken (Avery-Clark & Laws 1984), sodass bei tatsächlichen forensischen Beurteilungen anhand der Penis-Plethysmografie mit einem erheblichen Anteil falsch-negativer Resultate gerechnet werden muss.

Vor diesem Hintergrund erscheinen solche methodischen Alternativen als attraktiv, in denen die Messung entweder verdeckt, indirekt (etwa über Interferenzeffekte) oder im Bereich der Schwelle zur bewussten Wahrnehmung abläuft, um eine aktive Beeinflussung der Testergebnisse durch den Probanden im Sinne einer Dissimulation weitgehend ausschließen zu können. Legt man Singers (1984) dreiphasiges Modell der sexuellen Erregung zugrunde, so unterscheiden sich die aufmerksamkeitsbezogenen, kognitiven Methoden darin von der Penis-Plethysmografie, dass sie nicht in der dritten Phase ansetzen, also bei der genitalen Reaktion, sondern in der ersten Phase, der sogenannten ästhetischen (oder visuellen) Reaktion. Damit ist die unwillkürliche Hinwendung der Aufmerksamkeit zu einem attraktiven Objekt im Rahmen einer emotionalen Reaktion gemeint. Sofern diese ästhetische Reaktion tatsächlich nicht unter willkürlicher Kontrolle erfolgt, bietet sie besondere Vorteile für die forensische Diagnostik von Störungen der sexuellen Präferenz.

Kognitive Methoden zur Feststellung pädophiler Neigungen

Betrachtungsdauer

Die Betrachtungsdauer-Methode geht zurück auf Experimente von ROSENZWEIG (1942) und ZAMANSKY (1956). Wie ROSENZWEIG (1942) zeigen konnte, betrachteten seine Probanden (nämlich schizophrene Patienten) erotische Bilder umso länger, je ausgeprägter ihr sexuelles Interesse war: Diejenigen Patienten, die nach Auskunft des Pflegepersonals im Stationsalltag eher zu spontanen sexuellen Verhaltensweisen neigten, schauten sich Fotografien mit klar sexuellen Inhalten länger an als die übrigen Patienten. Der vorgefundene Unterschied war sehr ausgeprägt, mit einer mittleren Betrachtungsdauer von 40 Sekunden in der Gruppe derer, die häufiger sexuelle Spontanhandlungen zeigten, zu 13 Sekunden in der Gruppe der anderen Patienten.

In ähnlicher Weise nutzte ZAMANSKY (1956) erotische Bilder von Personen beiderlei Geschlechts, um anhand der Betrachtungsdauer seiner männlichen Probanden auf deren sexuelle Orientierung zu schließen – schließlich war Homosexualität bis 1973 im DSM als psychische Störung gelistet (MCANULTY 2006). Die 20 homosexuellen Probanden in ZAMANSKYS (1956) Stichprobe guckten die Bilder nackter Männer deutlich länger an als die heterosexuellen Männer der Vergleichsgruppe, und zwar um durchschnittlich dreieinhalb Sekunden. Die Heterosexuellen schauten hingegen Fotografien nackter Frauen um knapp zweieinhalb Sekunden länger an als die Homosexuellen.

Dass die Bewertung der reinen Betrachtungsdauer einschlägiger Stimuli nicht nur zur Erfassung des allgemeinen sexuellen Interesses (ROSENZWEIG 1942) oder der sexuellen Orientierung (ZAMANSKY 1956) geeignet ist, sondern durchaus auch dazu, pädophile Neigungen zu identifizieren, zeigen exemplarisch zwei Studien von HARRIS, RICE, QUINSEY und CHAPLIN (1996) bzw. von QUINSEY, KETSETZIS, EARLS und KARAMANOUKIAN (1996). Mit den kommerziell verfügbaren Computer-Programmen *Abel Assessment for Sexual Interest-2*™ (AASI-2; Abel Screening, Inc., n. d.) und *Affinity* (Pacific Psychological Assessment Corporation, Inc., n. d.) stehen mittlerweile auch zwei Verfahren zur Verfügung, die eine Abschätzung pädophiler Neigungen unter anderem anhand der Betrachtungsdauer entsprechender Bilder erlauben sollen. Verschiedene Studien legen eine prinzipielle Brauchbarkeit beider Programme im Hinblick auf die Unterscheidung pädophiler von nicht-pädophilen Probanden nahe, nämlich die Arbeiten von ABEL, HUFFMAN, WARBERG und HOLLAND (1998) bzw. von ABEL et al. (2004) in Bezug auf den AASI-2 und von GLASGOW, OSBORNE und CROXEN (2003), MOKROS, MARSCHALL, BAUER und OSTERHEIDER (eingereicht) sowie WORLING (2006) im Hinblick auf *Affinity*. Eher kritisch sind die Bewertungen der Betrachtungsdauer-Methode durch LETOURNEAU (2002) bzw. durch FISCHER und SMITH (1999). Insgesamt erscheint die Betrachtungsdauer-Methode zwar praktikabel, aber nur so lange, wie eine verdeckte Registrierung der Reaktionszeiten gewährleistet werden kann, der Proband darüber also nicht im Bilde ist (GLASGOW et al. 2003).

Wahl-Reaktionszeit-Methode

Während bei der Betrachtungsdauer-Methodik die Reaktionszeiten *direkt* als Maß für sexuelle Präferenzen dienen, werden sie im Rahmen der Wahl-Reaktionszeit-Methode *indirekt* eingesetzt. Das heißt, in der Wahl-Reaktionszeit-Methode (engl.: *choice reaction time*; kurz: CRT) geht es darum, inwiefern die Darbietung von erotischen Stimuli eines bestimmten Typs (z. B. von Fotografien nackter Frauen) zu Verzögerungen in einer vordergründigen Such- und Entscheidungsaufgabe führt. Konkret ist etwa an einer von fünf möglichen Stellen auf dem Bild (z. B. oben links oder rechts, mittig, unten links oder rechts) ein Punkt aufgebracht. Die Versuchsperson soll den Punkt lokalisieren und über ein entsprechendes Tastenbrett dessen Position angeben. Registriert wird, ob es hierbei in Abhängigkeit von der Kategorie der gezeigten Bilder zu langsameren Reaktionen kommt. Also ob etwa die Versuchsperson immer dann mehr Zeit benötigt, wenn beispielsweise Fotos nackter Frauen zu sehen sind, auf denen der Punkt entdeckt werden soll.

Dass die Wahl-Reaktionszeit-Methode dazu geeignet ist, die sexuelle *Orientierung* einer Versuchsperson zu erfassen, zeigen zwei Studien von WRIGHT und ADAMS (1994, 1999): Heterosexuelle Männer benötigten mehr Zeit für die Suchaufgabe bei Fotografien nackter Frauen, homosexuelle Männer brauchten hingegen länger bei Fotos nackter Männer. Weibliche Versuchspersonen wiesen, je nach sexueller Orientierung, den gleichen Unterschied auf, jedoch in umgekehrter Weise. Das heißt, längere Reaktionszeiten von homosexuellen Frauen bei weiblichen Stimuli und längere Reaktionszeiten von heterosexuellen Frauen in Bezug auf männliche Stimuli. Jede Gruppe (Hetero-/Homosexuelle, Männer/Frauen) wies also dann die längsten Reaktionszeiten in der Such- und Entscheidungsaufgabe auf, wenn eine Passung bestand zwischen dem Geschlecht des Stimulus (männlich oder weiblich) und der eigenen sexuellen Präferenz für entweder Männer oder Frauen. Bei den männlichen Versuchspersonen war dieser CRT-Effekt besonders aufgeprägt.

In einer eigenen Untersuchung an hetero- und homosexuellen männlichen Studenten (SANTTILA et al., im Druck) konnten die Ergebnisse von WRIGHT und ADAMS (1994, 1999) bestätigt werden. Die entscheidende Frage ist aber, ob die Versuchsanordnung des Wahl-Reaktionszeit-Tests nicht nur zu einer Differenzierung normaler Varianten der sexuellen Orientierung dienen kann, sondern vielmehr zur Identifizierung sexueller Devianz. Hierzu wurde eine Untersuchung an Missbrauchstätern und Kontrollprobanden aus dem psychiatrischen Maßregelvollzug durchgeführt (MOKROS, EBMEIER, OSTERHEIDER, ZAPPALÀ & SANTTILA, eingereicht), und zwar unter Verwendung eines standardisierten Bilderdatensatzes mit Abbildungen von Kindern, Jugendlichen und Erwachsenen beiderlei Geschlechts (LAWS & GRESS 2004).

Wie erwartet, betrachteten die Probanden in dem Experiment von MOKROS, EBMEIER et al. (eingereicht) Nacktfotos länger als Abbildungen von bekleideten Personen. Exakter formuliert: Wenn es sich bei der jeweiligen Reizvorlage um ein Nacktfoto handelte, benötigte die Versuchsperson im Durchschnitt mehr Zeit für die Lokalisierungsaufgabe (»Finde den Punkt!«). Dies ist ein weiterer Beleg für das Phänomen des *sexual content-induced delay* (SCID), also einer Verzögerung von Reaktionszeiten aufgrund erotischer oder sexuell getönter Stimuli, wie sie bereits in verschiedenen anderen Versuchsanordnungen festgestellt werden konnte (GEER & MELTON 1997; SPIERING, EVERAERD & ELZINGA 2002).

Vor allem aber wurde in dem Experiment von MOKROS, EBMEIER et al. (eingereicht) der CRT-Effekt in Abhängigkeit von der Gruppenzugehörigkeit festgestellt. Was die verschiedenen Altersgruppen der Reizvorlagen anbelangt – vom Kleinkind bis zum Erwachsenen – ergaben sich unterschiedliche Gruppenprofile hinsichtlich der Reaktionszeiten. Während die nicht sexuell-devianten Kontrollprobanden umso länger für die Such- und Entscheidungsaufgabe brauchten, je älter die auf den Fotos abgebildeten Personen waren, zeigte sich unter den Missbrauchstätern kein derartiger Anstieg in Abhängigkeit vom Alter. Vielmehr benötigten die Probanden aus der Gruppe der Missbrauchstäter bei Bildern von Kindern (geringfügig) mehr Zeit als bei Abbildungen von erwachsenen Personen. Verrechnet man die Reaktionszeiten in Bezug auf Kinder- und Erwachsenenbilder gegeneinander, so erhält man einen Differenzindex, der mit guter Effektstärke beide experimentellen Gruppen voneinander trennt, also Missbrauchstäter von Nicht-Sexualstraftätern.

Kognitives Priming

Methoden, bei denen durch die *unterschwellige* Darbietung von Stimuli eine Auslenkung im nachfolgenden Verhalten herbeigeführt wird, werden als *kognitives Priming* bezeichnet (ANDERSON 2007). Tatsächlich konnten BARGH, RAYMOND, PRYOR und STRACK (1995) feststellen, dass sexbezogene Kognitionen insbesondere dann von machtbezogenen Stimuli vorgebahnt (also nachfolgend schneller verarbeitet) wurden, wenn sich die fragliche, männliche Versuchsperson auch in der Partnerschaft dominant bis drohend verhielt.

Wie SPIERING et al. (2002) sowie SPIERING, EVERAERD und JANSSEN (2003) demonstrieren konnten, sind *Priming*-Effekte bei der Verarbeitung visueller sexueller Reize jedoch stark instruktionsabhängig: Sollten sich die Versuchsperson auf den (nur sehr kurz dargebotenen) sexuellen *Prime*-Reiz konzentrieren, fiel die Erkennung nachfolgender sexueller Stimuli leichter. Das heißt, im Falle einer Kongruenz von *Prime*- und Zielreiz kam es bei entsprechender Instruktion zu einer Beschleunigung der Reaktionszeiten für die Verarbeitung des Zielreizes. Zusammen mit früheren Befunden von GEER und MELTON (1997) deuten diese Ergebnisse darauf hin, dass die Informationsverarbeitung sexueller Reize durch *Priming* beeinflusst werden

kann, und zwar in Abhängigkeit von persönlichen Charakteristika der Probanden (BARGH et al. 1995).
Eigene Versuche, das kognitive *Priming* mit dem Wahl-Reaktionszeit-Paradigma zu verknüpfen, haben sich jedoch nicht als fruchtbar erwiesen: Weder in Bezug auf die sexuelle Orientierung (SANTTILA et al., im Druck) noch im Hinblick auf abweichende sexuelle Präferenzen (MOKROS, EBMEIER et al., eingereicht) ergab sich ein klarer Effekt auf die Reaktionszeiten in Abhängigkeit von sexuellen versus neutralen *Prime*-Reizen. Auch wenn es derzeit verfrüht wäre, kognitives *Priming* von der Liste der Anwärter für aufmerksamkeitsbezogene Paraphilietests zu streichen, erscheint ein anderes Paradigma vielversprechender, das ebenfalls den Vorteil besonders kurzer visueller Darbietungszeiten bietet und damit für den Probanden kaum willkürlich beeinflussbar sein dürfte: *Attentional Blink* (RAYMOND, SHAPIRO & ARNELL 1992; SHAPIRO & LUCK 1999). Wie BEECH et al. (eingereicht) zeigen konnten, kommt es bei pädophilen Probanden vermehrt zu Fehlidentifizierungen von Reizkategorien, wenn sie im Rahmen einer raschen Abfolge von Bildreizen zuvor Fotos von Kindern gesehen haben. Unter Umständen kann eine derart signifikant erhöhte Fehlerquote als diagnostischer Marker genutzt werden.

Zusammenfassung

Insgesamt scheinen vor allem das Wahl-Reaktionszeit-Paradigma und die *Attentional Blink*-Methodik Potenzial zu besitzen, um eine objektivere und verlässlichere Diagnostik der Pädophilie (sowie anderer Paraphilien) zu ermöglichen. Letztlich könnte durch die Verwendung aufmerksamkeitsbasierter kognitiver Maße die Forderung von O'DONOHUE et al. (2000) umgesetzt werden, nämlich einen Nachweis für eine Störung der Sexual*präferenz* im engeren Sinne zu führen, bevor eine einschlägige Diagnose gestellt wird. Und zwar, ohne sich dafür allzu sehr auf die (oftmals dissimulierenden) Aussagen des Probanden stützen zu müssen. Gleichzeitig können die Nachteile der Penis-Plethysmografie als physiologischer Messmethode umgangen werden.
Neben den zuvor im Detail dargestellten Versuchsanordnungen – Betrachtungsdauer und Wahl-Reaktionszeit-Paradigma – gibt es eine Reihe anderer experimenteller Ansätze, die im weiteren Sinne als kognitiv bezeichnet werden können, insofern als sie über die Erhebung von Reaktionszeiten oder -fehlern ebenfalls auf der Ebene der Informationsverarbeitung ansetzen. So haben sich beispielsweise der Implizite Assoziationstest (IAT; GRAY, BROWN, MACCULLOCH, SMITH & SNOWDEN 2005) oder der emotionsbezogene *Stroop*-Test durchaus als tauglich für die Erkennung sexuell-devianter Präferenzen erwiesen. KALMUS und BEECH (2005), vor allem aber GRESS und LAWS (im Druck) geben einen Überblick über diese Alternativen.

Literatur

Abel GG, Huffman J, Warberg B, Holland CL (1998) Visual reaction time and plethysmography as measures of sexual interest in child molesters. Sexual Abuse: A Journal of Research and Treatment. 10: 81–95

Abel GG, Jordan A, Rouleau JL, Emerick R, Barboza-Whitehead S, Osborn C (2004) Use of visual reaction time to assess male adolescents who molest children. Sexual Abuse: A Journal of Research and Treatment. 16: 255–265

Abel Screening, Inc. (n.d.). The Abel Assessment for sexual interest-2™ (AASI-2) [Computer Software]. Verfügbar unter: http://www.abelscreen.com/tests/aasi.html [20.11.2007]

American Psychiatric Association (2000) Diagnostic and statistical manual of mental disorders (4th ed.), text revision. American Psychiatric Association, Washington

Anderson JR (2007) Kognitive Psychologie (6. Aufl.) Spektrum, Heidelberg

Avery-Clark CA, Laws DR (1984) Differential erection response patterns of sexual child abusers to stimuli describing activities with children. Behavior Therapy. 15: 71–83

Bargh JA, Raymond P, Pryor JB, Strack F (1995) Attractiveness of the underling: An automatic power -> sex association and its consequences for sexual harassment and aggression. Journal of Personality and Social Psychology. 68: 768–781

Beech A, Kalmus E, Tipper ST, Baudouin JY, Humphreys GW, Flak V (eingereicht) Children induce an enhanced attentional blink in child molesters: An objective measure of sexual interest

Drieschner K, Lange A (1999) A review of cognitive factors in the etiology of rape: Theories, empirical studies, and implications. Clinical Psychology Review. 19: 57–77

Fischer L, Smith G (1999) Statistical adequacy of the Abel Assessment for Interest in Paraphilias. Sexual Abuse: A Journal of Research and Treatment. 11: 195–205

Geer JH, Melton JS (1997) Sexual content-induced delay with double-entendre words. Archives of Sexual Behavior. 26: 295–316

Glasgow DV, Osborne A, Croxen J (2003) An assessment tool for investigating paedophile sexual interest using viewing time: An application of single case methodology. British Journal of Learning Disability. 31: 96–102

Golde JA, Strassberg DS, Turner CM (2000) Psychophysiologic assessment of erectile response and its suppression as a function of stimulus media and previous experience with plethysmography. Journal of Sex Research. 37: 53–59

Gray NS, Brown AS, MacCulloch MJ, Smith J, Snowden RJ (2005) An implicit test of the associations between children and sex in pedophiles. Journal of Abnormal Psychology. 114: 304–308

Gress CLZ, Laws DR (im Druck). Physiological and attentional measures of sexual deviance. In Beech AR, Craig LA, Browne KD (Eds.), Assessment and treatment of sexual offenders: A handbook. Wiley, West Sussex (UK)

Hanson RK, Morton-Bourgon KE (2005) The characteristics of persistent sexual offenders: A meta-analysis of recidivism studies. Journal of Consulting and Clinical Psychology. 73: 1154–1163

Harris GT, Rice ME, Quinsey VL, Chaplin TC (1996). Viewing time as a measure of sexual interest among child molesters and normal heterosexual men. Behavioural Research and Therapy. 34: 389–394

Laws DR (2003) Penile plethysmography: Will we ever get it right? In Ward T, Laws DR, Hudson S (Eds.), Sexual deviance: Issues and controversies. Sage, Thousand Oaks (CA), 82–102

Laws DR, Gress CLZ (2004) Seeing things differently: The viewing time alternative to penile plethysmography. Legal and Criminological Psychology. 9: 183–196

Letourneau EL (2002) A comparison of objective measures of sexual arousal and interest: Visual reaction time and penile plethysmography. Sexual Abuse: A Journal of Research and Treatment. 14: 207–223

Marschall WL (1997) Pedophilia: Psychopathology and theory. In Laws DR, O'Donohue W (Eds.), Sexual deviance: Theory, assessment, and treatment. Guilford, New York, 152–174

Kalmus E, Beech AR (2005) Forensic assessment of sexual interest: A review. Aggression and Violent Behavior. 10: 193–217

Marshall WL, Fernandez YM (2000) Phallometric testing with sexual offenders: Limits to its value. Clinical Psychology Review. 20: 807–822

Marshall WL, Fernandez YM (2003) Sexual preferences: Are they useful in the assessment and treatment of sexual offenders? Aggression and Violent Behavior. 8: 131–143

McAnulty RD (2006) Pedophilia. In McAnulty RD, Burnette MM (Eds.), Sex and sexuality (Vol. 3): Sexual deviation and sexual offences. Praeger, Westport (CT), 81–95

Mokros A, Ebmeier B, Osterheider M, Zappalà A, Santtila P (eingereicht) Diagnosing pedophile sexual interest through the attentional choice reaction time task

Mokros A, Marschall R, Baur I, Osterheider M (eingereicht) Computerised assessment of paedophilic interest through Affinity

O'Donohue W, Regev L, Hagstrom A (2000) Problems with the DSM-IV diagnosis of pedophilia. Sexual Abuse: A Journal of Research and Treatment. 12: 95–105

Pacific Psychological Assessment Corporation, Inc. (n.d.). The Affinity Measure of Sexual Interest (Version 2.5) [Computer Software]. Verfügbar unter: http://pacific-psych.com/products/affinity.html [20.11.2007]

Quinsey VL, Ketsetzis M, Earls C, Karamanoukian A (1996). Viewing time as a measure of sexual interest. Ethology and Sociobiology. 17: 341–354

Raymond JE, Shapiro KL, Arnell KM (1992) Temporary suppression of visual processing in an RSVP task: An attentional blink? Journal of Experimental Psychology: Human Perception and Performance. 18: 849–860

Rosenzweig S (1942) The photoscope as an objective device for evaluating sexual interest. Psychosomatic Medicine. 4: 150–158

Santtila P, Mokros A, Viljanen K, Koivisto M, Sandnabba NK, Osterheider M (im Druck). Assessment of sexual interest using a choice reaction time task and priming: A feasibility study. Legal and Criminological Psychology

Shapiro KL, Luck SJ (1999) The attentional blink: A front-end mechanism for fleeting memories. In Coltheart V (Ed.), Fleeting memories: Cognition of brief visual stimuli. MIT Press, Boston, 95–118

Singer B (1984). Conceptualizing sexual arousal and attraction. Journal of Sex Research. 20: 230–240

Spiering M, Everaerd W, Elzinga E (2002) Conscious processing of sexual information: Interference caused by sexual primes. Archives of Sexual Behavior. 31: 159–164

Spiering M, Everaerd W, Janssen E (2003) Priming the sexual system: Implicit versus explicit activation. Journal of Sex Research. 40: 134–145

Worling JR (2006). Assessing sexual arousal with adolescent males who have offended sexually: Self-report and unobtrusively measured viewing time. Sexual Abuse: A Journal of Research and Treatment. 18: 383–400

Wright LW, Adams HE (1994) Assessment of sexual preference using a choice reaction time task. Journal of Psychopathology and Behavioral Assessment. 16: 221–231

Wright LW, Adams HE (1999) The effects of stimuli that vary in erotic content on cognitive processes. Journal of Sex Research. 36: 145–151

Zamansky HS (1956) A technique for assessing homosexual tendencies. Journal of Personality. 24: 436–448

Das Spannungsfeld zwischen Autonomie und Zwang in der Forensik – eine ethische Reflexion

Christian Prüter

Zusammenfassung

Die Respektierung der Autonomie des Kranken stellt eine grundlegende Maxime ärztlich-therapeutischen Handelns dar. Dem Prinzip der Autonomie liegt die Respektierung der prinzipiellen Unverfügbarkeit des Menschen durch Dritte zugrunde. Im Bereich der forensischen Psychiatrie wird dieses Prinzip durch den juristisch gesetzten Rahmen noch intensiver infrage gestellt als in der Allgemeinpsychiatrie. Kann es in der Forensik noch eine Autonomie des Patienten geben? Mit dieser und der Frage wie sich Zwang und Therapie unter Zwang moralisch rechtfertigen lassen wird sich der Vortrag beschäftigen. Es wird dargestellt, dass eine Zwangsbehandlung vor allem dann zum Problem wird, wenn mit dieser eine moralische Bewertung des Denkens, Fühlens und Handelns des Kranken verknüpft ist. Die Ausübung von Zwang in diesem Setting steht und fällt mit dem Ziel und der Haltung, die der Behandlung zugrunde liegt. Vor diesem Hintergrund könnte sogar im speziellen Feld der Forensik eine Balance zwischen Autonomie und Zwang vorstellbar sein.

Schlüsselwörter

Autonomie, Therapie unter Zwang, Forensische Psychiatrie

Einleitung

Als eines der wenigen Fachgebiete in der Medizin sieht sich die Psychiatrie damit konfrontiert, Patienten zu haben, die sich nicht freiwillig in Behandlung begeben. Zum Teil erfolgt hier nicht einmal der initiale Arztkontakt auf Initiative des Patienten, sondern Dritte aus dem privaten Umfeld des Betroffenen, behandelnde Ärzte anderer Fachgebiete oder staatliche Organe führen die Vorstellung auf mehr oder weniger freiwilligem Wege herbei. Noch pointierter erscheint die Situation in der forensisch-psychiatrischen Klinik, in welcher sich der Patient einem noch strengeren Regelwerk unterworfen sieht und in dem aufgrund von Sicherheitsaspekten und den gesetzlichen Regeln seine Freiheitsgrade zum Teil erheblich eingeschränkt werden. Zu dem durch die Erkrankung bedingten Verlust an Autonomie tritt die weitere Einschränkung dieser durch die Rahmenbedingungen des Maßregelvollzugs.

Hier scheint der Zwang das ultimative Prinzip der Behandlung geworden zu sein. Während in der Allgemeinpsychiatrie zunehmend der autonome, selbstbestimmte Patient, der in allen Phasen seiner Behandlung die Gestaltung dieser mitbestimmt, das Arzt-Patienten-Verhältnis prägt, geschlossene Stationen in offene oder fakultativ-geschlossene Stationen umgewandelt werden und Zwangsbehandlungen immer kritischer gesehen werden, ist der Patient und der therapeutisch Tätige im Maßregelvollzug damit konfrontiert, dass die Therapie unter den äußeren Bedingungen des Zwangs und der Unfreiwilligkeit steht. Die Respektierung der Autonomie des Patienten spielt aber eine entscheidende Rolle in der modernen medizinethischen Betrachtung zum Arzt-Patienten-Verhältnis und wird als grundlegende Maxime ärztlichen Handelns aufgefasst (MAIO 2004). Steht also die therapeutische Tätigkeit im Maßregelvollzug im Widerspruch zu zentralen medizinethischen Prinzipien? Die vorliegende Arbeit will dieser Frage und der Frage, ob es im Rahmen des Maßregelvollzuges überhaupt so etwas wie Autonomie – auch auf der Seite des Patienten geben kann – nachgehen und letztlich nach ethischen Antworten zur Rechtfertigung einer Therapie unter den Zwangsbedingungen des Maßregelvollzuges suchen.

Was ist Autonomie?

Zunächst gilt es zu definieren, was mit dem Begriff Autonomie gemeint ist, wenn wir in diesem Artikel davon sprechen. Autonomie (von griech. *autos*, »Selbst« und *nomos*, »Gesetz«) meint Selbstgesetzlichkeit, Selbstbestimmung (HÖFFE 2002, SCHISCHKOFF 1991, VETTER 2005). Negativ bestimmt bedeutet Autonomie die Unabhängigkeit von Fremdbestimmung (naturaler, sozialer oder politischer Art) und positiv, das man selbst seinem Tun den bestimmten Inhalt gibt. Der Gegensatz hierzu ist die Heteronomie, die Fremdbestimmtheit, in der das Subjekt abhängig ist von sozialer, politischer oder naturaler Fremdbestimmung, eben nicht selbst seinem Tun den bestimmten Inhalt geben kann. Autonomie ist ein Begriff und Wert der Moderne und an die Möglichkeiten des menschlichen Subjekts gebunden. Autonomie bedeutet, dass das Subjekt aus Natur, Welt und Geschichte als eine gesetzgebende Instanz herausgelöst ist. Gesetzgebend, weil es unabhängig von diesem Subjekt keine Gesetzmäßigkeit in der Ordnung der Dinge mehr gibt, wie in Antike und Mittelalter noch angenommen wurde. »Das Subjekt wird autonom tätig, da es sich nicht an etwas anderem orientieren kann, sondern umgekehrt – (...) – ›sich die Gegenstände nach unserer Erkenntnis richten müssen‹, wie Kant 1781 in seiner *Kritik der reinen Vernunft* ausführt.« (SCHNELL 2008). Das bedeutet aber nun keinesfalls, dass der Mensch seine mannigfaltigen Bedingungen einfach abstreifen und quasi aus dem Nichts neu anfangen könnte, sich aus dem Nichts entwerfen könnte. Vielmehr sind Bedingungen vorhanden, aber nicht als unabänderliche Fakten, sondern der Mensch kann sich in ein Verhältnis zu ihnen setzen in dem er sie benennen, beurteilen und anerkennen oder aber verwerfen und in selbsterzieherischen, therapeutischen, politischen und anderen Prozessen auf ihre Veränderung hinarbeiten kann.

Kant allerdings sah die Autonomie zum einen gebunden an die Vernunftfähigkeit, die es dem Menschen erst ermöglicht, autonom zu handeln. In dieser Autonomie sah er aber auch die Menschenwürde begründet. »Allein der Mensch als Person betrachtet, ... besitzt eine Würde. Autonomie ist also der Grund der Würde der menschlichen und jeder vernünftigen Natur.« (KANT 1977) Nach Kant hat der Mensch Würde, insofern er Zweck an sich selbst und nicht bloß Mittel ist. Diese Einzigartigkeit des Menschen steht für Kant so selbstverständlich fest, dass das wahrhaft menschliche und damit sittliche Handeln seinen Maßstab niemals aus dem eigenen oder dem Wohlergehen einer anderen Person gewinnen kann. Was den Menschen von allen anderen Wesen abhebt ist nach Kant die Vernunft. Daher muss der gute Wille ein durch die Vernunft bestimmter Wille sein, ein Wille also, der auf einen Zweck gerichtet ist, »den nur die Vernunft bestimmt« (KANT 1785). Kants Ethik ist ganz entscheidend von der Überzeugung geprägt, dass, wenn wir unseren Neigungen folgen – selbst den edelsten wie Liebe oder Mitgefühl – wir uns von etwas letztlich Äußerlichem bestimmen lassen, also heteronom und nicht autonom handeln. Autonom, also frei handeln wir, wenn wir der Vernunft gemäß handeln. Die Vernunft als unser Innerstes verbindet uns als Vernunftwesen zugleich mit allen anderen Vernunftwesen. Der Mensch als Vernunftwesen stößt im innersten Kern seiner Person auf ein Gebot, das ihn mit allen anderen Menschen verbindet, dass ihm Pflichten, aber auch Rechte gegenüber den anderen aufgibt. Ganz bei uns als vernünftige Wesen sind wir dann, wenn wir das tun, was wir zu tun haben, wofür wir da sind, und dies ist, wie Kant sagt, unsere Pflicht. Kants Ethik ist eine Pflichtethik. Frei, also autonom und sittlich handelt also nur derjenige, der nach allgemeinen, selbst gegebenen und universalisierbaren Gesetzen handelt, die er bei Gebrauch seiner Vernunft erkennt. Die schlechthin sittliche Handlung, der absolut gute Wille, bestimmt sich nach Kant niemals aus der Materie. Vielmehr kommt es voll und ganz auf die Form an, und das heißt darauf, ob die Handlung geboten ist oder nicht. Kant vertraut also darauf, dass wir durch vernünftiges Nachdenken über unser Tun zu umfassender und ausreichender Einsicht über das uns jeweils gebotene Handeln kommen. Moralisches Handeln ist also autonomes Handeln, da es auf den durch die Vernunft erkannten universalisierbaren Gesetzen beruht und nicht auf den jeweiligen Neigungen der Person. Autonom handelt der Mensch, dessen Wille mit den universalen Gesetzen übereinstimmt – die Selbstgesetzlichkeit ist hier eingebunden in die universale Gesetzlichkeit. Im Grunde genommen kann der Mensch als Vernunftwesen nur dann autonom sein und handeln, wenn seine selbst bestimmten Handlungen übereinstimmen mit den durch die universalen Gesetzlichkeiten gebotenen Handlungen, welches er durch seine Vernunft erkennt.

Als Menschen sind wir Vernunftwesen und existieren um unserer selbst willen. Wir sind Zweck unserer selbst. Vor diesem Hintergrund formuliert KANT im zweiten Abschnitt der Grundlegung zur Metaphysik der Sitten (1785) seinen berühmten *kategorischen Imperativ*: »Handle so, dass du die Menschheit, sowohl in deiner Person als in der Person eines jeden anderen, jederzeit zugleich als Zweck, niemals bloß als Mittel brauchest.« Die moralische Person sieht sich durch diesen kategorischen Imperativ in einer Doppelsituation. Autonomie ist, was diese Person von sich aus will und zugleich das, was sie soll. Kants These ist nun, dass zwischen diesen beiden Ansprüchen schlechthin kein Widerspruch besteht – Autonomie ist erst gegeben, wenn beides zusammen auftritt.

Diese Überzeugung, dass wir durch vernünftiges Nachdenken uns selbst Gesetz sein können und zugleich das universale Gesetz befolgen – unser Gesetz und das universale Gesetz aufgrund der Vernunft identisch sind – ist die Verkörperung des Optimismus des Aufklärungszeitalters. Dieser Optimismus lässt sich auch innerhalb des Kantischen Systems nur schwer ausreichend begründen. Kritik fand auch die Bindung der Autonomie allein an die Vernunftfähigkeit. Wenn Vernunft durch abstrakte, universale Gesetzmäßigkeiten konstituiert wird, bedeutet dann eine Ethik, die das vernünftige Handeln zum Inbegriff des Guten und Bedingung der Autonomie macht, nicht eine Verengung, geht sie nicht am konkreten Wert der individuellen Person vorbei? Und was ist mit den Personen die nur eingeschränkt oder gar nicht die Vernunft gebrauchen können?

Für SCHELER (1966) ist Autonomie gegen Kant nicht primär ein Prädikat der Vernunft, sondern der Person als individuellem Wertewesen. Für ihn sind alle Akteinheiten, die sittliche Wertprädikate tragen, solche von autonomen Personen. Nach Schelers Ansicht blendet Kant jenen Inbegriff von Unbedingtem aus, in dem der apriorische Anspruch ethischer Normativität seine materiale, also nicht auf Gesetzlichkeit reduzierbare Seinsbasis findet, nämlich die Person. Damit wird aber am Subjekt der sittlichen Erkenntnis ausgeblendet, wodurch es sich vor die Notwendigkeit der Entscheidung für Gut oder Böse gestellt sieht, nämlich seine Individualität und konkrete Verantwortlichkeit für die von ihm gesetzten Handlungsakte. Was allein ursprünglich gut und böse heißen kann, d.h. dasjenige, was den materialen Wert gut und böse vor und unabhängig von allen einzelnen Akten trägt, das ist die Person, das Sein der Person selbst, sodass wir vom Standpunkt der Träger aus geradezu definieren können: »Gut und Böse sind Personenwerte.« (SCHELER 1966) Dennoch bleibt auch Schelers ethischer Personalismus exklusiv. Das Personensein ist bei ihm an eine bestimmte Stufe des Menschseins gebunden – ein Mensch ist eine Person, wenn er vollsinnig, also bei allen Sinnen ist und zwar »im Gegensatz zum Wahnsinn« (SCHELER 1966). Im Weiteren ist die Person durch Mündigkeit bestimmt, d.h. sie kann eigene und fremde Akte unterscheiden, sie weiß, wenn sie ihnen folgt, welche es jeweils sind. Und schließlich lebt eine Person in Herrschaft über ihren Leib, denn sie ist selbstbeherrscht, in dem sie sich selbst regiert. Von einem solchen unterscheidet Scheler den bloß im »Leibbewusstsein« lebenden Menschen. Der sittlichen, autonomen Person steht insgesamt der »personlose Mensch« gegenüber, eben der wahnsinnige, unmündige und leibhaftige Mensch. Für diesen Menschen, also den Klienten der Psychiatrie, kann es somit keine Autonomie geben und sein Anspruch auf den Schutz durch ethisches Handeln kann erheblich eingeschränkt werden, da er nicht als Adressat sittlichen Handelns betrachtet werden muss.

Diesen exklusiven Modellen und der reinen Bindung der Autonomiefähigkeit an Vernunft und einen individualistischen Personenbegriff setzt die Philosophie Ricoeurs eine Reintegrierung des Subjektes in Natur (Leib), Welt und in die Geschichte der anderen und der Dritten entgegen. RICOEUR spricht von einem »Selbst als ein Anderer« (1996), welches durch die Andersheit mitkonstituiert ist. Die Reintegrierung des rationalen und autonomen Vernunftobjektes in seine Leiblichkeit, in die Begegnung mit anderen konstituiert eine gerade für den psychiatrischen Bereich nicht unerhebliche ethische Andersheit. SCHNELL (2008) verweist darauf, das die Tatsache, dass der Mensch einen Leib hat und in der Welt lebt zwar von niemandem bestritten wird, aber von vielen Autonomietheorien, auch in der Bioethik, für irrelevant gehalten wird. Dies bedarf aber vor dem Hintergrund des Zusammenhangs zwischen Leiblichkeit und ethischer Bedürftigkeit einer Revision (SCHNELL 2004). Im Rekurs auf Ricoeur sieht SCHNELL (2008) die Bedeutung dieser ethischen Andersheit darin, das »eine Andersheit der Person eine Ausnahme (ist) von der Besonderheit, die zu achten das allgemeine Gesetz gebietet. Andersheit realisiert ihre ethische Qualität in der Begegnung. Indem wir die ethisch relevante Personalität von zuzuschreibenden Eigenschaften ablösen und nun an die Begegnung binden, führen wir die Form des Ethischen in die Materialität des konkreten gelebten Lebens ein, ohne diese einseitig von der Reziprozität her zu verstehen. Die Begegnung und nicht eine intellektualistisch verstandene Autonomie ist konstitutiv für die Würde. Ich bin Umwelt für den Anderen und kann mich selbst zurücknehmen. Meine Würde ist an die des Anderen gebunden. In der Begegnung konstituiert sich die Person und mit ihr ihre Würde«. Die Bedeutung für den von uns hier zu betrachtenden Themenkreis liegt darin, dass vor dem Hintergrund dieses Modells der autonome Mensch nicht der isolierte Mensch ist, die Eigenschaften der Rationalität werden durch die Beziehung zu anderen realisiert. Diese Beziehungen bleiben für das Ich und seine Autonomie konstitutiv. Diese Gedanken leiten unmittelbar über zum Thema der Möglichkeiten einer Autonomie des Patienten im spezifischen Setting der Forensik, aber auch zu der Frage, wie sich Therapie unter Zwang ethisch rechtfertigen lassen könnte.

Autonomie und Zwang in der Forensik

Die Bedeutung der Beziehung zum anderen für die Konstitution der Person und ihrer Autonomie ermöglicht die Berücksichtigung eines Aspekts, der von der modernen, am Autonomiegedanken kantischer Prägung orientierten Medizinethik vernachlässigt worden ist, der im medizinischen Alltag aber von immanenter Bedeutung ist: die fundamentale Abhängigkeit und Angewiesenheit der personalen Existenz. »Noch die selbstbestimmteste Person ist auf die Anerkennung und Achtung anderer Personen angewiesen. Erst recht besteht solche Abhängigkeit dort, wo die Fähigkeit zur Autonomie noch erworben werden muss. Und schließlich ist sie in besonderem Maße da gegeben, wo Personen in ihrer körperlichen oder psychischen Verfassung Beschränkungen unterworfen und auf die Hilfe anderer angewiesen sind.« (FISCHER 2004) Hier geht es um die Achtung der anderen Person gerade in ihrer Angewiesenheit und Abhängigkeit in der Begegnung mit ihr, die mich zugleich auf mich selbst und meine Angewiesenheit auf den anderen zurückweist. Person bin ich nur in Relation zu anderen Personen – wie oben gesagt ist für das Ich und seine Autonomie die Beziehung zum anderen konstitutiv. In der Person eines anderen achten wir die Beziehung, in der wir zu ihm stehen. *Wer* er als Person ist, kann sich nur darin zeigen, wie er in dieser Beziehung in Erscheinung tritt. Diese Beziehungsfähigkeit ist aber gerade bei den meisten Patienten erheblich gestört oder aufgehoben. Die Fähigkeit zur Wahrnehmung der Autonomie ist bereits durch die Erkrankung eingeschränkt und dies auch ohne an die Bindung der Autonomiefähigkeit an die Vernunftfähigkeit, durch diese Störung der Beziehungsfähigkeit, von der wir oben ausgeführt haben, das sie konstitutiv für die Person und ihre Autonomie ist.
Für das forensisch-psychiatrische Setting erscheint im Hinblick auf den Personenbegriff wichtig, noch auf die Differenz zwischen der Person als unverwechselbares Individuum und der »Natur« (Leib, Psyche) hinzuweisen. Eine Person und ihre Natur sind nicht einfach identisch, sondern die Person hat diese Natur als das Medium ihres In-Erscheinung-Tretens und muss sich in bewussten Zustand zu ihr verhalten. Nur die Natur einer Person kann zum »Fall von etwas« werden, nicht die Person als Individuum. Im medizinischen Handeln wird der Patient hinsichtlich seiner Natur den betreffenden Regeln subsumiert und zum Fall von etwas. Wo es hingegen um die Person des Patienten geht, da ist es ihrer Achtung als Individuum geschuldet, dass sie gerade nicht als Fall von etwas behandelt wird. Im Hinblick auf die Zwangsbehandlung und die durch sie tangierte Autonomiefrage wird es gerade um diese feine Unterscheidung gehen. Denn eine psychiatrische Erkrankung für sich genommen reicht nicht aus, um eine fehlende Wahrnehmungsfähigkeit der Autonomie zu postulieren. Anders zu fühlen und zu denken kann kein Grund dafür sein, dieses Fühlen und Denken zu normieren, solange der Kranke in seinem Fühlen er selbst sein kann und in Beziehung treten kann mit anderen. Die entscheidende Frage

lautet daher: Entspricht die Entscheidung des Patienten seiner Authentizität, ist sie Ausdruck seiner Existenzform oder ist sie allein Ausdruck seiner Krankheit?
Es geht um die Achtung des Patienten als eines um seiner selbst willen existierenden Wesens und Subjektes: »Nicht die Krankheit allein, sondern die Perspektive des Kranken, wenn er einer Chance beraubt wäre, zu einer Willensbildung zu gelangen, die seinem eigenen Lebenskonzept entspricht, kann eine Zwangsbehandlung rechtfertigen.« (Maio 2004) Die moralische Rechtfertigung der Zwangsbehandlung steht und fällt mit dem Ziel und der Haltung, die der Behandlung zugrunde liegt, wesentliche Aspekte hier sind:
- Wiederherstellung von Freiheitsgraden
- Verhinderung von Selbst- und Fremdschädigung
- Förderung des Wohls des Patienten, welche seine Authentizität im Blick hat

Daher ist auch ein kategorischer Verzicht auf Zwangsbehandlung fragwürdig, insbesondere dann, wenn aufgrund eines falsch verstandenen Autonomieverständnisses Menschen in krankheitsbedingter Not alleingelassen werden und ihnen Verwahrlosung, sozialer Abstieg und Straffälligkeit droht oder Dritten Gefahr durch den Kranken. In diesem Falle kann sich nicht auf die Autonomie berufen werden, denn die Achtung vor der Einzigartigkeit eines jeden Menschen gebietet es zu versuchen, die Wahrnehmungsfähigkeit der Autonomie der Person wiederherzustellen. Der Respekt vor der Autonomie des Patienten erfordert es, sich auf ihn einzulassen und die Frage, wie man seiner individuellen Persönlichkeit gerecht wird.

Was kann getan werden damit der Patient seine Autonomie wiedererlangen könnte? Unter Berücksichtigung des oben zur Autonomiefrage Diskutierten kann man feststellen, dass Autonomie sich nur im Kontext von Beziehungen formulieren und realisieren lässt, nur in Beziehungen zu anderen ist es möglich, das eigene Selbst zu erkennen und zu leben. Im therapeutischen Kontext auch der Forensischen Psychiatrie bedeutet Gewährleistung von Autonomie die Ermöglichung von Beziehungsfähigkeit. In der Achtung und Ermöglichung von Authentizität der Person des jeweiligen Patienten und in der Förderung der Beziehungsfähigkeit ist auch unter den besonderen Bedingungen des Maßregelvollzugs Autonomie für den Patienten möglich, auch wenn naturgemäß im forensischen Rahmen gewisse Begrenzungen der Autonomie bleiben werden. Letztlich lässt sich die Behandlung unter Zwang rechtfertigen, weil ihr letztes Ziel bleibt, den Patienten wieder in die Lage zu versetzen, in der Beziehung zu anderen seine Autonomiefähigkeit zu entwickeln oder zurückzugewinnen, indem er die Möglichkeit findet, in der Beziehung zu anderen er selbst zu sein.

Literatur

Fischer J (2004) Die therapeutische Beziehung aus ethischer Sicht. In: Rössler W (Hrsg.) Die therapeutische Beziehung. Springer, Heidelberg; S. 14–35

Höffe O (2002) Freiheit. In: Höffe O (Hrsg.) Lexikon der Ethik. 6 A. C.H. Beck, München; S. 67–70

Kant I (1977) Metaphysik der Sitten. Werkausgabe, Bd. VIII, Frankfurt am Main

Kant I (1785/1999) Grundlegung zur Metaphysik der Sitten. Felix Meiner Verlag, Hamburg

Maio G (2004) Ethische Reflexionen zum Zwang in der Psychiatrie. In: Rössler W, Hoff P (Hrsg) Psychiatrie zwischen Autonomie und Zwang. Springer, Heidelberg; S. 145–164

Ricoeur P (1996) Das Selbst als ein Anderer. Fink, München

Scheler M (1966) Der Formalismus in der Ethik und die materiale Werteethik. 5. A. Verlag A. Francke, Bern

Schischkoff G (1991) Autonomie. In: Schischkoff G (Hrsg.) Philosophisches Wörterbuch. 22. A. Kröner, Stuttgart; S. 55

Schnell MW (2004) Der Leib und die ethische Bedürftigkeit des Menschen. In: Schnell MW (Hrsg.) Leib. Körper. Maschine. Interdisziplinäre Studien über den bedürftigen Menschen II. Selbstbestimmtes Leben, Düsseldorf

Schnell MW (2008) Autonomie im Zeichen einer zweiten kopernikanischen Wende. In: Illhardt FJ (Hrsg) Die ausgeblendete Seite der Autonomie. Kritik eines Bioethischen Prinzips. Freiburg

Vetter H (2005) Autonomie. In: Vetter H (Hrsg.) Wörterbuch der phänomenologischen Begriffe. Felix Meiner, Hamburg; S. 63

Sexualität zwischen Normalität und Perversion

Diagnostik und Therapie von Sexualstraftätern unter besonderer Berücksichtigung körperpsychotherapeutischer Ansätze

Andrea Radandt

Zusammenfassung

Sexualität ist zentraler Bestandteil menschlichen Lebens, der stark von individuellen und gesellschaftlichen Werten und Normvorstellungen geprägt und beeinflusst wird. Bei der Therapie abweichenden Sexualverhaltens benötigen wir als Therapeuten spezielle Kenntnisse über Genese, Symptomatik, Diagnostik und Therapie der Paraphilien. Eine umfassende Diagnostik des Störungsmusters von Menschen, die Sexualstraftaten begangen haben, ist Voraussetzung für eine sinnvolle Therapieplanung. Moderne Kriminaltherapie von Sexualstraftätern berücksichtigt prognostische Erwägungen, Straftatbearbeitung, Deliktszenario u. Ä. ebenso wie die Förderung protektiver Faktoren und ressourcenorientiertes Arbeiten. Weder therapeutischer Nihilismus im Sinne eines »nothing works« noch unrealistische Therapieziele werden dieser Patientengruppe gerecht. Der Kurs vermittelt einen Überblick über die Diagnostik von abweichendem Sexualverhalten und über die gängigen therapeutischen Ansätze unter Berücksichtigung prognostischer Erwägungen. Besondere Berücksichtigung finden dabei körperpsychotherapeutische Ansätze, die eine Behandlung von Sexualstraftätern sinnvoll ergänzen können. An konkreten Fallbeispielen werden realistische Therapieziele erarbeitet und deren Umsetzung im forensisch-psychiatrischen Umfeld diskutiert.

Schlüsselwörter

Paraphilien, Sexualstraftäter, Behandlung, körperpsychotherapeutische Behandlung

Warum Körperpsychotherapie?

Es ist erwiesen, dass sich psychisch kranke Sexualstraftäter (und Gewaltstraftäter) durch eine Reihe von Merkmalen auszeichnen: geringe Therapiemotivation bzw. sekundäre Therapiemotivation, mangelhafte Impulskontrolle, mangelhafte Angsttoleranz, geringe soziale Kompetenzen, nicht zuletzt und nach unserer Ansicht von basaler Bedeutung: Defizite im Bereich der Selbst- und Fremdwahrnehmung.

Ein zentraler Aspekt in der Behandlung von Sexual- und Gewaltstraftätern ist die Entwicklung von Empathiefähigkeit – zu lernen, mit anderen mitzufühlen. Empathisch sein zu können, setzt die Fähigkeit voraus, Emotionen (auch Affekte, Impulse) zunächst bei sich selbst erkennen zu können. Wenn wir bei dieser Klientel von Defiziten in der Selbst- und Fremdwahrnehmung sprechen, impliziert das sogleich therapeutische Konzepte, die diesen Aspekten besondere Aufmerksamkeit widmen und entsprechende Module konzipieren. Körperpsychotherapeutische Ansätze haben den Vorteil, dass nicht nur auf einer theoretischen und rein verbalen Ebene Wissen vermittelt wird, sondern, dass Patienten sehr konkret und körperselbstbezogen Erfahrungen machen (Wissen erweitern), Erlebtes immer sowohl kognitiv als auch psychomotorisch abgespeichert wird.

Emotionale Reaktionen empfinden zu können hat Vorteile: Wissen erweitert sich und kann verallgemeinert werden, man wird vorsichtiger und beginnt zu planen. Das führt zu einer Flexibilität der Reaktionsfähigkeit, die auf der besonderen Geschichte der Interaktionen einer Person mit der Umwelt beruht.

Dabei sind primäre Gefühle (angeboren, präorganisiert) und sekundäre Gefühle (zusammengesetzt) zu unterscheiden. Letztere bedienen sich des Apparats der primären Gefühle, die auf Schaltkreisen des *limbischen Systems* beruhen. Sie treten auf, sobald wir Empfindungen haben und systematische Verknüpfungen herstellen zwischen Kategorien von Objekten und Situationen einerseits und primären Gefühlen andererseits. Von Bedeutung ist dabei auch die Aktivierung zahlreicher präfrontaler Rindenfelder. Aktuelle Ereignisse werden mittels eines permanenten Abgleichungsprozesses mit dem Langzeitgedächtnis wahrgenommen. Aktuelles Verhalten ist also ein komplexer Prozess, in dem unterschiedliche Hirnzentren eine Rolle spielen

Die *Amygdala* ist der Sitz des *impliziten Gedächtnis*. Dort werden unbewusste automatisierte Verhaltens- und Bewegungsmuster und unbewusste, emotionale Erfahrungen als Körperzustände und motorische Impulse gespeichert. Dieser Bereich des Gehirns ist schon bei der Geburt gut ausgebildet und speichert somit schon früheste Erfahrungen, auch nicht bewusst erinnerbare Ereignisse. Dort wird emotionales Verhalten bestimmt und von dort gehen Impulse direkt an die motorischen Kerne im Hirnstamm. Sichtbar werden diese Reaktionen als spontane, emotionale, mimische Bewegungen im Gesicht.

Das *explizite Gedächtnis* mit Sitz im *Hippocampus* reift später und prozessiert Bilder und Erinnerungen emotionaler Ereignisse langfristig. Der cerebrale Kortex schließlich ist für das bewusste Wahrnehmen zuständig.

Die Körperpsychotherapie, insbesondere die Pesso-Psychotherapie (PBSP), macht sich das Wissen um diese Zusammenhänge zunutze. Emotionale Konflikte, die in der Pathogenese psychisch kranker und gestörter Rechtsbrecher eine zentrale Position einnehmen, lassen sich unter Einbeziehung von Therapieverfahren, in denen Körperwahrnehmung und Körperausdruck eine zentrale Rolle spielen, umfassender behandeln. Neben der Rückfallprävention ist in der Täterbehandlung die Förderung sozialer Fertigkeiten und Bindungskompetenzen von Bedeutung. Soziale Fertigkeiten und Bindungsstile sind jedoch wesentlich von dem Was und Wie unseres Erlebens, vor allem in der Kindheit und Jugend, geprägt. Wie wir gelebt haben bestimmt unsere Wahrnehmung und unser Gefühl für die Gegenwart (unser Bewusstsein) und bildet die Basis für unsere Gedanken und Ideen darüber, wie wir in Zukunft leben wollen.

Die Wahrnehmung von innerer Bewegung, inneren Prozessen und Gefühlen ganz allgemein ist eingeschränkt, bisweilen sozusagen anästhetisiert, und ist oftmals nicht mit dem kongruent, was nach außen sichtbar wird. Wir kennen alle Patienten, die sich allein mittels einer mal intellektualisierenden, mal aggressiven Sprache darstellen, deren körperlicher Ausdruck stereotyp scheint. Sprache war/ist, neben der körperlichen Gewalt, die ausgeübt wurde/wird, oft der einzige Ausdruckskanal, der als sicher empfunden wird. Empathie und auch Opferempathie sind daher zu Recht wesentliche Pfeiler in der Behandlung von Sexualgewalt- und Gewaltstraftätern. Mit anderen mitzufühlen kann jedoch nur gelingen, wenn es gelingt, die eigenen (innere) Befindlichkeit, die eigenen Bedürfnisse wahrzunehmen. Ein weiterer Schritt wäre dann, Befindlichkeiten und Bedürfnisse zu kommunizieren.

Körperpsychotherapie oder körperbezogene Psychotherapie ist eine eigenständige Richtung innerhalb der Psychotherapie. Alle Methoden der Körperpsychotherapie gehen davon aus, dass Körper und Seele eine funktionelle Einheit bilden. Die Körperpsychotherapie betrachtet körperliche und geistig/seelische Vorgänge nicht unabhängig voneinander und arbeitet mit dem Körper als Repräsentant/Ausdruck der Seele.

Körperpsychotherapeutische Verfahren zeichnen sich aus durch den Einbezug von

- nonverbalen Interventionstechniken (Körperwahrnehmungsübungen und Bewegungsdialoge, Arbeit mit kreativen Medien wie Farbe und Papier oder Ton)
- Handlungsdialogen (Rollenspielen)
- Berührungen (als Bestandteil der Körperselbstwahrnehmung)
- einer Diagnostik, die neben verbalen auch nonverbale, z. B. visuelle Informationen berücksichtigt (Gestik, Mimik, Haltung, Bewegung)

In der Körperpsychotherapie wird der Körper mit seinen Empfindungen, seinen Reaktionen und seinem Ausdruck (Mimik, Gestik, Haltung, Bewegung) in die therapeutische Arbeit einbezogen. Den Patienten wird die Möglichkeit geboten, über Gefühle nicht nur zu reden, sondern sie auch direkt zu erfahren und auszudrücken. Die Aufmerksamkeit gilt den Gedanken, bildhaften Vorstellungen und Körperwahrnehmungen in gleichem Maße. Berührung, Atemarbeit und Bewegung sind wichtige therapeutische Instrumente. Unbewusste und/oder mit Worten nicht darstellbare Konflikte oder Themen werden mithilfe von kreativen Medien wie Farbe, Papier und Ton ausgedrückt und dann herausgearbeitet.

Körperpsychotherapeutischen Elemente, die in der Behandlung persönlichkeitsgestörter Rechtsbrecher eingesetzt werden, haben vielfältige, direkte Effekte. Das gilt gleichermaßen für die kreativtherapeutischen, körperbezogenen Interventionen die der Integrativen Bewegungs- und Leibtherapie (IBT) entstammen, als auch für die Wahrnehmungsübungen und Einzelarbeiten (Strukturen) in PBSP (PessoBoydenSystemPsychomotor). Die Patienten lernen, ihren physischen Erfahrungen mehr Aufmerksamkeit zu schenken. Die Wahrnehmung physischer Prozesse (Empfindungen) werden von fremdartigen, störenden Symptomen zu wertvollen Informationsgebern über Bedürfnisse und Wünsche. Patienten lernen, Gefühle besser zu unterscheiden. Die Übungen führen die Patienten zu alten wie aktuellen Konflikten und die Verbindung zwischen ihnen. Es wird eine Möglichkeitensphäre geboten, in der (lange) unterdrückte Gefühle ausgedrückt werden können.

Die Arbeit mit kreativen Medien umfasst die gleichen Medien, die auch von den Kunstformen her bekannt sind: Ton, Papier, Farbe, Musik, Tanz, Märchen, Poesie. Es sind die gleichen Medien, die ein Kind im Laufe seiner Entwicklung kennenlernt und durch die es sich selbst verstehen und auszudrücken lernt. Diese Medien setzen unmittelbar am wahrnehmenden, fühlenden und erlebenden Selbst an. Der Zugang zu unbewusstem Material ist meist direkter als in der rein sprachlich ausgerichteten Arbeit. Auch der Umgang mit Widerstand wird durch den Einsatz von kreativen Medien erleichtert, da es oftmals viel leichter fällt, etwas mit Farbe auf Papier auszudrücken, als darüber zu sprechen.

Elemente der Integrativen Bewegungs- und Leibtherapie (IBT) und PBSP in der praktischen Anwendung

Die Methode der *Integrativen Bewegungs- und Leibtherapie* wird von der Autorin überwiegend in der Einzeltherapie angewandt, wobei die Arbeit mit kreativen Medien einen Schwerpunkt bilden. Über die Arbeit mit Medien, der dadurch entstehenden exzentrischen Position wird eine (neue) intensivere Beziehung zum eigenen Körper und seinen Empfindungen hergestellt, können neue Perspektiven eröffnet werden, können sich Bewusstsein und Sinnfindungsprozesse entwickeln. Einen anderen Schwerpunkt stellen Körperwahrnehmungsübungen dar, über die erreicht werden kann, dass der Körper grundsätzlich als Informationsgeber anerkannt und bewusster eingesetzt wird.

Folgende Elemente haben sich als sinnvoll in der Anwendung herausgestellt:
- Körperbilder/Ich-Objekte (Körperselbstwahrnehmung – Farbe und Papier oder Ton)
- Lebenspanorama (Biografie-Arbeit – Farbe und Papier)

- Fünf Säulen der Identität (Selbstwahrnehmung, Verständnis entwickeln für soziale Rollen in unterschiedlichen Kontexten – Farbe und Papier oder Ton)
- Arbeit mit Symbolen (Objekten) zu bestimmten Themen/Problemen/Beziehungen
- Familienbilder (dazu kann alles herhalten, was sich im Raum befindet; als hilfreich hat sich die Anschaffung einer Rummelkiste erwiesen, in der man seinen ganzen Ramsch sammeln kann)
-

In der *Pesso-Psychotherapie* geht es schwerpunktmäßig um das Erkennen individueller ungünstiger Verhaltensmuster, wiederkehrender, negativer Erlebnisse und das Erarbeiten von Alternativen mithilfe von Rollenspielen. Klar definierte Ausgangspunkte und Techniken sorgen dafür, dass der Klient die Kontrolle über den therapeutischen Prozess behält.

Als Vorbereitung auf die Arbeit in sogenannten Strukturen durchlaufen die Patienten eine Phase, in der sie mittels einer Reihe von Körperselbstwahrnehmungsübungen (sowohl individuell als auch in der Interaktion) vorbereitet werden auf die Strukturgruppe. In der Vorbereitungsphase machen sie sich auch mit den Regeln der Gruppe und der PBSP-Theorie und den spezifischen Rollenspieltechniken vertraut.

Wenn der Klient, ausgehend in der Regel von einem aktuellen Thema/Problem von bestimmten defizitär oder traumatisch erlebten Ereignissen aus der Vergangenheit berichtet, sind die aktuellen wie damaligen Körperempfindungen insbesondere in der Mimik abzulesen. Hier setzt das sogenannte Microtracking ein, mit dem der Therapeut dem Klienten empathisch körperliche und affektive Erfahrungen bewusst macht. Mit Unterstützung des Therapeuten gelingt es dann dem Klienten, genau zu benennen, was er damals eigentlich gebraucht hätte. Dieses Wissen ist der Ausgangspunkt für die Inszenierung des sogenannten Antidots, in dem der Klient mittels selbst gewählter und präzise instruierter Rollenspieler auf einer symbolischen Ebene psychomotorisch (also an die Körpererfahrung gekoppelt) erfahren kann, wie es damals eigentlich hätte sein sollen. Das Erleben von gratifizierenden Interaktionen in einem Antidot mündet in den Aufbau kinaesthetisch-sensorischer Erinnerungen. Diese werden dann sozusagen neben den ursprünglichen Erinnerungen abgespeichert. Zunehmende virtuelle, neue Erinnerungen können mit der Zeit dazu führen, dass der Klient realistischere und positive Erwartungen entwickelt und mit mehr Zufriedenheit und Zuversicht in die Zukunft blickt.

Literatur

BACHG, M (2006): Die Kreation körperbasierter synthetischer Erinnerungen in Pesso Boyden System Psychomotor (BPSP). In PiD, 2/2006

BACHG, M (2004): Microtracking in der Pesso-Therapie – Brückenglied zwischen verbaler und körperorientierter Psychotherapie. In: Psychotherapie, 9/2004, Heft 2

DAMASIO, A (1997): Descarte's Irrtum. Fühlen, Denken und das menschliche Gehirn.

HAUSMANN, B, NEDDERMEYER, R (1996): Bewegt sein – Integrative Bewegungs- und Leibtherapie in der Praxis.

LEDOUX, J (1998): Das Netz der Gefühle. Wie Emotionen entstehen.

MOSER, T (1991) Strukturen des Unbewussten.

PERQUIN, L, PESSO, A (2007): Die Bühnen de Bewusstseins. Oder: Werden wer wir wirklich sind. PBSP – ein ressourcenorientierter, neurobiologisch fundierter Ansatz der Körper-, Emotions- und Familientherapie.

PERQUIN, L (2004): Pesso Therapy – a neurobiological founded, body and resource oriented approach to psychotherapy. In: European Psychotherapy, 5/2004, Heft 1

PERQUIN, L (o. J.): Omnipotenz und Limitierung in der Pesso-Therapie. Artikel in niederländischer Sprache, unter www.pesso.nl

PESSO, A ((2004): Die Bühnen des Bewusstseins. In: Psychotherapie, 9/2004, Heft 2

PESSO, A (1986): Dramaturgie des Unbewussten.

PETZOLD, H (1988): Integrative Bewegungs- und Leibtherapie. Band 1–2.

PETZOLD, H (1993): Integrative Therapie. Band 1–3.

PETZOLD, H, ORTH, I (1990): Die neuen Kreativitätstherapien. Band 1–2.

RASCH, W, KONRAD, N (2004): Forensische Psychiatrie.

SCHRENKER, L, FISCHER-BARTELMANN, B (2003): Pesso-Therapie – ein in Deutschland neues ganzheitliches Verfahren einer körperorientierten Form der Gruppentherapie. In: Psychotherapie, 8/2003, Heft 2

Zur Wertigkeit intuitiver Prognoseentscheidungen*

Dieter Seifert

Zusammenfassung

Die »intuitive« Prognosemethode wird zumeist als Abgrenzung zu der wissenschaftlichen (»statistischen«) bzw. der »klinischen« Methode der Erstellung von Legalprognosen verwendet. Bei diesem Terminus schwingt zumeist eine gewisse negative Konnotation mit. Intuition hat in der klinischen Psychiatrie aber durchaus seinen Stellenwert und wird bei diagnostischen und therapeutischen Fragestellungen als ein nicht unbedeutender Aspekt herangezogen. Dass mit einer intuitiven Prognoseentscheidung bei entlassenen forensischen Patienten (§ 63 StGB) eine erstaunlich hohe Treffergenauigkeit zu erzielen ist, die z. T. höher liegt als mittels aktuarischer Checklisten (z. B. HCR-20, PCL-R), zeigen die Ergebnisse der Essener prospektiven Prognosestudie. Neben der vergleichenden Darstellung der Treffergenauigkeit werden Überlegungen zur Erklärung dieses Phänomens diskutiert.

Schlüsselwörter

Maßregelvollzug, Gefährlichkeitseinschätzung, intuitive Prognosemethode

Der Begriff Intuition wird in ganz unterschiedlichen Bereichen benutzt und ist überwiegend mit einer positiven Assoziation verknüpft. Insbesondere in der Wirtschaft erfreut sich dieser Terminus zunehmender Beliebtheit. Es ist von der »Kraft der Intuition« (Goldberg 1995) oder dem »Erfolgsfaktor Intuition« (Hänsel u. a. 2001) die Rede. Manager sollen »auf ihre innere Stimme hören« und Trainingsseminare zur »professionellen intuitiven Selbstregulation« besuchen. Die Elektronikindustrie verspricht eine »intuitive« Bedienbarkeit der komplexen High-Tech-Geräte.

Bei dem Terminus »intuitive Prognosemethode« schwingt indes zumeist eine gewisse negative Konnotation mit. Laut dem DUDEN versteht man unter dem Begriff Intuition eine »Eingebung, ein ahnendes Erfassen«; im Fremdwörterbuch (DUDEN) ist er beschrieben als »das unmittelbare, nicht diskursive und nicht auf Reflexion beruhende Erkennen, Erfassen eines Sachverhaltes oder eines komplexen Vorgangs«. Die Einschätzung, ob ein psychisch kranker bzw. gestörter Mensch erneut schwere

---

* Dieser Vortrag wurde bei der 22. Eickelborner Fachtagung 2007 gehalten.

Straftaten begehen wird oder nicht, kann guten Gewissens als ein »Erfassen eines komplexen Sachverhaltes« bezeichnet werden. Eine mit derart weitreichenden Konsequenzen für den Patienten wie gleichwohl die Allgemeinheit einhergehende Entscheidung sollte sicherlich mit Bedacht und nur nach sorgfältiger Reflexion aller bekannten Fakten getroffen werden. Demzufolge hat eine »intuitive« Entscheidung, also eine, die sozusagen ad hoc aus dem Bauch heraus gefällt wird, bei dieser Fragestellung streng genommen nichts zu suchen.

Im klinisch-psychiatrischen Alltag begegnet man einer Reihe von Situationen, bei denen die Intuition durchaus einen Stellenwert zu besitzen scheint, beispielsweise bei diagnostischen und therapeutischen Fragestellungen. Das »Praecox-Gefühl« im Kontakt mit einem Patienten, bei dem der Verdacht auf eine symptomarme schizophrene Psychose besteht, wird von erfahrenen klinischen Psychiatern zur diagnostischen Beurteilung herangezogen. Hierbei handelt es sich um ein eigentümliches Gefühl der zwischenmenschlichen Kommunikation, welches nicht verbalisierbar ist. Laut dem Wörterbuch der Psychiatrie und medizinischen Psychologie kommt dieser Empfindung »eine große symptomatologische Bedeutung zu« (PETERS 1984). Ein plötzlich aufkommendes Gefühl der Angst im Umgang mit einem forensischen Patienten nehmen wir durchaus ernst und verwerten es hinsichtlich dessen Gefährlichkeitseinschätzung. Gefühle, die nicht bzw. nicht im ersten Moment mit den realen, objektiven Fakten im Einklang stehen, heißt es in Teamsitzungen oder Balintgruppen zu hinterfragen und zu analysieren. Dies gehört sozusagen zum typischen psychiatrisch-psychotherapeutischen Handwerkszeug. Ein entscheidendes Problem besteht allerdings darin, dass man mit Intuition nichts beweisen kann. Es ist kein handfestes Argument und somit auch nicht als ein valides Prognosekriterium anerkannt.

Die wissenschaftliche Beschäftigung mit diesem Phänomen wirft einige methodische Probleme auf. Eine denkbare Möglichkeit zur Erfassung intuitiver Prognoseentscheidungen wäre beispielsweise, die Psychiater und Psychologen einer forensischen Klinik zu bitten, die vermutete Rückfallwahrscheinlichkeit ihrer Patienten auf einer visuellen Analogskala aufzutragen (Abb. 1).

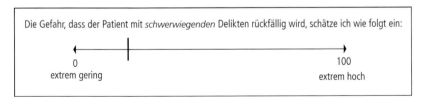

Abb. 1: Beispiel der Einschätzung der Rückfallgefahr eines Patienten (hier: 21 %)

Hierbei handelt sich um eine globale Beurteilung der Legalprognose. In der Essener prospektiven Prognosestudie ist diese Form der »intuitiven« Einschätzung »forensische Sonntagsfrage« genannt (zur Methodik siehe SEIFERT 2007). Gefragt war nach der Einschätzung, für wie wahrscheinlich die Therapeuten einen Rückfall mit »weniger gravierenden« bzw. »schwerwiegenden« Straftaten« halten und ob die Patienten im Laufe der Führungsaufsicht gegen die »richterlich auferlegten Weisungen« verstoßen werden. Diese globalen Einschätzungen wurden von den zuständigen Therapeuten zu einem Zeitpunkt beantwortet, an dem die richterliche Entscheidung *für* eine Entlassung des Patienten bereits gefallen war. Da diese Gefährlichkeitseinschätzung keinerlei Einfluss auf die reale richterliche Entlassungsentscheidung ausgeübt hatte, ist es durchaus denkbar, dass die Therapeuten hierbei ihre »ehrlichere« Einschätzung bezüglich der Rückfallgefahr ihres Patienten offenbart haben. Die große Spannweite der Einschätzungen auf den drei visuellen Analogskalen deutet daraufhin. So wurde bei den zwischen 1997 und 2003 insgesamt 333 rekrutierten Patienten ein

- Rückfall mit *weniger gravierenden* Straftaten (1. forensische Sonntagsfrage) zwischen 0 und 100 %,
- mit einem *schwerwiegenden* Delikt (2. forensische Sonntagsfrage) zwischen 0 und 98 % prognostiziert.
- Bei der Einschätzung, ob der entlassene Patient gegen die *richterlich auferlegten Weisungen* (3. forensische Sonntagsfrage) verstoßen würde, variierte die Prognose ebenso maximal (0 bis 100 %).

Demzufolge wurden im Erhebungszeitraum auch solche Patienten aus dem Maßregelvollzug entlassen, bei denen die Therapeuten mit hoher »innerer Überzeugung« annahmen, dass sie nicht nur erneut Bagatelldelikte, sondern gleichfalls Gewaltstraftaten begehen würden. Eventuell haben diese Einschätzungen auf den »Sonntagsfragen« die »heimlichen Ängste« der Therapeuten widergespiegelt.

Eine nähere Analyse der »intuitiven« Einschätzung der Therapeuten hinsichtlich der Rückfalleinschätzung zeigte, dass die Therapeuten überwiegend zu der »richtigen« Prognose gelangt sind. Am treffsichersten hat sich die erste Sonntagsfrage (weniger gravierende Straftaten) herausgestellt (Tab. 1).

Tab. 1: Mit der ROC-Analyse berechnete Treffergenauigkeit der forensischen Sonntagsfragen je nach Stichprobe. Angegeben sind die AUC-Werte

Stichprobe	AUC
Gesamtgruppe (N = 249)	
1. forensische Sonntagsfrage	.73
2. forensische Sonntagsfrage	.58
3. forensische Sonntagsfrage	.67
Rückfällige und gematchte Vergleichsgruppe (n = 110)	
1. forensische Sonntagsfrage	.68
2. forensische Sonntagsfrage	.56
3. forensische Sonntagsfrage	.64

Dies galt sowohl für die Rückfallgruppe mit der gematchten Vergleichsgruppe Nicht-Rückfälliger als auch für beide Hauptdiagnosegruppen (Abb. 2).
Im Übrigen hatte sich die Frage nach schwerwiegenden Rückfalldelikten (Gewaltstraftaten) als diejenige forensische Sonntagsfrage mit der geringsten prädiktiven Genauigkeit herausgestellt.

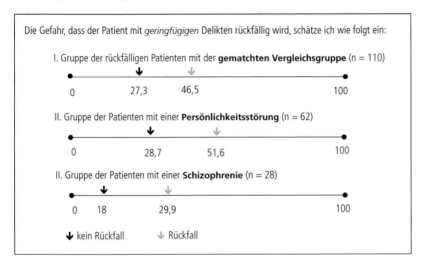

Abb. 2: Visuelle Analogskala mit den Mittelwerten der »1. forensischen Sonntagsfrage« für die gematchte Vergleichsgruppe (I.), die Patienten mit einer Persönlichkeitsstörung (II.) und mit einer Schizophrenie (III.)

Betrachtet man die forensischen Sonntagsfragen – bei allen methodischen Vorbehalten – als »intuitive« Gefährlichkeitseinschätzung und errechnet man mittels der ROC-Analysen die Treffergenauigkeit, ergaben sich insbesondere für die 1. forensische Sonntagsfrage vergleichsweise hohe Werte (Tab. 2).
In der Literatur wird die prädiktive Wirksamkeit von Prognosescores üblicherweise mittels ROC-Analysen (receiver operating charakteristics) – speziell der »area under curve« (AUC) – berechnet. Bei einem Wert von .50 besteht keine Trennschärfe, je näher er an 1 liegt, desto größer ist die Wahrscheinlichkeit der exakten Vorhersage des Ereignisses. Nach DOUGLAS und Mitarbeitern (2001) wird ein Wert von über .75 als gut betrachtet. Eine Metaanalyse von 58 Studien zur Treffergenauigkeit ergab eine durchschnittliche AUC von .73 (MOSSMAN 1994).
Bemerkenswert im Vergleich zu den anderen Studien ist, dass allein durch die Beantwortung der »1. Forensischen Sonntagsfrage« der Gesamtgruppe – gefragt war nach der Wahrscheinlichkeit eines *weniger gravierenden* Rückfalls – eine recht hohe Treffergenauigkeit erzielt wurde. Der errechnete AUC-Wert liegt über denen der drei

Tab. 2: Vergleich der AUC-Werte anderer zur Gefährlichkeitseinschätzung
verwendeter Fragebögen mit dem klinischen Teil des Essener Prognosebogens

Prognosefragebogen	AUC
Münchener Studie[1]	
PCL-R (Psychopathy Checklist)	
Summe (alle Rückfälle – N = 103)	.64
Summe (gewalttätige Rückfälle – n = 32)	.72
HCR 20 (Historical, Clinical, Risk Management)	
Summe (alle Rückfälle – N = 103)	.64
Summe (gewalttätige Rückfälle – n = 32)	.71
ILRV (Integrierte Liste von Risiko-Variablen)	
Summe (alle Rückfälle – N = 103)	.61
Summe (gewalttätige Rückfälle – n = 32)	.69
EFP-63[2]	
Gesamtgruppe (N = 196) 4 Variablen nach logistischer Regression	.81
Studie der Henri van der Hooven Kliniek[3]	
PCL-R (Psychopathy Checklist)	
Summe (nicht gewalttätige Rückfälle – N = 119)	.68
Summe (generelle Rückfälligkeit – N = 119)	.75
HCR 20 (Historical, Clinical, Risk Management)	
Summe (generelle Rückfälligkeit – N = 119)	.70
Summe (gewalttätige Rückfälle – N = 119)	.82
Unstrukturierte klinische Prognose	
generelle Rückfälligkeit (N = 119)	.68
gewalttätige Rückfälle (N = 119)	.63
Essener klinischer Prognosebogen	
Gesamtgruppe (N = 249) 8 Variablen nach logistischer Regression	.83
1. forensische Sonntagsfrage	.73
Vergleichsgruppe (n = 110) 6 Variablen nach logistischer Regression	.83
1. forensische Sonntagsfrage	.68

1 Die Daten entstammen dem Buch von Nedopil (2005)
2 Die Angabe entstammt der Monographie von Gretenkord (2001)
3 Die Daten stammen aus der Studie über den niederländischen Maßregelvollzug (de Vogel u. a.; 2004)

Prognosebögen PCL-R, HCR-20 und ILRV sowohl für gewalttätige als auch *nicht* gewalttätige Rückfälle aus der Münchener Studie (NEDOPIL 2005). Dies ließe sich durchaus in der Weise interpretieren, dass durch eine »ad-hoc« Gefährlichkeitseinschätzung der behandelnden Therapeuten eine (leicht) bessere Treffergenauigkeit als mithilfe der »etablierten« Prognosechecklisten zu erzielen ist.

Als rein intuitive Prognosemethode mit einer Entscheidung »aus dem Bauch heraus« darf eine solche Beurteilung allerdings nicht fehlgedeutet werden. Die Therapeuten in den forensischen Kliniken haben nämlich in dem Wissen der richterlich beschlossenen Entlassung und direkt *nach* Ausfüllen des klinischen Erhebungsbogens und somit nach intensiver Auseinandersetzung mit dem Thema der Kriminalprognose ihres Patienten die »Sonntagsfragen« beantwortet. Das »intuitive« Gefühl basiert folglich auf den Erkenntnissen monate- oder jahrelanger Beobachtungen und Erfahrungen im täglichen Umgang mit diesen Patienten und stellt daher das Ergebnis eines kognitiven Prozesses dar.

Interessanterweise wies die »unstrukturierte klinische Prognose« der niederländischen, retrospektiven Prognosestudie nur unwesentlich geringere AUC-Werte wie die der ersten forensischen Sonntagsfrage unserer Untersuchung auf. Allerdings lag dort die Treffergenauigkeit sowohl für gewalttätige als auch für eine generelle Deliktrückfälligkeit niedriger als mittels Anwendung der standardisierten Checklisten HCR-20 und PCL-R (DE VOGEL u. a. 2004). Auch in einer früheren niederländischen prospektiven Prognosestudie (LEUW 1995) stellte sich eine rein intuitive Einschätzung als das aussagekräftigste Prognosekriterium dar. Demnach sprach vor allem *»eine besondere Vorsicht des klinischen Personals gegenüber dem Patienten«* für eine eher negative Legalprognose. Dass eine negative Teameinschätzung gegenüber einem Patienten auch in der forensischen Alltagspraxis ein wichtiges Prognosekriterium darstellt, gilt wohl als unbestritten. Erfahrene Mitglieder eines Forensikteams mag dieses Ergebnis kaum überraschen.

Die hier dargestellte »intuitive Prognosemethode« mittels der drei forensischen Sonntagsfragen ist demzufolge als eine Fähigkeit zu verstehen, aus verschiedenen, komplexen Informationen und Eindrücken auf der Basis eines praktischen Erfahrungshintergrundes zu einer vertretbaren Entscheidung zu gelangen. Die rationalen Fakten sollten dabei nicht in Vergessenheit geraten. Intuition und Rationalität schließen sich keinesfalls aus, sind aber ebenso wenig als Gegensätze zu betrachten. Die allgemein wachsende Beliebtheit der intuitiven Entscheidung könnte auch damit zusammenhängen, dass man mehr oder minder bewusstseinsfern hofft, sich auf diese »moderne Weise« der Anstrengung einer systematischen Analyse und des sorgfältigen Nachdenkens zu ersparen. Intuition sollte im Entscheidungsprozess indes keineswegs eliminiert werden. Es geht vielmehr um ihren genauen Stellenwert innerhalb der Reihe der verschiedenen Prognosefaktoren. Eventuell kann vieles, was derzeit noch rein intuitiv erscheint, unter Umständen doch noch klinisch systematisiert und damit für die Praxis nutzbar gemacht werden.

Literatur

Douglas KS, Webster CD, Eaves D, Hart SD & Ogloff JRP (Eds.) (2001). HCR-20 Violence risk management companion guide. Burnaby: Mental Health Law and Policy Institute, Simon Fraser University and Louis de la Parte Florida Mental Health Institute, University of South Florida

Goldberg P (1995) Die Kraft der Intuition. Gondrom Verlag Bindlach

Gretenkord L (2001) Empirisch fundierte Prognosestellung im Maßregelvollzug nach § 63 StGB (EFP-63). Deutscher Psychologen Verlag, Bonn

Hänsel M, Schweitzer J & Zeuch A (2001) Erfolgsfaktor Intuition. Zeitschr. für Organisationsentwicklung 1, 73–81

Leuw E (1995) Recidive na ontslag uit tbs. Arnhem, Gouda Quint

Mossman D (1994) Assessing predictions of violence: Being accurate about accuracy. Journal of Consulting and Clinical Psychology, 62: 783–792

Nedopil N (2005) Prognosen in der Forensischen Psychiatrie – Ein Handbuch für die Praxis. Pabst Science Publishers Lengerich

Peters U W (1984) Wörterbuch der Psyciatrie und medizinischen Psychologie. Urban & Schwarzenberg München Wien Baltimore

Seifert D (2007) Gefährlichkeitsprognosen. Eine empirische Untersuchung über Patienten des psychiatrischen Maßregelvollzugs. Steinkopff-Springer-Verlag Darmstadt

Vogel V de, Ruiter C de, Hildebrand M, Bos B & van de Ven P (2004) Type of discharge and risk of recidivism measured by the HCR-20: A retrospective study in a Dutch sample of treated forensic psychiatric patients. International Journal of Forensic Mental Health, 3, 149–165

»Der Patient ist schlicht gestrickt ...«

Dita Simon-Peters

Zusammenfassung

Zwei Fallvignetten beleuchten ethische und diagnostische Aspekte bei langjährig im Maßregelvollzug untergebrachten psychotischen Patienten mit Migrationshintergrund und der Diagnose einer Intelligenzminderung.

Interdisziplinäre Sichtweisen bieten gleichermaßen Korrektive, aber auch Fehlerquellen in der diagnostischen Einschätzung und Beurteilung der Gefährlichkeit. Die Intelligenz lässt sich unter Berücksichtigung schizophrener Krankheitsprozesse und ihrer Behandlung oftmals nur im Längs- und Querschnitt der Persönlichkeit des einzelnen Patienten sachgerecht beurteilen und dies ist bei ausländischen Patienten besonders schwierig. Nicht selten entstehen Fehlbeurteilungen im Sinne einer Intelligenzminderung und begründen damit eine unangemessen ungünstige Legalprognose. Ergebnisse von Intelligenztests und Angaben über den Intelligenzquotienten sind jedoch nicht selbsterklärend, sondern unter bestimmten Voraussetzungen nur als Hinweise auf Krankheitsprozesse zu interpretieren, wie wissenschaftliche Studien belegen.

Schlüsselwörter

Maßregelvollzug, Migranten, Psychodiagnostik, Schizophrenie, Legalprognose

Der 34-jährige Herr C ist türkischer Abstammung und hat unter dem Eindruck akuter Symptome einer schizophrenen Psychose ein Gewaltdelikt begangen. Bei ihm wurde zusätzlich die Diagnose einer Intelligenzminderung gestellt, während gleichzeitig festgestellt wurde, er leide an Aufmerksamkeits- und Konzentrationsproblemen, sogenannten Negativsymptomen der Psychose. Bei der Begutachtung gab Herr C an, er sei nicht krank, sondern habe dies nur vorgegeben, um in Deutschland bleiben zu können, damit er dem türkischen Militär entgehen könne. Türkische Mitpatienten von Herrn C berichteten hingegen, dass Herr C völlig durcheinander (Wortsalat) spreche, aber es nicht selbst bemerke, sondern seine Landsleute nachdrücklich bitte, seine Anliegen ins Deutsche zu übersetzen. Zeitweise lese Herr C aufmerksam türkische und deutsche Zeitungen, wie die Stationspfleger berichteten.

Typischerweise kann als Symptom der Schizophrenie *Denkzerfahrenheit* als wichtigste Denkstörung schizophren Erkrankter auftreten. Das Denken und die Sprache erscheinen dann durcheinandergewürfelt, unbestimmt und bizarr. Das kann sich u. a. durch Schizophasie (Wortsalat), aber auch durch Vorbeireden zeigen (der Patient geht nicht auf eine gestellte Frage ein, redet daran vorbei, ohne dies zu wünschen). Im genannten Fall kamen Gutachter zu folgenden unterschiedlichen Ergebnissen in der Beurteilung der Intelligenz des Patienten:

Gutachter 1 schrieb in seiner psychiatrischen Beurteilung: *Das Intelligenzniveau von Herrn C muss als erheblich vermindert eingeschätzt werden. (...) Es ist die Diagnose einer mittelgradigen Intelligenzminderung nach dem Terminus des § 20 StGB Schwachsinn zu stellen.* – Eine valide Intelligenzmessung durch einen dafür ausgebildeten Psychologen hatte der genannte Gutachter hingegen nicht durchführen lassen. Zu seiner Einschätzung gelangte er allein, indem er Herrn C fragte, wie viel 10 Prozent von 200 sind, woraufhin Herr C *2000* antwortete. Der Gutachter zog indessen nicht in Erwägung, dass der Patient das Wort »Prozent« vielleicht als »mal« missverstanden haben könnte, denn dann wäre seine Antwort richtig gewesen. (Bei einer späteren Exploration zeigte sich, dass Herr C den deutschen Begriff »geteilt durch« nicht kannte.) Auf die weitere Frage des Gutachters 1, wer der deutsche Bundeskanzler ist, antwortete Herr C (damals richtig): *Kohl.* – Bedenkt man, wie viele Deutsche nicht wissen, wie der deutsche Bundeskanzler heißt, muss das Allgemeinwissen von Herrn C beeindrucken. – Am Ende der Exploration antwortete Herr C auf die Frage des Gutachters, worum es bei der Untersuchung ging: *eigentlich nein.* Der Gutachter stellte fest, Ausdrucksverhalten und Mimik seien auffällig, der formale Gedankengang deutlich gestört, die Auffassungsgabe erschwert. Fragen hätten mehrfach gestellt werden müssen. Der Patient zeige eine verminderte Verbalisationsfähigkeit (Wortkargheit), läppisches Verhalten mit unmotiviertem Lachen.

Gutachter 2, ebenfalls ein Psychiater, der Herrn C zur gleichen Zeit wie Gutachter 1 untersuchte, berichtete: *Der Patient ist gedanklich sprunghaft, seine Gedanken kreisen um den Tod.* Aufgrund der mehrfach geäußerten Suizidalität habe eine Lithiumbehandlung nicht durchgeführt werden können.

Gutachter 3 ist türkischer Abstammung und gab in seinem psychiatrischen Gutachten an: Der Gedankengang von Herrn C sei mühsam, schleppend. In seiner Muttersprache habe Herr C sehr oft den Faden verloren. Sein Denken sei eingeengt, einsilbig und verarmt an Inhalten, seine Gedanken fixiert auf die Fragen nach seiner Existenz, ob er überhaupt noch lebe. Es bestünden deutliche Störungen der Auffassungs-, Konzentrations- und Merkfähigkeit. – Gutachter 3 stellte allein aufgrund der Vordiagnose von Gutachter 1 die *Verdachtsdiagnose einer leichten Intelligenzminderung.*

Gutachter 4 ist Diplom-Psychologe und stellte fest, eine Intelligenzmessung habe nicht stattfinden können, da der Patient im Rahmen seiner akuten Erkrankung erhebliche Auffassungs- und Konzentrationsstörungen zeigte und seine Belastbarkeit erheblich reduziert sei.

Gutachter 3 stellte nun dennoch entgegen den genannten Feststellungen des psychologischen Gutachters 4 und ohne dass valide Testergebnisse vorlagen, die *Diagnose einer gravierenden Intelligenzminderung*.
Der psychiatrische *Gutachter 5* erstellte ein 21 Seiten langes Prognosegutachten und bezog sich darin in seiner Intelligenzbeurteilung auf die *vor* seiner Exploration durchgeführte Intelligenzmessung eines Diplompsychologen (Gutachter 6). *Gutachter 6* hatte keine Vorinformationen als er den Patienten psychologisch testete. Er führte quasi eine »nackte Testung« durch, indem er bei dem in seiner Aufmerksamkeit, Konzentration und Belastbarkeit schwer beeinträchtigten Patienten an *einem* Vormittag eine *umfangreiche* Testbatterie durchführte. Der Patient wurde weder vom ärztlichen noch vom psychologischen Gutachter vorab exploriert. Auch die nach der psychologischen Testung festgestellten Einschränkungen des Patienten aufgrund der bestehenden Psychose flossen nicht in das Testergebnis und die Gesamtbeurteilung ein. *Gutachter 5 und 6* stellten *mit Verweis auf die Vorgutachter* fest: *Beeinflusst wird das Verhalten des Patienten durch die intellektuelle Minderbegabung, die – wie zu erwarten war – jetzt im testpsychologischen Gutachten nochmals bestätigt wurde.*
Gutachter 7 verwies ebenfalls nur auf die Vorgutachter. Er gab auch keine psychologische Testung in Auftrag, sondern schrieb blind die Diagnose einer intellektuellen Minderbegabung fort. – Immerhin stellte er fest, dass sich die Förderungen des Patienten in der deutschen Sprache als erfolgreich erwiesen hätten.

Besonderheiten bei der Intelligenzbeurteilung von Migranten

Patienten mit Migrationshintergrund stellen im Maßregelvollzug besondere diagnostische Anforderungen an forensische Psychiater und Psychologen. Zwar wissen wir, dass der Mensch ein biopsychosozial geprägtes Wesen ist, aber was wissen wir schon Genaueres von anderen Kulturen und ihrer biopsychosozialen Wirklichkeit? – Das Dilemma in der diagnostischen Beurteilung beginnt schon bei der Frage nach angemessenen diagnostischen Methoden: zurzeit stehen uns kaum kulturell angemessene Übersetzungen von Persönlichkeitstests noch entsprechende Intelligenztests für türkische Patienten zur Verfügung, ebenso fehlen türkische Normierungen.
DITTMANN betonte in seinen diversen Vorträgen zur Prognosestellung im Maßregelvollzug, dass Verhalten multidimensional und multikonditional ist, wie das Baseler Delinquenzmodell (s. Abb.) veranschaulicht. Wenn Intelligenzminderung aber ein Faktor ist, der Delinquenz mit bedingen kann, dann müssen wir verstehen, was Intelligenz überhaupt ist. Ferner müssen wir uns fragen, was wir messen, wenn wir angeben, Intelligenz zu bestimmen und was Intelligenz bzw. Intelligenzdefizite im Hinblick auf eine fortbestehende Gefährlichkeit bedeuten, deretwegen ein Patient im Maßregelvollzug untergebracht ist.

Das Baseler Delinquenzmodell nach DITTMANN (2005) geht von folgenden multiplen Einflüssen aus, die Delinquenz bewirken können und in Wechselwirkung stehen:

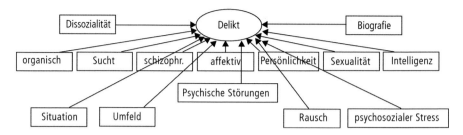

Abbildung: Das Baseler Delinquenzmodell

Aus der Psychologie stammt die Sichtweise, dass Intelligenz das ist, was der Intelligenztest misst. Die Grundlagen der Beurteilung sind danach wissenschaftlich, standardisiert und normiert. Nach dem Common Sense jedoch ist Intelligenz *so etwas wie* Bildung, Leistungen des Gehirns, sich etwas merken können, Sprache, Rechnen, Kommunizieren, kulturelles Erbe, technisches Verständnis, Geld verdienen, sich über Wasser halten, sein Leben gestalten. In einem komplexeren Sinne versteht man darunter aber wohl auch Situationen erfassen können, Wesentliches verstehen, abwägen können, indem wir mehrere Aspekte gleichzeitig bedenken, Urteilsfähigkeit, sachgerechtes Handeln und die Fähigkeit, sich zu verändern und sich an Lebensumstände angemessen anzupassen.

Gleichzeitig ist Intelligenz auch ein *soziales Konstrukt*, u. a. ein Statussymbol und ein Sympathieattribut: Menschen, die uns unsympathisch sind, mögen wir vielleicht nicht so gern als intelligent ansehen und falls doch, so können sie mitunter eher als bauernschlau oder hinterhältig und gewieft beurteilt werden. Dabei tritt der sogenannte Halo-Effekt (nach Edward Lee THORNDIKE) in Erscheinung, der gleich dem vom Mond beschienenen Hof ausstrahlt und die Übertragung bzw. Generalisierung eines Merkmals auf andere kennzeichnet. Häufig handelt es sich beim Halo-Effekt um falsche Verknüpfungen, z. B.: *Wer schön ist, ist auch intelligent und reich* – oder – *wer intelligent ist, verhält sich nicht dumm.* Menschen, die *langsam* sind, werden hingegen leicht für *schwer von Begriff* gehalten. Sie haben *keine schnelle Auffassungsgabe.* Wer keine schnelle Auffassungsgabe hat, den halten wir möglicherweise fälschlich für wenig intelligent. Zudem neigen Menschen dazu, sich selbst und ihre eigenen Wachstumsmöglichkeiten als Vergleichsmaßstab für andere zu setzen. Die multiplen Bedingungen, denen andere Menschen in ihrer Entwicklung unterliegen, u. a. auch durch Krankheitsprozesse, werden nach dem Common Sense leicht fehlbeurteilt oder außer Acht gelassen. Kulturelle Einflüsse, die einem schon zuvor bestehenden Klischee des Beurteilers über den Patienten entsprechen, werden eher übermäßig und verzerrt wahrgenommen. Voreingenommenheit prägt dann die Diagnose.

Der 35-jährige Herr B ist arabischer oder algerischer Abstammung. Er leidet an einer chronischen Schizophrenie und hat unter dem Eindruck florider Symptomatik ein Gewaltdelikt verübt. Den Kontakt zu seiner in der Heimat lebenden Familie hatte er bereits vor Jahren verloren, seit er in verschiedenen Ländern Europas lebte und sich dort durch Gelegenheitsarbeiten selbst versorgte. Im Maßregelvollzug untergebracht, ergab seine testpsychologische Untersuchung: *Die Testung konnte nicht abgeschlossen werden. Es handelt sich bei Herrn B wohl nicht um eine durch Minderbegabung gestörte Auffassungsgabe, sondern eher um eine psychotische Symptomatik.* Herr B habe angegeben, er fühle sich durch die Testsituation bedroht. Erstaunlicherweise bezog sich die ärztliche Stellungnahme auf die genannte abgebrochene Testung und kam zu dem falschen Schluss, *das Testergebnis bestätige, dass sich Herr B am unteren Ende des Messbereichs klassischer Intelligenz befinde. Das entspräche einem IQ zwischen 40 und 50.* – Demgegenüber zeigte sich im stationären Aufenthalt, dass Herr B arabisch sprechen und arabische Schriftzeichen lesen konnte. Dolmetscher X gab an: *Der Mann spricht eine seltsame Grammatik und versteht die Fragen kaum oder gar nicht. Er ist minderbegabt.* Gutachter Z stellte daraufhin ungeprüft die Diagnose einer Intelligenzminderung. – Der Dolmetscher Y berichtete später, Herr B gebe an, er spreche eigentlich Berberisch, nicht Französisch. Dolmetscher Y zeigte sich erstaunt, dass der Patient plötzlich angab, nicht mehr ausreichend Französisch zu sprechen, obwohl er für ihn schon früher aus dem Französischen gedolmetscht habe. Im Therapieverlaufsbericht vermerkte der behandelnde Arzt: *Der Patient ist schlicht gestrickt.* Man hoffe auf seine baldige Abschiebung.

Die geschilderten Fälle werfen ethische Fragen und Bedenken hinsichtlich der bisherigen Vorgehensweisen zur Diagnose und Behandlung von Patienten mit Migrationshintergrund im Maßregelvollzug auf. Gleichzeitig geben sie Ansatzpunkte für Überlegungen, welche Grundhaltungen und Verhaltensregeln für Therapeuten und Gutachter im Umgang mit solchen Patienten notwendig wären, um derartige Fehlbeurteilungen zukünftig zu vermeiden. Sicherlich ist mehr Sensibilität im Hinblick auf den Einsatz und die Beurteilung der Möglichkeiten und Grenzen testpsychologischer Verfahren angeraten, insbesondere hinsichtlich ihrer Anwendung bei Migranten im Maßregelvollzug.

Intelligenz ist ein umfassendes Konstrukt mit vielen Facetten. Die diagnostischen *Kriterien der Intelligenzminderung nach ICD-10* sind bei den IQ-Angaben mit dem Hinweis versehen: *Wenn ausreichend standardisierte Intelligenztests angewendet wurden ... (S. 256).* Demnach liegt die *Leichte Intelligenzminderung (F70)* im IQ-Bereich 50–69.

*Sprachverständnis und Sprachgebrauch sind oft in unterschiedlichem Ausmaß ver-

zögert, und Probleme beim Sprechen, welche die Entwicklung zur Selbstständigkeit behindern, können bis ins Erwachsenenleben andauern (S. 256).
Die *Mittelgradige Intelligenzminderung (F71)* bezieht sich auf den IQ-Bereich zwischen 35 und 49 und benennt u. a. eine *verlangsamte Entwicklung von Sprachverständnis und Sprachgebrauch, wobei die mögliche Leistungsfähigkeit in diesem Bereich begrenzt ist. Einige lernen die grundlegenden Fertigkeiten, die zum Lesen, Schreiben und Zählen gebraucht werden. (...) Ein vollständig unabhängiges Leben im Erwachsenenalter wird nur selten erreicht. (...) Einige lernen niemals sprechen, wenn sie auch einfache Anweisungen verstehen* (S. 257). Die *Schwere Intelligenzminderung (F72)* ähnelt hinsichtlich ihres klinischen Bildes dem unteren Leistungsbereich der mittelgradigen Intelligenzminderung. *Die meisten Personen dieser Gruppe leiden an einer deutlich ausgeprägten motorischen Schwäche oder anderen Ausfällen, welche auf das Bestehen einer klinisch bedeutsamen Schädigung oder Fehlentwicklung des Zentralnervensystems hinweisen* (S. 258). Der Intelligenzquotient wird zwischen 20 und 34 angegeben.

Um Fehlerquellen in der testdiagnostischen Beurteilung zu vermindern, wäre meines Erachtens zu fordern, dass der Intelligenzmessung im Maßregelvollzug eine Psychodiagnostik vorgeschaltet sein müsste, um aktuell vorhandene kognitive Einschränkungen durch Depression und/oder Psychose schon vor dem Einsatz eines Intelligenztests zu erkennen. Psychodiagnostik und Intelligenzmessung im Maßregelvollzug erfordern ein hypothesengeleitetes Vorgehen unter Berücksichtigung von schon bekannten Krankheitsprozessen. Wird unabhängig von den Einschränkungen einer Depression oder Psychose eine verminderte Intelligenz angenommen, sind möglichst Tests einzusetzen, die im unteren Intelligenzbereich differenzieren und auch Unterscheidungen zwischen *Intelligenzminderung* und *Lernbehinderung* erlauben, z. B. der sprachfreie *CPM (2002)* von RAVEN. Probleme in der *Aufmerksamkeit* sind dabei zu beachten, denn sie können zu einer völlig veränderten Interpretation der Testergebnisse führen, wobei ein Proband unter Umständen irreführend niedrige Testwerte erzielt, wie das Testmanual des CPM zu bedenken gibt. Bei Personen, die der Landessprache nicht mächtig sind bzw. einem anderen Kulturkreis entstammen, sind angemessene Bewertungen zusätzlich erschwert und die Testwerte sollten nur in einem Kontext von relevanten kulturellen, sozialen, bildungsbezogenen und psychologischen Einflüssen beurteilt werden, soweit das überhaupt möglich ist. Wenn zu geringe Informationen vorliegen, sollte meines Erachtens im Zweifelsfall besser auf eine Bewertung verzichtet werden. – Das CPM-Manual weist z. B. darauf hin, dass interkulturelle Untersuchungen zu unterschiedlichen Ergebnissen der verschiedenen Ethnien führten, die u. a. auf unterschiedlichen Strategien beruhten, die von den Untersuchten zur Lösung der Aufgaben eingesetzt wurden. Sprachfreie Intelligenztest wurden zwar früher gerade im Hinblick auf einen universellen Einsatz entwickelt, Normierungen für russisch- oder türkischsprachige Patienten sucht man jedoch auch im CPM vergeben, obwohl der Einsatz des Tests für Ausländer ganz allgemein, wenn auch vage, empfohlen wird. Die für den Normalbereich der Intelligenz (SPM) oder darüber hinaus konzipierte Version (APM) von Raven hingegen enthält keine spezifische Empfehlung für den Einsatz bei Ausländern.

Wünschenswert wäre die Entwicklung und Normierung von psychologischen Testverfahren für die zahlenmäßig größten Migrantengruppen in Deutschland (Aussiedler aus den Ländern der früheren UDSSR sowie der Türkei). Zwar gibt es seit Neustem den *Kurzfragebogen zur Erfassung von Aggressivitätsfaktoren (K-FAF)* von HEUBROCK und PETERMANN (2008) in russischer und türkischer Version. Jedoch fehlen diesem Instrument Validierungsstudien und Normierungen für die genannten Ethnien, was ihren Einsatz fragwürdig macht. Am K-FAF zeigt sich zudem die Problematik des Übersetzens von psychologischen Testverfahren. Wie DINCBUDAK (2008 in Vorbereitung) feststellt, beinhaltet die türkische Version des K-FAF erhebliche Übersetzungsfehler, die abgesehen von der fehlenden Normierung zu falschen Ergebnissen führen würden. Von einem Einsatz dieses Instrumentes sei daher abzuraten.

Über den Einfluss von Krankheitsprozessen stellte schon BLEULER (1911) fest, dass *kognitive Störungen* als charakteristische pathogenetisch bedeutsame Symptome der schizophrenen Erkrankung betrachtet werden müssten. BREBION et al. (2000) haben Depressivität faktorenanalytisch als weitere Dimension der Schizophrenie gefunden und das *Zusammenwirken zwischen Gedächtnisstörungen und Depressivität* als inzwischen mehrfach durch wissenschaftliche Studien belegt angegeben. Depressive Störungen können in verschiedenen Krankheitsphasen der Schizophrenie (prodromal, in einer akuten schizophrenen Episode, als postschizophrene Depression und während der residualen Phase) als deren psychopathologische Bestandteile auftreten. MORITZ (2001) stellte ferner fest, dass sekundäre Negativsymptomatik (also konventionell neuroleptisch induzierte Symptome) sich kaum von einer primär bestehenden Negativsymptomatik (v. a. Affektverflachung, Anhedonie, Spracharmut) unterscheiden ließe.

Zusammenfassung und Fazit

Um Fehlerquellen in der diagnostischen Einschätzung und Beurteilung der Gefährlichkeit von Maßregelpatienten zu vermeiden, sollte eine sachgerechte Beurteilung der Intelligenz im Längs- und Querschnitt der Persönlichkeitsentwicklung des einzelnen Patienten erfolgen, unter Berücksichtigung schizophrener Krankheitsprozesse und ihrer Behandlung. Bei Patienten mit Migrationshintergrund sollten interkulturelle Einflüsse in die Beurteilung mit einfließen, möglicherweise mit Hilfe eines aus der gleichen Ethnie stammenden interkulturellen Beraters. Aus humanitären und ökonomischen Gründen ist ein solches Vorgehen den bisher »eingedeutschten«

Beurteilungen vorzuziehen, denn Fehldiagnosen und Fehlprognosen können zu einer unangemessen langen Unterbringungsdauer führen.

In der Beurteilung der Intelligenz von Maßregelvollzugspatienten mit Migrationshintergrund sollte Folgendes bedacht werden:

- Intelligenz ist ein umfassendes Konstrukt mit vielen Facetten.
- Intelligenz ist nicht als ein Merkmal zu betrachten, das für alle Menschen in gleicher Weise, exakt und eindeutig, bestimmt werden kann.
- Intelligenz lässt sich nicht immer bzw. nicht zu jedem Zeitpunkt valide messen.
- Testwerte besitzen nicht selbsterklärenden Charakter, sondern bedürfen einer sach- und fachgerechten Interpretation.
- Bei der Intelligenzschätzung ist der individuelle Kontext zu beachten.
- Es gibt Krankheitsprozesse (z. B. Depression, Psychose), die kognitive Beeinträchtigungen bedingen können und die die Leistungsfähigkeit bedeutsam vermindern, ohne dass tatsächliche Intelligenzdefizite bestehen müssen.
- Die interdisziplinäre Zusammenarbeit zwischen Psychiater und Psychologe erfordert umfassende Kenntnisse beider über den Patienten. Ferner ist eine angemessene Reihenfolge im diagnostischen Vorgehen erforderlich: erst die Aktenkenntnis und Exploration, dann der Einsatz diagnostischer Verfahren wie z. B. *Positive and Negative Syndrome Scale (PANSS)*. Im Anschluss daran erscheint eine testpsychologische Untersuchung u. U. sinnvoll, die sich jedoch in Umfang und zeitlichem Rahmen an den aktuellen Fähigkeiten des Patienten hinsichtlich Aufmerksamkeit und Konzentration richten muss.
- Gutachtern sei zu empfehlen, auf den Halo-Effekt zu achten und z. B. nicht von kognitiven Störungen der Schizophrenie auf eine verminderte Intelligenz zu schließen.
- Vor einer unkritischen und ungeprüften Übernahme von Vordiagnosen sei gewarnt!

Literatur

BLEULER E (1911) Dementia praecox oder Gruppe der Schizophrenien. In: ASCHAFFENBURG G (Hrsg). Handbuch der Psychiatrie. Leipzig: Deuticke 1911. In: BRAUS D (Hrsg) 2005. Schizophrenie. Bildgebung Neurobiologie Pharmakotherapie. Schattauer GmbH, Stuttgart New York

BREBION G, AMADOR X, SMITH M, DH, SHARIF Z, GORMAN JM (2000) Depression, psychomotor retardation, negative symptoms, and memory in schizophrenia. Neuropsych Neuropsychol Behav Neurol 2000; 13: 177–83

DINCBUDAK D, SIMON-PETERS D (2008 in Vorbereitung) Probleme der Persönlichkeitsdiagnostik bei Patienten mit Migrationshintergrund

DITTMANN V (2005) Motivation menschlichen Handelns: gesunde und psychisch kranke Täter. Baseler Delinquenzmodell. Vortrag vom 20.10.2005 im Westfälischen Zentrum für forensische Psychiatrie, Eickelborn

Heubrock D, Petermann F (2008) Kurzfragebogen zur Erfassung von Aggressivitätsfaktoren. Hogrefe Verlag GmbH, Göttingen

Moritz S, Andresen B, Jacobsen D, Mersmann K, Wilke U, Lambert M, Naber D, Krausz M (2001). Neuropsychological correlates of schizophrenic syndromes in patients treated with atypical neuroleptics. Eur Psychiatry 2001; 16: 354–61. In: Moritz S (2005) Kognitive Störungen. In: Braus D (Hrsg) 2005. Schizophrenie. Bildgebung Neurobiologie Pharmakotherapie. Schattauer GmbH, Stuttgart New York

Moritz S (2005) Kognitive Störungen. In: Braus D (Hrsg) 2005. Schizophrenie. Bildgebung Neurobiologie Pharmakotherapie. Schattauer GmbH, Stuttgart New York

Gewalttäterrisiko bei psychischen Erkrankungen

Michael Soyka

Zusammenfassung

In der öffentlichen Wahrnehmung kommt dem Aggressions- und speziell Gewalttäterrisiko bei psychiatrischen Erkrankungen immer noch eine erhebliche Bedeutung zu. Parallel zu dem Abbau von Krankenhausbetten in der Allgemeinpsychiatrie in den letzten Dekaden, zeichnet sich eine erheblich höhere Rate von nach § 63 StGB untergebrachten Menschen mit psychischen Erkrankungen aus, insbesondere auch von Patienten mit Schizophrenie. Während international eine Reihe von klinischen und epidemiologischen Studien eine erhöhte Rate von Aggression und Gewalttätigkeit bei psychischen Erkrankungen gezeigt hatten, ist die letzte relevante deutschsprachige Untersuchung von Böker und Häfner fast 40 Jahre alt.

In einer Nacherhebung wurden die Zentralregistereinträge von Patienten mit schizophrenen und affektiven Erkrankungen, die von 1990 bis 1995 in der Psychiatrischen Klinik der Universität München stationär behandelt wurden, über einen Zeitraum von sieben bis zwölf Jahren nach der Entlassung nachverfolgt. Im Rahmen dieser Hellfeld-Analyse konnte eine erhebliche Häufung von Aggressions- und Gewaltdelikten, speziell bei Patienten mit schizophrenen Erkrankungen gesichert werden: 10,2 % der Gesamtstichprobe (N = 1662) wurden nach der Behandlung in der Universitätsklinik straffällig (N = 169). Es fanden sich unter den später verübten Straftaten immerhin 54 Gewaltdelikte, darunter sogar mehrere Tötungsdelikte. Die Rate der Straftaten war in der Gruppe der schizophren Erkrankten deutlich höher als in der Gruppe der Patienten mit affektiven Störungen. Das psychopathologische Symptomprofil während des stationären Aufenthalts war bis zu einem gewissen Grad prädiktiv für das spätere Risiko, delinquent oder gewalttätig zu werden. Weitere Forschungsanstrengungen sind notwendig, um den Zusammenhang zwischen Gewalttäterrisiko und psychischen Erkrankungen besser zu verstehen.

Schlüsselwörter

Schizophrenie, Gewalt, Aggression

Für das Erscheinungsbild der Psychiatrie und die Akzeptanz psychischer Erkrankungen in der Bevölkerung spielt die Frage der (vermeintlichen) Gefährlichkeit psychisch Kranker, speziell schizophrener Patienten immer noch eine überragende

Rolle, wie zahlreiche Untersuchungen belegen. Dabei wird die Frage der höheren Kriminalitätsbelastung, speziell mit Aggressionsdelikten bei schizophrenen Patienten kontrovers diskutiert. Neben der Frage der (relativen) Häufigkeit von Delinquenz und vor allem Gewalttaten bei Patienten mit psychischen Störungen, spielt auch die Frage der Prädiktion, aber auch die Therapie psychisch kranker Rechtsbrecher eine große Rolle.

Die Forschung im deutschsprachigen Raum zu dieser Frage ist lange Zeit auffallend dünn und defizitär gewesen. Die wichtigste zu dieser Frage publizierte Studie liegt fast vier Dekaden zurück. BÖKER und HÄFNER (1973) verglichen seinerzeit gewalttätige psychisch Kranke, die ein Tötungsdelikt oder eine Körperverletzung begangen hatten, mit einer Stichprobe nicht gewalttätig psychisch Kranker und mit Gewalttätern aus der Allgemeinbevölkerung. Die Studie ist viele Jahre verkürzt und im Grunde falsch wiedergegeben worden, durchaus auch in wissenschaftlichen Publikationen. Tatsächlich zeigte der Vergleich nicht gewalttätiger und gewalttätiger psychisch Kranker, dass lediglich die Gruppe der schizophrenen Patienten herausragte. Diese Krankheitsgruppe machte unter den Gewalttätern 53 % der Patienten aus, bei den nicht gewalttätigen Patienten dagegen nur rund 24 %. Das geschätzte Risiko eines schizophren erkrankten Patienten gewalttätig zu werden wurde mit 5 : 10 000 berechnet und damit neunmal so hoch wie für andere Krankheitsgruppen, bei denen ein Risiko von 6 : 100 000 berechnet wurde. Vor dem Hintergrund einer sich seither ständig verändernden Therapie- und Versorgungslandschaft (Stichwort: Deinstitutionalisierung, sprich Bettenabbau), stellt sich die Frage wie repräsentativ diese Zahlen heute noch sind. Viele Untersuchungen zur Frage von Gewalt- und Kriminalitätsrisiko psychisch Kranker stützen sich dabei auf die Auswertung von Kriminalitätsregistern.

Einen interessanten anderen Ansatz hat eine kürzliche Untersuchung von COID et al. (2006) gewählt. In dieser großen britischen Untersuchung wurden 8397 Personen in Haushalten interviewt. Alle Teilnehmer wurden über gewalttätiges Verhalten befragt, die psychiatrischen Diagnosen wurden mithilfe eines computergestützten Fragebogens (116 Fragen) erfasst. An dieser Stelle kann nicht detailliert über methodische Aspekte der Studie referiert werden, es liegt allerdings auf der Hand, dass hinsichtlich der psychiatrischen Diagnosen hier eine gewisse Unschärfe anzunehmen ist. Interessant sind aber die Ergebnisse: Die Autoren berichteten, dass in den vergangenen fünf Jahren 16 % der Untersuchten an einer neurotischen Störung litten, 29 % an einer Persönlichkeitsstörung, 27 % hatten eine überhöhte Trinkmenge berichtet (AUDIT-Score über 8), 7 % waren alkoholabhängig gewesen, bei 4 % lag eine antisoziale Persönlichkeitsstörung oder eine Drogenabhängigkeit vor. 0,6 % der Stichprobe wiesen eine psychotische Störung auf. Dabei zeigte sich, dass insbesondere Alkoholabhängigkeit und antisoziale Persönlichkeitsstörung mit Gewalttätigkeit (verletzte Opfer etc.) assoziiert waren. 24 % des Risikos für

Gewalttätigkeit konnten durch die Diagnose »antisoziale Persönlichkeitsstörung« erklärt werden, in über der Hälfte der Fälle spielte eine überhöhte Trinkmenge eine Rolle. Die Diagnose einer Psychose war nur für 1,2 % der Fälle verantwortlich – was angesichts der relativen Seltenheit psychotischer Erkrankungen keine Überraschung ist. Das relative Risiko für Gewalttätigkeit im weitesten Sinne war bei psychotischen Erkrankungen aber auf über das doppelte und damit deutlich erhöht. Opfer waren in vielen Fällen Familienmitglieder oder Freunde, seltener Unbekannte. Ein spezifisches Risikoprofil für Opfer psychotisch Erkrankter konnte in dieser Studie nicht herausgearbeitet werden. ARSENEAULT et al. (2002) hatte dagegen berichtet, dass vor allem junge schizophren Erkrankte ein erhöhtes Risiko sowohl für Gewalttaten gegenüber Familienangehörigen als auch für »Street violence« aufwiesen, ebenso wie in der Studie von COID et al. (2006).

Relativer Anteil von psychisch Erkrankten an Gewalttätern

Eine der wichtigsten Studien zu dieser Frage wurde vor kurzem von FAZEL und GRANN (2006) vorgelegt. In dieser schwedischen Studie wurden alle Patienten mit Schizophrenie oder anderen psychotischen Erkrankungen, die in Schweden stationär behandelt wurden, erfasst. Die Autoren fanden, dass insgesamt 5,2 % aller Gewalttaten von Personen mit schweren psychiatrischen Erkrankungen, speziell Schizophrenie, verübt wurden. Umgekehrt gilt also, dass die Mehrzahl der Gewalttäter nicht psychotisch erkrankt ist. Immerhin stellen diese rund 5 % aber eine Gruppe von Rechtsbrechern dar, bei denen präventive Maßnahmen (Früherkennung, Frühintervention) sinnvoll und effektiv sein könnten.

Die relative Häufigkeit von (nicht krimineller) Gewalttätigkeit belegen im Übrigen auch Ergebnisse der CATIE-Studie, einer viel beachteten, öffentlich geförderten Therapiestudie zur Effizienz von Neuroleptika bei Schizophrenie. Eine genaue Auswertung der CATIE ergab für einen 6-Monats-Zeitraum eine Prävalenz von 19,1 % für jede Art von Gewalttätigkeit, davon 3,6 % für »serious violent behaviour« (SWANSON et al. 2006). Diese Ergebnisse sind insofern bemerkenswert, als es sich hier um eine Therapiestudie handelte, die Patienten also nicht unbehandelt waren.

Eigene Untersuchungen

In einer von der Deutschen Forschungsgemeinschaft unterstützten Studie ist der Frage der Kriminalitätsbelastung schizophrener Patienten nachgegangen worden (Methodik siehe: SOYKA et al. 2004; 2007). Konkret wurde untersucht, wie häufig Patienten, die wegen einer schizophrenen Psychose in der Psychiatrischen Klinik der Universität München zwischen 1990 und 1995 stationär behandelt worden waren in einem 7- bis 12-Jahres-Zeitraum nach Entlassung (Datenerhebung 2002) straffällig geworden waren. Es handelte sich also um eine Hellfeldanalyse. Zu diesem Zweck wurden mit Einverständnis des Generalbundesanwaltes von allen Patienten für den weiteren Verlauf die Bundeszentralregisterauszüge eingesehen. Dabei handelte es sich um ein zeitaufwendiges Verfahren, da nur Einzelanfragen möglich sind.

Einschlusskriterien

Eingeschlossen wurden alle Patienten, die die ICD-9-Kriterien für Schizophrenie erfüllten und zwischen 1990 und 1995 unter dieser Diagnose in der Psychiatrischen Klinik der Universität München stationär behandelt worden waren (n = 1662).

Datenerhebung

Bei allen Patienten war zu Beginn und beim Ende der Behandlung eine standardisierte psychiatrische Befunderhebung erfolgt. Relevante klinische und vor allem psychopathologische Daten wurden zum einen in den eingesehenen Krankengeschichten, zum anderen mithilfe des AMDP-Manuals protokolliert (AMDP 1995; GUY & BAN 1982). Das AMDP-Protokoll ist ein im zumindest deutschsprachigen Raum bei vielen Therapiestudien eingesetztes Instrument mit weit über 100 psychopathologischen Symptomen. Es basiert auf der traditionellen deskriptiven Psychopathologie und beinhaltet insbesondere alle Symptome der affektiven und schizophrenen Erkrankungen. Jedes AMDP-Syndrom ist skaliert von 0 (nicht vorhanden) bis 3 (schwere Ausprägung). Die einzelnen Symptome wurden mit einem semistrukturierten Interview erhoben. Die Interrater-Reabilität für die meisten Symptome wurde in verschiedenen Studien als gut beschrieben (KUNY et al. 1983; RENFORDT et al. 1983). Für methodische Zwecke bietet sich neben der Einzel-Item-Analyse vor allem die Untersuchung bestimmter Syndrome an (PITZCKER 1983). Dabei sind neun AMDP-Syndrome definiert worden (siehe Tabelle 1, jeweils mit Einzel-Items), die auch in der aktuellen Analyse hinsichtlich ihres prädiktiven Wertes untersucht wurden. Neben den AMDP-Daten wurden auch soziodemografische Daten wie Geschlecht, Familienstand, Ausbildung etc. aus den jeweiligen Krankengeschichten erhoben.

Statistische Analyse

Die Datenverarbeitung erfolgte mit dem Programmpaket SPSS 13.0. Dabei wurde im weiteren Verlauf unterschieden zwischen Patienten mit und ohne späterer Kriminalität sowie zwischen Patienten mit Gewaltkriminalität. Dazu gehörten neben Tötungsdelikten verschiedene Formen von Körperverletzung und Sexualstraftaten (siehe Tabelle 2). Die einzelnen AMDP-Syndrome wurden auch hinsichtlich ihres Ausprägungsgrades kategorisiert.

Tab. 1: Methodik

Cluster/Syndrome:	AMDP-Symptome (1–201)
Vegetatives Syndrom:	28, 112, 117, 118, 119, 120, 122, 126, 129
Paranoid-halluz. Syndrom:	33, 34, 35, 36, 37, 38, 39, 40, 48, 51, 51, 54, 56, 58
Depressives Syndrom:	20, 60, 62, 63, 64, 71, 73, 81, 89, 102, 103, 104, 106
Psychoorgan. Syndrom:	2, 5, 6, 7, 8, 9, 11, 12, 13, 100
Zwanghaftes Syndrom:	30, 31, 32
Manisches Syndrom:	22, 66, 72, 82, 83, 88, 93
Apathisches Syndrom:	15, 16, 17, 18, 61, 79, 80, 92
Hostilitätssyndrom:	27, 67, 68, 94, 97, 98, 99
Negativ Syndrom:	10, 15, 16, 18, 24, 25, 60, 61, 76, 79, 80, 87, 92, 109

Tab. 2: Ergebnisse: Straftatbeispiele (Schizophrenie)

Straftaten (Bsp.)	Anzahl (% aller)	Mann/Frau
– Diebstahl	97 (16,30)	24/06
– Betrug	58 (9,75)	16/07
– Sachbeschädigung	41 (6,89)	12/03
– Brandstiftung	03 (0,05)	02/01
– Bedrohung	10 (1,68)	07/01
– Nötigung	12 (2,02)	08/02
– fahrl. Körperverletzung	17 (2,86)	08/03
– Körperverletzung	12 (2,02)	10/02
– gefährl. Körperverletzung	19 (3,19)	14/00
– vorsätzl. Körperverletzung	18 (3,03)	09/02
– versuchter Totschlag	01 (0,02)	01/00
– fahrlässige Tötung	01 (0,02)	01/00
– Totschlag	01 (0,02)	00/01
– Mord	01 (0,02)	01/00
– Vergewaltigung	01 (0,02)	01/00
– Kindesmissbrauch	05 (0,08)	02/00
– sexuelle Nötigung	01 (0,02)	01/00
		125/29 (Geschl. verh.)

Beispiel Hostilitätssyndrom

448 Patienten erfüllten keinerlei Item aus dem Hostilitätssyndrom (Wert 0), 685 Patienten hatten eine milde Ausprägung (1–5), 529 Patienten eine mittlere oder schwere Ausprägung des Hostilitätssyndroms (6 bis 21 Punkte). Zu weiteren methodischen Details siehe SOYKA et al. 2007. In einer ersten Analyse wurde mithilfe des Chi-Quadrattestes untersucht, ob Geschlecht, Krankheitseinsicht, Substanzmissbrauch etc. Bedeutung für die spätere Delinquenz hatten. In einer zweiten binären logistischen Regression wurde die Wahrscheinlichkeit für späteres kriminelles und vor allem gewalttätiges Verhalten untersucht. Schließlich wurden die Odds Ratios

(Wahrscheinlichkeiten) für späteres kriminelles/gewalttätiges Verhalten für verschiedene psychopathologische Syndrome berechnet.

Ergebnisse
Patientencharakteristika

Insgesamt wurden 1662 Patienten, darunter 685 Männer und 977 Frauen, in die Studie eingeschlossen. Das Durchschnittsalter der Patienten betrug bei Aufnahme 39,05 Jahre (Frauen 38,5; Männer 39,8 Jahre). 926 Patienten (55,7 %) waren alleinstehend, 547 (32,9 %) verheiratet oder lebten mit einem Partner zusammen, 165 (9,9 %) waren getrennt oder geschieden.

Die durchschnittliche Behandlungsdauer betrug 53,75 Tage. Mangelnde Krankheitseinsicht war ein häufiges Syndrom (28 %), ebenso eine Vorgeschichte mit Substanzmissbrauch (23 %).

38 (2,3 %) der 1662 Patienten wiesen schon Einträge im Bundeszentralregister vor Aufnahme auf.

Spätere Kriminalität

169 Patienten (10,7 %) der gesamten Stichprobe wurden zumindest einmal wegen einer Straftat verurteilt oder zumindest wegen Schuldunfähigkeit nicht belangt. Insgesamt ergab die Analyse, dass sich 878 Bundeszentralregistereinträge für die betroffenen Patienten fanden (siehe Tabelle), im Mittel 5,2 Einträge pro betroffener Patient. In immerhin 94 Fällen fanden sich Einträge für gewalttätige Kriminalität (62 Patienten, 3,73 %). Die durchschnittliche Anzahl von Gewalttaten bei betroffenen Patienten war 1,52. Insgesamt wurden 602 Gerichtsverfahren durchgeführt, in 247 Fällen (41 %) wurden diese wegen Schuldunfähigkeit eingestellt/ beendet, was die große Bedeutung der psychotischen Störung für die Delinquenz widerspiegeln mag.

Kriminalitätsbelastung im Detail

Diese ist in Tabelle 2 dargestellt. Dabei zeigte sich zum einen, dass sich insgesamt fünf Fälle von versuchten oder vollendeten Tötungsdelikten fanden (drei betroffene Patienten), eine eher überraschend hohe Anzahl von Betroffenen. Relativ gering war die Anzahl von Sexualstraftaten, insgesamt war die Zahl von Gewalttaten allerdings relativ hoch (94 Fälle). Mit Abstand am häufigsten waren drogenassoziierte Straftaten (183 Fälle) sowie Diebstahl (97 Fälle).

Prädiktiver Wert psychopathologischer Symptome

Insgesamt zeigte sich, dass auf der Syndromebene einige der AMDP-Syndrome prädiktiven Wert für das Risiko einer späteren Kriminalität hatten. Insbesondere zeigte sich, dass Patienten, die das Hostilitätssyndrom erfüllten, eine höhere Rate für spätere Kriminalität aufwiesen, während Patienten mit depressiver Symptomatik ein erniedrigtes Risiko hatten (siehe Tabelle 3).

Tab. 3: Ergebnisse Syndromebene (Schizophrenie)

Syndrom	N	mean	SD	p
Hostilitätssyndrom[1]	169	5,30	4,722	0,002*
	1493	4,18	4,436	
Manisches Syndrom[1]	169	3,49	4,499	
	1493	2,77	3,884	0,048*
Depressives Syndrom[2]	169	3,82	3,883	
	1493	5,05	4,748	0,000*
Vegetatives Syndrom[2]	169	0,01	0,108	
	1493	0,05	0,383	0,004*

1 signifikant häufiger Delikte in Zukunft; 2 signifikant weniger Delikte in Zukunft
t-test bei unabhängigen Stichproben: Testvariablen ⇒ Cluster/Syndrome, Gruppenvariable ⇒ Anzahl straffälliger Patienten; N = Anzahl straffälliger Patienten nach Entlassung; mean = Mittelwert; SD = Standardabweichung; p = Signifikanzniveau

Relative Risiken

Schließlich wurden die relativen Risiken (odds-ratios) für die Wahrscheinlichkeit einer späteren (gewalttätigen) Kriminalität berechnet. Patienten ohne depressives Syndrom hatten dabei ein gering erhöhtes Risiko für späteres kriminelles Verhalten (OR1.08), das Risiko war insbesondere erhöht im Vergleich mit Patienten mit schweren depressiven Syndromen (OR2.88). Patienten ohne depressive Syndrome bei Aufnahme hatten ein erhöhtes Risiko für gewalttätige Verbrechen im Vergleich mit solchen mit einen milden depressiven Syndrom (OR2.22). Patienten mit einem milden oder schweren Hostilitätssyndrom bei Aufnahme hatten ein höheres Risiko, später kriminell zu werden oder gewalttätige Kriminalität zu begehen, im Vergleich zu Patienten ohne Hostilitätssyndrom (OR1.15 bzw. 1.71). Spätere Verurteilungen waren häufiger bei Patienten mit mittlerem oder schwerem Hostilitätssyndrom bei Entlassung im Vergleich zu solchen ohne Hostilitätssyndrom (OR1.93 bzw. 3.45). Dies traf besonders für gewalttätige Verbrechen zu (OR2.62 bzw. 3.68). Schließlich hatten Patienten ohne Depression bei Entlassung ein höheres Risiko für spätere Kriminalität als solche mit einem mittleren depressiven Syndrom (OR1.90).

Diskussion

Studien zur Kriminalitätsbelastung und speziell zum Gewalttäterrisiko bzw. zur Gefährlichkeit bei schizophrenen Patienten sind ein sensibles Gebiet. Keineswegs dürfen Forschungsanstrengungen in diesem Bereich dazu führen, Antistigma-Anstrengungen bei schizophrenen Patienten gegenzuwirken. Der starke Anstieg von

Patienten, insbesondere im psychiatrischen Maßregelvollzug zwingt aber dazu über die Hintergründe dieser erschreckenden Entwicklung nachzudenken.

Die internationale Datenbasis hinsichtlich des Risikos von Kriminalität und speziell Gewalttätigkeit bei schizophrenen Patienten ist relativ umfangreich, deutlich dünner dagegen im deutschsprachigen Raum.

Eine ganze Reihe von Studien haben gezeigt, dass Kriminalität und aggressives Verhalten bei schizophren Erkrankten häufiger ist (HODGINS et al. 1996; MODESTIN & AMMANN 1996; BRENNAN et al. 2000; MULLEN et al. 2000; TIIHONEN et al. 1997; WALLACE et al. 1998; ERONEN et al. 1996a, b; RASANEN et al. 1998).

Ein erhöhtes Gewalttäterrisiko bei Schizophrenie ist in epidemiologischen Studien (HODGINS et al. 1996, 1992; BRENNAN et al. 2000; TIIHONEN et al. 1997, ERONEN et al. 1996a, b) gezeigt worden. Besondere Bedeutung hat in diesem Zusammenhang die kürzlich publizierte Studie von FAZEL und GRANN (2006), die etwa 5 % des Gewalttäterrisikos in der Bevölkerung auf psychiatrische Erkrankungen, speziell Psychosen, zurückführte.

Die in unserer Studie gefundene Kriminalitätsbelastung von rund 10,2 % in den Folgejahren nach stationärer Behandlung ist relativ hoch, aber durchaus vergleichbar mit anderen Ergebnissen (SCHANDA 2006). Relativ typisch erscheint das Deliktmuster bei Schizophrenen zu sein mit einem hohen Risiko für Gewalttaten bis hin zu Tötungsdelikten, dagegen finden sich kaum Sexualstraftaten. Relativ hoch war in unserer Stichprobe auch die Zahl der drogenassoziierten Delikte, was auf eine (spätere) Belastung mit Suchterkrankungen hinweist. Die hohe Komorbidität von Schizophrenien und Sucht ist empirisch und auch epidemiologisch längst gesichert (SOYKA 2000). Hier ergeben sich durchaus auch Möglichkeiten für präventive Strategien.

Wenig überraschend war die in unserer Stichprobe gefundene höhere Gewalttätigkeit bei männlichen Patienten, was sich durch die gesamte forensische Literatur zieht. Klinisch bedeutsam erscheint die mangelnde Krankheitseinsicht bei vielen Patienten bei Aufnahme oder auch nach Entlassung, die statistisch mit einer späteren Kriminalität korreliert ist.

Weitere Untersuchungen müssen sich insbesondere der Frage widmen, inwieweit psychopathologische Symptome, etwa die beschriebenen AMDP-Syndrome tatsächlich einen prädiktiven Wert für spätere Gewalttätigkeit haben. Klinisch plausibel erscheinen die berichteten Assoziationen in jedem Fall. 21 % der Patienten, die ein moderates oder schweres Hostilitätssyndrom bei Entlassung hatten, wurden später kriminell – eine aus unserer Sicht bemerkenswerte Zahl. 9 % dieser Patienten begingen später Gewalttaten. Auch der möglicherweise protektive Effekt depressiver Syndrome erscheint bemerkenswert. Nur ein Patient mit einem depressiven Syndrom wurde später kriminell. Die Forschungen bei schizophren Erkrankten sollten sich in Zukunft im Hinblick auf Aggressivität nicht nur auf Risikofaktoren konzentrieren, sondern auch mögliche protektive Faktoren und Ressourcen herausarbeiten. Dies könnte für therapeutische Ansätze wichtig sein.

Methodenkritisch sei angemerkt, dass unsere Studie eine reine Hellfeldanalyse war. Im Wesentlichen sind die Ergebnisse aber in Übereinstimmung mit früheren Studien. Mangelnde Krankheitseinsicht und schlechte Compliance, produktiv-psychotische Symptome, insbesondere paranoid-halluzinatorische Symptome, relativ systematische Wahngebäude sowie allgemein Kriminalität und Gewalttätigkeit, eventuell auch neurologische Soft-Signs sowie wie oben erwähnt, komorbider Substanzmissbrauch gelten als empirisch gesicherte Risikofaktoren für dissoziales und vor allem gewalttätiges Verhalten (CHEUNG et al. 1997; SILVA et al. 1996; MCNEIL et al. 1995; KRAKOWSKI et al. 1999; SWANSON et al. 1997; SOYKA 2000; SWARSZ et al. 1998; WALLACE et al. 2004; WALSH et al. 2004).

Unterstützt durch DFG 90 257/9-1, 257/9-2

Literatur

ARBEITSGEMEINSCHAFT FÜR METHODIK UND DOKUMENTATION IN DER PSYCHIATRIE/AMDP (1995). 2006. Das AMDP-System: Manual zur Dokumentation psychiatrischer Befunde, 5. neu bearbeitete Auflage. Göttingen, Bern, Berlin, Heidelberg, New York, Hogrefe

ARSENEAULT, L., MOFFITT, T.E., CASPI, A., TAYLOR, P.J., SILVA, P.A., 2000. Mental disorders and violence in a total birth cohort: results from the Dunedin Study. Arch Gen Psychiatry 57 (10), 979–986

BRENNAN, P.A., MEDNICK, S.A., HODGINS, S., 2000. Major mental disorders and criminal violence in a Danish birth cohort. Arch Gen Psychiatry 57 (5), 494–500

CHEUNG, P., SCHWEITZER, I., CROWLEY, K., TUCKWELL, V., 1997. Aggressive behaviour in schizophrenia: the role of psychopathology. Aust N Z J Psychiatry 31 (1), 62–67

COID J., YANG M., ROBERTS A., ULLRICH S., MORAN P., BEBBINGTON P., BRUGHA T., JENKINS R., FARRELL M., SINGLETON N., 2006: Violence and psychiatric morbidity in the national household population of Britain: public health implications. Br J Psychiatry 189: 12–19

ERONEN, M., HAKOLA, P., TIIHONEN, J., 1996a. Mental disorders and homicidal behavior in Finland. Arch Gen Psychiatry 53(6), 497–501

ERONEN, M., TIIHONEN, J., HAKOLA, P., 1996b. Schizophrenia and homicidal behavior. Schizophr Bull 22 (1), 83–89

FAZEL, S., GRANN, M., 2004. Psychiatric morbidity among homicide offenders: a Swedish population study. Am J Psychiatry 161 (11), 2129–2131

FAZEL, S., GRANN, M., 2006. The population impact of severe mental illness on violent crime. Am J Psychiatry 163 (8), 1397–1403

GUY, W., BAN, T.A., 1982. The AMDP-SYSTEM. Manual for the Assessment and Documentation of Psychopathology. Berlin, Heidelberg, New York, Springer

HODGINS, S., 1992. Mental disorder, intellectual deficiency, and crime. Evidence from a birth cohort. Arch Gen Psychiatry 49 (6), 476–483

HODGINS, S., MEDNICK, S.A., BRENNAN, P.A., SCHULSINGER, F., ENGBERG, M., 1996. Mental disorder and crime. Evidence from a Danish birth cohort. Arch Gen Psychiatry 53 (6), 489–496

KRAKOWSKI, M., CZOBOR, P., CHOU, J.C., 1999. Course of violence in patients with schizophrenia: relationship to clinical symptoms. Schizophr Bull 25 (3): 505–517

Lindqvist, P., Allebeck, P., 1990. Schizophrenia and crime. A longitudinal follow-up of 644 schizophrenics in Stockholm. Br J Psychiatry, 157, 345–350

McNiel, D. E., Binder, R. L., 1995. Correlates of accuracy in the assessment of psychiatric inpatients' risk of violence. Am J Psychiatry, 152 (6), 901–906

Modestin, J., Ammann, R., 1996. Mental disorder and criminality: male schizophrenia. Schizophr Bull 22 (1), 69–82

Mullen, P.E., Burgess, P., Wallace, C., Palmer, S., Ruschena, D., 2000. Community care and criminal offending in schizophrenia. Lancet, 355 (9204): 614–617

Pietzcker, A., Gebhard, R., Strauss, A., Stockel, M., Langer, C., Freudenthal, K., 1983. The syndrome scales in the AMDP-system: Mod Probl Pharmacopsychiatry 20, 88–99

Rasanen, P., Tiihonen, J., Isohanni, M., Rantakallio, P., Lehtonen, J., Moring, J., 1998. Schizophrenia, alcohol abuse, and violent behavior: a 26-year followup study of an unselected birth cohort. Schizophr Bull, 24 (3), 437–441

Renfordt, E., Busch, H., von Cranach, M., Gulbinat, W., Tegeler, M., 1983. Particular aspects of the interrater reliability of the AMDP psychopathology scale. In: Bobon, D., Baumann, U., Angst, J., Helmchen, H., Hippius, H. (Eds): AMDP-System in Pharmacopsychiatry. Basel: Karger 125–142

Schanda, H., 2006. [Investigating the association between psychosis and criminality/violence]. Fortschr Neurol Psychiatr 74 (2), 85–100

Silva, J. A., Harry, B. E., Leong, G. B., Weinstock, R., 1996. Dangerous delusional misidentification and homicide. J Forensic Sci, 41 (4), 641–644

Soyka, M., 2000. Substance misuse, psychiatric disorder and violent and disturbed behaviour. Br J Psychiatry, 176, 345–350

Soyka, M., Morhart-Klute, V., Schoech, H., 2004. Delinquency and criminal offenses in former schizophrenic inpatients 7–12 years following discharge. Eur Arch Psychiatry Clin Neurosci, 254 (5), 289–294

Soyka M., Graz C., Bottlender R., Dirschedl P., Schoech H.: Clinical correlates of later violence and criminal offences in schizophrenia. Schizophrenia Res 94: 89–98 (2007)

Steadman, H. J., Mulvey, E. P., Monahan, J., Robbins, P. C., Appelbaum, P. S., Grisso, T., Roth, L. H., Silver, E., 1998. Violence by people discharged from acute psychiatric inpatient facilities and by others in the same neighborhoods. Arch Gen Psychiatry, 55 (5): 393–401

Swanson, J., Estroff, S., Swartz, M., Borum, R., Lachicotte, W., Zimmer, C., Wagner, R., 1997. Violence and severe mental disorder in clinical and community populations: the effects of psychotic symptoms, comorbidity, and lack of treatment. Psychiatry 60 (1), 1–22

Swanson, J. W., Swartz, M. S., van Dorn, R. A., Elbogen, E. B., Wagner, H. R., Rosenheck, R. A., Stroup, T. vS., McEvoy, J. P., Lieberman, J. A., 2006. A National Study of Violent Behavior in Persons with Schizophrenia. Arch Gen Psychiatry 63, 490–499

Swartz, M. S., Swanson, J. W., Hiday, V. A., Borum, R., Wagner, H. R., Burns, B. J., 1998. Violence and severe mental illness: the effects of substance abuse and nonadherence to medication. Am J Psychiatry, 155 (2): 226–231

Tiihonen, J., Isohanni, M., Rasanen, P., Koiranen, M., Moring, J., 1997. Specific major mental disorders and criminality: a 26-year prospective study of the 1966 northern Finland birth cohort. Am J Psychiatry, 154 (6), 840–845

Wallace, C., Mullen, P., Burgess, P., Palmer, S., Ruschena, D., Browne, C., 1998. Serious criminal offending and mental disorder. Case linkage study. Br J Psychiatry, 172, 477–484

Wallace, C., Mullen, P. E., Burgess, P., 2004. Criminal offending in schizophrenia over a 25-year period marked by deinstitutionalization and increasing prevalence of comorbid substance use disorders. Am J Psychiatry 2004; 161 (4): 716–727

Walsh, E., Gilvarry, C., Samele, C., Harvey, K., Manley, C., Tattan, T., Tyrer, P., Creed, F., Murray, R., Fahy, T., 2004. Predicting violence in schizophrenia: a prospective study. Schizophr Res, 67 (2–3), 247–252

Wessely, S. C., Castle, D., Douglas, A. J., Taylor, P. J., 1994. The criminal careers of incident cases of schizophrenia. Psychol Med, 24 (2): 483–502

Tiergestützte Therapie – eine Option in der Forensik?

Alexandra Stupperich, Andrea Beetz

Zusammenfassung

Während der letzten Jahre wurde viel über Therapie mit Tieren geforscht und publiziert. Die Anzahl interessanter und fundierter Veröffentlichungen in angesehenen angloamerikanischen und deutschen Zeitschriften wächst Monat für Monat (Prothmann 2007). Dass die Integration von Tieren in pädagogische und therapeutische Maßnahmen nicht ohne Wirkung bleibt, ist mittlerweile unbestritten. Beschrieben werden psychische Effekte wie die Stabilisierung der Befindlichkeit und Stressreduktion (Katcher et al. 1983), Förderung eines positiven Selbstkonzepts und der Selbstkontrolle (Walsh & Mertin 1994), Verbesserung der sozialen Integration (Fournier 2007), der Perspektivenübernahme und Empathie sowie eine antidepressive und antisuizidale Wirkung (Prothmann 2007). Zudem bieten Tiere Regressions-, Projektions- und Entlastungsmöglichkeiten, welche den therapeutischen Prozess fördern. Auch in forensisch-therapeutischen Konzepten finden tiergestützte Maßnahmen erfolgreich Eingang. Moneymaker und Strimple (1991) wiesen reduzierte Rückfallraten, bei Häftlingen, die an forensischen Programmen mit tiergestützter Therapie teilnahmen nach. Allerdings ist der Einsatz von Tieren in das forensische Setting oftmals schwierig zu integrieren und aus Tierschutzgründen auch nicht unumstritten. Nichtsdestotrotz fanden tiergestützte Maßnahmen aufgrund ihrer Wirksamkeit den Weg in die Arbeit mit verhaltensauffälligen Kindern und Jugendlichen und auch forensischen Klienten.

Schlüsselwörter

Tiergestützte Therapie, forensische Psychiatrie

Geschichte der tiergestützten Therapie

Bereits im 9. Jahrhundert wurden Tiere in der »therapie naturelle« (Arkow 1992) bei Menschen mit psychischen Auffälligkeiten eingesetzt. Ebenso wird im 18. Jahrhundert die Anwesenheit von Tieren auf dem Sanatoriumsgelände des York Retreat (England) und auch in Deutschland seit Mitte des 19. Jahrhunderts in Bethel (von Bodelschwinghsche Anstalten) beschrieben. Als gezielte therapeutische Intervention kennt man tiergestützte Therapie (Animal Assisted Therapy, AAT) seit circa 30 Jahren. In den USA nutzen einige große therapeutische Einrichtungen, auch solche mit forensischen Zielgruppen, Tiere für die Therapie. Green Chimneys im Bundesstaat

New York ist mit einem etwa 100 Hektar großen Areal eine der größten tiergestützten therapeutischen Einrichtungen für Kinder und Jugendliche, welche neben psychischen Erkrankungen auch in einigen Fällen bereits eigene Straftaten aufweisen. Viele dieser Kinder sind in einem Milieu aufgewachsen, in dem Kriminalität, Verwahrlosung, Gewalt oder Drogenkonsum anzutreffen sind. Bei der Einrichtung selbst handelt es sich um eine ehemalige Farm, die vom Gründer der Einrichtung, Sam Ross, im Jahr 1948 übernommen wurde. Seither werden die Kinder dort neben der schulischen Förderung und der Betreuung durch ein multiprofessionelles Team aus Psychologen, Pädagogen und Psychiatern auch mit tiergestützter Therapie behandelt. Nach der Aufnahme des Kindes in die Einrichtung wird zunächst eine Diagnostik durchgeführt, die unter anderem auch auf die Eignung des Kindes für die tiergestützte Maßnahme abzielt. Weiterhin überprüfen die Mitarbeiter den sozialen Hintergrund und das ehemalige Lebensumfeld des Kindes, in das es später nach Möglichkeit zurückkehren soll. Erst nach Abschluss dieser diagnostischen Phase nehmen die Kinder Kontakt zu den Tieren auf, wobei sie zunächst ständig unter Beobachtung eines Mitarbeiters bleiben. Den therapeutischen Ansatz, der in der Einrichtung verfolgt wird beschreibt BECKER (2007) folgendermaßen: »Die Kinder von Green Chimneys sind verängstigte Menschen, deren Lebenserfahrung sie gelehrt hat, dass es nicht gut ist, seine eigene Verwundbarkeit gegenüber anderen zu zeigen ... Die Kehrseite der unglaublich tiefen Traurigkeit ist Wut. Wenn ein Kind zum ersten Mal auf die Farm kommt, gibt sie (die Therapeutin Anm. der Autoren) ihm kleine Tiere in die Hand und beobachtet, wie es sie hält und wie es die größeren Tiere berührt. Der Umgang mit den Tieren kann für Kinder ein Ansatzpunkt sein, anhand dessen sie erkennen, wie sich ihr Verhalten auf alle anderen Lebewesen in ihrer Umgebung auswirkt.« (S. 84)

Einsatzbereiche von Tieren für Menschen

Obwohl die Praxis die Anwendbarkeit und Wirksamkeit von AAT immer wieder belegt, etablierte sich erst Ende der 90er-Jahre eine Systematisierung der verschiedenen therapeutischen, pädagogischen und auf die reine Verbesserung der Lebensqualität abzielenden Maßnahmen. Die amerikanische Delta Society, seit 1989 Dachorganisation für »Human-Animal-Interactions« unterscheidet – neben der Haustierhaltung – vier verschiedene Einsatzbereiche: (1) Assistenztiere, (2) Tiere in der Pädagogik, (3) tiergestützte Aktivitäten/Fördermaßnahmen und (4) tiergestützte Therapie.

Allgemeines

Zunächst einmal kann festgestellt werden, dass der Kontakt mit einem Tier bei sehr vielen Menschen spontane physische und psychische Reaktionen evoziert. Diese können sich von der Tendenz her sowohl positiv als auch negativ, z. B. als

Angst, darstellen. Trotzdem handelt es sich beim bloßen Tierkontakt nicht um Interventionen im engeren Sinne, weil dieser weder zielgerichtet ist noch durch ein theoretisch fundiertes Konzept gestützt wird – oft kommen diese Kontakte zufällig zustande. Auch der Besitz eines Heimtieres, selbst wenn es sich um ein Assistenztier wie einen Blindenführhund handelt, erfüllt nicht die Kriterien einer tiergestützten Intervention im engeren Sinne. Diese sind durch zwei maßgebliche Kriterien gekennzeichnet:

(1) The intervention involves the use of an animal or animals
(2) The intervention must be delivered by or under the oversight of a human/health service professional who is practicing within the scope of his/her professional expertise (KRUGER & SERPELL 2006, S. 24)

Neben der Einbindung des Tieres muss eine tiergestützte therapeutische Maßnahme also auch an den Zielen und Vorgehensweise üblicher, rein auf zwischenmenschlicher Interaktion basierender anerkannter Therapien orientiert, durchgeführt werden. Gleichzeitig muss der (menschliche) Therapeut über eine in seinem Fachgebiet entsprechende professionelle Ausbildung verfügen.

Assistenztiere

Assistenztiere, in den meisten Fällen Hunde, helfen Menschen mit körperlichen Behinderungen oder Erkrankungen, den Lebensalltag zu bewältigen. Die bekanntesten Assistenztiere sind Blindenführhunde. Hunde assistieren heute aber auch gehörlosen Menschen, Menschen, die aufgrund verschiedener Behinderungen oder Krankheiten auf einen Rollstuhl angewiesen sind oder Menschen mit einer Diabetes- oder Epilepsieerkrankung. Einige wenige Hunde werden inzwischen in der Diagnostik eingesetzt, beispielsweise bei Haut-, Prostata- oder Blasenkrebs.

Tiere in der Pädagogik

In der Pädagogik gibt es neben dem inzwischen weithin bekannten Einsatz von Hunden in der Regelschule, Sonderschule oder im Kindergarten auch etliche tiergestützte Maßnahmen in der Kinder- und Jugendhilfe.

In Bezug auf die grundlegende innerfamiliäre Erziehung zeigte sich in einer Studie von PORESKY (1996) mit 88 Vorschulkinder und deren Familien aus fünf zentralen Kindertagesstätten, dass Kinder aus Familien mit Haustieren in der kognitiven, sozialen und motorischen Entwicklung besser als Kinder aus Familien ohne Haustiere abschnitten. Weiterhin wiesen Kinder mit Haustieren seltener Verhaltensprobleme auf.

Mittlerweile stellt die tiergestützte Pädagogik, in der Tiere gezielt in pädagogische Maßnahmen integriert sind, eine eigene praxisorientierte Richtung tiergestützter Arbeit dar.

Tiergestützte Aktivitäten und Fördermaßnahmen

Hierunter versteht man alle Tätigkeiten mit Tieren, welche in einem therapeutischen, pädagogischen oder kurativen Kontext stehen, jedoch keinem klar definierten therapeutischen Ziel folgen und auch weniger stark strukturiert sind. Diese Aktivitäten werden sehr oft von Laien oder geschulten Ehrenamtlichen durchgeführt.

Solche Maßnahmen sind inzwischen auch in Deutschland weitverbreitet und beinhalten zum Beispiel Besuche mit Tieren in Alten- und Pflegeheimen, Krankenhäusern oder Einrichtungen des Strafvollzugs, Aufsuchen von chronisch Kranken, körperlich Behinderten oder anderweitig bedürftigen Personen sowie Unternehmungen mit Tieren ohne expliziten pädagogischen Hintergrund. In Deutschland gibt es verschiedene Vereine, die solche Tierbesuchsdienste anbieten.

Tiergestützte Therapie

Tiergestützte Therapie ist eine zielgerichtete Intervention, bei der ein Tier, welches spezifische Kriterien erfüllt, zu einem integralen Teil des Behandlungsprozesses wird (KRUGER & SERPELL 2006). Tiergestützte Therapie wird von einer dafür ausgewiesenen Person mit professionellem therapeutischen Hintergrund durchgeführt, wie beispielsweise in der psychologischen Psychotherapie, Physiotherapie, Ergotherapie, Pädagogik, Arbeitstherapie oder im Coaching. Als Fachkräfte kommen daher Psychologen, Mediziner, Biologen, Tiermediziner oder Experten der Komplementärtherapien und therapeutisch ausgewiesenes Pflegepersonal infrage. Der Einsatz der Tiere ist in das therapeutische Konzept der jeweiligen Einrichtung oder Praxis integriert und richtet sich nach deren Zielen sowie den individuellen Bedürfnissen des Patienten.

Das therapeutische Angebot tiergestützter Maßnahmen ist breit gefächert. Um einerseits den professionellen Anforderungen gerecht zu werden, andererseits aber auch die therapeutische Effizienz voll nutzen zu können, ist es sinnvoll, dass sowohl das Tier als auch der Therapeut ausbildungs- und berufsbegleitende Schulungen und Weiterbildung im Bereich tiergestützter Maßnahmen erlangen. Wie stark das Berufsbild langfristig davon profitieren könnte, zeigt sich beispielsweise in der Hippotherapie, welche heute als standardisierte berufsbegleitende Ausbildung von der deutschen Reiterlichen Vereinigung (Kuratorium für therapeutisches Reiten) zertifiziert wird.

Wirkfaktoren der tiergestützten Therapie

Tiere als Kotherapeuten haben seit über zehn Jahren auch in Deutschland einen festen Platz in psychiatrischen Einrichtungen, wobei sie anfangs eher unspezifisch in therapeutische Maßnahmen eingefügt wurden. Heute dagegen kann der Einsatz von Tieren in der Therapie deutlich zielgerichteter erfolgen, da man inzwischen verschiedene, wissenschaftlich belegte Wirkfaktoren der tiergestützten Therapie kennt.

Eisbrecherfunktion

Als einer der Ersten beschrieb der Psychotherapeut Boris Levinson, wie er mithilfe seines Hundes Zugang zu einem jungen Patienten bekam, der vorher nicht mit ihm gesprochen hatte. Diese »Eisbrecherfunktion« ist auch heute noch eine der wichtigen Wirkweisen von Tieren in der Psychotherapie. Wissenschaftlich belegt ist mittlerweile, dass der Beziehungsaufbau zum Therapeuten in der tiergestützten Arbeit anders vonstatten geht. SCHNEIDER und HARLEY (2006) erwähnen, dass dieselben Therapeuten als vertrauenswürdiger und als attraktiver wahrgenommen werden – aber nicht als fachlich kompetenter, allerdings auch nicht als weniger kompetent –, wenn sie sich in ihrer Arbeit von einem Tier (in diesem Fall ein Hund) unterstützen lassen. Tatsächlich interagieren Therapeuten anders mit dem Patienten sobald ein Tier im Raum ist. PROTHMANN (2007) führt dies auf einen Aspekt der Selbstoffenbarung zurück: »Wir zeigen etwas von unserer Art, mit anderen Individuen umzugehen, wie wir mit ihnen kommunizieren und werden somit transparenter.« (S. 60)

Gerade bei therapiemüden Patienten motiviert die tiergestützte Therapie zur Mitarbeit, sie ist anders, neuartig, und beruht oft mehr auf implizitem und erfahrungsgeleitetem Lernen als auf direkten kognitiven und vollständig bewusst präsenten Mechanismen. Anders als bei hauptsächlich verbaler Interaktion zwischen Therapeut und Patient übernimmt das Tier die Rolle eines Vermittlers, das gerade auf der nonverbalen Ebene neue Impulse und Rückmeldungen gibt.

Therapeutischer Körperkontakt

Der Kontakt zu Tieren hat verschiedene Wirkungen auf den Patienten. Generell kennt man die therapeutische Wirkung von Körperkontakt in erster Linie aus der Mutter-Kind-Beziehung. Kinder beruhigen sich, wenn die Mütter sie in den Arm oder auf den Schoß nehmen und sind in der Lage, mehr Stress auszuhalten. Der Körperkontakt wird als wohltuend empfunden, vermittelt Geborgenheit und Schutz. Bei Erwachsenen – zumindest in der westlichen Welt – findet Körperkontakt oft nur noch ritualisiert und intensiv nur mit Intimpartnern oder engen Familienangehörigen statt. Die Amerikanische Therapeutin Cynthia Chandler (CHANDLER 2005) entdeckte, dass viele ihrer meist depressiven Patienten, Erwachsene ebenso wie Kinder, im Laufe einer psychotherapeutischen Behandlung Körperkontakt zu ihren Tieren suchten. Sie berichtet, dass der Körperkontakt den Patienten half, sich zu entspannen, als wohltuend empfunden wurde und als Katalysator für tief gehende therapeutische Prozesse diente. Die Beobachtung, dass das Streicheln von Tieren tatsächlich zu physiologisch messbaren Veränderungen im Körper führt wurde bislang in erster Linie über Cortisol im Speichel nachgewiesen. In Deutschland wurden die stressreduzierenden Effekte wie Verlangsamung des Herzschlags, Senkung des Blutdrucks und der Glucocorticoide von Kontakten zu Pferden im Rahmen des Therapeutisches Reitens schon Mitte der 60er-Jahre von Reichenbach-Birkenreuth (Reichenbach-Birkenreuth 1965) beschrieben. Die messbaren Effekte bezüglich des Herz-Kreislauf-Systems korrespondieren zumeist mit den neuro-endokrinen Effekten, d. h. in der Regel führt der Tierkontakt zu einer Reduzierung der Ausschüttung von Stresshormonen (Friedmann et al. 1980).

Körperkontakt mit einem Tier ist leichter und schneller möglich als Körperkontakt mit einem Menschen, weil er ein wesentliches Merkmal der Kontaktaufnahme zu Heim- und Haustieren darstellt. Da körperliche Kontaktaufnahme zum natürlichen Verhaltensrepertoir der meisten Haustiere gehört, nehmen diese, meist auch ohne Anleitung und Motivation durch Dritte, selbst zu schwer kranken, körperlich oder geistig behinderten oder sozial ausgegrenzten Menschen Kontakt auf.

In der zwischenmenschlichen Interaktion dagegen findet Körperkontakt stark ritualisiert statt (Händeschütteln oder Wangenküsschen als Begrüßung, Schulterklopfen als Anerkennung usw.), ist mit Tabus belegt (z. B. dürfen bestimmte Körperteile nur von Partnern oder sehr engen Freunden berührt werden) und zumeist auf den Privatbereich eingegrenzt. Gerade bei traumatisierten Patienten, oder bei Menschen, die Körperkontakt bislang als negativ erlebt haben oder bei denen es zu Fehlbelegungen kognitiver Deutungsmuster kam, wie man sie aus der Behandlung von Sexualstraftätern kennt, kann das emotionale Erleben von Körperkontakt zu Tieren oft zu Schlüsselerlebnissen führen. Aus rechtlichen und ethischen Gründen ist es menschlichen Therapeuten außerhalb der Medizin und Physiotherapie unmöglich, diese manchmal emotional notwendige körperliche Nähe anzubieten. Daher ist ein Tier oft die einzige noch verbleibende Möglichkeit, positiven Körperkontakt für den Patienten erfahrbar zu machen. Doch therapeutischer Körperkontakt mit Tieren hat weitere Aspekte, die über den zwischenmenschlichen Körperkontakt hinausgehen: emotionale Bedeutung wird im Tierkontakt besser begreifbar, weil die Interaktion eindeutiger abläuft und kommuniziert wird als bei der durch Normen und gesellschaftlichen Regeln eingeschränkten Interaktion zwischen Menschen. Tiere reagieren spontan und drücken ihre Empfindungen wie Freude, Angst oder Aggression deutlich aus. Insbesondere auch die negativen Gefühle und Reaktionen werden vom Tier offen und ehrlich z. B. durch Knurren, Fell sträuben oder Rückzug gezeigt, sodass der Patient bei dem Wunsch nach einer positiven Interaktion sein Verhalten korrigieren muss und dies meist auch bereitwilliger anstrebt als bei einer Interaktion mit einem menschlichen Therapeuten.

Eine der bekanntesten Einsätze von vierbeinigen Kotherapeuten erfolgte nach dem Massaker von Columbine (Becker 2007). Nachdem die Therapeuten die positive Wirkung von Hunden bei ihrer Arbeit beobachtet und beschrieben hatten, spezialisierten sich Cindy Ehlers und ihre Hündin Bear von der National Organisation for Victim Assistance auf die tiergestützte Arbeit mit traumatisierten Schülern. Die Therapeutin beschreibt die Katalysatorwirkung des therapeutischen Körperkontakts mit dem Hund folgendermaßen.

»Als Cindy und Bear zur ersten Sitzung kamen, fühlte sich Bear zu einem Mädchen hingezogen, das auf dem Stuhl zusammengesunken war und sich hinter einem Vorhang aus Haaren versteckte. Bear stand vor ihr, aber sie nahm den Hund nicht wahr. Bear rückte etwas näher, dann noch mal näher und machte ein lustiges Geräusch. Das Mädchen schaute endlich auf, packte Bear und nahm sie auf den Schoß. Sie drückte sie fest an sich und fing dabei an, laut zu schluchzen. Danach beschrieb sie, was sie fühlt.

Bei den Jungen spürte Cindy enorm viel Wut, doch sie wusste nicht, wie sie ihnen helfen konnte. Sie teilte die Jungs in zwei Teams ein, die Bear um die Wette Kunststücke beibringen sollten. Die Zusammenarbeit mit Bear wurde zur Metapher, sich in die Welt einzubringen. Bear reagierte nicht, wenn die Jungen grob zu ihr waren oder wütend, weil sie ihnen nicht sofort gehorchte. Um das zu erreichen, was sie von Bear wollten, mussten sie ihre Wut zügeln und sich klar und deutlich ausdrücken.« (BECKER 2007, S. 78)

Bemerkenswert ist auch, dass manchmal allein der Anblick von Tieren beruhigen kann. Daher entscheiden sich Ärzte, vor allem Zahnärzte, wieder zunehmend dafür, ein Aquarium im Wartezimmern aufzustellen (PROTHMANN 2007). Das Beobachten der ruhigen und regelmäßigen Bewegung von Tieren wirkt auch beruhigend auf Patienten mit einer Alzheimer-Demenz; diese sind oft zu agitiert, um ausreichend zu essen, beruhigen sich aber angesichts des gemächlichen Treibens der Fische und zeigen auch weniger störendes Verhalten, wie EDWARD und BECK (2002) in einer Studie belegen konnten.

Rapportaufbau in der Therapie über das Tier

Als »Rapport« bezeichnet AGNES (2000, S. 1188) »a close or sympathic relationship; agreement; harmony« und HOUGHTON-MIFFLIN (2001, S. 694) »a relationship, especially one of mutual trust of affinity«.

Im weitesten Sinne kann man den Rapport als Grundelement der therapeutischen Beziehung sehen, welche sich auf das emotionale Verhältnis des Therapeuten zu seinem Patienten und umgekehrt bezieht. Rapport ist ein wesentlicher therapeutischer Wirkfaktor.

»The quality of the therapeutic relationshiop is thought of as a key to a successful therapy experience for the client. Thus, buildiung and maintaining rapport with a client by a counselor is vital for effective counseling.« (CHANDLER 2005, S. 75)

Emotionale Beziehungen sind Grundelemente des menschlichen Erlebens und Verhaltens. Die Beziehungserfahrungen, die Menschen im Laufe ihres Lebens machen, führen zu geistigen Arbeitsmodellen, in denen emotionale und kognitive Elemente der Beziehungsgestaltung festgelegt sind. Diese funktionieren wie Regeln und Regelsysteme, an denen sich das Individuum orientiert, wenn es persönliche Erfahrungen mit Beziehungen macht. Das Besondere an therapeutischen Beziehungen ist, dass sie als ein »Modellversuch« gesehen werden können, in denen alte Verhaltensmuster überprüft und neue ausprobiert werden können. Die therapeutische Beziehung ist im weitesten Sinne auf eine Veränderung von nicht adäquaten, internalen Arbeitsmodelle ausgerichtet, wobei dem Klienten/Patienten ein Schutzraum geboten wird, in dem diese Prozesse schadlos stattfinden können. Über den Tierkontakt und dem Aufbau einer stabilen Arbeitsbeziehung zum Tier soll der Patient korrektive oder neue (vorwiegend emotionale) Erfahrungen machen, welche die erwarteten und oftmals befürchteten bisherigen Verhaltens- und Erlebensmuster entkräften.

Tiere stellen zudem eine Projektionsfläche dar. Gerade bei forensischen Patienten ist eine Anzahl von schwerwiegenden Kontaktstörungen bekannt, welche den Aufbau eines therapeutischen Rapports behindern können. Ein tierischer Kotherapeut kann hierbei die Funktion einer Projektionsfläche übernehmen und das Interaktions- und Beziehungsverhalten transparent machen. Der Aufbau und die Ausgestaltung dieser bislang noch »unbelegten«, d. h. noch nicht negativ besetzten, Beziehung zum Tier kann zum Anker des therapeutischen Prozesses werden, sodass die zwischenmenschliche Problemperspektive zunächst in den Hintergrund und der prozessuale Aspekt in den Vordergrund tritt. Bestehende Ressourcen können aktualisiert und neue Ressourcen erschlossen werden. In anderen Fällen dient die Beziehung zum Tier als Ressource in der therapeutischen Beziehung, auf die in Krisen zurückgegriffen werden kann, weil sie Schutz, Trost und körperlicher Nähe bietet.

Psychosoziale Effekte

Tiere stellen nicht nur soziale Interaktionspartner dar, sondern fördern auch die soziale Kontaktaufnahme zu anderen Menschen. Messet (nach NESTMANN 1994) belegte dies in einem Experiment, bei dem Hundebesitzer während eines Spaziergangs durch einen Park mit und ohne Hund hinsichtlich der Kontaktaufnahme zu anderen Personen beobachtet wurden. Als Vergleichsgruppe dienten Personen mit einem Kinderwagen. Die Spaziergänger mit Hund wurden am häufigsten (69 %) von Passanten angesprochen oder gegrüßt. Tiere bieten dem Menschen also nicht nur durch ihre Anwesenheit Gesellschaft, sie erleichtern auch die Kontaktaufnahme zu anderen Personen – dieser Effekt wird als sozialer Katalysatoreffekt bezeichnet. Zudem verringern Tiere das Gefühl von Einsamkeit. Diese beiden Effekte sind gerade im forensischen Setting von Bedeutung, ebenso wie das Erleben der Wirksamkeit von Erziehung, Notwendigkeit des Aufstellens und Einhaltens von Regeln im täglichen Miteinander sowie die Übernahme von Führung mittels Kontrolle ohne Gewalt. Tiergestützte Therapie im forensischen Setting bietet einen Ansatz, die Einstellung der Patienten zu sich selbst zu ändern, ermöglicht das Erleben von Selbstwirksamkeit und fördert sozio-emotionale Kompetenzen.

Das Tier in der Therapie

Tiergestützte Settings

Prinzipiell kann man stationäre Angebote vom aufsuchenden und ambulanten Angeboten unterscheiden.

Stationäre, fest in die Institution integrierte tiergestützte Angebote

Im stationären Setting sind die Tiere als »Einrichtung des Hauses« in das Versorgungskonzept fest integriert. Sie leben auf dem Gelände und sind Eigentum der jeweiligen Einrichtung. Die Versorgung der Tiere und die artgerechte Unterbringung muss durch diese sichergestellt werden. Die Vorteile der fest integrierten Tiere sind: (1) Die tiergestützte Therapie kann langfristig als permanent verfügbare Einheit in das therapeutische Konzept integriert werden. (2) Es können Tierarten, Rassen oder Individuen gewählt werden, die den spezifischen Versorgungsauftrag abdecken. Diese können nach den Kriterien des Versorgungsauftrags ausgewählt und ausgebildet werden. (3) Die ständige Verfügbarkeit der Tiere erleichtert die Integration der tiergestützten Therapie in den Therapieplan. (4) Die kurzfristige Verfügbarkeit erhöht die Flexibilität des Einsatzes der Tiere beispielsweise in der Krisenintervention.

Aufsuchende Angebote

Bei aufsuchenden Angeboten kommt der Therapeut mit dem Tier in die Einrichtung, in der die tiergestützte Therapie angeboten wird. In vielen Fällen handelt es sich dabei um Mitarbeiter der Einrichtung, die ihr eigenes Haustier für die Arbeit zur Verfügung stellen oder es handelt sich um eine Person, die sich auf das Angebot der tiergestützten Therapie spezialisiert hat und diese Dienstleistung gegen ein Honorar der Einrichtung zur Verfügung stellt. Die Vorteile aufsuchender Angebote sind: (1) Der Institution entstehen keine Kosten für Versorgung, Ausbildung und Pflege der Tiere. Sie muss lediglich einen Raum und eventuell notwendiges Inventar zur Verfügung stellen. (2) Die Einbindung in das Hygienekonzept der Einrichtung ist meist leichter umzusetzen. (3) Der tiergestützt arbeitende Therapeut kann sich auf seine Kernkompetenzen beschränken, durch Einbindung mehrerer, verschiedener Tiere möglicherweise ein breiteres therapeutisches Spektrum abdecken und diese angemessener auslasten bzw. auch einmal nicht einsetzen, wenn die Arbeit dem Tier Stress bereitet. (4) Aufsuchende tiergestützte Interventionen sind für die Einrichtungen leichter mit dem Kostenträger abzurechnen, weil sie als Komplementärtherapie klassifiziert werden können.

Ambulante Angebote

Bei ambulanten Angeboten sucht der Patient/Klient den niedergelassenen, tiergestützt arbeitenden Therapeuten in dessen Praxis oder Einrichtung auf. Ambulante Angebote kennt man in erster Linie aus der Hippotherapie oder der sehr spezifischen Therapie mit Delfinen. Darüber hinaus sind »Bauernhof-Angebote« insbesondere im Bereich der Kinder- und Jugendarbeit und der Abenteuerpädagogik bekannt.

Ambulante Angebote haben den Vorteil, dass (1) die Tiere in ihrer gewohnten und artgerecht gestalteten Umgebung verbleiben können. (2) Stress, der durch den Transport der Tiere entstehen könnte, wird reduziert. (3) Für die Arbeit notwendiges Inventar muss nicht ständig verladen werden oder von der beauftragenden Einrichtung angeschafft werden. (4) Den Tieren können kurzfristig Erholungspausen verschafft werden oder diese bei Bedarf und Vorhandensein mehrerer Tiere auch ausgetauscht werden. (5) Die Ausbildung und der therapeutische Einsatz der Tiere können in einigen Fällen teilweise kombiniert werden. Jungtiere haben oft einen besonderen Aufforderungscharakter. Der Nachteil ambulanter Angebote ist, dass die tiergestützte Maßnahme stationär untergebrachten oder nicht mobilen Patienten oftmals nicht oder nur schwer zugänglich ist.

Tiergestützte Arbeit in der Forensik

Die Idee der tiergestützten Arbeit in forensischen Einsatzgebieten stammt wie viele andere dieser Ansätze aus den USA. Im Jahr 1975 wurden erstmals im Lima State Hospital Tiere als Kotherapeuten in einer forensischen Klinik eingesetzt. 1981 wurde dann im Bundesstaat Washington im Hochsicherheitsgefängnis für Frauen ein Prison Pet Partnership Program initiiert. Von den USA ausgehend etablierte sich die tiergestützte Arbeit in der Forensik auch in Europa und Australien. In einem Gefängnis für männliche Straftäter in der Nähe von Sidney gibt es z. B. einen Zoo für verletzte und verwaiste Tiere, die von den Inhaftierten umsorgt und gepflegt werden.

In Deutschland sind forensische Projekte z. B. aus dem niedersächsischen Vechta bekannt. Mitte der 70er-Jahre begann man dort in der JVA Brieftauben zu züchten. Heute greift das tiergestützte Programm auf Nutztiere wie Schafe, Ziegen und Geflügel zurück. In einem Bochumer Gefängnis gibt es auf der Station lebende Katzen, in Siegburg werden Hühner gehalten. Das LWL-Zentrum für forensische Psychiatrie und Psychotherapie Eickelborn integriert ein aufsuchendes Angebot mit Hunden und Pferden in seine Therapiemodule und im Bezirksklinikum Regensburg wird mit suchtkranken forensischen Patienten und Hunden gearbeitet. Weitere tiergestützte Projekte in Justizvollzugsanstalten gibt es in Mecklenburg-Vorpommern in den JVA Ueckermünde, Waldeck, Bützow und Neustrelitz. Die hier genannten Einrichtungen sind nur als Beispiele für die bereits erfolgte Verbreitung tiergestützter Interventionen im forensischen Bereich genannt – die Aufzählung ist mit Sicherheit nicht vollzählig.

Diskussion

Ein Schwerpunkt der Versorgung von Patienten mit psychischen Störungen oder psychiatrischen Erkrankungen lag und liegt heute, trotz der anerkannten Bedeutung der Psychotherapie, noch immer in einer angemessenen pharmakologischen Behandlung. Es ist wichtig festzustellen, dass tiergestützte Therapie nicht in Konkurrenz zu dieser Versorgungsstrategie steht, diese weder ersetzen möchte noch sich als »Primärtherapie« sieht (KATCHER & BECK 2006). Vielmehr geht es darum, dass mit und über das Tier Bereiche der (Er-)lebenswelten von Menschen erreicht werden können, die mit anderen Therapieformen nur schwer zugänglich sind. Tiere bieten vorbehaltlose Akzeptanz und Zuneigung für einen forensischen Patienten, ein Gefühl, das vielen über zwischenmenschliche Kontakte weit schwerer zugänglich ist.

»So paradox es zunächst klingen mag, Tiere tragen intrapersonal wie interpersonal zu einem menschenwürdigen Dasein bei.« (PROTHMANN 2007, S. 23)

Literatur

AGNES, M. (Ed) (2002). Webster's new world dictionary (4th ed). Cleveland, OH: Wiley
ARKOW, P. (1992). Pet Therapy: A Study of Uses of Companion Animals. Colorado Springs: Human Society of the Pikes Peak region
BECK, A.M. (2000). The use of animals to benefit humans, animal-assisted therapy. In: FINE, A. Handbook of animal assisted therapy: theoretical foundations and guidelines for practice. Pp. 21–40. Academic Press, New York
BECKER, M. (2007). Heilende Haustiere. Riva: München
CHANDLER, K.C. (2005). Animal assisted therapy in counseling. Routledge: New York
EDWARDS, N.E., BECK, A.M. (2002). Animal- assisted therapy and nutrition in Alzheimer's disease. West. J. Nurs. Research, 24, 469–721
FRIEDMANN, E., KATCHER, A.H., LYNCH, J.J., THOMAS, S.A. (1980). Animal companionship and one-year-survival of patients after discharge from coronary care unit. Public Health Reports, 95, 307–312
GARRITY, T.E., STALLONES, L., MARX, M.B., JOHNSON, T.P. (1989). Pet ownership and attachment as supportive factors in the health of the elderly. Anthrozoos, 3, 35–44
HEADY, B., GRABKA, M. (2004). The relationship between Pet ownership and health outcomes: German longitudinal evidence. Discussion paper 434. Berlin: Deutsches Institut für Wirtschaftsforschung
HOUGHTON M. (2002). The American heritage dictionary (4th ed). Boston: Autor
KATCHER, A.H., FRIEDMANN, E., BECK, A.M., and LYNCH, J.J. (1983). Looking, talking and blood pressure. The physiological consequences of interaction with living environment. In: New Perspec-

tives on our Lives with Companion Animals. A. H. KATCHER and A. M. BECK (eds), 351–359. University of Pennsylvania Press: Philadelphia, PA

KATCHER, A. H., BECK, A. M. (2006). New and old perspective on the therpeutic effects on animals and nature. In: FINE, A. Animal assisted therapy. S 39–48, Elsevier: San Diego

KRUGER, K. A., SERPELL, J. A. (2006). Animal assisted interventions in mental health. In: FINE, A. Animal assisted therapy. S 21–39, Elsevier: San Diego

LEVINSON, B. (1997). Pet-Orientated Child Psychotherapy. Charles C. Thomas Publisher, Ltd.: Springfield, Il

MACAULEY, B. L. (2006). Animal assisted therapy for persons with aphasia: a pilot study. Journal of Rehabilitation Research & Development, 43 (3), 357–366

MONEYMAKER, J., & STRIMPLE, E. (1991). Animals and inmates: A sharing companionship behind bars. Journal of Offender Rehabilitation, 16, 133–152

NAGENGAST, S. L., BAUN, M. M., MEGEL, M., LEIBOWITZ, M. J. (1997). The effects of the presence of a companion animal on physiological and behavioral distress in children during a physical examination. Journal of Pediatric Nursing, 12, 232–330

POERSKY, R. H. (1996). Companion Animals and other factors affecting young children's development. Antrozöos, 9 (4), 159–168

PROTHMANN, A. (2007). Tiergestützte Kinderpsychotherapie. Peter Lang – Europäischer Verlag der Wissenschaften. Frankfurt a. M.

REICHENBACH-BIRKENREUTH, M. (1965). Reiten allein tut es nicht? Lappverlag: Mönchengladbach

SCHNEIDER, M. S., HARLEY, I. P. (2006). How dogs influence the evaluation of psychotherapists. Antrozoos, 19 (2), 128–142

SIEGEL, J. M. (1990). Stressful life events and use of physician services among the elderly: The moderationg role of pet ownership. Journal of Personality and Social Psychology, 38 (6), 1081–1086

TURNER, D. C. (2000). The human-cat relationship. In: TURNER, D. C., BATESON, P. The Domestic Cat. The biology of its behavior. Cambridge: Cambridge University Press

VOGEL, H. (1987). Das Pferd als Partner des Behinderten: Integration und Rehabilitation durch Reiten. Müller Rüschlikon: Zürich

WALSH, P. G. & MERTIN, P. G. (1994). The training of pets as therapy dogs in a women's prison: A pilot study. Antrozoos, 7 (2), 124–128

Zur Entkoppelung des
§ 21 StGB von § 63 StGB

Günter Tondorf

Zusammenfassung

Das »Gesetz zur Sicherung der Unterbringung in einem Psychiatrischen Krankenhaus und in einer Entziehungsanstalt« ist am 20.07.2007 in Kraft getreten. Insgesamt ist die Neuregelung moderat ausgefallen. Eine Entkoppelung des § 21 StGB als tatbestandliche Eingriffsvoraussetzung für die Unterbringung in einem psychiatrischen Krankenhaus (§ 63 StGB) wurde in den Beratungen erst gar nicht angesprochen. Sie wurde von Haffke schon 1991 in Anlehnung an das österreichische Strafgesetzbuch gefordert[1] und wird von Saimeh[2], der ärztlichen Leiterin des LWL-Zentrum für Forensische Psychiatrie Lippstadt, neuerdings in Anlehnung an das Schweizer Strafgesetzbuch vertreten. Geprüft werden soll, wie sich die Strafrechtswissenschaft zu dem Problem stellt.

Schlüsselwörter

Zur Dringlichkeit einer erneuten Reform des Maßregelrechts, Unterbringung vermindert schuldfähiger Straftäter in einem psychiatrischen Krankenhaus, im Strafvollzug oder in einer revitalisierten sozialtherapeutischen Anstalt?

Der Vorschlag von Nahlah Saimeh

Auf dem letzten Symposion in Eickelborn nahm *Saimeh* die Diskussion um die sog. »Fehleinweisungen« im Maßregelvollzug, den hohen Anteil Persönlichkeitsgestörter in den JVA sowie die Unschärfen in der Diskussion um volle, verminderte oder *erheblich* verminderte Steuerungsfähigkeit zum Anlass darüber nachzudenken, ob es nicht sinnvoller wäre, die Zuweisung zur forensischen Psychiatrie ausschließlich aus einem stringent vorliegenden Kausalzusammenhang zwischen *erheblicher*

---

1 Haffke B., Zur Ambivalenz des § 21 StGB Eine janusköpfige Norm, in: Recht & Psychiatrie, 1991, 94 ff. und in: Schriftenreihe des Instituts für Konfliktforschung e. V., Heft 14, de Boor, W. et al., Hrsg. 1992, Verlag Wiegand, Köln. Copyright 1992 by Institut für Konfliktforschung e. V. Köln, Kerpenerstr. 4 c/o de Boor, S. 13 ff. Der Beitrag Haffkes wird nachstehend nach dem leichter erreichbaren Fundort in der Zeitschrift R & P zitiert.
2 Saimeh N., Maßregelvollzug neu denken – Gedanken zu modifizierten Aufgaben der Forensischen Psychiatrie, in: Nahlah Saimeh (Hrsg.), Maßregelvollzug in Zeiten ökonomischer Begrenzung, Materialien der 22. Eickelborner Fachtagung zu Fragen der Forensischen Psychiatrie, 7. bis 9. März 2007, 1. Auflage 2007, Psychiatrie-Verlag Bonn 2007, S. 212 ff.

psychischer Störung (krankhafter seelischer Störung, Intelligenzminderung oder schwerer anderer seelischer Abartigkeit) und einer *erheblichen* Straftat *einerseits* sowie einer *ungünstigen* Legalprognose *andererseits* abzuleiten. Sie will dabei auf die zweite Stufe der Steuerungsfähigkeit im Kontext einer schweren psychischen Störung verzichten. *Saimeh* verweist auf die Regelung in der Schweiz: Dort wird eine Therapie nach Artikel 43 bzw. 44 des Schweizer Strafgesetzbuches angeordnet, wenn der Täter psychisch krank ist und die Behandlung eine Verminderung der Rückfallgefahr verspricht. Auf die Frage der erheblichen Verminderung der Steuerungsfähigkeit werde verzichtet. *Saimeh* nennt zur Begründung ihres Vorschlags vier Beispielsfälle, darunter auch den bundesweit bekannten Fall von Herrn Meiwes, bei denen man in der Tat zur Frage der Steuerungsfähigkeit auch würfeln kann.

Die Vorträge auf dem XX. Symposion des Instituts für Konfliktforschung in Maria Laach 1991

Die von *Saimeh* angesprochenen Fragen standen auch im Mittelpunkt des XX. Symposions des Instituts für Konfliktforschung e.V. am 27./28 April 1991 in Maria Laach. Sie lassen sich trotz des Zeitablaufs für unser Thema nutzbar machen.
a) Dort befasste sich der Psychiater *de Boor* mit § 21 StGB aus forensisch-psychiatrischer Sicht[3] und prüfte, ob de lege ferenda die andere schwere seelische Abartigkeit nicht besser *überhaupt* aus dem Strafgesetzbuch zu eliminieren wäre und es dann bei den ehemals klassischen Exkulpationsgründen bliebe als da seien: die krankhaften seelischen Störungen, die tief greifenden Bewusstseinsstörungen und die schweren intellektuellen Minderbegabungen. Dabei erörterte er ausführlich die Gründe Pro und Kontra einer Beibehaltung des § 21 StGB. Unter anderem stellte er anhand von einigen Beispielen – wie *Saimeh* – die nahezu *beliebige Verfügbarkeit* des § 21 StGB dar. Letztlich war dieses Argument für *de Boor* in Verbindung mit der Gefahr, die für die »Träger des § 21 StGB« wegen der Verkoppelung mit § 63 StGB in der *unbegrenzten Dauer der Maßregel* liegt, das entscheidende Argument für seinen Appell an den Gesetzgeber, auf § 21 StGB im Strafgesetzbuch ganz zu verzichten. Leichte Störungssyndrome sollten als – fakultative oder obligatorische – Strafmilderungsregel bei § 46 StGB berücksichtigt werden.
b) Die Rechtspsychologin *Rode*[4] referierte wie schon *de Boor* ganz allgemein über

---

3 De Boor W., § 21 StGB aus forensischer Sicht, in: Schriftenreihe des Instituts für Konfliktforschung Heft 14 vgl. Fn. 2, S. 1–12. Auf Befragen des Verfassers bleibt de Boor auch heute bei seiner damaligen Auffassung.
4 Rode I.A., § 21 aus der Sicht der Forensischen Psychologie, in: Schriftenreihe des Instituts für Konfliktforschung e.V. Heft 14, S. 49–54; s. Fn. 2 oben. (Rode befasste sich in dem Vortrag nicht explizit mit der Verknüpfung von § 21 StGB mit § 63 StGB, dies sei zum besseren Verständnis

§ 21 StGB aus der Sicht der forensischen Psychologie. Sie sieht bei § 21 StGB *zwei* Tatbestandesmerkmale als kritikwürdig an. Zum einen sollen die Psychosachverständigen den Richtern bei der Auslegung des normativen Merkmals *erhebliche Verminderung der Einsichts- und Steuerungsfähigkeit* helfen. Aber wie? Es seien abstrakte Umschreibungen möglich, etwa dahingehend, dass § 21 StGB eine *Erschütterung* des Persönlichkeitsgefüges voraussetzt, während es bei § 20 StGB *weitgehend zerstört* sein müsse. Aber wie soll man das Ausmaß der Andersartigkeit messen?, fragte *Rode* weiter. Sie antwortete: »Die Einschätzung des Grades der Abnormität hängt von vielen Faktoren ab, die manchmal weniger mit der Person des zu Beurteilenden zu tun hätten, sondern mehr mit der Person des Beurteilers, z. B. welche Ziele verfolge der Gutachter? Soll der Beschuldigte ausgegrenzt, in die Gesellschaft integriert, aus dem Maßregelvollzug ›herausgebressert‹ werden (wie es damals in NRW hieß, Zusatz des Verf.), weil er dort stört, oder soll er therapiert werden, weil er dazu motiviert erscheint?« Sie zitierte den forensischen Psychologen *Hartmann*[5]: »Was der Sachverständige vorträgt, ist von exakter Entscheidungsfindung ebenso weit entfernt wie die Entscheidungsfindung des Richters. Der eine hat psychologische Grundlagenforschung und Stichprobenwerte im Kopf, der andere das Gesetz und die Gemeinschaft aller Rechtsgenossen. Alle rechtsnormativen und empirischen Aussagen über Individuen sind gefiltert durch das interpretierende Subjekt.«

Das zweite Problem sieht *Rode* bei der Bestimmung der *Steuerungsfähigkeit*. Hierzu lange nach der Tat Stellung zu nehmen, sei besonders schwierig. Nach einer Auseinandersetzung mit der seinerzeit einschlägigen Literatur kam *Rode* zu dem Ergebnis, dass ihre Wissenschaft empirisch nicht nachweisen könne, ob der Straftäter in der Situation auch hätte anders handeln können. Der Psychologe könne dem Gericht nur determinierende Merkmale der Täterpersönlichkeit aufzeigen, ob der Täter von der Norm anderer Bürger abweiche, und er könne die Psychodynamik, die zur Straftat führte, darlegen. Die Beschreibung dieser und anderer Faktoren und ihre Bedeutung für die Straftat leiste mehr, als die Abschätzung einer verminderten oder aufgehobenen Steuerungsfähigkeit; sie

---

bemerkt.) Die Meinung Rodes heute: Sie hält es für sinnvoll, die §§ 21 StGB und 63 StGB zu entkoppeln. § 21 sollte dann nicht der Unterbringung im MRV dienen, sondern unter Beibehaltung der Vorschrift sich nur auf die Strafzumessung auswirken und die Möglichkeiten für richterliche Weisungen eröffnen, z. B. für ambulante Therapien, Behandlung in sozialtherapeutischen Einrichtungen o. Ä. Obwohl Rode weiterhin der Auffassung ist, dass der Übergang von § 21 StGB zu § 20 StGB fließend sei, könne sie sich doch vorstellen, dass man bei den meisten Straftätern zwischen schwerst gestörten und zugleich gefährlichen und den leichter gestörten fachlich unterscheiden könne. Eine Grauzone ununterscheidbarer Fälle werde es allerdings immer geben. Im Einzelnen müsste man darüber noch weiter diskutieren.

5 HARTMANN, H. Psychologisch-Psychiatrische Begutachtung im Strafverfahren, in: HARTMANN und HAUBL (Hrsg.): Psychologische Begutachtung, 1984, S. 219.

gäbe Anhaltspunkte für Maßnahmen und die Prognose. Auf Nachfrage betont *Rode* heute, vor einer Veränderung des § 20, 21 StGB müsse zunächst eine breite Debatte über die Folgen geführt werden.[6]

c) Die Frage einer Entkoppelung des § 21 StGB von § 63 StGB erörterte *Haffke* in seinem Referat »Zur Ambivalenz des § 21 StGB«.[7] Seine tiefgründigen Ausführungen sind bis auf einige Gesetzesänderungen noch heute aktuell. Sein Aufsatz wird in allen Großkommentaren zum StGB im Literaturverzeichnis erwähnt. Leider befasst sich aber keiner der Autoren näher mit dem Inhalt – ich lasse mich gerne berichtigen. *Haffke* untersucht zunächst die Rechtsgeschichte zu den §§ 20, 21 StGB, um sodann mittels dogmatischer Analyse Brüchigkeit, Inkonsistenz und Verwerfungen der theoretischen Grundlagen des geltenden Rechts aufzuweisen und transparent zu machen. Er meint kurz zusammengefasst zunächst Folgendes:

- Die ohnehin schon aus der sog. Einheitslösung[8] resultierenden Schwierigkeiten – so *Haffke* – seien bei der Auslegung der Worte »schwer« und »tief greifend« noch einmal durch die zusätzliche Verwendung des Wortes »erheblich« in § 21 StGB potenziert worden. Dies bringe Ungereimtheiten mit sich: z. B. sei die fakultative Strafmilderung beim vermeidbaren Verbotsirrtum des § 17 S. 2 StGB *nicht* von der »Erheblichkeit« der Beeinträchtigung der Fähigkeit des Täters, das Unrecht der Tat einzusehen, abhängig gemacht.

- Er beanstandete die *fakultative* Strafmilderung, die – statt einer *obligatorischen* – mit § 21 StGB einhergehe.[9] Fakultativ sollte die Regelung über die verminderte Zurechnungsfähigkeit sein, weil damals die Vorstellung geherrscht hatte, dass eine obligatorische Regelung die kriminalpolitisch für dringend erforderlich erachtete Berücksichtigung von schuldunabhängig gedachten, general- und spezialpräventiven Gesichtspunkten nicht erlauben würde. Als weiteren Grund für eine nur fakultative Strafmilderung nannte er die Problematik der *selbstverschuldeten* Zurechnungsunfähigkeit, speziell des Rausches. Der dritte Grund werde darin gesehen, dass die Schuldminderung als Folge der verminderten Schuldfähigkeit u. U. durch die *besondere Tatschwere wieder aufgewogen* werden könne. Gehe man von der heu-

---

6 Siehe auch Fn. 5.
7 HAFFKE B., § 21 StGB Verminderte Schuldfähigkeit Eine janusköpfige Norm, R & P 1991, 94 ff.
8 HAFFKE B., R & P 1991, 94 (95): »Das geltende Recht geht in den §§ 20, 21 StGB von der sog. Einheitslösung aus. Ihr Gegenteil, die sog. differenzierende Lösung, die in den Entwürfen 1960 und 1962 enthalten war, hatte lediglich die Merkmale der krankhaften seelischen Störung, der ihr ›gleichwertigen‹ (jetzt: ›tief greifenden‹) Bewusstseinsstörung und des Schwachsinns in die Regelung über den Schuldausschluss eingestellt und demgegenüber für die eigentlich problematische Gruppe der schweren anderen seelischen Abartigkeit, also die sog. Psychopathien, Neurosen und Triebstörungen, lediglich eine fakultative Schuldmilderung wegen verminderter Schuld vorgesehen.«
9 So aber noch der Alternativ-Entwurf der Strafrechtslehrer in beiden Auflagen (1666, 1969). Auch der E 1930 und die Beschlüsse der Reichstagsausschüsse sahen noch eine obligatorische Strafmilderung vor!

tigen Schuld- und Strafzumessungskonzeption[10] aus, könne eigentlich kein Zweifel bestehen, dass die Berücksichtigung spezial- und generalpräventiver Momente nur im Rahmen des durch die Tatschuld abgesteckten »Spielraumes« gestattet sei.[11]
- Hinzu komme ein zentrales Manko für die Bedeutung des § 21 StGB, das in dem ungeordneten und widersprüchlichen System der Strafrahmen- und Strafzumessungsregeln des Besonderen Teils liege:[12] In vielen Fällen seien bei Annahme einer minderschweren Falles für den Angeklagten günstigere Ergebnisse zu erzielen als bei Vorliegen der Voraussetzungen des § 21 StGB in Verbindung mit § 49 Abs. 1 StGB. Eine Bedeutung des § 21 StGB sei im Strafzumessungsbereich teilweise gar nicht auszumachen.

Dies vorausgeschickt, kommt *Haffke* auf unser Thema zu sprechen:[13] Die eigentliche Bedeutung des § 21 StGB bestehe in der *Ermöglichung der Unterbringung*. Was im Bereich der Strafe entlaste, belaste im Bereich der Maßregel. Für die Unterbringung seien die Merkmale des § 21 StGB tatbestandliche Voraussetzungen für den Eingriff in verfassungsrechtlich geschützte Grundrechte des Patienten. Darin lägen erhebliche rechtsstaatliche Gefahren. Der Unterzubringende müsse nach § 63 StGB noch zusätzlich *gefährlich* sein. Diese Gefährlichkeit und damit eng zusammenhängend der verfassungsrechtliche Grundsatz der Verhältnismäßigkeit seien das zentrale Problem des Maßregelrechts: »Was die Schuldfeststellung für die Verhängung der Strafe, sei die Gefährlichkeit für die Verhängung der Maßregel. Die Anforderungen an rechtsstaatliche Klarheit und Bestimmtheit müssten für beide Scharniere gelten; denn beide Male gehe es (bei der Unterbringung sogar um massivere) Eingriffe in Freiheitsrechte.« *Haffke* zitierte hierzu warnend eine Anmerkung von Hippels: »Die Gefährlichkeit ist nicht oder sollte doch nicht lediglich eine Manövriermasse sein, die erlaubt, bei Anlasstat und Geisteskrankheit nach Willkür einzuweisen.« Schließlich gab auch er – wie die anderen Kritiker der jetzigen Regelung einschließlich *Saimeh* – zu bedenken, dass die *Höchstdauer der Unterbringung* im psychiatrischen Krankenhaus gesetzlich *nicht begrenzt* ist, was besonders bei einem erstmals untergebrachten vermindert Schuldfähigen nicht nur rechtspolitisch unerträglich, sondern auch verfassungsrechtlich höchst bedenklich sei.[14]

Haffke These:[15] »Die Anknüpfung an die biologischen Merkmale ist, was die Frage

---

10 Überblick bei SCHÄFER G., Praxis der Strafzumessung, 3. Aufl. 2001 Rn. 308 ff.
11 Die vorstehend genannten Aspekte dürften, so Haffke unter Berufung auf Lenckner in: Schönke-Schröder, § 21 Rn. 21, jedenfalls nicht herangezogen werden, wenn sie zur Begründung einer die Tatschuld übersteigenden Strafe benötigt würden.
12 HAFFKE, B., R & P 1991, 94 (99, 100).
13 HAFFKE B., R & P 1991, 94 (100).
14 HORSTKOTTE, Leipziger Kommentar, 10. Aufl. 1985, § 67d Rn. 52 ff.
15 HAFFKE B., R & P 1991, 94 (100); sein Ergebnis deckt sich mit der Forderung von KRAUSS, die er in »Kriminologie und Strafverfahren« (Kriminologische Gegenwartsfragen, Band 12, Hrsg., GÖPPINGER/KAISER, 1976 S. 88 ff.) begründet hat.

der Schuldminderung angeht, dysfunktional. § 21 StGB sei der Sache nach eine Strafzumessungsvorschrift und sollte deshalb auch in die gesetzlichen Regelungen über die Strafzumessung eingestellt werden.«

Er weist abschließend darauf hin, dass seine Thesen im österreichischen Strafrecht mustergültig verwirklicht seien.[16]

Eigene Stellungnahme

a) Zur Klarstellung: § 21 StGB muss als Strafmilderungsgrund erhalten bleiben, allein schon deshalb, weil bei Vorliegen seiner Voraussetzungen die absolute Strafandrohung des § 211 StGB nicht greift.[17] Die Norm hat sich in der Praxis bewährt. Deshalb kommt kein Strafrechtswissenschaftler auf den Gedanken, seine Abschaffung zu fordern.

b) Eine ganz andere Frage ist jedoch, ob § 21 StGB aus § 63 StGB de lege ferenda herausgenommen bzw. von der Vorschrift entkoppelt werden soll: Die höchstrichterliche Rechtsprechung hat in den vergangenen eineinhalb Jahrzehnten sowohl das Tatbestandsmerkmal *gefährlich* des § 63 StGB als auch den *Verhältnismäßigkeitsgrundsatz* des § 62 StGB konkretisiert und mit Leben gefüllt. Sie hat Mindestanforderungen für Schuldfähigkeitsgutachten und speziell für Prognosegutachten[18] entwickelt[19]. Insofern wiegen die diesbezüglichen Bedenken von *Haffke* nicht mehr so schwer wie damals. Allerdings muss man sich bei allem Fortschritt fragen, wie es kommt, dass die Gerichte bei der Einweisung und/oder im Vollzug *Fehldiagnosen* aufgesessen sind und der Verurteilte nicht krank bzw. gefährlich war. Die Quote der »false positives«-Patienten im MRV, bei denen das erwartete Verhalten nicht eintrifft, obwohl es vorhergesagt wurde – ist immer noch hoch.[20] Dies hängt auch damit zusammen, dass die Qualität der Gutachten immer noch zu wünschen übrig lässt.[21]

Entscheidend gegen die jetzige Regelung spricht die *Gefahr des Daueraufenthalts* für schwer persönlichkeitsgestörte »unbehandelbare« Träger des § 21 StGB wie z.B. bei Sexualstraftätern. Der Maßregelvollzug ist *zeitlich nicht begrenzt*. Die Rechtsprechung zur Entlassungspraxis ist restriktiv – das war nicht unerwartet nach der Verabschiedung des Gesetzes zur Bekämpfung von Sexualdelikten und

---

16 Vgl. §§ 11, 34, 41 und 21 ö StGB.
17 SCHILD in: Nomos-Kommentar zum Strafgesetzbuch, Hrsg. Urs KINDHÄUSER et al., 2. Aufl. 2005, S. 728.
18 BOETTICHER A. et al.; Mindestanforderungen für Prognosegutachten, NStZ 2006, 537.
19 BOETTICHER A. et al., Mindestanforderungen für Schuldfähigkeitsgutachten, NStZ 2005, 57.
20 NEDOPIL N., Prognosen in der Forensischen Psychiatrie, 2005 Pabst Science Publishers, Lengerich, S. 48 ff.
21 So jedenfalls noch die Feststellungen des 25. Strafverteidigertages, StV 2001, 483 (484).

anderen gefährlichen Straftaten vom 30.01.98.[22] *Kröber* spricht von einer »psychiatrisch kaschierten Sicherungsverwahrung«[23], *Leygraf*[24] von der Gefahr eines lebenslangen Freiheitsentzuges, *Braasch*[25] hält die Einrichtung von Longstay-Abteilungen, wie sie in Deutschland aus dem Boden sprießen, für verfassungswidrig. *Schott*[26] hält sie für therapeutisch kontraproduktiv, ethisch und juristisch bedenklich und schon mittelfristig ökonomisch ungünstig. Das Bundesverfassungsgericht mahnte in seiner wegweisenden Entscheidung vom 8. Oktober 1985[27] vergeblich den Grundsatz der Verhältnismäßigkeit an.[28] Viele Strafverteidiger und Strafkammern dealen des ungeachtet wie eh und je in der irrigen Meinung, Humanität walten zu lassen, persönlichkeitsgestörten Straftätern einen Maßregelvollzug an.[29] Es hat sich offenbar nicht herumgesprochen, dass am 22.09.2004 vom Ministerrat des Europarates die *Empfehlungen zum Schutz der Menschenrechte und der Würde von Personen mit psychischen Störungen* verabschiedet worden sind. Danach gilt für forensisch-psychiatrische Patienten Folgendes: Eine psychiatrische Unterbringung psychisch kranker Straftäter nur aufgrund von Gefährlichkeit ohne Beachtung der Behandelbarkeit ist aus menschenrechtlicher Sicht bedenklich, wenn die Maßnahmen – wie in der Bundesrepublik – gesetzlich zeitlich unbefristet sind.[30]

Alle Empfehlungen haben nichts genutzt. Die forensischen Einrichtungen sind derzeit überfüllt wie nie.[31] Abhilfe ist geboten. Man kann es drehen oder wenden,

---

22 HEINZ W. Siehe Fn. 27: »Bei den im psychiatrischen Krankenhaus Untergebrachten ist es weniger die Zunahme der Zahl der Unterbringungsanordnungen als vielmehr die länger werdende Verweildauer – ersichtlich aus dem Auseinanderklaffen von Zugangs- und Abgangszahlen.«
23 KRÖBER H.-L., Befristung der Psychiatrischen Maßregel nach § 63 StGB, in: Forensik 2003, 18. Eickelborner Fachtagung, HR OSTERHEIDER, Dortmund 2004, S. 50 ff.
24 LEYGRAF N., Psychisch kranke Straftäter, 1988, S. 107 ff.
25 BRAASCH M., Untherapierbare Straftäter im Maßregelvollzug. Zur Unzulässigkeit der zeitlichen Begrenzung von Behandlungsmaßnahmen, Forens. Psychiatr. Psychol. Kriminol. 4/2007, S. 1262 ff.
26 SCHOTT M. , Recht und schlecht über die Organisation von Menschenleben im Maßregelvollzug, in: Band 29 der Schriftenreihe des Instituts für Konfliktforschung. Hrsg. I.A. RODE et al., Lit Verlag, S. 99 (104).
27 BVerfGE 70, S. 297 ff. = NJW 1986, 767 ff.
28 HEINZ W., Freiheitsentziehende Maßregeln der Besserung und Sicherung, in Research Report Sucht/53(4)/214-227 (214): »Die Entscheidung des BVerfG (70, 297 ff.) zur Verhältnismäßigkeit der Dauer der Unterbringung in einem psychiatrischen Krankenhaus, von der ein Einfluss auch auf die Anordnungspraxis erwartet wurde, hat in statistischer Betrachtung keine nachhaltigen Spuren hinterlassen.« Im Internet unter http://www.uni-konstanz.de/rtf/kis/stationaereMASSREGELN.htm
29 Vgl. dazu TONDORF G., in: Beck'sches Formbuch, 4. Aufl. 2002 Verlag C.H. Beck München, S. 815.
30 VÖLLM B. et al., Menschenrechte in der Psychiatrie – Empfehlungen des Europarats, Recht & Psychiatrie 2007, 132 (139).
31 HEINZ W., wie Fn. 27 S. 214.

wie man will: Weitere Neubauten sind im Maßregelvollzug dringend geboten, bedenkt man Folgendes:

Konrad schätzt für 2007 den Anteil der Maßregelvollzugspatienten, die aufgrund des § 20 StGB eingewiesen worden sind auf 30 bis 40 %, dementsprechend betragen die Patienten mit der Bürde des § 21 StGB 70 bzw. 60 %.[32] Im Justizvollzug gibt es schätzungsweise 3 % Psychosekranke (v. a. Schizophrene), also bei ca. 65 000 Strafgefangenen in Deutschland etwa genau so viele wie im Maßregelvollzug.

Angesichts der Zahlen besteht für den Gesetzgeber dringender Handlungsbedarf! Die 20er-Insassen gehören aus dem Justizvollzug in den Maßregelvollzug. Es gibt nur einen brutalen Schnitt: Die Träger des § 21 StGB haben den schwer seelisch Kranken aus dem Justizvollzug Platz zu machen.

Dazu muss § 21 StGB aus § 63 StGB herausgenommen werden. Dafür entgehen die Träger des § 21 StGB einer Einweisung auf unbegrenzte Dauer und erhalten eine *Zeitstrafe*!

Wohin aber mit den Trägern des § 21 StGB?

Idealiter würden die sozialtherapeutischen Anstalten revitalisiert und die Träger des § 21 StGB dort untergebracht. Die Sozialtherapie ist dabei als *besondere* Maßregel zu institutionalisieren und möglichst klar vom Strafvollzug zu trennen[33] – auch vom jetzigen Maßregelvollzug. Sie muss sozusagen auf einer dritten Spur laufen – mit eigenen Mitteln und zugeordnet zu einem eigenen Ministerium.

»Der Verzicht auf sozialtherapeutische Maßnahmen würde bedeuten, am Leid und an der Hilfsbedürftigkeit eines großen Teils der Menschen vorbeizugehen, die wir als Kriminelle in die Gefängnisse schicken«, schreiben Rasch/Konrad.[34]

Ansonsten bliebe nur die schlechteste aller Lösungen,[35] die Vollzugslösung, nämlich die Unterbringung in sozialtherapeutischen Abteilungen[36] des Vollzugs, heute geregelt in § 9 StVollzG, was mit einer Neuregelung des § 9 StVollzG und einer erheblichen personellen und sachlichen Aufstockung dieser Spezialeinrichtungen im Vollzug einhergehen müsste.

---

32 KONRAD N. im Schreiben vom 18. Januar 2008 an den Verfasser. HEINZ W. (s. Fn. 27 S. 222) kommt für das Jahr 2005 anhand von statistischen Auswertungen zu einem abweichenden Ergebnis: »Von den Untergebrachten her betrachtet, waren von den 2005 in ein psychiatrisches Krankenhaus Eingewiesenen 67 % schuldunfähig und 33 % vermindert schuldfähig. Ein größerer Anteil von nur vermindert Schuldfähigen findet sich in der Gruppe der Sexualdelinquenten.«
33 RASCH/KONRAD, Forensische Psychiatrie, 3. Aufl. 2004 Verlag W. Kohlhammer S. 125 ff. (129).
34 RASCH/KONRAD, Forensische Psychiatrie, 3. Aufl. 2004, Verlag W. Kohlhammer, S. 129.
35 RASCH/KONRAD, Forensische Psychiatrie, 3. Aufl. 2004 a. a. O. S. 128: »Damit wird (der Vollzugsverwaltung, Zusatz des Verf.) die Möglichkeit eröffnet, die Behandlungsbedürftigkeit und Behandlungseignung nach Art und Ausmaß des vorhandenen Therapieangebots zu bestimmen, also nicht nach dem tatsächlich gegebenen individuellen Behandlungsbedürfnis der Gefangenen und ihrer Anzahl.«
36 Ich halte den Begriff »Abteilung« für besser als die in § 9 StVollzG verwandte Bezeichnung »Therapeutische Anstalt«.

Der Deutsche Juristentag sollte sich einmal mit der Thematik befassen, damit endlich die dringend gebotene Reform in die Wege geleitet wird. Es ist noch ein langer Weg zurückzulegen, denkt man an den jetzigen Zeitgeist!

Dialektisch Behaviorale Therapie (DBT) im Forensischen Bereich

Dialektisches Milieu, Borderline Persönlichkeitsstörungen (BPS) und Antisoziale Persönlichkeitsstörungen (ASPS)

Wies van den Bosch

Zusammenfassung

DBT gründet auf der Annahme, dass sich die Haltung der Behandler gegenüber den Patienten sowie gegenüber der Störung verändern muss, damit Behandlung effektiv sein kann. In der Forensischen Psychiatrie ist das Stationsmilieu häufig therapieschädigend. Das Forensisch-Psychiatrische Zentrum Oldenkotte beschäftigt sich seit 2006 mit der Frage, wie man hier eine Änderung erreichen kann. Mithilfe des Einsatzes von DBT Prinzipien wird untersucht, wie der Aufbau einer guten Arbeitsbeziehung in der Station gelingen kann. Zudem wurde die DBT Behandlung für Antisoziale Patienten entwickelt und untersucht. Diese Entwicklung wird beschrieben und Forschungsergebnisse werden aufgezeigt.

Schlüsselwörter

Borderline-Persönlichkeitsstörung, antisoziale Persönlichkeitsstörung, dialektisch-behaviorale Therapie

Einleitung

Um Borderline- und Antisoziale Persönlichkeitsstörungen zu behandeln, ist es ratsam eine Definition des Problemverhaltens zu nutzen, die sich von der DSM-IV Klassifikation unterscheidet. Diese Definition lautet: »Die Borderline- und die Antisoziale Persönlichkeitsstörung sind überdauernde, gravierende und manchmal verhängnisvolle Störungen.« Die Patienten werden häufig als manipulierend, unmotiviert und nicht behandelbar charakterisiert. Außerdem werden sie als Patienten gesehen, die Teams spalten und zum Burn-out der Behandler führen.

Ein Ergebnis einer solchen Definition der Störung ist, dass im »normalen« Alltag eines forensisch- psychiatrischen Settings der Patient als jemand gesehen wird, der für seine Probleme, die er/sie zeigt und verursacht, selbst verantwortlich ist. Die Art der Probleme sowie die Tatsache, dass das problematische Verhalten häufig getrennt von der Störung betrachtet wird, motiviert die Behandler nicht dazu, eine gute und warme Arbeitsbeziehung aufzubauen.

Behandlung von Persönlichkeitsstörungen: Die Arbeitsbeziehung

Das Problem ist klar: Es ist sehr schwierig, eine gute Arbeitsbeziehung aufzubauen. Therapeuten wissen, dass in allen therapeutischen Schulen eine gute Arbeitsbeziehung als Grundvoraussetzung für eine effektive Behandlung angesehen wird. Aber nicht nur der Aufbau eines Bündnisses ist in der Behandlung dieser Patienten erforderlich. In der forensischen Psychiatrie müssen zwei Probleme angesprochen/ berücksichtigt werden.
Erstens, in Bezug auf den Patienten:
- Abnahme des (selbst-)destruktiven und aggressiven Verhaltens von Patienten
- Erhöhung der Compliance hinsichtlich des Behandlungsprogramms und der -ziele

Zweitens ist es wichtig zu realisieren, dass eine effektive therapeutische Behandlung nur stattfinden kann, wenn die Umgebung des Patienten neues und adäquateres Verhalten verstärkt (Kontingenzmanagement).
Das heißt:
- Aufbau einer guten Arbeitsbeziehung
- Reduzierung von therapieschädigendem Verhalten bei Patienten und Behandlern

Bei dem Versuch, diese Probleme zu lösen, fanden wir heraus, dass das Stationsmilieu häufig therapieschädigend ist. Behandler und Patienten ›fixieren‹ sich gegenseitig in einen nie endenden Kreis, worin (selbst-)destruktives und ›schwieriges‹ Verhalten der Patienten sowie die repressive und nicht-verstehende Haltung der Pflegenden sich gegenseitig bedingen. Eine Folge ist, dass keine gute Arbeitsbeziehung entwickelt werden kann. Eine weitere Folge ist, dass auf beiden Seiten Gefühle von Hilflosigkeit, Frustration, Unsicherheit sowie Gefühle der Inkompetenz entstehen. Bei beiden entsteht eine ›Fixierung auf bloße Überlebensstrategien‹; eine Reflexion ist nicht möglich. Alle Fähigkeiten scheinen auf das Überleben ausgerichtet zu sein. Die Abbildung 1 beschreibt, was hiermit gemeint ist.
Das Problem scheint zu sein, dass niemand weiß, wer als Erster die Veränderung und den Validationskreis beginnen soll, beide Seiten warten und haben Angst vor und misstrauen einander, ihre Distanz wahrend. Aber selbstverständlich sind es die Behandlungsteammitglieder, die den Anfang machen müssen.
Zwei Fragen tauchen auf, um die Behandlung dieser Persönlichkeitsstörungen im forensischen Kontext möglich zu machen: Erstens: Wie schafft man ein validierendes

therapeutisches Milieu in einem forensisch-psychiatrischen Setting? Und zweitens: wie schafft man eine effektive Behandlung der ASPS?

"I'm sorry. I'm not allowed up on the sofa."

Abbildung 1

Das Kernproblem ist, dass man eine effektive Arbeitsbeziehung aufbauen muss und dass auch die Fähigkeit der Behandler zur Selbstreflexion erhöht werden muss. Was ist erforderlich, um dies zu erreichen?

Man braucht ein (ätiologisches) Modell, das eine *nicht-wertende Haltung* gegenüber Patientinnen und Patienten und ihren Problemen fördert. Eine Haltung, die das Verhalten der Patienten als das sieht, was es ist: Und zwar im Zusammenhang mit der persönlichen Entwicklungsgeschichte und der Situation im Krankenhaus und als eine in diesem Moment effektive Fähigkeit. Das Verhalten ist für die Patientin/den Patienten sinnvoll, da es wirklich hilft. Denken Sie an eine Patientin, die sich selbst schneidet. Wenn wir nicht in der Lage sind, dieses Verhalten als die effektivste Fertigkeit anzuerkennen, um einen sofortigen Spannungsabbau zu erreichen, werden wir der Patientin nicht helfen können, dies zu verändern. Schneiden ist effektiv, wenn auch selbstdestruktiv und nicht sehr hilfreich auf lange Sicht. Daher muss der Therapeut sich sehr effektive Ersatzverhaltensweisen einfallen lassen, um den Patienten zur Veränderung zu motivieren.

Solange wir denken, dass das Verhalten darauf ausgerichtet ist, uns zu stören, uns zu manipulieren, wird uns die Bedeutung entgehen, und wir werden nicht in der Lage sein, dem Patienten zu helfen, den Gewinn einer Veränderung zu sehen. Zudem ist neben einem ätiologischen Modell ein Behandlungskonzept notwendig, das gut zu verbreiten und einfach gelernt werden kann. Denn wir benötigen es genau jetzt und nicht erst in zehn Jahren.

Behandlung von Persönlichkeitsstörungen: DBT

DBT ist eine Lösung des Problems, denn DBT wird schon in der ambulanten Behandlung (Gruppen- und Einzelbehandlung) umgesetzt, und der konzeptuelle Rahmen wird schon genutzt, um das Milieuproblem anzugehen (McCann et al. 2000). Unsere Aufgabe liegt im Transfer der DBT über das Standardprogramm hinaus: Die Anwendung eines dialektischen Ansatzes in der Interaktion mit den Patienten, balancierte Akzeptanz und Technik der Änderung.

Was wir bisher diskutiert haben, macht deutlich, das in der DBT die oberste Priorität nicht die Behandlung des Patienten ist, sondern die Behandlung der Behandler: Die Änderung der Einstellung mit einem biosozialen Modell.

Wichtig hierbei ist zu betonen, dass mit dem Begriff »Behandler« alle Personen gemeint sind, die mit dem Patienten arbeiten. Vor allem im forensischen Setting ist es sehr wichtig, die Aufmerksamkeit auch auf die Haltung der Teammitglieder zu lenken, die den Patienten vierundzwanzig Stunden am Tag behandeln. Für sie ist das Risiko des Burn-outs oder Burn-in um ein Vielfaches höher als bei Behandlern, die den Patienten einmal pro Tag besuchen.

Im Folgenden wird das biosoziale Modell aufgezeigt, es wird aber nicht eingehender diskutiert, da es ausführlich in Marsha Linehans Buch beschrieben ist (Linehan 1993a, 1993b).

Die BPS und ASPS werden betrachtet als »tief greifende Störungen der Emotionsregulation«, welche die Folge der Interaktion von intrinsischer emotionaler Verletzlichkeit und invalidierenden Umwelterfahrungen sind.

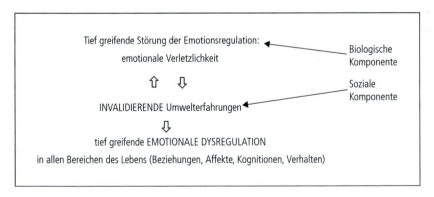

Abb. 2: Biosoziales Modell

Werden die Probleme der Patienten aus der Perspektive des biosozialen Modells betrachtet, kann eine andere Definition der Probleme entwickelt werden, die es möglich macht, den Patienten auf eine nicht-wertende Weise zu sehen, und hierdurch die Möglichkeit zu schaffen, das Verhalten wirklich zu verstehen.

Wie die Probleme unter einer biosozialen Perspektive gesehen werden: Der Patient kann sein Verhalten nicht verändern, da er nicht effektiv mit seinen Gefühlen umgehen kann. Menschen mit BPS/ASPS fehlen wesentliche interaktionelle Fähigkeiten/Fertigkeiten hinsichtlich der Selbstregulation. Aber die Umwelt sieht dieses Fehlen häufig als fehlende Bereitschaft. Die Anwendung effektiver Fertigkeiten, die ein Teil des Verhaltenrepertoires des Einzelnen sind, wird aufgrund von persönlichen und Umgebungsfaktoren unmöglich gemacht. Folge ist, dass der Patient ein Selbstkonzept entwickelt, das Invalidation und Selbsthass beinhaltet. Der Wunsch nach Unterstützung wechselt mit dem starken Bedürfnis nach Autonomie.

Da die Behandler versuchen, dem Patienten zu folgen, wenn er zwischen dem Bedürfnis nach Unterstützung und Autonomie wechselt, können sie leicht aus dem Gleichgewicht gebracht werden. Daher ist auch eine Unterstützung der Behandler nicht nur erforderlich, sondern eher notwendig.

Was Behandler und Patienten sofort tun müssen, kann aus dem biosozialen Modell und seinen Folgen abgeleitet werden.

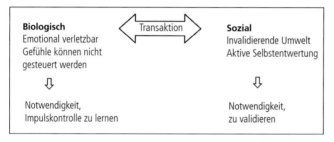

Abb. 3: Das biosoziale Modell und seine Folgen

Es ist notwendig, dass die Behandler auf Akzeptanz ausgerichtete Strategien mit auf Veränderung ausgerichteten Strategien ins Gleichgewicht bringen, eingebettet in eine verständnisvolle und mitfühlende dialektische Haltung (Abb. 4).

Es wird nun ein kurzer Überblick über die Behandlungsziele und Forschungsergebnisse aufgezeigt, da es viele Publikationen über die Effektivität der DBT in der Behandlung von BPD gibt (LINEHAN 2006).

Grundlegende Verhaltensziele bei Patienten mit Borderline-Persönlichkeitsstörungen:

1. Suizidale Handlungen zu reduzieren
2. Therapieschädigendes Verhalten zu reduzieren

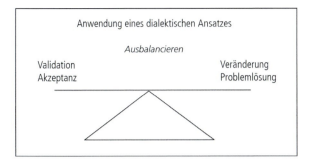

Abb. 4: Anwendung eines dialektischen Ansatzes

3. Verhalten, das die Lebensqualität beeinträchtigt, zu reduzieren
4. Steigerung der Verhaltenskompetenz der Patienten
   - Innere Achtsamkeit (Aufmerksamkeit)
   - Stresstoleranz
   - Emotionsregulation
   - Zwischenmenschliche Fertigkeiten
   - Selbstmanagementfähigkeiten
5. Reduzierung von Verhaltensweisen, die im Zusammenhang mit posttraumatischem Stress stehen
6. Steigerung der Selbstachtung/des Selbstwertgefühls.

Die Zusammenfassung der Ergebnisse bei der BPS-Symptomatik zeigt:
- DBT: weniger Therapieabbrüche (Beibehaltung der Therapie: 63 % vs. 23 %);
- DBT: Reduzierung der selbstverletzenden und selbstbeschädigenden impulsiven Handlungen;
- Die Standard-DBT hat einen günstigen Einfluss auf Alkoholprobleme, jedoch nicht auf Drogenprobleme. Aber, auch nach einem Jahr der Behandlung (DBT) ist es notwendig, die Behandlung weiterzuführen, um die Wirkung aufrechtzuerhalten.
- DBT scheint die Möglichkeit zu bieten, Patienten zu behandeln, aber es ist mehr erforderlich, damit die Veränderungen dauerhaft sind.

DBT Behandlung von Persönlichkeitsstörungen: Der forensische Kontext

Warum DBT in Oldenkotte, im Forensischen Bereich? Es gibt drei Gründe warum DBT in Oldenkotte eingeführt wurde:
1. Hohe Prävalenz von Persönlichkeitsstörungen (Borderline-Persönlichkeitsstörung, Antisoziale Persönlichkeitsstörung) und Impulsivität.

2. Die Wirksamkeit von DBT ist empirisch belegt (Borderlines: LINEHAN et al. 1991, 1993c, 1994, 2006; KOONS 2001; VERHEUL, VAN DEN BOSCH et al. 2003; VAN DEN BOSCH et al. 2005)
3. DBT kann in einem ambulanten forensisch-psychiatrischen Setting angewendet werden. Innerhalb des forensisch-psychiatrischen Settings scheint DBT zu einem angenehmeren, weniger restriktiven Klima zu führen (BERZINS & TRESTMAN 2004; EVERSHED et al. 2003; MCCANN et al. 2000).

Hier nun ein kurzer Überblick der Grundsätze von DBT. Erstens, DBT ist ein kognitives behaviorales Modell, das auf einer biosozialen Theorie basiert. Ziel ist eine dialektische Bilanz zwischen Validierung und Änderung. Ziel ist auch ›empowerment‹ des Patienten (›Prinzip der Beratung des Patienten im Umgang mit dem Helfersystem und seinem sozialen Netzwerk‹).

Wenn es um die Stationen des Krankenhauses geht, können wir einige von den DBT-Grundsätzen umsetzen, wodurch das wirksame Milieu zur Problemlösung wird. DBT gründet auf der Annahme, dass sich die Haltung der Behandler gegenüber den Patienten sowie der Störung verändern muss, damit Behandlung effektiv wird. Auf der Grundlage der DBT-Prinzipien haben wir unsere Anstrengungen auf den Kern des Milieuproblems gerichtet: die Haltung und das Verhalten des Personals gegenüber Patienten. Zwei Aktionen wurden unternommen. Das Personal wurde geschult, den Patienten umfassend zu sehen (Verhaltensprinzipien und DBT: Validierung, Prinzip ›der Beratung des Patienten‹, Achtsam sein, usw.). Und die DBT-Grundsätze wurden beim Coaching der Mitarbeiterinnen und Mitarbeiter verwendet.

Aber die wichtigste Frage ist selbstverständlich: »*Wie macht man es?*«

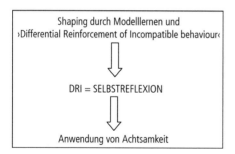

Mit anderen Worten: wir richteten unsere Aufmerksamkeit auf die Veränderung der Haltung des Personals. Und der Hauptbestandteil war und ist Achtsamkeit. Änderung der Haltung heißt: verstehen des Problemverhaltens mithilfe der biosozialen Theorie; verstehen der wechselseitigen Abhängigkeit von Verhalten; Einsicht gewinnen [und Mitgefühl], Änderung der Haltung mithilfe von Teamkollegen durch Anwendung von Achtsamkeit.

Behandlung in der Abteilung:
Das Operante Milieu und Forschungsergebnisse

Es wurde der Entschluss getroffen, in der Station IIA, der Aufnahme für Patienten mit Persönlichkeitsstörungen anzufangen. Und, selbstverständlich, wurde der Entschluss gefasst, eine Untersuchung zu machen, um festzustellen, dass das Ganze Sinn hat und effektiv ist (BLONDELLE et al. 2007).

Mit der Untersuchung haben wir in 2006 angefangen. Dabei wurden die folgenden Fragen gestellt:

1) Bezogen auf Mitarbeiter:
- Arbeitszufriedenheit und Motivation
- Gefühle gegenüber Patienten
- Kurzzeitige Arbeitsunfähigkeit

2) Bezogen auf Patienten:
- Gefühle gegenüber Mitarbeiterinnen und Mitarbeiter
- Behandlungszufriedenheit
- Rückgang der Vorkommnisse und Isolierungen
- Erhöhung der Mitwirkung bei Aktivitäten und in der Therapie.

Die Arbeitszufriedenheit in der Abteilung, die mit dem Operanten Milieu gestartet hatte, war höher als in allen anderen Stationen. Vor allem die Faktoren: ›Beziehung zum Team‹, ›Unterstützung‹, ›Haltung gegenüber der Arbeit (Arbeitseinstellung)‹ sowie ›Geborgenheit/Sicherheit‹ wurden als höher und zufriedenstellender geratet. Auch die krankheitsbedingten Ausfallzeiten waren in dem Jahr, in dem das Operante Milieu eingeführt wurde, signifikant niedriger im Vergleich zu den anderen Stationen. Aber am wichtigsten, die Vorkommnisse und Sanktionen in der Station IIA gingen sich sehr deutlich zurück (Abb. 5).

Die Daten von 2007 zeigen, dass die Anzahl der Sanktionen und Vorkommnisse weiterhin rückläufig sind.

Vorläufige Schlussfolgerungen sind, dass es möglich zu sein scheint, ein wirksames Milieu im stationären Setting zu implementieren. Aber es ist wichtig, anzuerkennen, dass dies ein fortwährender Prozess ist, mit einem Borderline-ähnlichen Muster (Auf und Ab). Zweitens, scheint das wirksame Milieu das destruktive Verhalten der Patienten sowie die Arbeitszufriedenheit und Arbeitsmotivation der Mitarbeiterinnen und Mitarbeiter, ihre Beziehung untereinander und zu den Patienten positiv zu beeinflussen.

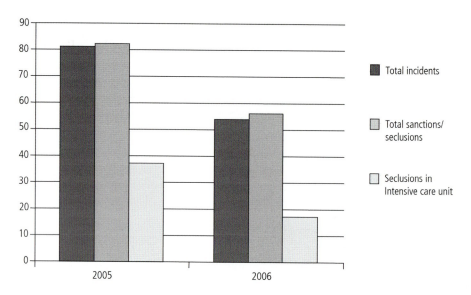

Abb. 5.: Vorkommnisse und Sanktionen in der Station IIA

Behandlung im forensischen Kontext: Antisoziale Persönlichkeitsstörung

Die Standardstruktur des Programms von DBT für ASPS ist identisch mit dem für Patienten mit Borderline-Persönlichkeitsstörungen und wird seit 2007 in Oldenkotte umgesetzt.

Patienten haben jede Woche individuelle Psychotherapie und Skillsgruppen und können telefonische Beratung bekommen, wenn notwendig. Auch hier gilt es, die biosoziale Theorie zu berücksichtigen, insbesondere des invalidierenden Umfeldes. Doch in der Hierarchie der Behandlungsschwerpunkte gibt es eine Veränderung: destruktives und kriminelles Verhalten anstelle des suizidalen und selbstdestruktiven Verhaltens. Es werden auch zusätzliche Ziele aufgestellt: Entwicklung von Empathie, emotionale Bindung. Zusätzliche Skills werden eingeübt: »random acts of kindness« und es gibt ein zusätzliches Modul: die Deliktgruppe.

Bei der Behandlung von ASPS stellt sich eine zusätzliche Frage im diagnostischen Kontext: Sind diagnostische Instrumente, die im Allgemeinen in der forensischen Psychiatrie benutzt werden, in der Lage, die wichtigen Ziele zu evaluieren? Denn, das Problem, das in der Behandlung von Patienten mit einer ASPS auftaucht, ist, dass die Patienten als betrügerische und lügende Personen charakterisiert werden können, die versuchen, dem Therapeuten das erwünschte Selbstbild zu zeigen.

Daher könnten Fragebögen zur Selbstbeurteilung Effekte aufzeigen, die nicht wirklich existieren. Zum Beispiel wird die Frage, ob der Patient in den vergangenen Monaten Drogen genommen hat, wahrscheinlich in einer sozial erwünschten Weise beantwortet werden. Auch die Brauchbarkeit und Reliabilität der Ergebnisse halbstrukturierter Interviews muss infrage gestellt/hinterfragt werden. Insbesondere die Hauptziele in der Behandlung der ASPS, Verminderung der Impulsivität, Zunahme der Empathie und Verminderung des feindseligen Verhaltens, müssen auf eine nicht-wertende Art und Weise untersucht/überprüft werden. Das heißt, der Einfluss der Diagnostiker und der Patienten auf die Ergebnisse muss soweit wie möglich minimiert werden. Daher wurden neuropsychologische Tests wie der »face recognition test« (Gesichtserkennungstest), der Stroop Test und der »Stop task« in Oldenkotte eingeführt. Auch die Bestimmung des Cortisol- und des Testosteron-Spiegels erfolgen als Teil des Forschungsprogramms. Die Auswertung dieser Daten begann im Herbst 2007. Das Forschungsprogramm in der Gesamtheit begann bei den ambulanten Patienten im Herbst des vergangenen Jahres, die Ergebnisse müssen daher als vorläufig betrachtet werden.

Was wir bisher herausgefunden haben:
- DBT fördert die Compliance und reduziert Therapieabbrüche;
- DBT reduziert Aggressionen (bei Patienten und Personal);
- mit der DBT vergrößern Therapeuten die Fähigkeiten, Patienten und ihre Probleme zu verstehen und DBT reduziert die Anzahl der Sanktionen.

Andere Erfahrungen, die wichtig sind im Rahmen von Motivierung:
- Die Kernidee ist »commitment« bei alle Mitarbeitern, auch beim Management. Es scheint von größter Bedeutung zu sein, dass jeder sich dem Programm und den Grundsätzen verpflichtet, in Wort und Tat.
- Die Behandlung erfordert gegenseitige Zustimmung, daher ist ein alternatives Programm erforderlich. Menschen können nur motiviert werden, wenn sie eine Wahl haben.
- Kriminelles Verhalten und Verhalten, das die Behandlung negativ beeinflusst, muss in die Behandlungsziele einbezogen werden. Das meint, dass das Verhalten ständig angesprochen werden muss, auch wenn es Angst macht, es zu tun. Die Existenz eines Beraterteams ist daher eine Grundvoraussetzung.
- Falls notwendig, müssen weitere Module einbezogen werden, wie z. B. Suchtbehandlung (relapse prevention)

Schlussfolgerungen

Das forensisch-psychiatrische Zentrum Oldenkotte beschäftigt sich mit DBT für Borderline Patienten seit 2000 im ambulanten Setting und seit 2004 im stationären Setting. Seit 2007 wird DBT auch in die Behandlung von Antisozialen Patienten eingesetzt. Unsere Untersuchungen haben fest gestellt dass DBT bei Antisozialen Patienten und im Forensischen Rahmen hilft, und wir haben einige Erfahrungen näher beschrieben. Aber, es gibt noch keinen Beweis. Wir haben noch keine Daten, kein Beweis für die Wirksamkeit von DBT bei ASPS. Zudem müssen wir mit bedenken, dass in der forensischen Psychiatrie ein weiterer Faktor berücksichtigt werden muss: Der Schutz/Sicherung der Gesellschaft/Gemeinschaft. Das heißt, dass Erfolge in der Behandlung nicht gleich zur Entlassung führen können, und in Freiheit praktisch erprobt werden können.

Daher sind neue Programme und weitere Forschungen erforderlich, neben der Forschung, die in Oldenkotte stattfindet.

Aber, festgestellt werden kann die weitaus wichtigste Erfahrung, dass auch bei schwierigen Patienten mit Borderline oder Antisozialer Problematik Behandlung im forensisch-psychiatrischen Bereich möglich ist.

Literatur

Berzins, L. G. & Trestman, R. L.(2004) The development and implementation of dialectical behaviour therapy in forensic settings. International Journal of Forensic Mental Health, 3, 93–103

Blondelle, G. C. J., Williams, G. L., van den Bosch, L. M. C. (2007). ›OPERANT MILIEU‹ in een TBS-kliniek. Maandblad Geestelijke volksgezondheid, 7/8 (62): 634–639

Bosch, L. M. C. van den, Koeter, M., Stijnen, T., Verheul, R., Brink, W. van den (2005). Sustained efficacy of Dialectical Behaviour Therapy for Borderline Personality Disorder. Behaviour Research and Therapy. 43, 1231–1241

Evershed, S., Tennant, A., Boomer, D., Rees, A., Barkham, M., Watsons, A. (2003). Practice-based outcomes of dialectical behaviour therapy (DBT) targeting anger and violence, with male forensic patients: a pragmatic and non-contemporaneous comparison. Criminal Behaviour and Mental Health, 13, 198–213

Koons, C., Robins, C. J., Tweed, J. L. (2001). Efficacy of dialectical behavior therapy in women veterans with borderline personality disorder. Behaviour Therapy. 32, 371–390

Linehan, M. M., Comtois, K. A., Murray, A. M., Brown, M. Z., Gallop, R. J., Heard, H. L., Korslund, K. E., Tutek, D. A., Reynolds, S. K., Lindenboim, N. (2006). Two-Year Randomized Controlled Trial and Follow-up of Dialectical Behavior Therapy vs. Therapy by Experts for Suicidal Behaviors and Borderline Personality Disorder. Archives of General Psychiatry. 2006; 63: 757–766

Linehan, M. M., Tutek, D. A., Heard, H. L., Armstrong, H. E. (1994). Interpersonal outcome of cognitive behavioural treatment for chronically suicidal borderline patients. American Journal of Psychiatry. 151, 1771

Linehan, M. M. (1993a). Cognitive behavioral treatment of borderline personality disorder. New York, NY: Guilford Press

Linehan, M. M. (1993b). Skills training manual for treating borderline personality disorder. New York: Guilford Press.

Linehan, M. M., Heard, H. L. & Armstrong, H. E. (1993c). Naturalistic follow-up of a behavioural treatment for chronically parasuicidal borderline patients. Archives of General Psychiatry. 50, 971–975.

Linehan, M. M., Armstrong, H. E., Suarez, A., Allmon, D., Heard, H. L. (1991). Cognitive-behavioural treatment of chronically parasuicidal borderline patients. Archives of General Psychiatry. 48, 1060–1064.

McCann, R. A., Ball, E. M., Ivanoff, A. (2000) DBT with an inpatient forensic population: The CMHIP forensic model. Cognitive and Behavioural Practice, 7, 447–456.

Verheul, R., Bosch, L. M. C. van den, Koeter, M. W. J., Brink, W. van den, Stijnen, Th. (2003). Efficacy of Dialectical Behavior Therapy: a Dutch randomized controlled trial. British Journal of Psychiatry 182, 135–140.

Die ambulante Sexualsprechstunde an der LWL-Universitätsklinik Bochum

Alfred Wähner, Astrid Rudel

Zusammenfassung

Die Arbeit einer neu gegründeten Ambulanz für sexuelle Störungen, insbesondere Patienten mit paraphilen Störungen, wird beschrieben. Eine Reihe von hier auftretenden Stolpersteinen, Hindernissen, aber auch diagnostisch-therapeutische Herausforderungen und die Entwicklung diverser Kooperationen wird beschrieben.

Schlüsselwörter

Sexualtherapie, Sexualstraftäter, Ambulanz, Forensik

Einleitung

In der psychiatrischen Institutsambulanz stellen sich seit Jahren immer wieder Patienten mit unterschiedlichsten Beschwerde- und Störungsbildern vor, die irgendetwas mit Sexualität zu tun haben. Das Spektrum umfasst Patienten, die im Rahmen ihrer Pharmakotherapie, sei es mit Psychopharmaka oder anderen Substanzen, über sexuelle Funktionsstörungen klagen, weiterhin Personen, die psychopathologische Syndrome klagen, die sich im weiteren Prozedere etwa als Paar/Beziehungs- und Sexualstörungen herausstellen bis hin zu Patienten mit Paraphilien. Hinzu kommen wiederholte Anfragen von Gerichten, Bewährungshelfern und anderen Institutionen nach Behandlungsplätzen für Sexualstraftäter, die entweder eine Behandlungsauflage oder eine gerichtliche Weisung für eine spezifische Therapie erhalten haben.
In dieser Hinsicht existieren über die vor wenigen Jahren eingeführte Forensische Nachsorgeambulanz bereits Ressourcen im Umgang mit Personen, die mit der Strafjustiz in Berührung gekommen sind.
Zeitlich parallel hierzu, aber unabhängig davon, hat sich in Bochum ein institutionsübergreifender Arbeitskreis konstituiert, der sich zum Ziel gesetzt hat, verurteilten Sexualstraftätern eine qualifizierte Therapie zu ermöglichen einschließlich deren Finanzierung, falls diese ein Problem darstellt.
In diesen Kontextbedingungen ist die Sexualsprechstunde der Klinik entstanden.
- An dieser Stelle wird vor allem auf die Gruppe der *Paraphilien* mit und ohne strafrechtliche Vorgeschichte fokussiert.

Paraphilien (in alter Terminologie »Perversionen«) erhalten bereits seit Langem hohe mediale Aufmerksamkeit. Einerseits finden wir nahezu jeden Fall von sexuellem Kindesmissbrauch einschließlich weiterer Straftaten bis hin zur sexuell motivierten Kindstötung ausführlichst in verschiedenen Medien berichtet und diskutiert, andererseits deuten einige Umstände darauf hin, dass auch außerhalb von Fachkreisen – sicher noch sehr zaghaft – differenziertere Auseinandersetzungen mit dem Thema stattfinden, auch in den Medien. In jüngster Zeit (Ende 2007/Anfang 2008) wurden in der ARD zwei durchaus bemerkenswerte Fernsehfilme zum Thema »Pädophilie«, teils unter fachlicher Beratung, gezeigt. Hierzu passt unsere Beobachtung von zugegeben noch nicht sehr vielen sog. »Selbstmeldern«, die vor einer Anmeldung in unserer Ambulanz sich teilweise etwa auch gegenüber dem Jugendamt offenbart haben, nachdem sie ein Kind aus ihrem unmittelbaren Umfeld durch ihre Neigung gefährdet sahen. Die bekannten Therapiegruppen in dem Projekt des Instituts für Sexualwissenschaft und Sexualmedizin an der Charité in Berlin bestanden ausschließlich aus solchen Personen. Hier wie dort fällt auf, dass die Klienten fast sämtlich nicht aus der unmittelbaren Umgebung, sondern oft aus zum Teil weit entfernten Orten kommen. Nach den bisherigen Erfahrungen mit dieser Gruppe der Selbstmelder haben die Betreffenden einen sehr hohen Leidensdruck und damit bereits eine Voraussetzung zu guter Therapiemotivation. Es könnte also a la longue, sollte die Diagnose dieses Trends zutreffen, zu einer verstärkten Akzeptanz der Paraphilien als behandlungsbedürftige und -fähige Störung kommen. (An dieser Stelle muss immer noch der Satz eingefügt werden, dass man sich als Therapeut, der sich zumindest mit seinem Patienten identifiziert, auf der anderen Seite natürlich absolut im Klaren ist über die massive Schädigung der Opfer durch die Taten, insbesondere, wenn es sich um Kinder handelt.)

- *Wissenschaftliche Untersuchungen* über die Behandlung von Sexualstraftätern: Galt lange das Verdikt »nothing works«, so wissen wir heute mehr und Differenzierteres über Behandlungsverläufe und das, was funktioniert. Psychoanalytische Ansätze werden durchaus noch praktiziert, in der Breite haben sich jedoch kognitiv-verhaltenstherapeutische Einzel- oder Gruppenverfahren etabliert, die primär in nordamerikanischen Haftanstalten entwickelt wurden. Die einzelnen Verfahren bzw. Behandlungsprogramme unterscheiden sich insgesamt nur unwesentlich voneinander. Ihnen liegt die Grundannahme zugrunde, dass die bestehende Neigung nicht »wegzutherapieren« ist, sondern es darum geht, die Störung zu »beherrschen«, und damit angemessener und auch leidensfreier umzugehen. Langzeitnachsorgegruppen haben sich ähnlich wie bei Suchtpatienten als essenziell herausgestellt (wie überhaupt in therapeutischer Hinsicht viele Gemeinsamkeiten mit der Behandlung von Suchtmittelabhängigen bestehen).

Metaanalysen haben gezeigt, dass die Reduzierung der Rückfallwahrscheinlichkeiten durch Therapie mäßig bis erheblich ist (Gallagher, Wilson & MacKenzie).

Wenn man bedenkt, dass angesichts der zunehmend unterschiedlichen Klientel, die differenzierte Angebote erfordern und der Tatsache, dass es sich um verhältnismäßig »junge«, noch nicht sehr tief erforschte therapeutische Vorgehensweisen handelt, zu erwarten ist, dass die Verfahren und Techniken in der Zukunft noch weiter optimiert werden, gibt auch dies zu Hoffnungen Anlass.
- Der *Bedarf nach Therapie* für den genannten Personenkreis ist sicher groß, ohne dass hier auch nur annähernde Schätzungen vorliegen.

Das Gesetz zur Bekämpfung von Sexualdelikten und anderen gefährlichen Straftaten vom 26.01.1998 hat zumindest den Fokus nochmals verstärkt auf die Behandlung gelegt, auch wenn man dem Gesetzgeber ansonsten fragwürdige Absichten unterstellen mag. Auf der anderen Seite sind niedergelassene Psychotherapeuten weder willens noch ausgebildet, eine solche Therapie zu übernehmen. Die Gründe sind vielfältiger Natur, teilweise nachvollziehbar, teilweise aber auch von den selben Vorurteilen gegenüber Sexualstraftätern geprägt, wie man sie auch in der Durchschnittsbevölkerung vermuten muss.

Eine von uns durchgeführte Umfrage unter allen Psychotherapeuten im Landgerichtsbezirk Bochum im Jahre 2007 (230 Therapeuten) führte zwar zu einer hohen Rücklaufquote von ca. 50 %, insgesamt haben hiervon aber nur drei(!) Therapeuten Interesse bekundet, Sexualstraftäter zu behandeln. Hier fand sich auch konkret in Form von persönlichen Bemerkungen auf den Fragebögen in dem einen oder anderen Fall eine z.T. ausgesprochene Abneigung gegen solche Menschen, teilweise begründet durch eigene therapeutische Arbeit mit Opfern sexueller Übergriffe. Zumindest ist die hier vorgenommene Spaltung in Täter und Opfer, gut und böse, zumal in Fachkreisen, einigermaßen bemerkenswert. Ähnliches berichtet auch die Stuttgarter Bewährungshilfe e.V. (2006, S. 3-4).

- Fragen der diagnostischen und therapeutischen *Qualifikation*:

Es versteht sich im Grunde von selbst, dass nicht nur angesichts der allgemein als schwierig geltenden Patienten und dem Umstand, dass wir es mit einer ausgesprochen heterogenen Gruppe von Patienten bzw. Störungen zu tun haben, sondern auch wegen weiterer Besonderheiten eine breite, nicht nur sexualtherapeutische Ausbildung bzw. Kenntnisse erforderlich sind. Es sind dies Fertigkeiten, die am besten in einem multiprofessionellen Team mit verschiedenen Ausbildungs- und Erfahrungsspektren abgebildet werden können.

Im Einzelnen sind neben diagnostischen und therapeutischen Verfahrensweisen Kenntnisse der forensischen Rahmenbedingungen erforderlich, auch der Umgang mit »Kontrolle« ist vielen Therapeuten fremd und kollidiert (scheinbar?) mit ethischen Standards einschließlich der Erfordernisse eines Umgangs mit der Schweigepflicht, der im Weisungs- und Auflagenkontext, also konkret der Zusammenarbeit mit Bewährungshilfe und Strafverfolgungsbehörden, durchaus schwierig sein kann. In diesen Rahmen gehört auch eine gewisse Erfahrung mit Menschen, die zumindest dissoziale Anteile haben. (Personen mit voll ausgeprägten dissozialen Störungen, zumal in der Ausprägung von »psychopathy«, werden in den meisten Fällen kaum im ambulanten Rahmen therapiert werden können. Neuere Ansätze zur Behandlung dieser Personengruppe werden derzeit im Straf- und Maßregelvollzug erprobt, sind aber zzt. im ambulanten Rahmen schwer zu realisieren.)

Der reine Internetkonsum von pädophilem Material, der sich bei vielen unserer Probanden findet, stellt wiederum neue Fragen, immer wieder entstehen etwa Probleme in der Grenzziehung zwischen »legalem« und »illegalem« Material. Hier stehen spezifische, evaluierte Behandlungsprogramme noch nicht zur Verfügung.

- *Diagnostik*

Angesichts der Heterogenität und vielfachen Komorbidität nicht nur paraphiler, sondern auch anderer Patienten wurde ein Diagnosealgorithmus erstellt, der standardisiert bei allen Patienten angewendet wird:

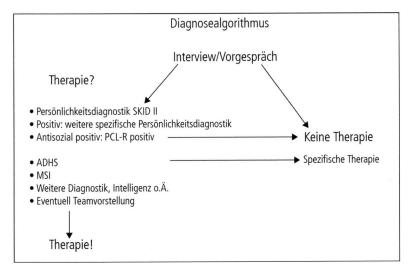

- *Therapeutische Haltung:*
  Neutralität, Respekt und Empathie

Der hier verwendete Neutralitätsbegriff (v. Schlippe, A., Schweitzer, J.)stützt sich auf Auffassungen, wie sie in der systemischen Therapie gelten. Es gilt zu unterscheiden zwischen verschiedenen Formen der Neutralität. Gegenüber der Straftat kann selbstverständlich keine neutrale Haltung eingenommen werden, denn neben der Tatsache, dass eine entsprechende Verurteilung durch das Gericht vorliegt, ist gerade Nichtneutralität, d.h. eine bestimmte Haltung auch des Patienten zur Tat, Gegenstand und Ziel der Therapie. Hierüber darf es keinen Zweifel geben, dies ist dem Patienten auch vor Therapiebeginn deutlich zu machen. Dieser Umstand unterscheidet die hier praktizierte Therapie von manchen konventionellen Formen, die die »Außenrealität« unberücksichtigt lassen bzw. sich primär und unmittelbar mit dem Patienten identifizieren. In systemischer Diktion: Problemneutralität ist nicht möglich. Notwendig sind aber Respekt vor der Person und ihrem Umgang mit dem Problem, ein Respektieren des oft erheblichen Leidens der Patienten und allgemein wie in jeder Psychotherapie auch Empathie.

- *Kooperationspartner:*

Als sozialpsychiatrische Einrichtung mit inzwischen längerer Tradition sind Kooperation und Vernetzung nahezu selbstverständlich. In den letzten Jahren bis Jahrzehnten sind nahezu an allen Institutsambulanzen Spezialsprechstunden entstanden, um den Anforderungen der Klientel nach spezialisierten Fachleuten Rechnung zu tragen. Eine solche Einrichtung versteht sich zumindest an unserer Klinik auch als Screeningstelle, die nach Durchführung von Diagnostik die Patienten weiter vermittelt; die Ressourcen reichen nicht aus, um alle Patienten zu behandeln. Insoweit kooperieren wir mit niedergelassenen Ärzten verschiedener Fachrichtungen, die einen erheblichen Teil unserer Patienten überweisen. Intensiver Kontakt besteht zu den Bewährungshilfestellen in der Umgebung (Bochum, Essen, Dortmund).

Ausgewählte Psychotherapeuten sind bereit, Patienten mit entsprechender Eignung zu übernehmen.

Circa im Mai 2007 hat sich das *»Bochumer Ambulanzzentrum e. V.«* im Rahmen einer Initiative einer Bochumer Staatsanwältin konstituiert. Vorbild war in weiten Teilen das Ambulanzprojekt der Stuttgarter Bewährungshilfe e. V. In diesem Projekt, das inzwischen bereits damit beginnt, Patienten zu versorgen, ist unsere Einrichtung aktiv beratend und unterstützend tätig und damit eng vernetzt. Neben fachlichem Austausch zwischen Kollegen in verschiedensten Arbeitskontexten (Psychotherapeuten der JVA, einer Sotha, leitenden Klinikärzten und Juristen) wird hier auch Fallarbeit, Inter- und Supervision betrieben.

Intensiver fachlicher Austausch findet auch mit dem Institut für Sexualwissenschaft und Sexualmedizin, Universitätsklinikum Charité Campus Mitte in Berlin und der Stuttgarter Bewährungshilfe e. V. statt.

- *Wissenschaft/Evaluation*

Die Sprechstunde befindet sich noch in ihrem derzeit ersten Jahr im Aufbau. Geplant sind Studien zur Therapieevaluation und zu weiteren Fragestellungen aus der Sexualmedizin.

Literatur

Verein Bewährungshilfe Stuttgart e. V: Vortrag 27. März 2006: Psychotherapeutische Ambulanz für Sexualstraftäter. www.sd-stgt.de

Marshall, W. L., Andersson, D., Fernandez, Y. (1999): Cognitive Behavioural Treatment of Sexual Offenders. Chichester u. a.

Beier, K. M., Bosinski, H. A. G. Sexualmedizin. Stuttgart

Gallagher, Wilson, Mackenzie: Effectiveness of Sex Offender Treatment Programs.http://www.wam.umd.edu/-wilsondb/papers/sexoffender.pdf

v. Schlippe, A., Schweitzer, J.: (2003) Lehrbuch der systemischen Therapie und Beratung 9. A. Göttingen

Chancen und Risiken eines Vorwegvollzugs von Freiheitsstrafen vor der Unterbringung gem. § 64 StGB

Monika Welzel

Zusammenfassung

Mit Inkrafttreten des Gesetzes zur Sicherung der Unterbringung in einem psychiatrischen Krankenhaus und in einer Entziehungsanstalt am 20. Juli 2007 wurde u. a. die Vollstreckungsreihenfolge im Falle der Unterbringung in einer Entziehungsanstalt neu geregelt. Die bis dahin geltende Regelung, die neben einer Freiheitsstrafe angeordnete Unterbringung in einer Entziehungsanstalt grundsätzlich vor der Strafe zu vollziehen, wurde dahingehend abgewandelt, dass bei Begleitstrafen von mehr als drei Jahren nunmehr der Vorwegvollzug eines Teils dieser Strafe zur Regel wird. Dieser Teil ist so zu berechnen, dass nach seiner Vollstreckung und einer anschließenden Unterbringung eine Bewährungsentscheidung möglich ist. Damit sollen insbesondere die schädlichen Wirkungen des Regelvorwegvollzugs vor einer langjährigen Freiheitsstrafe vermieden werden. Dieser führte bisher nämlich immer wieder dazu, dass nach erfolgreicher Therapie die Reststrafe schon deshalb nicht zur Bewährung ausgesetzt werden konnte, weil noch nicht einmal die Hälfte der Strafe erledigt war. Zur Vermeidung einer Rückverlegung in eine Justizvollzugsanstalt blieb nur der Weitervollzug der Maßregel über zwei Jahre hinaus, was kostenintensive Therapieplätze blockierte und die Behandlungsmotivation gefährdete. Kann die Neuregelung halten, was sie verspricht? Der Beitrag beleuchtet die Chancen und Risiken.

Schlüsselwörter

Maßregelvollzug, Unterbringung in Entziehungsanstalt (§ 64 StGB), Umkehr Vollstreckungsreihenfolge, Vorwegvollzug von Freiheitsstrafen

Am 20. Juli 2007 ist das Gesetz zur Sicherung der Unterbringung in einem psychiatrischen Krankenhaus und in einer Entziehungsanstalt in Kraft getreten. Darin wurde u. a. die Vollstreckungsreihenfolge im Falle der Unterbringung in einer Entziehungsanstalt gem. § 64 StGB neu geregelt.

Alte Regelung

Zunächst gilt der Grundsatz, dass die Maßregel vor der Strafe zu vollziehen ist. Ein Abweichen war nach alter Regelung nur möglich, wenn der Zweck der Maßregel dadurch leichter erreicht werden konnte (§ 67 Abs. 2 S. 1 StGB). Zweck der Maßregel ist die Beseitigung oder Verringerung der Gefahr weiterer Straftaten.

Neuregelung

Die Neuregelung sieht nunmehr in zwei Fällen darüber hinausgehende Möglichkeiten zur Änderung der Vollstreckungsreihenfolge vor:
- Demnach kommt es für Begleitstrafen von mehr als drei Jahren zur Umkehr des gesetzlichen Regel-Ausnahme-Verhältnisses und
- für bestimmte Ausländer wird der Vorwegvollzug der Begleitstrafe generell zur Regel.

Bevor ich diese Neuregelungen im Einzelnen näher beleuchte, möchte ich die Knackpunkte der alten Regelung darlegen.

Knackpunkte der alten Regelung

Die drei wichtigsten Knackpunkte sind:
1. Wegen des Ausnahmecharakters der alten Regelung, die einen Vorwegvollzug der Strafe oder eines Teils davon nur vorsah, wenn der Zweck der Maßregel dadurch leichter erreicht werden konnte, durfte diese nur zurückhaltend angewendet werden.
Gerechtfertigt war der Vorwegvollzug demnach, wenn der Entlassung in die Freiheit eine Behandlung nach § 64 StGB unmittelbar vorausgehen sollte, weil im Einzelfall ein nachfolgender Strafvollzug die positiven Auswirkungen des Maßregelvollzugs wieder gefährden würde (BGHSt 33, 285, 286). Das war vom Gericht mit nachprüfbaren auf den Einzelfall bezogenen Erwägungen zu begründen. Sollte der Vorwegvollzug der Strafe auf die Gefahr gestützt werden, dass ein sich anschließender Strafvollzug die positiven Wirkungen des Maßregelvollzuges gefährden würde, mussten konkrete Anhaltspunkte hierfür dargelegt werden.
Allgemeine Erwägungen wie *die*, »erfahrungsgemäß« wirke es sich nicht vorteilhaft aus, wenn sich eine längere Haftstrafe an die Unterbringung anschließe, konnten damit einen Vorwegvollzug der Strafe grundsätzlich nicht rechtfertigen. Auch die Annahme, der Leidensdruck im Strafvollzug verbessere die Erfolgsaussichten einer anschließenden Maßregelbehandlung, war keine ausreichende Begründung (vgl. BGHSt 33, 285, 286); der Vorwegvollzug musste vielmehr nachweisbar notwendig sein, um der Maßregel zum Erfolg zu verhelfen oder jedenfalls den Täter dem Maßregelziel näherbringen (BGH StV 1986, 489).

Die Anordnung des Vorwegvollzugs bedurfte daher stets einer sorgfältigen Prüfung im Einzelfall, ob gerade der Vorwegvollzug den Therapieerfolg zu fördern in der Lage war. Für ein Abweichen von der Vollzugsreihenfolge mussten auf den Einzelfall bezogene Gründe vorliegen. Richtschnur war dabei das Rehabilitationsinteresse des Verurteilten.

Eine Umkehrung des gesetzlichen Regel-Ausnahme-Verhältnisses wurde daher in den letzten Jahren nur in seltenen Ausnahmefällen ausgesprochen, weil die Notwendigkeit eines Vorwegvollzugs der Strafe zur Erreichung des Maßregelvollzugsziels nicht hinreichend plausibel gemacht werden konnte. In der Regel wurde daher die Maßregel vor der Strafe vollzogen. Die nachfolgende Tabelle zeigt, dass in den letzten vier Jahren nur bei 1/10 der in Westfalen-Lippe untergebrachten Patienten gem. § 64 StGB ein Teil der Freiheitsstrafe vorweg vollzogen worden ist (Abb. 1).

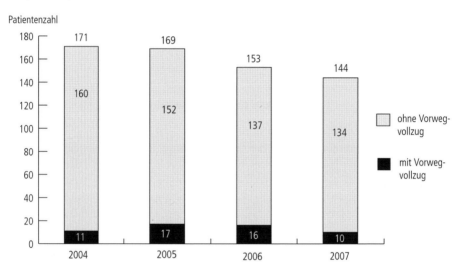

Abb. 1: Untergebrachte Patienten gem. § 64 StGB in Westfalen-Lippe, Vorwegvollzug

2. Der generell sinnvolle Vorwegvollzug der Unterbringung in einer Entziehungsanstalt ist aber insbesondere dann problematisch, wenn neben der Unterbringung eine längere Freiheitsstrafe verhängt worden ist. Der Gesetzgeber hat die Dauer der Unterbringung in einer Entziehungsanstalt grundsätzlich auf zwei Jahre beschränkt (§ 67d Abs. 1 S. 1 StGB).

Doch dauert die Unterbringung in vielen Fällen länger. Wenn nämlich parallel eine Freiheitsstrafe verhängt ist, verlängert sich der Zeitraum der Maßregel um zwei Drittel der parallel verhängten Freiheitsstrafe (so zumindest die überwiegende Meinung, die den Halbsatz in § 67d Abs. 1 S. 3 StGB für eine Verweisung auf

§ 67 Abs. 4 StGB hält; OLG Hamm StV 1995, 89; a. A. Volckart, Grünebaum, Maßregelvollzug, 6. Auflage, S. 253).
Dies möchte ich an folgendem Beispiel verdeutlichen:
Bei einer Freiheitsstrafe von neun Jahren bedeutete dies, dass die Zeit im Maßregelvollzug sich auf maximal acht Jahre erstrecken konnte (zwei Jahre plus sechs Jahre (= zwei Drittel von neun Jahren). Damit wurde der gewöhnliche Zeitbedarf für eine erfolgreiche Entwöhnungsbehandlung im Maßregelvollzug deutlich überschritten. Wie der Gesetzgeber schon in § 67 d Abs. 1 StGB zum Ausdruck gebracht hat, ist eine sinnvolle Entziehungstherapie spätestens nach zwei Jahren beendet. Die Unterbringung in einer Entziehungsanstalt drohte daher zur Sicherungsverwahrung zu mutieren.
Dies ist im Zusammenhang mit der Unterbringung gem. § 64 StGB besonders problematisch. Denn der über das Heilungsinteresse hinausgehende Freiheitsentzug lässt sich hier seltener als bei der Unterbringung nach § 63 StGB damit rechtfertigen, dass der Patient weiterhin ärztlicher, psychologischer und pflegerischer Unterstützung bedarf (vgl. Unabhängiges Gremium im »Gutachten zu Grundfragen der Sicherheit in den Einrichtungen des Maßregelvollzuges in Nordrhein-Westfalen« vom 31.08.1998, S. 87).
Erschwerend hinzu kommt in diesen Fällen, dass die Vollstreckung eines Strafrestes bereits dann zur Bewährung ausgesetzt werden kann, wenn durch Verbüßung oder Anrechnung erst die Hälfte der Strafe erledigt ist (§ 67 Abs. 5 StGB) bzw. zwei Drittel der Strafe verbüßt sind (§ 57 Abs. 1 StGB).
Unter Berücksichtigung dieser Vorgaben konnte nach alter Rechtslage in dem obigen Beispielsfall nach einem zweijährigen Vorwegvollzug der Maßregel die Reststrafe schon deshalb nicht zur Bewährung ausgesetzt werden, weil der Zwei-Drittel-Zeitpunkt (gem. § 57 Abs. 1 StGB = 6 Jahre) oder der Halbstrafenzeitpunkt (nach § 67 Abs. 5 StGB = 4,5 Jahre) noch nicht erreicht worden war.
Als Alternative zur Rückverlegung in eine Justizvollzugsanstalt blieb in diesen Fällen nur der Weitervollzug der Maßregel, der bis zum Ende ihrer verlängerten Höchstfrist (§ 67 d Abs. 1 S. 3 StGB = 8 Jahre) ggf. auch darüber hinaus (§ 67 Abs. 5 S. 2 StGB) zulässig ist.
Beide Möglichkeiten haben entscheidende Nachteile. Durch die Rückverlegung in eine Justizvollzugsanstalt kann das im Maßregelvollzug Erreichte wieder zunichte gemacht werden. Zudem behindert die Aussicht auf die anschließende Haftvollstreckung auch die eigentliche Suchttherapie, die gerade auf ein abstinentes Leben in Freiheit gerichtet sein muss, und gefährdet insbesondere die Behandlungsmotivation des Betroffenen. Andererseits führt der Weitervollzug der Maßregel zu einer unnötigen Belegung kostenintensiver Therapieplätze, die dann für andere notwendige Fälle nicht mehr zur Verfügung stehen.

3. Als problematisch erwiesen sich in der Vergangenheit auch Fälle, in denen eine in einer Entziehungsanstalt untergebrachte Person einem ausländischen Staat angehört und die Beendigung ihres Aufenthalts in der Bundesrepublik Deutschland in naher Zukunft zu erwarten ist. Des Öfteren werden z. B. durchreisende Rauschgiftkuriere aufgegriffen, die selbst betäubungsmittelabhängig sind. Sofern die weiteren Voraussetzungen (des § 64 StGB) vorlagen, mussten sie untergebracht werden, obwohl Maßnahmen zur Beendigung ihres Aufenthalts in der Bundesrepublik Deutschland zu erwarten waren.

Eine sinnvolle Therapieplanung ist in diesen Fällen schwierig, da unklar ist, wie viel Zeit für eine Therapie überhaupt zur Verfügung steht. Für die Therapie selbst besteht das Problem, dass einerseits der Wille des Untergebrachten zur (Re-)Integration in die Gesellschaft des Gastlandes oft nicht mehr erwartet werden kann, andererseits die im Heimatland auf die untergebrachte Person zukommenden Anforderungen nicht hinreichend klar einschätzbar sind und die Therapie sich deshalb an ihnen nicht ausrichten kann.

Hinzu können kulturelle und sprachliche Barrieren kommen, die die Behandlung besonders schwierig und aufwendig machen können. Deshalb sind die Therapieaussichten von vornherein eingeschränkt (BT-Drs. 16/1110, S. 11, 15).

Das waren die drei Knackpunkte der alten Regelung. Jetzt komme ich zur gesetzlichen Neuregelung.

Neuregelung

Mit der Neuregelung wurde die Vollstreckungsreihenfolge im Falle der Anordnung der Unterbringung in einer Entziehungsanstalt dahingehend geändert, dass es für Begleitstrafen von mehr als drei Jahren zur Umkehr des Regel-Ausnahme-Verhältnisses kommt: In diesen Fällen *soll* nunmehr regelmäßig ein Teil der Strafe vor der Maßregel vollzogen werden, wobei dieser Teil so zu bemessen ist, dass nach seiner Vollziehung und einer anschließenden Unterbringung eine Aussetzung zur Bewährung gemeinsam mit der Reststrafe möglich ist. Damit wird in diesen Fällen der Vorwegvollzug die Regel. Die vom Gericht zugrunde zu legende Dauer der Unterbringung hat sich dabei an der voraussichtlichen Dauer der Therapie bis zur Erzielung eines Behandlungserfolges zu orientieren, die nach den Erfahrungen der Praxis gegenwärtig im Durchschnitt bei etwa zwei Jahren liegt.

Chancen der Neuregelung

Die zwei wichtigsten Chancen sehe ich in folgenden Punkten:
1. Die Neuregelung vermeidet die bisherigen schädlichen Wirkungen des Vor-

wegvollzugs der Unterbringung in einer Entziehungsanstalt vor einer langjährigen Freiheitsstrafe. Die Aussicht, auch nach erfolgreicher Therapie weiter im Maßregelvollzug zu verbleiben oder aber dem Vollzug der Freiheitsstrafe in einer Justizvollzugsanstalt zugeführt zu werden (§ 67 Abs. 5 S. 2 StGB), behindert die Entziehungstherapie, die auf ein abstinentes Leben in Freiheit gerichtet ist. Die Neuregelung ist notwendig, weil für diese Konstellation die alte Regelung des § 67 Abs. 2 StGB, wonach das Gericht bestimmen kann, die Strafe oder einen Teil der Strafe vor der Maßregel zu vollziehen, für eine sachgerechte Lösung nicht ausreiche (BT-Drs. 15/3652, S. 13).

Nach der Neuregelung ist der Teil der Strafe, der vor der Maßregel zu vollziehen ist, so zu bemessen, dass nach seiner Vollziehung und einer anschließenden Unterbringung eine Aussetzung zur Bewährung gemeinsam mit der Reststrafe möglich ist. Bislang bestand diese Möglichkeit nur in Fällen des Vorwegvollzugs der Maßregel (§ 67 Abs. 5 S. 1 StGB). Dies dürfte sich positiv auf die Therapiebereitschaft und Motivation der Patienten auswirken.

Nach der Neuregelung besteht somit die reale Chance, den Zeitraum der Unterbringung in einer Entziehungsanstalt auf die tatsächlich erforderliche Therapiedauer zu begrenzen und gleichzeitig dafür zu sorgen, dass Untergebrachte nach Abschluss der Therapie in Freiheit entlassen werden können (BT-Drs. 16/1110, S. 11). Eine unnötige Belegung kostenintensiver Therapieplätze würde damit vermieden. Zu erwarten ist eine Verkürzung der Unterbringungszeiten, was insgesamt zu einer Entlastung der Entziehungsanstalten beitragen wird.

Die Vorschrift wurde dabei als »Soll-Vorschrift« konzipiert, um dem Gericht im Einzelfall auch eine Entscheidung für eine abweichende Vollstreckungsreihenfolge zu ermöglichen. Damit kann ein Gericht eine aktuelle dringende Therapiebedürftigkeit der suchtkranken Person berücksichtigen.

Die nachfolgende Tabelle zeigt, dass in den letzten vier Jahren immerhin ein Drittel der in Westfalen-Lippe untergebrachten Patienten gem. § 64 StGB eine Freiheitsstrafe von über drei Jahren zu verbüßen hatte und somit grundsätzlich für einen Vorwegvollzug der Freiheitsstrafe nach der neuen Rechtslage in Frage gekommen wäre (Abb. 2, S. 274).

2. Die Neuregelung (in § 67 Abs. 2 S. 4 StGB) des Vorwegvollzugs der Begleitstrafe für bestimmte Ausländer beseitigt die schwierige und therapiefeindliche Situation, dass Täter um eine Behandlung oder Patienten um die Fortführung einer sinnlos gewordenen Behandlung nach § 64 StGB kämpfen, um der rechtskräftigen Abschiebung zu entgehen (vgl. HOFFMANN, Stellungnahme zur Änderung des Maßregelvollzugsrechts). Da das Gericht im Rahmen seiner Ermessensausübung zu beachten hat, ob etwa der Zustand der Person ihre therapeutische Betreuung in einer Entziehungsanstalt zur Abwehr unmittelbarer gesundheitlicher Gefahren

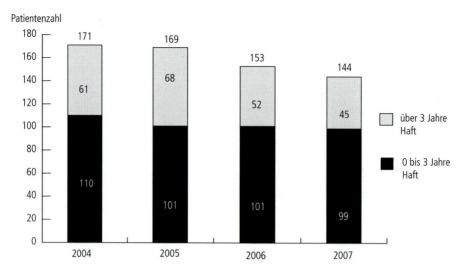

Abb. 2: Untergebrachte Patienten gem. § 64 StGB mit Begleitstrafen in Westfalen-Lippe

notwendig erscheinen lässt, lässt auch diese Regelung genügend Spielraum, dem Einzelfall gerecht zu werden.

Das waren die zwei Chancen. Ich komme jetzt zu den vier Risiken:

Risiken der Neuregelung

1. Der Vorwegvollzug könnte sich als »zusätzliches Strafübel« auswirken, was insbesondere dann der Fall wäre, wenn der Verurteilte nach kürzerem Vorwegvollzug und erfolgreicher Behandlung in einer Entziehungsanstalt bereits zu einem früheren Zeitpunkt auf freien Fuß hätte kommen können. Dazu gebe ich das folgende Beispiel: Das LG Hannover hatte in einem im Jahr 2005 zu beurteilenden Fall den Angeklagten wegen Totschlags zu einer Freiheitsstrafe von neun Jahren verurteilt und seine Unterbringung in einer Entziehungsanstalt angeordnet. Die Bestimmung des LG, sechs Jahre der Freiheitsstrafe vor der Maßregel zu vollziehen, hob der BGH auf (vgl. BGH, Beschluss v. 8.3.2005 [3 StR 7/05] in R&P, Heft 4, 2005, S. 201 m. Anm. POLLÄHNE). Das Urteil lasse nach Auffassung des BGH nicht erkennen, dass sich das LG des Umstands bewusst war, dass sich die getroffene Anordnung im Ergebnis wie ein zusätzliches Strafübel auswirken könne. Es hätte geprüft werden müssen, ob es nicht ausreiche, so viel Freiheitsstrafe vorweg zu vollziehen, dass ihre Dauer zusammen mit der – gegebenenfalls vom Sachverständigen zu prognostizierenden – voraussichtlichen Dauer des Maßregelvollzugs zwei Drittel der Strafe, also sechs Jahre, ausmache.

Die Neuregelung greift diese Problematik auf und stellt in § 67 Abs. 2 S. 2 StGB ausdrücklich klar, dass der Teil der Strafe, der vor der Maßregel vollzogen wird, so zu bemessen ist, dass nach seiner Vollziehung und einer anschließenden Unterbringung eine Entscheidung nach Absatz 5 S. 1 möglich ist, also die Aussetzung zur Bewährung gemeinsam mit der Reststrafe.
Demnach scheidet der Vorwegvollzug von zwei Dritteln der Begleitstrafe in aller Regel aus. Richtschnur für die Bestimmung des Vorwegvollzuges muss die Halbstrafenregelung sein (vgl. BGH, Beschluss v. 24.07.2007 [3 StR 231/07] in R & P 2008, S. 56; BGH, Beschluss v. 09.08.2007 [4 StR 283/07] in R & P 2008, S. 57). Die Gesetzesbegründung weist ausdrücklich darauf hin, dass die Umkehrung der Vollstreckungsreihenfolge der Halbstrafenaussetzung nicht im Wege stehen darf (Drs. 16/1110, S. 16).

2. Des Weiteren dürfte die Festlegung der notwendigen Behandlungsdauer schwierig sein. Die Neuregelung könnte sogar dazu führen, dass in Einzelfällen sowohl unter therapeutischen als auch unter Sicherheitsaspekten unzweckmäßige Vollstreckungsabläufe angeordnet werden. Schwierig könnte dies beispielsweise bei den Tätern sein, deren Problematik weit über ihren Suchtmittelmissbrauch hinausgeht.
Dazu das folgende Beispiel: Ein Drogenabhängiger mit Erziehungsschwierigkeiten und Schulproblemen schon im Kindesalter, frühem Delinquenzbeginn, früh beginnender Suchtkarriere, Scheitern von schulischer und beruflicher Ausbildung, tief greifender Persönlichkeitsstörung und einer Vielzahl sozialer Probleme. In solchen Fällen von sehr schwer gestörten Patienten reicht eine Behandlungsdauer von zwei Jahren oftmals nicht aus, vielmehr sind Behandlungsdauern von drei Jahren, im Einzelfall auch darüber hinaus zweifellos indiziert und auch – wie viele Beispiele zeigen – Erfolg versprechend.
Da es sich aber bei der Neuregelung um eine Soll-Vorschrift handelt, bleibt dem Richter m. E. genügend Spielraum zur Festlegung einer für diesen speziellen Einzelfall zweckmäßigen Vollstreckungsreihenfolge. Die Kunst wird darin bestehen, Straf- und Maßregelvollzug so aufeinander abzustimmen, dass der Verurteilte am Ende aus dem Vollzug der Maßregel mit der sich daran anschließenden Nachsorge in Freiheit entlassen wird. Bei seiner Prognoseentscheidung hat sich der Richter im Übrigen der Hilfe eines Sachverständigen zu bedienen (§ 246a S. 2 StPO).

3. Problematisch könnten auch die Fälle sein, in denen der Verurteilte Motivationsbereitschaft zur Durchführung der Therapie aufweist, er also geständig, krankheitseinsichtig und therapiewillig ist. Nach der Rechtsprechung des BGH schied ein Vorwegvollzug eines Teils der Begleitstrafe bislang in solchen Fällen aus (BGH, Beschluss vom 11.10.2006 [5 StR 391/06], R & P, Heft 2, 2007, 87 m. Anm. POLLÄHNE).

Doch auch für diese Fälle bietet die als Soll-Vorschrift konzipierte Neuregelung genügend Spielraum, eine Ausnahme von der Regel zuzulassen. Eine solche ließe sich sicherlich damit begründen, dass zu befürchten ist, dass der Betroffene nach einer längeren Strafhaft voraussichtlich nicht mehr krankheitseinsichtig und vor allem nicht mehr therapiewillig ist (vgl. BGH, Beschluss v. 09.08.2007 [4 StR 283/07] in R & P 2008, S. 57).

4. Ein weiteres Problem könnte die Fixierung auf eine Mindestfreiheitsstrafe von drei Jahren als Maßstab für die Umkehrung der Vollstreckungsreihenfolge sein. Diese ist möglicherweise zu starr. Verschiedene Sachverständige haben sich in der öffentlichen Expertenanhörung des Bundestages am 28.02.2007 für eine Mindestdauer der Freiheitsstrafe von vier Jahren ausgesprochen, um eine sinnvolle und angemessene Behandlungsdauer zu erreichen. Dies insbesondere vor dem Hintergrund des Anstiegs der Parallelstrafen bei der Anordnung der Unterbringung in der Entziehungsanstalt (vgl. HOFFMANN, schriftliche Stellungnahme zur Anhörung, S. 2, MÜLLER-ISBERNER, schriftliche Stellungnahme zur Anhörung, S. 3 und NEDOPIL, schriftliche Stellungnahme zur Anhörung, S. 5). Hier lässt die Sollvorschrift m. E. aber genügend Spielraum, um auf die Behandlungsnotwendigkeiten im konkreten Einzelfall abstellen zu können (vgl. LEYGRAF, schriftliche Stellungnahme vom 24.02.2007, S. 2 zur Anhörung). Bei kürzeren Strafen verbleibt es beim Vorwegvollzug der Maßregel mit anschließender Strafrestaussetzung; bei längeren Strafen kann der Richter die vorweg zu verbüßende Strafe unter Einbeziehung der Untersuchungshaft so bemessen, dass eine Strafaussetzung zum Halbstrafenzeitpunkt gemäß § 67 Abs. 5 S. 1 StGB bzw. zum Zweidrittelzeitpunkt gemäß § 57 Abs. 1 StGB möglich bleibt (vgl. SCHÖCH, schriftliche Stellungnahme vom 22.02.2007 zur Anhörung, S. 3).

Alle vier Risiken können somit durch Gegenargumente ausgeräumt oder zumindest entkräftet werden.

Ausblick

Nach Abwägung aller Chancen und Risiken sind die Neuregelungen insgesamt zu begrüßen, insbesondere vor dem Hintergrund, dass bislang über 50 % der Unterbringungen nach § 64 StGB vorzeitig wegen Erfolglosigkeit abgebrochen werden (wobei diese Zahl in Westfalen im Jahr 2006 bei ca. 40 % lag).

Die mit der Zusammensetzung der Patienten und dem Belegungsdruck verbundenen Schwierigkeiten werden durch die Probleme verstärkt, die mit der Dauer der Unterbringung in einer Entziehungsanstalt verbunden sind. Die Kapazitätsprobleme und die schwierigen Verhältnisse im Maßregelvollzug gem. § 64 StGB machen es erforderlich, dass die Einrichtungen von Langzeitpatienten entlastet werden.

Die Unterbringung in einer Entziehungsanstalt muss eine Rehabilitationsmaßnahme sein, die in die Freiheit führt und nicht eine Behandlungsmaßnahme, die durch eine spätere Strafhaft wieder infrage gestellt wird. Diesem Anspruch wird die Neuregelung gerecht. Sie gewährleistet unter Berücksichtigung der üblichen Therapiedauer im Regelfall, dass die wünschenswerte Entlassung in die Freiheit nach erfolgreicher Therapie nicht daran scheitert, dass die Strafe noch nicht in ausreichendem Maße vollzogen ist.

Der LWL hat entsprechende gesetzliche Änderungen seit über zehn Jahren gefordert bzw. entsprechende Initiativen unterstützt. Von der Neuregelung ist eine Entlastung des Maßregelvollzuges durch die Verringerung von Unterbringungsdauern zu erwarten. Damit verbunden ist das therapeutische Interesse, Patienten einen Behandlungsrahmen bieten zu können, der dem Fortschritt der allgemeinen Krankenhauspsychiatrie adäquat ist.

Literatur

VOLCKART B/GRÜNEBAUM R (2003) Maßregelvollzug. Das Recht des Vollzugs der Unterbringung nach §§ 63, 64 StGB in einem psychiatrischen Krankenhaus und in einer Entziehungsanstalt. Luchterhand, München, Neuwied

Unabhängiges Gremium zu Grundfragen der Sicherheit in den Einrichtungen des Maßregelvollzugs in Nordrhein-Westfalen (1998) Gutachten zu Grundfragen der Sicherheit in den Einrichtungen des Maßregelvollzugs in Nordrhein-Westfalen (unveröffentlicht).

Gesetzentwurf der Bundesregierung. Entwurf eines Gesetzes zur Sicherung der Unterbringung in einem psychiatrischen Krankenhaus und in einer Entziehungsanstalt, BT-Drs. 16/1110 vom 31.03.2006

Gesetzentwurf des Bundesrates. Entwurf eines Gesetzes zur Reform der Unterbringung in einem psychiatrischen Krankenhaus und in einer Entziehungsanstalt, BT-Drs. 15/3652 vom 31.03.2006

Stellungnahmen zur Änderung des Maßregelvollzugsrechts in der öffentlichen Anhörung des Rechtsausschusses am 28.02.2007, einzusehen unter: http://www.bundestag.de/ausschuesse/a06/anhoerungen/12_Massregelvollzug/04_Stellungnahmen/index.html

POLLÄHNE H Anmerkung zu BGH, Beschluss vom 8.3.2005 – 3 StR 7/05 – R & P 2005, S. 201 ff.

POLLÄHNE H Anmerkung zu BGH, Beschluss vom 11.10.2006 – 5 StR 391/06 – R & P 2007, S. 87

Zukunftsperspektiven für die Gesellschaft und den Maßregelvollzug

Rolf Kreibich

Zusammenfassung

Es gibt keinen gesellschaftlichen Handlungsbereich, der in der heutigen komplexen Welt von den großen Trends der Gegenwart und Zukunft unberührt bleibt. Die wissenschaftlich-technischen Innovationen, die gravierenden Belastungen der Biosphäre, der demografische Wandel, die Digitalisierung und die Globalisierung greifen ebenso wie die Individualisierung und die weltweite Massenarbeitslosigkeit in alle Lebensbereiche. Nur vor diesem Hintergrund und einer längerfristigen Betrachtung und Gestaltung lassen sich Zukunftsoptionen entwickeln und realisieren, die nicht weniger, sondern mehr Zukunftsfähigkeit und Lebensqualität für alle ermöglichen. Das kurzfristige und kurzatmige Gewinnstreben und Durchwursteln zugunsten von Partialinteressen ist der Krebsschaden unserer Zeit.

So gilt es nicht nur in der Politik und in der Wirtschaft, wieder langfristige und nachhaltige Zukunftsperspektiven zu gewinnen, sondern auch in den Bereichen Gesundheitsentwicklung, Prävention und Maßregelvollzug. Als Konsequenzen werden im vorliegenden Beitrag eine neue Bildungsoffensive für alle Bildungsbereiche gefordert – von der Grundschule über die weiterführenden Schulen, die berufliche Ausbildung bis zur Fort- und Weiterbildung sowohl in den staatlichen Einrichtungen als auch den Wirtschaftsunternehmen. Weiterhin werden spezifische Maßnahmen zur Förderung eines aktiven Alterns, eine stärkere Teilhabe älterer Menschen am Sozialleben, die Nutzung der sozialen Potenziale in Familien und privaten Netzwerken für besonders wichtig erachtet, neue Zukunftsperspektiven für den Maßregelvollzug zu gewinnen. Letztlich wird es in der komplexen Gesellschaft der Zukunft nur dann gelingen einen optimalen Maßregelvollzug zu schaffen, wenn auch das bürgerschaftliche Engagement hierfür gefördert und gestärkt wird.

Schlüsselwörter

Zukunftsforschung, Zukunftsgestaltung, Megatrends, Wissenschaftsgesellschaft, Nachhaltige Entwicklung, Technologische Innovationen, Demografischer Wandel, Soziale Spaltung, Bildungsmobilität, Weiterqualifizierung, Selbstständigkeit im Alter, Bürgerschaftliches Engagement

Prolog

Der Krebsschaden realer Entwicklungskonzepte – vor allem in Deutschland – liegt darin begründet, dass sie keine Zukunftsvisionen haben, sondern ausschließlich von Alltagsdrücken und vom Alltagshandeln geprägt sind. So kann sich kein Spannungs- und Motivationsfeld für langfristige Zukunftsperspektiven und nachhaltiges Zukunftshandeln aufbauen. Die politischen Entscheidungen und die realen Wirtschafts-, Beschäftigungs- und Gesundheitskonzepte von Partei- und Regierungsprogrammen sind primär durch Kurzfristigkeit und Kurzatmigkeit gekennzeichnet. Regierungsprogramme sind in der Regel auf maximal eine Legislaturperiode angelegt. Die Handlungshorizonte verkürzen sich im Allgemeinen noch dadurch, dass nach den Wahlen viel Leerlauf durch in der Regel langwierige Koalitionsverhandlungen zu verzeichnen ist. Im letzten Jahr der Legislaturperiode sind es die nahenden Wahlkampfwehen und der Wahlkampf selbst, die proaktives perspektivisches Handeln weitgehend lahmlegen. Also verbleiben Handlungsspielräume von maximal drei bis vier Jahren.

Auch wirtschaftliche Strategien der Unternehmen sind auf kurzfristige Gewinnmaximierung sowie Shareholder-Value und immer kürzer werdende Innovationszyklen der Produkte und Dienstleistungen (maximal zwei bis fünf Jahre) ausgerichtet. Letzteres konnten wir in einer empirischen Studie repräsentativ für alle kleinen, mittleren und großen Unternehmen in Deutschland belegen (KREIBICH 2002). Es gibt nur wenige Ausnahmen bei deutschen Unternehmen, die allerdings durchweg erfolgreich waren und ihre längerfristige Zukunftsfähigkeit tatsächlich besser gesichert haben.

Die Situation ist insofern besonders grotesk, als zahlreiche Politiker, Wirtschaftslenker und Verbandsfunktionäre im Prinzip wissen oder zumindest wissen könnten, dass ihre Konzepte und Strategien nur auf Durchwursteln durch ein Geflecht von Partialinteressen und auf weit verbreitete Inkompetenz von Meinungsmachern mächtiger Organisationen, Institutionen und Medien beruhen. Wie sonst könnte es sein, dass zwar die meisten politischen Programmplaner und Entscheider davon schwadronieren, dass unsere Welt von der Globalisierung und Digitalisierung, der Ökonomisierung und Individualisierung geprägt ist, dass sie aber in ihren realen Konzepten und Handlungen darauf keine Antworten geben. So sind heute zwar die Begriffe Wissenschafts- und Wissensgesellschaft in aller Munde, die konkreten Umsetzungskonzepte verschiedener Maßnahmen sind jedoch weit vom wissenschaftlichen Erkenntnisstand entfernt. So wird schon das üppig vorhandene wissenschaftliche Wissen über die Vergangenheit und die Gegenwart nur bruchstückhaft ausgeschöpft und vielfach auch sehr einseitig und vorurteilsbelastet verwendet. Noch viel krasser ist es mit der Nutzung des wissenschaftlichen Zukunftswissens:

Auch wenn die Zukunftsforschung sich der prinzipiellen Unsicherheit von Zukunftswissen bewusst ist, so verfügen wir heute gleichwohl über solide und belastbare Wissensbestände sowohl hinsichtlich möglicher als auch wahrscheinlicher und wünschbarer Zukünfte und ihrer Grundlagen in Vergangenheit und Gegenwart. Die Negierung dieses wissenschaftlichen Wissens bei der Zukunftsgestaltung führt jedenfalls mit hoher Wahrscheinlichkeit in nicht allzu ferner Zeit zu fatalen Folgen, die Selbstzerstörung der Menschheit eingeschlossen.

Im nationalen und kommunalen Rahmen und in den Wirtschaftsunternehmen führt das kurzfristige und kurzatmige Denken, Entscheiden und Handeln zu dem allbekannten »muddling through« und zu gravierend falschen Weichenstellungen mit den viele Bürger belastenden katastrophalen ökonomischen, ökologischen und sozialen Folgen. Hier vor allem liegen die Ursachen für die Frustration, die Politikverdrossenheit und die Demotivation vieler Bürger, sich im Rahmen der institutionalisierten demokratischen Strukturen für das Gemeinwohl zu engagieren. Hier liegen auch die Wurzeln von Angst und Enttäuschungen über eine arbeitnehmerfeindliche Beschäftigungs- und Arbeitspolitik. Hier sind die Gründe für die Demotivation vieler Mitarbeiter, nicht nur älterer Arbeitnehmer, und die Gründe für Wettbewerbsdefizite, Innovationsschwächen und Unternehmenspleiten zu suchen.

Zukunftserwartungen

Das Institut für Demoskopie Allensbach, eine hinsichtlich auf Linkslastigkeit unverdächtige Institution, hat im November 1997 eine repräsentative Befragung der deutschen Bevölkerung nach deren Zukunftserwartungen durchgeführt. Das Institut hat die einfache und klare Frage gestellt: »Wie stellen Sie sich unsere Gesellschaft in zehn Jahren vor, was von dieser Liste hier wird wohl in zehn Jahren auf unsere Gesellschaft zutreffen?« Vorgegeben waren 23 Antwortmöglichkeiten, die sehr gut die Befindlichkeiten der Bürgerinnen und Bürger abzubilden in der Lage sind. Daraus hat sich das in Abb. 1 dargestellte Bild ergeben.

Nach den Veröffentlichungen in zahlreichen Zeitungen der Bundesrepublik, so in der FAZ am 12.11.1997, hätte eigentlich ein Aufschrei durch das Land gehen müssen. Denn eine so katastrophale Erwartungshaltung der Bürger hätte Politik, Wirtschaft und alle relevanten Organisationen und Institutionen erschrecken und aufrütteln müssen. Bei diesen Einstellungen ist nicht nur die Demokratie, sondern auch die Zukunftsfähigkeit des Landes gefährdet.

Im Grundsatz geschah allerdings nichts – das Durchwursteln nahm weiter seinen Lauf und das Ergebnis nach zehn Jahren, also heute, bestätigt in dramatischer Weise die damaligen Einschätzungen und Erwartungen der Menschen in fast allen Punkten.

Abb. 1: Wie stellen Sie sich unsere Gesellschaft in zehn Jahren vor, was von dieser Liste hier wird wohl in zehn Jahren auf unsere Gesellschaft zutreffen?« (Angaben in %)

	Bevölkerung insgesamt
Die Reichen werden immer reicher, die Armen immer ärmer	78
Die Gesellschaft wird kälter, egoistischer	71
Es wird mehr Arbeitslose geben	69
Die Zukunft wird unsicherer werden	61
Nur die Starken werden sich durchsetzen	52
Es kommt zu sozialen Unruhen	48
Die Unterstützung für andere Länder, wie die Entwicklungshilfe, wird weniger werden	39
Es wird weniger Rücksicht auf Ausländer und Minderheiten genommen	39
Die Ansprüche, das Anspruchsdenken gehen zurück, man wird genügsamer	33
Es werden sich mehr Leute selbstständig machen	29
Die Familie wird an Bedeutung zunehmen	27
Das Selbstbewusstsein steigt, die Leute trauen sich etwas zu	15
Es wird mehr Risikobereitschaft geben	15
Die Menschen werden wieder mehr in die Kirche gehen	14
Mit der Wirtschaft wird es aufwärts gehen	13
Die Hilfsbereitschaft der Menschen untereinander wird wachsen	11
Es wird mehr Solidarität, mehr Zusammenhalt geben	9
Es wird einen größeren Nationalstolz geben	8
Man hat größere Entscheidungsfreiheit	5
Die Politik wird bürgernäher	5
Es wird mehr Wohlstand geben, wir werden uns mehr leisten können	4
Es wird mehr gespendet	3
Keine Angaben	5

Quelle: Institut für Demoskopie Allensbach, FAZ 12.11.1997

Vor diesem Hintergrund stellt sich natürlich die Frage: Haben wir alle, auch die Wissenschaft und die Zukunftsforschung, in Zeiten der Globalisierung, der Digitalisierung, der Neo-Liberalisierung und der Individualisierung sowie des demografischen Wandels versagt? Man könnte das meinen, nur möchte ich für unsere Arbeit im Bereich der wissenschaftlichen Zukunftsforschung in Anspruch nehmen, sowohl auf die Gefahren der Zukunfts- und Lebensqualität verschlechternden Entwicklungstrends als auch auf die Möglichkeiten positiver Umsteuerung schon seit Jahren bzw. Jahrzehnten in aller Deutlichkeit hingewiesen zu haben. Gleichwohl hat sich die an kurzfristigen und kurzatmigen Gewinnerwartungen orientierten »muddle-through-Strategien« in fast allen Lebensbereichen durchgesetzt. Sicher ist es noch nicht zu spät, aus dem bisherigen Versagen zu lernen. Deshalb hier noch einmal jene Megatrends, die unsere gesellschaftlichen, ökologischen und kulturellen Entwicklungen in den nächsten Jahrzehnten, wahrscheinlich sogar das gesamte 21. Jahrhundert prägen werden.

Was wir brauchen sind: Orientierungswissen sowie Leitziele und Handlungsstrategien für ein zukunftsfähiges Handeln, für mehr Lebensqualität und für ein sinnstiftendes Leben. Wie kommen wir zu solchen Visionen oder Zukunftsbildern und welche Leitkonzepte und Zukunftsoptionen sollen wir anstreben?

Um hier den Wald vor lauter Bäumen zu sehen, ist ein Blick auf die großen Zukunftstrends unerlässlich.

Megatrends

Unter der Voraussetzung einer notwendigen globalen Betrachtung und langfristigen Orientierung bei der Lösung aktueller und zukünftiger Herausforderungen haben wir am IZT Institut für Zukunftsstudien und Technologiebewertung Berlin grundlegende Zukunftstrends auf ihre Relevanz für zukünftige Entwicklungen untersucht und bewertet. Aus einer Gesamtzahl von 50 Zukunftstrends, die durch Auswertung nationaler und internationaler Zukunftsstudien selektiert wurden, konnten sodann in drei Zukunftswerkstätten die wichtigsten Basistrends ermittelt werden. Die Zukunftswerkstätten waren jeweils mit Experten aus Politik, Wirtschaft, Wissenschaft und Kultur und Vertretern der Zivilgesellschaft sowie gesellschaftlich relevanter Organisationen und Institutionen besetzt.

Wir sprechen von Basis- oder Megatrends der gesellschaftlichen Entwicklung, wenn mindestens drei Kriterien erfüllt sind:

Der Trend muss *fundamental* in dem Sinne sein, dass er starke bis grundlegende Veränderungen im Bereich der menschlichen Sozialentwicklung und/oder des natürlichen Umfelds bewirkt.

Der Trend mus mindestens *mittelfristig* (ca. 5 bis 20 Jahre) oder langfristig (über 20 Jahre) starke Wirkungen und Folgen auslösen.

Mit dem Trend müssen starke *globale* Wirkungen und Folgen für Gesellschaft und Natur (Biosphäre) verbunden sein.

Hieraus ergab sich die nachfolgende Rangfolge der zehn wichtigsten Basistrends (Megatrends):

- Wissenschaftliche und technologische Innovationen
- Belastungen von Umwelt und Biosphäre/Raubbau an den Naturressourcen
- Bevölkerungsentwicklung und demografischer Wandel
- Wandel der Industriegesellschaft zur Dienstleistungs- und Informations- bzw. Wissenschaftsgesellschaft (Tertiarisierung und Quartarisierung der Wirtschaftsstrukturen)
- Globalisierung von Wirtschaft, Beschäftigung, Finanzsystem und Mobilität
- Technologische, ökonomische und soziale Disparitäten zwischen Erster und Dritter Welt sowie Extremismus und Terrorismus
- Individualisierung der Lebens- und Arbeitswelt

- Erhöhung der Personen- und Güterströme weltweit
- Verringerung der Lebensqualität (nach UN- und Weltbank-Indizes)
- Spaltung der Gesellschaften durch ungleiche Bildung, Qualifikation und Massenarbeitslosigkeit.

Welche extremen Folgen allein mit den ersten beiden Megatrends verbunden sind, sollen die nachfolgenden Zahlen nur andeuten:

Abb. 2: Zum Basistrend: Wissenschaftliche und technische Innovationen in 100 Jahren

Wohlstandsmehrung	
Nettoeinkommen	3500 %
Produktivität in der Landwirtschaft	3500 %
Produktivität im Produktionsbereich	4000 %
Produktivität im Dienstleistungsbereich	4000 %
Materieller Lebensstandard	3500 %
Lebenszeit	
Verlängerung um 37,5 Jahre (Verdopplung)	
Mobilität	
Geschwindigkeit und Distanzüberwindung: Faktor 100	

Quellen: IZT und IAB 2004

Abb. 3: Zum Basistrend: Belastungen der Umwelt und der Biosphäre
(Quellen: OECD 2001, UBA 2002)

Raubbau an Naturressourcen

Tagesbilanz – Industriegesellschaften weltweit
Jeden Tag:
- 60 000 000 Tonnen CO_2 in die Atmosphäre
- Vernichtung von 55 000 Hektar Tropenwald
- Abnahme von 20 000 Hektar Ackerland
- Vernichtung von ca. 100 bis 200 Tier- und Pflanzenarten
- Entfischung der Meere mit 220 000 Tonnen

Abb. 4: Zu den Basistrends: Belastungen von Umwelt und Biosphäre

Verringerung der Lebens- und Gesundheitsqualität weltweit

Millenniumsbericht der UN
Zentrales Problem des 21. Jahrhunderts:
- 2,4 Milliarden Menschen haben kein sauberes Trinkwasser
  (vor allem in Asien, Afrika und Lateinamerika)

Die auf der Schattenseite des technisch-industriellen Fortschritts messbaren Belastungspotenziale lassen keinen anderen Schluss zu, als dass wir bei einem Fortschreiten auf dem Pfad der gigantischen Energie-, Rohstoff- und vor allem der Schadstoffströme in weniger als 80 Jahren unsere natürlichen Lebens- und Produktionsgrundlagen zerstört haben werden.

Kernprobleme des globalen Wandels

Unsere heutigen politischen, wirtschaftlichen, sozialen und kulturellen Herausforderungen resultieren hauptsächlich aus den Kernproblemen des globalen Wandels in der Biosphäre und dem Zusammenleben von alsbald 9 Milliarden Menschen auf dem begrenzten Globus. Ohne besondere Gewichtung handelt es sich um folgende Problembereiche:

- Klimawandel
- Verlust biologischer Vielfalt
- Bodendegradation und Landschaftsverbrauch
- Süßwasserverknappung und -verschmutzung
- Verschmutzung der Weltmeere und der Anthroposphäre
- Bevölkerungsentwicklung und grenzüberschreitende Migration
- Gesundheitsgefährdung – Massenerkrankungen
- Gefährdung der Ver- und Entsorgungssicherheit (Ernährung, Wasser, Energie, Abfall)
- Wachsende globale Entwicklungsdisparitäten
- Ausbreitung nicht-nachhaltiger Lebensstile

Vor dem Hintergrund der alle Lebensbereiche tief durchdringenden und prägenden Megatrends und der Kernprobleme des globalen Wandels klafft eine riesige Lücke zwischen den verbalen Verlautbarungen der Politiker hinsichtlich der Bedeutung von Globalisierung und Nachhaltigkeit und den realen Handlungs- und Lösungsansätzen sowie den tatsächlichen politischen Entscheidungen und ökonomischen Konzepten.

Demografischer Wandel

Der generelle Anstieg der durchschnittlichen Lebenserwartung wird sich bis zum Jahr 2050 gegenüber dem Basisjahr 1900 fast verdoppeln: das ist bei den Männern ein Anstieg von 46 Jahren auf 78 Jahre und bei den Frauen von 46 Jahren auf 84 Jahre (Abb. 5).

Besonders relevant ist der Anteil der Bevölkerung über 59 Jahre an der Gesamtbevölkerung. Während dieser Anteil im Jahre 1900 nur 8 % betrug, ist er heute mit 24 % schon auf das Dreifache angestiegen und wird bis zum Jahr 2040 auf ca. 40 %

Abb. 5: Durchschnittliche Lebenserwartung

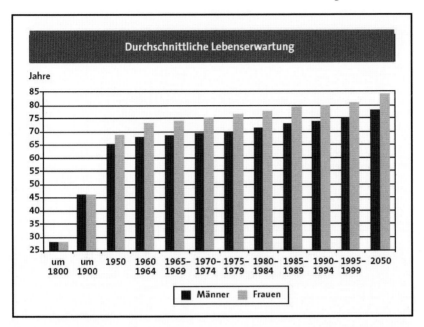

Grafik: Z_punkt   Quelle: Eurostat 2002, Miegel 2002

weiter zunehmen. Dramatisch geht die Schere zwischen den Bevölkerungsanteilen unter 20 Jahren und über 60 Jahren auseinander. Das zeigt Grafik 6 (S. 286) für den Zeitraum von 1991 bis 2020.
Betrachtet man das Alter, in dem sich unsere Bevölkerung zur Hälfte in einen jüngeren und zur anderen Hälfte in einen älteren Anteil aufteilt, dann liegt dieser sogenannte »Altersscheitelpunkt« heute bei 40 Jahren und schon 2040 bei 50 Jahren, also einem Alter, das in der Literatur teilweise schon zur Gruppe der »Alten« gezählt wird (s. Abb. 7, S. 286)
Die Abbildung 8 zeigt die Erwerbstätigkeit über die Altersgruppen, d. h. den Anteil der Erwerbstätigen zur Gesamtzahl der jeweiligen Altersgruppe von 15 bis zu 65 Jahren. Nach 65 Jahren liegt der Anteil der Erwerbstätigen bei den Frauen bei ca. 1 %, bei den Männern bei ca. 2 %. Wir können danach also von einer fast vollständigen Erwerbslosigkeit sprechen.
Obwohl es in der wissenschaftlichen Literatur keine allgemein verbindliche Definition von Alter gibt, wird noch am ehesten Alter mit dem Ausscheiden aus dem Berufsleben gleichgesetzt. Wie fragwürdig das ist, zeigt sich an folgenden Tatsachen:

Abb. 6: Zahlenmäßige Entwicklung der unter 20- und über 60-Jährigen in Deutschland

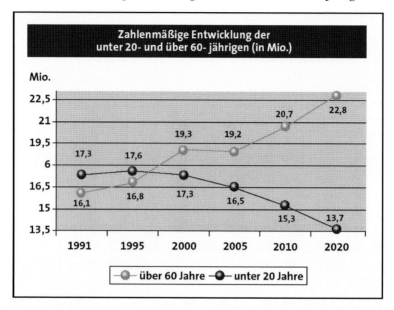

Grafik: Z_punkt

Quelle: StBA 2000

Abb. 7: Entwicklung des Altersscheitelpunktes in Deutschland

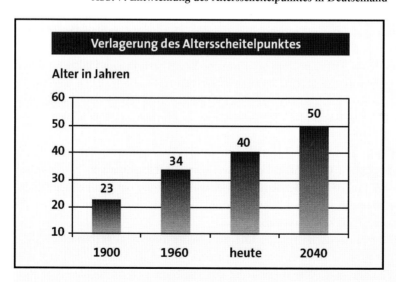

Grafik: Z_punkt

Quelle: Miegel 2002

Abb. 8: Anteil der Erwerbstätigen in der jeweiligen Altersgruppe in Prozent
(Quelle: Statistisches Bundesamt, Enquete-Kommission »Demografischer Wandel«

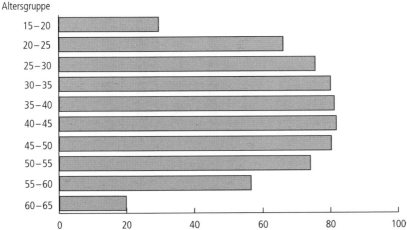

Die meisten Personen werden nach dieser Definition quasi über Nacht mit dem Erreichen eines bestimmten Geburtstags »alt«. Damit würde der 45-jährige Frührentner ebenso in den Definitionsbereich »Alter« fallen wie der 80-jährige Selbstständige, der sich gerade zur Ruhe gesetzt hat. Auch wenn der gesetzliche Rahmen des Übergangs von der Erwerbstätigkeit in den Ruhestand für die meisten Menschen eine starke Zäsur in der Lebenswirklichkeit darstellt, bleiben doch viele qualitative Aspekte des Alters dabei unberücksichtigt. Allein die Tatsache, dass das »Altersselbstbild« der 40- bis 85-jährigen Männer und Frauen gravierend von ihrem tatsächlichen biologischen Alter abweicht, macht es schwer, eine klare Bestimmung für »Alter« festzulegen (Abb. 9).

Die Tatsache, dass sich alle Altersgruppen von 40 bis 85 Jahren im Mittel rund zehn Jahre jünger fühlen als sie ihrem biologischen Alter nach sind, wird in der psychologischen Literatur als Ausdruck eines positiven Selbstbildes interpretiert, das mit Beweglichkeit, Flexibilität und einem tendenziell vorhandenen Potenzial zur Selbstständigkeit in Verbindung gebracht wird.

Auch wenn der Übergang in den Ruhestand nach wie vor den Anfang einer veränderten Lebenswirklichkeit markiert, kann er nicht mehr als Ereignis gewertet werden, das jemanden weniger flexibel und weniger selbstständig macht. Im Gegenteil, mit dem Übergang in den Ruhestand, der heute im Mittel bei den Männern bei 59,8 Jah-

Abb. 9: Wie alt fühlen Sie sich? (»Altersselbstbild«)

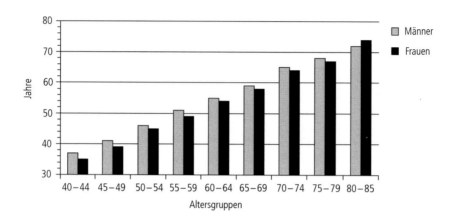

ren und bei den Frauen bei 60,5 Jahren liegt, beginnt eine neue Lebensphase mit neuen Orientierungen, auch mit neuen Lebensweisen und der Inanspruchnahme neuer Techniken und Aufnahme neuer Tätigkeiten.

Wenn heute von einer »alternden Gesellschaft« gesprochen wird, dann bezieht sich das vor allem auf die quantitative Verschiebung der Anteile älterer Menschen an der Gesamtbevölkerung mit Blick auf die Zäsur »erwerbstätig« – »nicht mehr erwerbstätig«. Dies hat, und das hat die gerontologische Forschung inzwischen in aller Klarheit gezeigt, wenig mit geistigen oder psychischen Prozessen zu tun als vielmehr mit der sozialen Sicht und den sozialen Veränderungen beim Übergang vom Erwerbsleben in den Ruhestand.

Vor diesem Hintergrund kann »Alter« heute nicht mehr als Restzeit verstanden werden, die es in der Gesellschaft auch noch gibt. Vielmehr muss gerade auch im Hinblick auf die Ausdehnung an beiden Seiten – früherer Übergang in den Ruhestand und längere Lebensdauer – davon ausgegangen werden, dass es zunehmend um die Neugestaltung einer langen aktiven biografischen Phase und um eine veränderte Beteiligung am gesellschaftlichen Leben geht.

Das wichtige Thema »Selbstständigkeit im Alter« führt zu zwei Betrachtungsebenen:

Erstens geht es um die Frage, welche neuen Lebensweisen und Bedürfnisse und welche neuen Dienstleistungen und Techniken für die *älteren Menschen als Nutzer* von besonderer Relevanz sind. Nicht nur das große verfügbare Einkommen, d. h. die enorme Kaufkraft dieser Altersgruppe, sondern auch die besonderen Interessen, Bedürfnisse und Wünsche sowie das vorhandene Zeitbudget bestimmen in hohem

Maße die Inanspruchnahme neuer Produkte, Dienstleistungen sowie neuer Techniken und neuer Arbeit bzw. Tätigkeiten.

Zweitens geht es aber auch um die Frage, welche neuen Dienstleistungen und neue Arbeit werden die älteren *Menschen selbst aktiv* als bezahlte oder unbezahlte Tätigkeit ausfüllen und welche neue Technik werden sie hierfür nutzen, um ihre Selbstständigkeit zu erhalten oder neu zu gewinnen. Wie sich bereits abzeichnet, wird die erheblich verlängerte Lebenszeit mehr und mehr dazu führen, dass die Lebensplanungen in der dritten großen Lebensphase mehr aktive Tätigkeiten umfassen werden. Auch aus gesellschafts- und arbeitsmarktpolitischen Gründen und zur Erhaltung bzw. Wiederherstellung der Lastenverteilung zwischen den Generationen wird kein Weg daran vorbeiführen, dass die Älteren wieder einen wachsenden Anteil an der produktiven Arbeit selbst übernehmen.

Die nachfolgende Abbildung 10 enthält die wichtigsten *Handlungsfelder* für neue Dienstleistungen und Tätigkeiten im Hinblick auf Erhaltung und Gewinnung von Selbstständigkeit im Alter. Die Reihenfolge der Handlungsfelder berücksichtigt ihre quantitative und qualitative Bedeutung für diese Altersgruppe.

Abb. 10: Neue Dienstleistungen und Tätigkeiten – Handlungsfelder (Quelle IZT Berlin)

Selbstständigkeit im Alter
Neue Dienstleistungen und Tätigkeiten
HANDLUNGSFELDER
- Gesundheit und soziale Dienste
- Freizeit, Fitness und Sport
- Bildung und Wissen, Qualifizierung, Weiterqualifizierung
- Haushalt und Wohnen
- Sicherheit, Sicherheitsdienstleistungen
- Ernährung, Verbrauch, Techniknutzung
- Finanzen, Finanzdienstleistungen
- Medien/Neue Medien
- Mobilität/Verkehr

So steht beispielsweise das Gesundheits- und Sozialwesen seit Jahren unter hohem Reformdruck, der sich insbesondere auf die Verbesserung der Qualität, der Effizienz, der Organisationsstruktur und die Wirtschaftlichkeit der Dienstleistungen bezieht. Dieser Reformdruck erhält vor allem auch dadurch seinen hohen politischen Stellenwert, als in allen repräsentativen Befragungen von den älteren Menschen die Gesundheit ganz oben in der Rangfolge für Lebensqualität eingestuft wird. Vor diesem Hintergrund ist es nur plausibel, dass in diesem Feld auch neue Dienstleistungen und neue Techniken erforderlich sind, um die vorhandenen Modernisierungs- und Innovationslücken zu schließen. Die wichtigsten Anknüpfungspunkte hierfür bieten nach bisherigen Erkenntnissen die folgenden Handlungsbereiche:

Abb. 11: Gesundheit und soziale Dienste – Handlungsbereiche

- Prävention und Gesundheitsförderung (Empfehlungen des Sachverständigenrates für die konzertierte Aktion im Gesundheitswesen)
  Beispiele:
  – Systematische Gesundheitsförderung im Krankenhaus
  – Betriebliche Gesundheitsförderung
  – Sportliche Bewegung und ergonomische Maßnahmen
  – Früherkennungsuntersuchungen
  – Ernährungsforschung und aufklärung
  – Raucherentwöhnungsprogramme
- Qualitätssicherung und Benchmarking
- Innovationsförderung, Service-Engineering
- Patienten- (Kunden-)orientierte Integration verschiedener Versorgungsleistungen
- Erneuerung der ambulanten Dienste und Gesundheitsmonitoring
- Nutzung telematischer Technik und Dienste

Der demografische Wandel hat zusammen mit dem eingangs dargestellten Megatrend Individualismus weitere gravierende Veränderungen der gesellschaftlichen Grundstrukturen hervorgerufen:
So lässt sich in den vergangenen 100 Jahren ein dramatischer Rückgang der Fünf- und Mehr-Personen-Haushalte und eine ebenso folgenreiche Zunahme der Ein-Personen-Haushalte konstatieren:

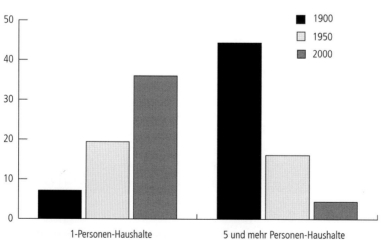

Abb. 12: Haushaltsgrößen 1900, 1950, 2000 in Prozent der Haushalte

Ganz auf dieser Linie liegt auch die starke Zunahme der Differenzierung unserer Privathaushalte. Dominierte noch vor 100 Jahren fast durchgängig die Familie mit verheirateten Ehepaaren und zwei oder mehr Kindern, so ist heute das Spektrum der Privathaushalte äußerst bunt mit entsprechend differenzierten Lebensstilen, Bedürfnissen, Wünschen, Tätigkeitsmerkmalen sowie Produkt- und Techniknutzungen.

Abb. 13: Privathaushalte in Deutschland

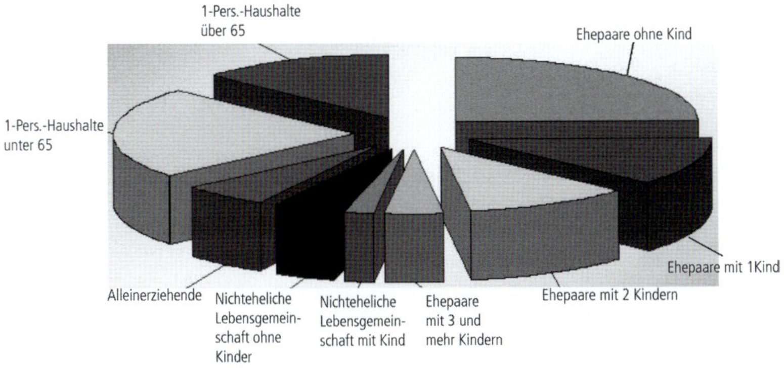

Soziale Spaltung

Die negativen Erwartungen der deutschen Bevölkerung nach der eingangs dargestellten Repräsentationsbefragung von 1997 bilden sich wohl am deutlichsten in der tatsächlich eingetretenen Kluft zwischen Arm und Reich, Sozialempfängern und Gutverdienern sowie Durchschnittsverdienern (FacharbeiterInnen) und Managergehältern ab. Zudem gelten zu Recht Arbeitslose, Alleinerziehende und Familien mit mehr als zwei Kindern als sozial unterprivilegiert und Alleinverdiener, kinderlose Ehepaare und nicht eheliche Lebensgemeinschaften mit lukrativen Jobs als Gewinner der zunehmenden sozialen Spaltung. Die folgenden zwei Abbildungen verdeutlichen, wie weit die soziale Spaltung bereits fortgeschritten ist. Sie markieren eine Entwicklung, die die demokratisch-sozialen Grundstrukturen bereits erheblich erschütterten und bei einem weiteren Fortschreiten zu gewaltigen Eruptionen führen kann.
Auch an dieser Stelle wird deutlich, dass die neoliberale Ideologie vom freien Spiel der Marktkräfte gefährliche Konfliktpotenziale auftürmt, die früher oder später an Belastungsgrenzen des gesellschaftlichen Miteinanders stoßen werden.

Abb. 14: Einkommensentwicklung (Veränderungen gegenüber
Basisjahr 1997) Deutsche Aktiengesellschaften (Quelle IZT Berlin)

	Löhne und Gehälter	Vorstandsbezüge		Durchschnittliche Vergütung je Vorstand und Jahr
	Veränderung in %			
1997	–	–	Deutsche Bank	6,28 Mio. €
1998	0,6	10,8	DaimlerChrysler	2,63 Mio. €
2000	1,3	92,1	Bayer	2,41 Mio. €
2006	1,5	96,9	BMW	1,98 Mio. €
			BASF	1,75 Mio. €

Gehalt Mitarbeiter Deutsche Bank ~ 42.000 €

Vergütung Vorstandsmitglied ~ 6.300.000 € → 150-fache

Abb. 15: Soziale Disparitäten in Deutschland
(Quelle: Armutsbericht 2004 und Bundesstatistik)

	1998 (in %)	2005 (in %)
Einkommen unter der von der EU definierten Armutsgrenze	12,1	13,9
Anteil der 10.000 Reichsten am gesamten privaten Netto-Vermögen (5.600 Mrd. €)	44,9	47,0
Zahl der überschuldeten Haushalte	2,7	3,2
Als arm gilt, wer weniger als 60 % des alterstypischen Netto-Einkommens hat		
Anteil der Arbeitslosen	33,1	41,2
Alleinerziehende (Kindergeld)	35,4	35,6
Haushalt mit mehr als 2 Kindern		

Zukunftsfähige Entwicklung

Heute dominieren weltweit zwei Leitbilder: Die *Informations- oder Wissenschaftsgesellschaft* als Fortsetzung der Industriegesellschaft mit anderen Mitteln und die *Nachhaltige Entwicklung* als Kurswechsel von der quantitativen zur qualitativen Entwicklung von Wirtschaft und Gesellschaft.

Deutlich stehen sich die beiden Entwicklungswege noch immer weitgehend unvernetzt gegenüber. Beide Zukunftsperspektiven haben aus ganz unterschiedlichen Gründen eine besondere Mächtigkeit sowohl als Leitbilder für globale Entwicklungsstrategien als auch für das praktische Handeln auf nationaler, regionaler und lokaler Ebene. Diese Leitbilder sind nicht nur für die Zukünfte von Staaten, Kommunen und Unternehmen prägend, sondern auch für zukünftige Lebensstile, Bildung, Ausbildung, Arbeit, Kultur, Gesundheits- und Sozialverhalten.

Die »*Informations- bzw. Wissenschaftsgesellschaft*« begründet sich hauptsächlich aus der wachsenden Bedeutung der Ressource »Information und Wissen«, insbesondere von wissenschaftlichem Wissen, und der zunehmenden ökonomischen und sozialen Relevanz der technischen Informations- und Kommunikationssysteme in Verbindung mit dem Einsatz von Computern und Netzen. Ihre Durchsetzung folgt im Wesentlichen der Eigendynamik des technologischen und wirtschaftlichen Wettbewerbs im Rahmen des internationalen Wachstums- und Produktivitätswettlaufs. Die Mächtigkeit des Leitbildes »Informationsgesellschaft« resultiert aus der zunehmenden Verfügbarkeit und universellen Anwendung wissenschaftlichen Know-hows und informationstechnischer Systeme. Ihr Einsatz bestimmt heute in hohem Maße die Entwicklung aller Lebensbereiche.

Das Leitbild der »*Nachhaltigen Gesellschaft*« begründet sich hauptsächlich aus der Notwendigkeit, die Lebens- und Produktionsgrundlagen weltweit dauerhaft zu erhalten und die Gewinne aus den natürlichen und wissenschaftlich-technischen Ressourcen gerechter zu verteilen. Nachhaltige Entwicklung bedeutet, dass jede Generation so handeln muss, dass das natürliche Kapital (Quantität und Qualität der natürlichen Lebensmedien und Ressourcen) soweit erhalten bleibt, dass für künftige Generationen die Lebensgrundlagen nicht gefährdet werden und ein Zusammenleben aller Menschen in wirtschaftlicher und sozialer Stabilität langfristig möglich ist.

Heute lässt sich auf der Grundlage des vorhandenen wissenschaftlichen Zukunftswissens mit an Sicherheit grenzender Wahrscheinlichkeit sagen, dass der seit Mitte der Siebzigerjahre des vorigen Jahrhunderts anhaltende Trend zur Verringerung der Lebensqualität nur dann umzukehren ist, wenn die wichtigsten sozialen, ökonomischen und technologischen Innovationsparameter den Leitzielen einer Nachhaltigen Entwicklung folgen. Auf der Grundlage der Indizes von UN und Weltbank zeigt sich, dass die Lebensqualität bei einem Weitermachen wie bisher – auch in den Industrieländern – trotz permanenten Wirtschaftswachstums seit 1976 stetig abnimmt:

Lebensqualität in den Industrieländern

Vereinte Nationen:	145 Indikatoren
Weltbank: Human Development Index	132 Indikatoren
Indikatoren:	Nahrung
	Kleidung
	Wohnung
	Gesundheit
	Bildung/Ausbildung
	Verfügbares Realeinkommen
	Umweltsituation
	etc. etc.

Dieser Trend lässt sich nur stoppen und umkehren, wenn die Leitperspektiven und Handlungsziele einer Nachhaltigen Entwicklung, wie sie etwa in der Agenda 21 der Vereinten Nationen vorgezeichnet sind, in allen Handlungsbereichen – das gilt auch für die Zukunft des Maßregelvollzugs – als Grundlage anerkannt werden:

Leitperspektiven der Nachhaltigen Entwicklung
- Erhaltung der natürlichen Lebensgrundlagen und Schonung der Naturressourcen
- Verbesserung der Lebensqualität und Sicherung von wirtschaftlicher Entwicklung und Beschäftigung
- Sicherung von sozialer Gerechtigkeit und Chancengleichheit
- Wahrung und Förderung der kulturellen Eigenentwicklung und Vielfalt von Gruppen und Lebensgemeinschaften
- Förderung menschendienlicher Technologien und Verhinderung superriskanter Techniken und irreversibler Umfeldzerstörungen

Ich betrachte es als große Herausforderung, die Leitbilder »Informationsgesellschaft« und »Nachhaltige Gesellschaft« auf ihre Vereinbarkeit und mögliche Kopplung abzuprüfen und für alle Handlungsbereiche reale Zukunftsstrategien zu entwickeln und zukunftsfähige Gestaltungsansätze herauszuarbeiten. Dass die beiden Leitbilder nicht in einem grundsätzlichen Widerspruch zueinander stehen, geht daraus hervor, dass sich genügend Beispiele dafür aufzeigen lassen, dass bei richtigen politischen und wirtschaftlichen Rahmenbedingungen bessere Öko- und Sozialbilanzen durch den Einsatz von Informations- und Kommunikationstechnologien zu erzielen sind.

Zur Erfüllung des Nachhaltigkeits-Prinzips müssen für alle Handlungsfelder konkrete Einzelziele, Umsetzungsstrategien und Maßnahmen herausgearbeitet werden, die sich an möglichst klar definierten Nachhaltigkeits-Indikatoren messen und bewerten lassen. Hervorzuheben ist, dass die Annäherung an die Leitziele der Nachhaltigkeit nur schrittweise erfolgen kann. Nachhaltige Entwicklung ist ein permanenter Prozess der Gestaltung von Zukunftsfähigkeit, der im Prinzip nie zum Abschluss gebracht werden kann, solange Menschen handeln und dabei Stoff-, Energie- und Informationsflüsse induzieren.

Der damit verbundene Paradigmenwechsel mus in erster Linie auf folgende Nachhaltigkeits-Strategien ausgerichtet werden:

- Alle wissenschaftlich-technologischen und institutionellen Innovationen sind im Hinblick auf neue Produkte, Dienstleistungen und Informationsflüsse konsequent auf die Einsparung von stofflichen und energetischen Ressourcen zu richten. Das heißt, es geht darum, mit wesentlich weniger Ressourceneinsatz den gleichen Nutzen zu erzielen.
- Sowohl die Produktion und die Dienstleistungen als auch die Konsumtion müssen wieder besser in die natürlichen ökologischen (biogeochemischen) Kreisläufe der Natur eingepasst werden. Die Nutzung nachwachsender Rohstoffe und der Einsatz der regenerativen Energien bilden hierfür die Grundlage. Die Anpassung an die Absorptions- und Aufnahmefähigkeit von Ökosystemen bei der Herstellung, Nutzung und Verbringung von Produkten und Infrastrukturen sowie bei der Inanspruchnahme dazugehöriger Dienstleistungen ist eine notwendige Voraussetzung für eine solche Konsistenzstrategie.
- Wir werden langfristig nur durch die Praktizierung neuer Lebensstile und Lebensweisen mit neuen Wohlstands- und Lebensqualitätsorientierungen zukunftsfähig

bleiben. Hier liegt ein weites Feld, das von grundlegenden Einstellungsänderungen, Wandel der Normensysteme bis hin zu einem bewussteren Konsum-, Kauf- und Nutzungsverhalten und bei der Inanspruchnahme von Dienstleistungen reicht.

Effizienz-, Konsistenz- und Suffizienzinnovationen wird es in einer freien demokratischen Gesellschaft nur dann geben, wenn mehr Eigenverantwortung und Selbstorganisation praktiziert wird. Nur dann werden soziale Phantasie, Kreativität und proaktives Handeln für die Leitorientierung »Nachhaltige Entwicklung« freigesetzt. Gerade die Bildung sowie die Aus- und Weiterbildung haben die große Aufgabe, selbstverantwortliches Handeln und Selbstorganisation zu stärken und sie für die Entwicklung und Anwendung geeigneter sozialer Innovationen zu begeistern.

Konsequenzen

Bildung

In Anbetracht einer neuen Bildungsoffensive müssen in der Wissenschaftsgesellschaft nicht Informationsvermittlung allein, sondern Wissen und Bildung zusammen einen vorrangigen Stellenwert einnehmen. Die Bewältigung der komplexen Anforderungen und Umfeldbedingungen verlangt in der sich globalisierenden Welt eine Orientierung auf langfristig nachhaltige Zukunftsperspektiven und in diesem Sinne neue Bildungs-, Aus- und Weiterbildungsschwerpunkte. Relevantes Wissen und relevante Bildung erfordern angesichts der enormen Informationsmengen und des wachsenden Informationsmülls Kompetenzen, die weit über das fachliche Wissen hinausreichen. Die folgende Tabelle enthält aus der Sicht der Zukunftsforschung und mit Blick auf die aktive Teilhabe der zu Bildenden und zu Qualifizierenden Wissens- und Bildungskompetenzen, die sowohl für den Beruf als auch die Privat- und Freizeitsphäre von wachsender Bedeutung sind:

Relevantes Wissen

Informationsberge   *Informationsmüll*

Fachliches Wissen
Orientierungswissen
Selektives Wissen
Vernetztes Wissen
Praxis- und Handlungswissen
Schlüsselqualifikationen
Soziale Kompetenz
Kulturelles Wissen
Fremdsprachenkompetenz
Entscheidungskompetenz

Vor diesem Hintergrund sind auch die folgenden Leitperspektiven für die Zukunft der Bildung zu beachten:

+ Hohe Bildungsmobilität
institutionell: durchlässige Grenze zwischen den Bildungsbereichen
individuell: Kompetenzen für selbstständige und flexible Bildungsbiografie
+ Lebenslanges Lernen und Qualifizieren (in Betreiben und überbetrieblich)
+ Orientierung auf Zukunftsherausforderungen und Nachhaltige Entwicklung
+ Europäisierung und Globalisierung
+ Starker Praxis- u. Handlungsbezug
+ Drastische Erhöhung der Ausbildungs- und Weiterbildungsquoten (insbesondere auch bei ausländischen Jugendlichen)
+ Langfristige Sicherung einer hohen Aus- und Weiterbildungsqualität

Aktives Altern

Ein Paradigmenwechsel in der Betrachtung des Alters mit dem Leitziel der Förderung eines aktiven Alterns durch Gesundheitsprävention, Bildung, Weiterqualifizierung, Fitness, Wellness, Sport und anspruchsvolle Tätigkeits- und Freizeitgestaltung verlangt neue Rahmenbedingungen zur Förderung der Selbstständigkeit und Selbstorganisation. Die folgenden Punkte sind Grundforderungen, die sich aus dem neuen 5. Altenbericht der Bundesregierung »Potentiale des Alters« ergeben (BMFSJF 2007):

Abb. 16: Zukunft des Alters: Förderung eines aktiven Alterns (Quelle IZT Berlin)

- Flexible Arbeitsmodelle zur Erhaltung von Arbeitsfähigkeit, Motivation und Qualifikation
- Flexible Arbeitsvolumina von 100 % bis 50 % der Wochenarbeitszeit mit abnehmender Tendenz im Alter
- Erhöhung der Beschäftigungsquote der 55- bis 65-Jährigen derzeit: 37,7 %, bis 2010 Erhöhung auf 60 %
- Drastische Einschränkung von Frühverrentungen
- Umkehrung des Frühverrentungstrends in den Unternehmen (nur 59 % der Betriebe in Deutschland beschäftigen 50-jährige und Ältere)
- »Jugendwahn« in den Unternehmen abbauen, Ältere sind nicht schlechter qualifiziert als Jüngere, teilweise besser
- Bildung altersgerechter Arbeitsteams (Misch-Teams)
- Ausbau der Weiterbildung und Qualifizierungsmaßnahmen für Ältere
- Altersgerechte Gestaltung der Arbeitsplätze und des Umfeldes
- Schrittweise Erhöhung des Renteneintrittsalters (wie Normalfall bei Forschern, Journalisten, Freiberuflern, Unternehmern, Politikern, Schriftstellern)

Teilhabe älterer Menschen am Sozialleben

Die Zukunft des Alters wird bei der ständig wachsenden Zahl älterer Menschen vor allem davon abhängen, inwieweit es gelingt, eine aktive Teilhabe am gesellschaftlichen Leben bis ins hohe Alter zu realisieren.

Hierfür bedarf es einer Reihe von Fördermaßnahmen, von denen die folgenden als besonders relevant angesehen werden:

Abb. 17: Förderung einer aktiven Teilhabe am Sozialleben (Quelle IZT Berlin)

- Verbesserung der Rahmenbedingungen für lebenslanges Lernen und Qualifizieren im gesamten Bildungssystem und in den Betrieben
- Ausbau von Unterstützungsmaßnahmen in den Betrieben und Kommunen zur Stärkung des bürgerschaftlichen Engagements
- Neue Dialogformen von Gesellschaft und Wirtschaft mit Senioren(organisationen) für neue Produkte und Dienstleistungen und Akzeptanz neuer Technik
- Professionelle Unterstützungsangebote und neue Wohn- und Wohnumfeldmodelle für differenzierte Familienstrukturen, fragiler werdende Partnerschaften und private Netzwerke
- Stärkung von Prävention, Rehabilitation, Gesundheitsbildung und Gesundheitshandeln
- Vereinbarkeit von Erwerbsarbeit und Familienarbeit (Selbstorganisation, Betreuung, Pflege)
- Förderung kultureller Vielfalt und der Nutzung von Potenzialen älterer Migranten in Gesellschaft, Arbeitsleben und Familien

Potenziale Älterer für Familien und private Netzwerke

Nach wie vor sind die Potenziale älterer Menschen für Betreuungs-, Unterstützungs- und Pflegeleistungen älterer Menschen im Rahmen der Familien und privater Netzwerke von unschätzbarem Wert für die Gesellschaft. Deshalb sollte in Zukunft auf diese Tätigkeiten noch erheblich mehr Wert gelegt werden. Die folgenden Empfehlungen umfassen das erforderliche Handlungsspektrum für eine positive Mobilisierung von Potenzialen:

Abb. 18: Potenziale in Familien und privaten Netzwerken (Quelle IZT Berlinn)

- Erhaltung der Betreuungs- und Pflegeleistungen älter werdender Männer und Frauen
  aktive Einbindung in die professionelle ambulante Dienstleistungsstruktur;
  Dynamisierung des Pflegegelds
- Förderung und Entwicklung von Unterstützungsleistungen in zunehmend differenzierten und fragilen Familienstrukturen und Lebensbezügen
  z.B. nichteheliche Partnerschaften; Patchwork-Familien; homosexuelle Partnerschaften
- Unterstützung der Vereinbarkeit von Erwerbsarbeit und Familienarbeit (Dienste, Betreuung, Pflege)
  zielorientierte Schulung professioneller Dienstleister;
  Schaffung notwendiger Voraussetzungen in Unternehmen und Verwaltungen zur Erhaltung der Berufstätigkeit und der Arbeitsverhältnisse;
  Förderung differenzierter Formen gemeinschaftlichen Wohnens durch die Kommunen;
  Integrierte wohnortnahe Versorgung und Betreuung verbessern durch Kommunen und Leistungserbringer

Abb. 19 (Quelle IZT Berlin)

- Einrichtung integrierter Beratungs-, Betreuungs- und Pflegestützpunkte
  Abstimmung und Vernetzung der professionellen Unterstützungsangebote (Kommunen, Krankenkassen, Pflegekassen und sonstige Leistungserbringer);
  Einrichtung von Fall-Management-Strukturen gemäß positiver Modellvorhaben;
  Verbesserung der Informationsarbeit und Einsatz moderner Informations- und Kommunikationstechniken;
  Sicherung der Qualität und Unabhängigkeit durch kommunale Kontrolle

- Förderung der generationsübergreifenden Unterstützungsleistungen
Entwicklung und Förderung neuer Wohnformen und Modellprojekte des gemeinschaftlichen Wohnens;
Stärkung gegenseitiger Selbst- und Nachbarschaftshilfe;
Einrichtung und Förderung von Wissensbörsen und qualifizierendem Erfahrungsaustausch
zwischen den Generationen;
Schaffung von speziellen Wohnmodellen unter Einbezug chronisch oder demenziell erkrankter Menschen
- Erhaltung und Verbreitung bürgerschaftlichen Engagements
Verbesserung und Förderung der Zusammenarbeit von professioneller und bürgerschaftlicher Dienst-, Betreuungs- und Pflegeleistungen;
Vernetzung vorhandener Seniorenbüros, Freiwilligenagenturen und Selbsthilfekontaktstellen;
Absicherung bürgerschaftlichen Engagements in rechtlicher Form und durch unabweisbare Sachmittel.

Bürgerschaftliches Engagement

Eine moderne komplexe Gesellschaft wie die unsrige in der Bundesrepublik Deutschland lässt sich nach heutigen Erkenntnissen nicht mehr steuern und organisieren ohne eine Mitwirkung der Zivilgesellschaft und ein starkes bürgerschaftliches Engagement. Vor diesem Hintergrund kommt der Förderung des bürgerschaftlichen Engagements eine zentrale Funktion zu. Die nachfolgenden Handlungsempfehlungen sind sowohl dem Bericht der Enquete-Kommission »Bürgerschaftliches Engagement« (Enquete 2002) als auch dem Fünften Altenbericht (BMFSJF 2007) entnommen:

Abb. 20: Bürgerschaftliches Engagement: Handlungsempfehlungen

- Eine »Kultur des Bürgerschaftlichen Engagements« schaffen
- Anerkennungskultur fördern
- Das Verhältnis von hauptamtlicher und freiwilliger Arbeit aktiv gestalten – Übergänge und Vereinbarkeit fördern
- Die Pluralität und den Wandel von Motivation für BE berücksichtigen
- Unternehmen für eine aktive Engagementkultur gewinnen
- Ausbau der kommunalen Bürgerbeteiligung
- Reformen der Sozialsysteme müssen mehr BE ermöglichen

Fazit

Man kann die Zukunft nicht vorhersagen.
Man kann allerdings wissenschaftliches Zukunftswissen nutzen, um mögliche, wahrscheinliche und wünschbare Zukünfte zu erfassen und in einem partizipativ-demokratischen Prozess darauf hinarbeiten, dass negative Entwicklungen und Katastrophen verhütet werden und die besten Zukunftsperspektiven realisiert werden.

»Die sind so unglaublich viel weniger wert als ich!« –

Maligner Narzissmus und Gefährlichkeit am Beispiel der Kasuistik eines verhinderten Amokläufers

Nahlah Saimeh

Zusammenfassung

Heute steht der Begriff »Narzissmus« für die interaktionelle Fähigkeit eines Menschen, konstante positive bzw. negative zwischenmenschliche Beziehungen auszubilden und ein Verhältnis zu sich und zu anderen zu entwickeln.
Im negativen Sinne bezeichnet er eine schwere Störung der Beziehungsfähigkeit durch Selbstbezogenheit, Empathiemangel, hohe Empfindlichkeit gegenüber Kritik und rasche Kränkbarkeit. Damit liegen die persönlichkeitsstrukturellen Voraussetzungen für antisoziales Verhalten vor. Maligner Narzissmus spielt daher in der forensisch-psychopathologischen Beurteilung von Straftätern eine besondere Rolle, vor allem auch bei versuchten oder vollendeten Mehrfachtötungsdelikten. Der Vortrag befasst sich sehr ausführlich mit der Kasuistik einer schweren narzisstischen Störung auf Borderline-Strukturniveau und stellt die Bedeutung des Narzissmus für die Begehung von Tötungsdelikten außerhalb des sozialen Nahraums dar.

Schlüsselwörter

Maligner Narzissmus, Amok

Sie sehen sich als Polizeibeamter, später als Staatsanwalt oder als Richter, aber auch als Psychiater eine DVD an, auf dem ein Mann ein Tagebuch-Testament über seine Forderungen und seine Beweggründe aufgezeichnet hat. Er sitzt vor der Kamera, berichtet mit ruhiger Stimme, hält einen Monolog, blickt zumeist vor sich hin, nimmt nicht allzu viel Kontakt mit seinem imaginären Gegenüber auf, reflektiert aber zuweilen schon, dass ein imaginärer Zuhörer seinen Ausführungen lauscht, kommentiert zwischenzeitlich das eigene Aussehen, die Ordnung oder die Sauberkeit in seinen Räumlichkeiten und verkündet nun abschließend:

»Ich habe mich nun spontan entschieden, ... die Forderungen zu verlesen... Ich dachte zwar, dass ich mir noch etwas Vernünftiges anziehen, mich duschen und rasieren würde, ... aber ich habe mir dann gedacht, ach, was soll's ... ich verlese das jetzt ohne besondere Reihenfolge ... wie gesagt, ich würde eigentlich erst die Geschichte zu Ende erzählen wollen, aber ich dachte mir, weil das jetzt ein dicker Brocken ist, mache ich das jetzt, nicht dass ich nachher heiser bin... Ich weiß, dass ich auf eine Mauer der Arroganz stoßen werde, aber ich kann Ihnen nur raten, seien Sie nicht so arrogant, sonst sterben Menschen. Sollte ich bei der Sache gestorben sein, ist das Ganze natürlich gegenstandslos. Zunächst einmal möchte ich sagen, ich bestehe darauf, in ein Einzelzimmer zu kommen, was auch passiert.

Ich möchte dringend anraten, mich nicht unter Medikamente zu setzen, Sie verursachen Tote, wenn sie mich zwangsweise unter Medikamente stellen ... keine von meinen Forderungen ist verhandelbar. Wenn irgendeine Forderung und das sind eine Menge, nicht eingehalten werden, dann gibt es Tote, seien Sie sich dessen bewusst... Ich weiß, ich bin unprofessionell – wie kann man in so etwas schon professionell sein... Ich habe bei meiner Seele geschworen – bei meiner Seele –, dass ich jeden töten werde, der es wagt, mir eine neue Diagnose zu stellen oder ... mich therapieren will. In dem Moment, wo jemand kommt und will mich therapieren, dann werde ich diese Person töten oder ersatzweise jemand anderen von den Leuten, die mich gefangen halten, also tun Sie es nicht. Seien Sie nicht so dumm, es werden Menschen sterben, wenn sie eine solche Attitüde an den Tag legen. Um Himmels Willen seien sie nicht so dumm. Ich werde für jeden Tag, den ich zwangsmedikamentiert werde, zwei Personen töten. Wenn Sie es wagen, mich unter Medikamente zu setzen... Und das summiert sich auf... Wenn Sie mich fünf Tage lang zum Zombie machen, werde ich zehn Menschen töten... Für jeden Tag, an dem ich schlecht behandelt werde, werde ich zwei Menschen töten. Versprochen. Es ist eine reine Frage der Mathematik... Sie müssen mich nicht mögen, aber behandeln Sie mich normal... Wenn dort irgendwelche Pfleger sind, die gerne erziehen, lassen Sie sie nicht zu mir heran. Ich warne Sie, es gibt ein Unglück... Ich werde für jeden Tag, den ich länger als sechs Wochen eingesperrt bin, einen Menschen töten. Falls Sie glauben, dass Sie mich gekriegt haben, weil Sie so toll sind – nein ich habe vor, mich zu stellen. Ich habe vor, dort zwei Personen zu töten. Danach werde ich die Polizei anrufen und mich stellen...

Eigentlich habe ich es nur auf zwei Personen abgesehen, aber diese Zahl könnte größer werden für die geringe Wahrscheinlichkeit, dass mir andere Primärziele über den Weg laufen, dann werde ich eventuell noch mehr Menschen töten, aber eigentlich will ich bloß zwei und dann rufe ich die Polizei an und stelle mich... Ganz im Ernst, ich habe keine Lust, Menschen zu töten, aber ich werde es tun. Zu einem gewissen Grad habe ich Lust, Menschen zu töten, aber nur die, die ich als Primärziele bezeichne... Meine Forderungen sind die richtigen Forderungen und verkörpern das, was getan werden sollte. Wie kann das Richtige tun, falsch sein...«

Es folgte eine Liste von Forderungen, von denen hier nur zum Gesamtverständnis einige wenige genannt seien:
- Ein Dienstaufsichtsverfahren gegen verschiedene Behörden und die Absetzung eines Schulleiters.
- Die Anhebung der eigenen Abiturnote oder freien Zutritt zu allen Universitäten.
- Aufgrund einer anzunehmenden Schädigung seines Erbgutes durch die Behandlung in der Psychiatrie die Zahlung von 10 Mio. Euro je gezeugtes, erbgeschädigtes Kind.
- Die Einführung einer Männerquote für jede staatliche Stelle.
- Die Abschaffung des Zivil- und Wehrdienstes, zumindest für ihn und seine prospektiven Familienangehörigen.

Der zum Tatzeitpunkt 28 Jahre alte, gut zwölf Jahre jünger wirkende Mann, wurde auf Grundlage des PsychKG stationär eingewiesen, weil er angekündigt hatte, bestimmte Personen einer Erwachsenenschule umbringen zu wollen. In der Psychiatrie verbarrikadierte er sich, sodass es zu einer Fixierung und sedierenden Zwangsmedizierung kam. Die so in der Psychiatrie subjektiv durchlittene Ohnmachtsituation wurde zum späteren, eigentlichen Kristallisationspunkt, für die dann erfolgten Übergriffe. Sieben Monate nach der Einweisung wartete der Mann mit Messern bewaffnet im Klinikgelände darauf, die für die Fixierung verantwortliche Oberärztin zu töten. Da er dieser nicht begegnete, änderte er die Strategie und ließ sich einen konkreten Termin zum Beschwerdegespräch mit Chef und Oberärztin geben. Zehn Monate nach seiner Entlassung aus der Klinik kam es zu der Terminabsprache, in deren Verlauf er dann – für Außenstehende völlig unerwartet – auf die Oberärztin mit einem der mitgebrachten Messer einstach und diese schwer verletzte. Nach der nur unvollständig durchgeführten Tat ließ er sich dann widerstandslos festnehmen. Durch unglückliche Umstände wurde der Mann aus dem Polizeigewahrsam noch mit einem zweiten Messer bewaffnet in eine forensische Klinik eingeliefert, wo er im Zuge der von ihm geforderten Leibesvisitation zwei Krankenpfleger erneut schwer verletzte.

Die selbst deklarierte Intention, sich aus der menschlichen Gesellschaft zu verabschieden, ihr zu entsagen, ihr nicht angehören zu wollen, konterkarierte er mit extrem umfassenden Wortdokumenten, zunächst als DVD, dann später in umfassenden Briefen, in denen ein exzessives Mitteilungsbedürfnis und eine Sehnsucht nach Kontakt ebenso deutlich wurden wie die große Angst, über wirkliche Kontakte auch in seiner eigenen Sichtweise hinterfragt zu werden. Immer wieder wurden Hasstiraden geäußert, aber auch nicht durchräsonierte Gedanken, die im Kontrast zum erwachsenen biologischen Alter der Person eigentümlich altklug wirkten.

So führte er zu seiner Legitimation der intendierten Tötung der Oberärztin aus, sie habe ihn voller Jagdstolz – einer Trophäe gleich – behandelt, als sie die Zwangsmaßnahmen veranlasst hatte. Schon da habe er sich geschworen, er werde sie später »kriegen«. »Ich habe nur gedacht, dich krieg ich... und wenn es das Letzte ist, was ich tue, dich krieg ich... *(und mit bewusstem Bezug auf ein Filmzitat)* Erkennst du den Tod nicht, wenn du ihn siehst? Filmkenner wissen, wo ich das herhabe. Dein Tod steht vor dir...« Pädagogen bezeichnet er als »Abschaum«, welcher in ihm den Wunsch nach »Vernichtung« auslöste. Der Wunsch, bestimmte Menschen zu vernichten, beziehe sich vor allem auf solche, die versuchen würden, ihn zu erziehen, ihm seine »Freiheit« nehmen zu wollen, die nicht bereit seien, ihn als »autonome Persönlichkeit« anzuerkennen. »Wenn ich euch nicht wegen allgemeiner moralischer Wertlosigkeit umbringe, werde ich es für eure Dummheit tun. So was Dummes darf die Welt nicht bevölkern... Dreck wie ihr tötet man... Ich empfinde meinen Bruch mit der Gesellschaft eher als befreiend. Ich will da nie wieder zurück.«

Die Kasuistik ist im Grunde rasch skizziert: Der ledige, bislang nicht vorbestrafte Mann entstammt als Nachzügler von insgesamt drei Söhnen einer kleinbürgerlichen, äußerlich geordneten Familie ohne bildungsbürgerlichem Hintergrund. Für die Mutter übernahm der insgesamt liebe Junge die Funktion des Nesthäkchens. Die Ehe der Eltern war stets von wirtschaftlichen Schwierigkeiten geprägt und wohl auch von einer gewissen emotionalen Ferne der Eheleute untereinander.

Die Kindheit verlief äußerlich einigermaßen unauffällig, in der Pubertät kam es allerdings zu Renitenz und Schulversagen, nicht jedoch zu dissozialen Verhaltensweisen, aber zu einem deutlichen sozialen Rückzug. Eine massive Unangepasstheit zeigte der Jugendliche in seiner nachhaltigen Verweigerung, weder den Wehrdienst noch den Zivildienst zu absolvieren, aber gleichzeitig keinerlei persönliche Ausbildungsplanung vorzunehmen, sondern im Prinzip ständig darauf zu warten, wegen seiner Verweigerungshaltung eingesperrt zu werden. Er fantasierte schon damals gewalttätige Übergriffe, lief vorübergehend mit einer Gaspistole durch die Gegend mit diffusen Überlegungen, vielleicht eine Bank zu überfallen, versuchte temporär, in einer Jugendhilfe-Einrichtung Unterstützung zu bekommen, die ihm versagt wurde und als er endlich ausgemustert wurde und den Realschulabschluss und später das Abitur auf einer Erwachsenenschule nachholte, fühlte er sich zunehmend durch übermäßig feministische Unterrichtsinhalte beeinträchtigt. Insgesamt war er weitgehend sozial isoliert, unterhielt in der Erwachsenenschule zwar oberflächlich gute Kontakte zu Mitschülern, erbrachte auch mittelmäßige bis gute Noten, blieb aber im Privaten stets ein Einzelgänger ohne enge Freunde oder gar Freundinnen.

Auffällig war in den umfangreichen Gesprächen besonders, dass jegliche Kränkung noch aus dem Kindesalter taufrisch wirksam zu sein schienen, sodass diese Kasuistik auch die Geschichte eines Mannes ist, dessen Lebensthema »Ich will groß sein« tragisch verknüpft ist mit einer psychosozialen und psychosexuellen Arrettierung, die ihn in einem geradezu pubertär anmutenden Zustand notorischer Gesellschaftsverneinung festgehalten hatte.

Eine testpsychologische Untersuchung zur Intelligenz verweigerte er im Übrigen mit der Begründung, er wolle sich nicht der Illusion berauben, womöglich doch weit überdurchschnittlich intelligent zu sein.

Der Mann attackierte ein ausgewähltes Opfer und später zwei Zufallsopfer des gleichen Hilfesystems, welches er im Visier hatte, gleichwohl finden sich in der Vorgeschichte eine Reihe von fantasierten Ausgestaltungen von Rachefeldzügen, die die Tötung diverser Institutionsangehöriger betrafen, zuletzt Lehrer der von ihm besuchten Erwachsenenschule. Der Fall enthält also einen Wendepunkt, an dem es nicht zu einem sog. Amoklauf kam, sondern zu einer Schädigung von Personen, die eingeschaltet wurde, genau dies zu verhindern.

Gestellt wurde die Diagnose einer schweren narzisstischen Persönlichkeitsstörung auf Borderline-Strukturniveau mit den dazu gehörigen paranoid-sensitiven Zügen.

Trotz des formal erheblichen Ausmaßes geplanter Elemente zur Tatvorbereitung war doch die gedankliche Präokkupation des Probanden in Bezug auf die moralische Rechtfertigung und notwendige Durchführung der Tat so ausgeprägt, dass man ernsthaft über die Annahme des § 21 StGB diskutieren kann.

Die Kasuistik zeigt, wie bedeutsam schwere narzisstische Fehlentwicklungen für das Verständnis und die Entstehung von Amoktaten sind.

Amok

Der Begriff Amok kommt bekanntermaßen aus dem Malaiischen und war einst Kampfruf von jenen Kriegern, die unter Inkaufnahme ihres eigenen Todes als besonders furchtlos im Kampf galten. Amok war zudem auch Begleitruf von Tötungshandlungen einzelner Personen. Im Wesentlichen war das maximal rücksichtslose Töten Dritter unter Inkaufnahme des Selbstgetötetwerdens eingebettet in zwei Funktionen: in kriegerische Handlungen oder in die Wiederherstellung der eigenen Ehre.

Unter islamischem Einfluss wurde Amok in Indonesien im 14. Jahrhundert zu einer religiös-fanatischen Kriegshandlung, der es, Allah zum Wohlgefallen, darum ging, unter Inkaufnahme des eigenen Todes möglichst viele Ungläubige zu töten. Das »Juramentado« der Moros auf den Philippinen ermöglichte mohammedanischen Fanatikern mit der ausdrücklichen Genehmigung ihrer Eltern oder des Fürsten, solange Christen zu töten, bis sie selbst getötet würden. Unweigerlich fallen einem heute dazu die islamistischen Selbstmordattentäter ein.

Es gab aber noch andere Funktionen des Amok zur Wiederherstellung der eigenen Ehre.

Im 15. Jahrhundert war es in Indonesien z. B. auch möglich, als überschuldeter Gläubiger der ehrlosen Versklavung dadurch zu entgehen, möglichst viele Leute zu töten und dadurch selbst getötet zu werden, wobei die eigene Ehre im Akt des Getötetwerdens wieder hergestellt wurde. Diese Taten waren bewusst, entschieden und geplant. Auch gab es die Möglichkeit, als Dank an Gott für die Heilung von einer schweren Krankheit ehrenhafter durch Amok zu sterben. Dementsprechend wird geschildert, dass zu der Zeit in den Straßen lanzenartige Gegenstände also sog. Amokfänger bereitgestellt waren, um Amokläufer töten zu können.

So können homizidal-suizidale Handlungen heute ganz allgemein unterteilt werden in

- Heldenhaft besetzte kriegerische Taktiken
- Terroristische Methoden zur Destabilisierung politischer oder gesellschaftlicher Strukturen (»Selbstmordattentate«).
- Individuell motivierte Handlungen zur persönlichen Ehrenrettung in Schamkulturen.
- Individuell aus einer psychischen Störung oder aus psychosozialer Krise heraus motivierte Gewalthandlungen.

Mit der Psychiatrisierung des Begriffs durch die Verbindung von massenhomizidaler Gewalthandlung mit nachfolgender Amnesie wurde zunächst maßgeblich eine blinde Raserei, ein quasi katatoniformer Zustand des Täters bezeichnet.

Heute wird der Begriff maßgeblich für wahllos erscheinende homizidal-suizidale Gewalttaten verwendet, bei denen zumeist nur durch einen Einzeltäter eine Vielzahl von Personen getötet oder schwer verletzt wird, bevor der Täter sich selbst tötet oder durch Polizeiintervention getötet wird. Die Amnesie spielt definitorisch keine Rolle mehr.

Gemäß Definition der WHO handelt es sich um eine willkürliche, anscheinend nicht provozierte Episode mörderischen oder erheblich (fremd-)zerstörerischen Verhaltens mit anschließender Amnesie oder Erschöpfung, häufig auch mit Umschlag in selbst-zerstörerisches Verhalten (Verwundung, Verstümmelung, Selbsttötung).

SCHÜNEMANN (n. LUBBERT 2002) definiert Amok als eine für Außenstehende plötzliche, unverständlich und ungewöhnlich aggressive Handlung, die zur Tötung anderer Menschen geführt hat oder geführt hätte, wenn sie nicht durch bestimmte Umstände verhindert worden wäre. Es wird deutlich, dass die primär auf die menschliche Gesundheit zielende Definition der WHO das Phänomen Amok seiner anderen komplexen ethnologisch-religiös-kulturellen Einbettung entkoppelt.

In der formal-deskriptiven Beschreibung durch das National Center for Analysis of Violent Crime (NCAVC) des FBI ist der Amokläufer ggf. ein Massenmörder, also jemand, der vier oder mehr Menschen am selben Ort im Laufe ein und desselben Geschehens tötet oder ggf. auch ein Serienmörder, wenn sich das Geschehen über eine lange Zeitabfolge an verschiedenen Orten realisiert.

Je nach Opfer der individualistischen homizidal-suizidalen Gewaltakte kann man bestimmte Sonderformen unterscheiden in Familienamok, Schulamok oder auch andere Formen des Behördenamok, von denen sich Taten gegen eine allgemeine, anonyme Öffentlichkeit auf der Straße abgrenzen lassen.

Für den Familienamok typisch ist mit 75 % die Tötung der gesamten eigenen Sekundärfamilie durch das männliche Familienoberhaupt. Besonderheiten, wie sie beim Schulamok auftauchen, finden sich beim Familienamok jedoch so gut wie nicht: Konkrete Todeslisten, Unterlagen zu Tatablaufplänen, Abschiedsvideos bzw. DVD-Tagebücher, Leakings und Warnungen, gesammelte Literatur zum Thema Amok und Äußerungen in Internetforen. Dem Familienamok kommt damit deutlich mehr der private Charakter des erweiterten Suizids zu, weswegen eine engere Definition innerfamiliäre Gewalttaten ausklammert.

Klassische Amoktaten an öffentlichen Institutionen haben mehr gesellschaftlichen Abstrafungscharakter und verfolgen die Intention eines mit Nachdruck deklamierten pseudopolitischen Manifests. Befremdlicher Weise erzeugen dann solche Taten mit dem regelmäßigen Mechanismus öffentlicher Schuldverschiebung rasch die Suche nach den eigentlich Verantwortlichen für solche Taten, wobei es doch weitaus naheliegender wäre, zunächst einmal denjenigen als Täter zu identifizieren, der die homicidalen Tathandlungen aus einer persönlichen, wie auch immer gearteten Legitimation heraus, begangen hat.

Stattdessen wird, gerade was Schulamoktaten angeht, rasch über unangemessenen Leistungsdruck oder Mobbing diskutiert, sodass die spezifische Psychopathologie und häufig abnorm übersteigerte Kränkbarkeit des Individuums als hoch spezifisches, komplexes psychiatrisches Störungsbild dahinter zurücktritt bzw. auf kollektiver Ebene eine abnorm gesteigerte narzisstische Kränkbarkeit übernommen wird. Es darf nicht wundern, dass diese auf dem Niveau eines unbedingten Reflexes funktionierende institutionalisierte Schuldsuche Trittbrettfahrer umso mehr ermuntern mag und eine seltsame Rechtfertigungsstrategie daraus erwächst. HOFFMANN (2007) weist darauf hin, dass gerade Mobbing faktisch selten wirklich nachgewiesen werden konnte, sondern vielmehr die persönliche Schwelle für die Wahrnehmung, das Erspüren von Kränkungen und Zurückweisungen pathologisch erniedrigt ist.

Häufigkeit

Nach einer Untersuchung von ADLER et al. (2006) hat die Prävalenz zwischen den Jahrzehnten von 1980–1989 und 1991–2000 in Deutschland von 1:5.5 Mio. Mannjahren auf 1:8,5 Mio. Mannjahren abgenommen. Frauen kommen nur als Einzelfälle in Betracht. Andere Quellen gehen von 1:3 Mio. Mannjahren aus. In Deutschland kommen Amoktaten zehnmal seltener vor als erweiterte Suizide. Untersucht wurden dazu allerdings maßgeblich individualistische Amoktaten.

Die Täter sind bei guter Qualifikation fünf- bis siebenmal häufiger von Arbeitslosigkeit betroffen. 50 % sind psychisch krank, 20 % intoxikiert. Nur ein Drittel der Täter suizidiert sich oder wird getötet. Bei den psychischen Störungen spielen vor allem Wahnerkrankungen, Schizophrenie, aber auch schwere Persönlichkeitsstörungen oder Depressionen eine Rolle. Die Motive finden sich in allen Lebensbereichen.

Die wenigsten Taten ereignen sich Monate oder gar Jahre nach der erlittenen Kränkung, sondern eher mit deutlichem zeitlichem Bezug zum belastenden Ereignis.

Der Untersuchung von ADLER et al. (2006) ist weiterhin zu entnehmen, dass lediglich der Gebrauch von Schusswaffen signifikant zugenommen hat, ansonsten sind Daten zu den Delikten im Wesentlichen unverändert. Mit der zunehmenden Verbreitung von Schusswaffen steigt auch die Gefährlichkeit von Amoktaten. Das Alter der Täter zeigt einen zweigipfligen Verlauf: Der erste Gipfel liegt zwischen dem 22. bis 25. Lebensjahr und ein weiterer zwischen dem 40. und 45. Lebensjahr.

Dass längst nicht nur Metropolen, sondern vor allem auch ländlichen Gegenden oder Kleinstädte betroffen sind und Städte mittlerer Größe offenbar etwas weniger, gibt Anlass zur Spekulation, dass in formal und äußerlich geordnet erscheinenden, kleinstädtischen Verhältnissen, in denen jeder über den sozialen Erfolg und Misserfolg des anderen Bescheid weiß, womöglich rascher eine subjektive Ausweglosigkeit besteht, weil zum einen der Gesichtsverlust durch eigenes Versagen oder vermeintlich erlittene Kränkungen weniger in der Anonymität untergehen kann, zum anderen aber auch der soziale Anpassungsdruck für das Individuum größer sein mag.

Als Bedingungsfaktoren gelten psychosoziale Entwurzelung, Verlust beruflicher Integration, zunehmende individuelle Kränkungen und Konflikte mit Liebespartnern. Die häufigsten Motive stammen aus dem persönlichen Bereich. Nur 10 % der in den Studien über Presseberichte ausgewerteten Taten beziehen sich auf pseudopolitische Forderungen.

Die hier anfangs skizzierte Kasuistik zeigt pseudopolitische Züge ebenso wie individuelle Rachemotive in Bezug auf ein als bevormundend erlebtes Fürsorge-System.

Die ersten Tötungsfantasien konzentrierten sich in diesem Falle auf den staatlichen Zugriff auf die individuelle Lebensplanung von Männern durch die Verbindlichkeit von Wehr- oder Zivildienst, dann auf die Bedrohung des höchst fragilen männlichen Selbstbildes durch reale oder vermeintlich zu feministisch akzentuierte Lehrerinnen und der ohnmächtigen Duldung des Schulleiters und zuletzt auf die Bedrohung der Entscheidungsautonomie und körperlichen Integrität infolge einer psychiatrischen Zwangsbehandlung.

FÜLLGRABE (2000) hat bei jugendlichen Schulamokläufern narzisstische Störungen bei unzureichender Bindung in der frühen Biografie, Konsum aggressiver Medieninhalte und fehlende Grenzsetzungen bei Aggressionen für amoktypisch gehalten. Auch wird gerade für Schulamoktaten ein Zusammenspiel von desorientierten bzw. kommunikationsarmen Familien, Missständen an Schulen und zunehmender Brutalität diskutiert.

Es ist sicher richtig, dass die dem Täter zugrunde liegende psychische Störung die Art des Amoklaufs beeinflusst. Einen einheitlichen psychopathologischen Typus gibt es jedoch nicht. Auch wenn eher sozial isolierte Einzeltäter überwiegen, so finden sich ebenso in Cliquen integrierte Jugendliche. Amoktaten können ihrer Natur nach aber besonders einem malignen narzisstischen Bedürfnis Befriedigung verschaffen.

Zur Häufigkeitsverteilung der Opfer sind der Literatur folgende Angaben zu entnehmen:

3 % Familienangehörige,
7 % Familie und Bekannte
28 % Familienangehörige, Bekannte und Fremde,
34 % nur Bekannte
28 % nur Fremde

Auffallend ist, dass ein hoher Anteil der erwachsenen Amokläufer Personen aus der Gruppe Waffen tragender Berufe sind, vornehmlich Soldaten und Polizisten. Während Soldaten nur 1,13 % der Bevölkerung ausmachen, waren 26 % der Täter, die Tote verursachten, Soldaten und 7 % Polizisten (im Vergleich zu 1,9 % in der Bevölkerung). Dabei mag zum einen der pragmatische Grund, eher über eine Waffe verfügen zu können, eine Rolle spielen als auch die natürliche Einübung des Gebrauchs von Waffen als Bestandteil eines persönlichen Handlungsrepertoires.

Zur Verbindung von Amok und Narzissmus

Die bereits unterteilten vier Formen homizidal-suizidaler Gewaltakte beinhalten sowohl einen ethnologisch-soziologischen als auch einen psychodynamisch-psychiatrischen Zugang und bei allen vier Formen wird das Motiv des Narzissmus als treibende Kraft für die Begehung der Taten deutlich, wenngleich die jeweiligen narzisstischen Motivanteile unterschiedlich stark kulturell oder subkulturell eingebettet sind oder als individualpathologisches Störungsmuster erscheinen:

- Heldenhaft besetzte kriegerische Taktiken
- Terroristische Methoden zur Destabilisierung politischer oder gesellschaftlicher Strukturen (»Selbstmordattentate«)
- Individuell motivierte Handlungen zur persönlichen Ehrenrettung in Schamkulturen
- Individuell aus einer psychischen Störung oder aus psychosozialer Krise heraus motivierte Gewalthandlung

Dazu zunächst noch einmal ein Blick auf die bekannten diagnostischen Kriterien:

Diagnostische Kriterien nach DSM IV

Kriterien (mindestens fünf Symptome müssen zur Diagnosestellung vorliegen):
1. Hat ein grandioses Gefühl der eigenen Wichtigkeit (übertreibt die eigenen Leistungen und Talente, erwartet, als überlegen anerkannt zu werden),
2. ist stark eingenommen von Fantasien grenzenlosen Erfolges, Macht, Glanz, Schönheit oder idealer Liebe,
3. glaubt von sich, besonders und einzigartig zu sein und nur von solchen anderen besonderen Personen verstanden zu werden oder mit diesen verkehren zu können,
4. verlangt nach übermäßiger Bewunderung,
5. legt ein Anspruchsdenken an den Tag, d. h. übertriebene Erwartungen an besonders bevorzugte Behandlung, automatisches Eingehen auf die eigenen Erwartungen,
6. in zwischenmenschlichen Beziehungen ausbeuterisch,
7. Mangel an Empathie,
8. häufig neidisch oder glaubt, dass andere neidisch auf ihn seien,
9. zeigt arrogante, überhebliche Verhaltensweisen oder Haltungen.

COOPER und RONNINGSTAM (1992, in: FIEDLER 2001) haben aus psychoanalytischem Blickwinkel folgende unterschiedliche Symptome bei Narzissten aufgelistet:
- Verhaltensweisen, die mit fragiler Selbstwertrepräsentanz zusammenhängen:
  Hypochondrische Störungen als somatisierter Ausdruck zentraler Unsicherheit im Bereich des Selbst,
  Scham, Verlegenheit und Gefühle der Demütigung, wenn eigene Defizite und Bedürfnisse durch andere festgestellt werden.
- Verhaltensweisen, die mit Grandiosität zusammenhängen:
  Fantasie und Sehnsucht nach Vollkommenheit,
  Bedürfnis nach unkritischer und fortdauernder Bewunderung,
  exhibitionistische Neigung (sich zur Schau stellen),
  Perfektionismus in dem Bemühen, alles selbst können zu wollen, auch das, was andere können,
  affektierte Darstellung seiner selbst (Kleidung, Sprache)
- Besonderheiten in der zwischenmenschlichen Interaktion:
  Unvermögen zu liebevoller Zuwendung und Empathie,
  daraus folgt: keine stabilen Objektbeziehungen möglich,
  exzessive Selbstdarstellung,
  durchgängiges Gefühl, im Recht zu sein,

Unfähigkeit, anderen zuzustimmen oder deren Bedürfnisse zu respektieren, fehlende Konsensfähigkeit, verbunden mit zunächst Enthusiasmus und späterer Enttäuschung.
Neid auf erbrachte Leistungen anderer und Abwertung bis Verunglimpfung
Don Juan Gebahren
Rachsüchtige Wut als Reaktion auf erfahrene Kränkungen und persönliche Verletzungen
- Arbeitsverhalten:
Erst früher Leistungserfolg, dann meist auffällige Mittelmäßigkeit,
chronische oder intermittierend auftretende Gefühle der Langeweile und Leere, wenn eigene Leistungen hinter den eigenen Erwartungen zurückbleiben.
Nur geringes Interesse an der Tätigkeit selbst.
Befriedigung wird nur aus äußerer Anerkennung und Belobigung gezogen und nicht aus innerer Zufriedenheit über die erbrachte Leistung
- Stimmungsstörungen:
Auffälliger Stimmungswechsel zwischen Depressivität und Euphorie bei schwankender Selbstwerteinschätzung.
Unverhältnismäßige Neid- und Ärgergefühle.
- Über-ich-Störungen:
Kein Anzeichen von schlechtem Gewissen.
Besonders rücksichtslose Neigung, sich mit intellektuellen und materiellen Leistungen anderer zu schmücken.
Strenge und perfektionistische Ansprüche sich selbst gegenüber.
Selbstdestruktive Verhaltensmuster.
Ängste beim Erleben, im Mittelpunkt der Aufmerksamkeit zu stehen.

Der narzisstischen Gestörte scheitert an den soziokulturellen Anforderungen und in der Ihnen kurz vorgestellten Kasuistik wird in Anklängen auch deutlich, dass es sich um die Verweigerung eines »Lebens in geordneter Freiheit« (zit. n. J. Fest) handelt. Typisch sind überhöhtes Geltungsbedürfnis, Anspruch auf bedingungslose Bestätigung ohne imstande zu sein, dafür eine entsprechende Sonderleistung liefern zu können und eine abnorme, geradezu schon vorsorgliche Kränkbarkeit.
Der pathologische Narzissmus als Kompensation eines negativen Selbsterlebens ermöglicht die Abspaltung der eigenen, beschämenden, negativen Seite und die Projektion derselben auf die Umwelt. Dort entstehen negative, bedrohliche Feinde, die es zu zerstören gilt. Je ohnmächtiger, bedrohter und beschämter das Selbsterleben ist, desto stärker ist die Gefahr der Entwicklung maligne übersteigerter Größenfantasien und Legitimationsstrategien zur Dehumanisierung der Umwelt und entsprechender Vernichtung von Dreck und Unrat.

Typischerweise bedienen sich die Täter in der Tatvorbereitungsphase eines dem Militärvokabular entlehnten Jargons mit Depersonifizierungscharakter. Wie im geschilderten Falle, so ist bei vergleichbaren Fällen von »Primärzielen« die Rede.
Sowohl bei heldenhaften Kriegshandlungen als auch ohne politische Legitimation beim Terrorismus werden narzisstische Grundprinzipien von der reinen Individualebene auf eine gesellschaftliche Ebene gezogen, bei Kriegshandlungen mit eher breiter Zustimmung der Gesellschaft, bei terroristischen Handlungen mit Zustimmung gesellschaftlicher, mitunter auch randständiger, Subgruppen.

Heldenhaft besetzte kriegerische Taktiken
- Bewunderung durch den Stamm/das Volk
- Exhibitionistische Neigung
- Präventivstrategie zur Vermeidung von Demütigung (des Volkes)
- Abwertung und Dehumanisierung des Gegners
- Überhöhung der Individualperson durch Überhöhung der eigenen ethnischen Zugehörigkeit jenseits individueller Leistungen
- Überhöhung der eigenen Person durch Überwindung der Todesfurcht

Terroristische Methoden zur Destabilisierung politischer oder gesellschaftlicher Strukturen (»Selbstmordattentate«)
- Je nach Kontext: Reaktion auf Gefühle der Demütigung
- Sehnsucht nach Vollkommenheit
- Durchgängiges Gefühl, im Recht zu sein
- Fehlende Konsensfähigkeit und Konsenswilligkeit
- Abwertung und Dehumanisierung des Gegners
- Rachsüchtige Wut auf vermeintlich kollektiv erfahrene Kränkungen
- Kein Anzeichen von Gewissen
- Selbstdestruktive Verhaltensmuster
- Überhöhung der eigenen Person durch Überwindung der Todesfurcht
- Religiös: Aussicht auf Verheißungen jenseits der menschlich erfahrbaren Niederungen (Paradies), göttliche Vorzüglichkeit

Individuell motivierte Handlungen zur persönlichen Ehrenrettung in Schamkulturen
- Überwindung von Scham und Demütigung
- Bedürfnis nach Bewunderung (gesellschaftl. Verachtung in Bewunderung umkehren)
- Perfektionismus
- Heilung der persönlichen Kränkungsgefühle durch Gang in den Tod
- Schwankung zwischen Depressivität und Euphorie

Individuell aus einer psychischen Störung oder aus psychosozialer Krise heraus motivierte Gewalthandlung

- Gefühl der Demütigung und Scham
- Bedürfnis nach Bewunderung im Negativen, wenn das Positive versagt bleibt
- Exhibitionismus
- Affektierte Darstellung (z. B. schwarze Kleidung)
- Perfektionismus (kalte Wut als kühl-logische Tatumsetzung)
- Keine stabilen Objektbeziehungen
- Empathielosigkeit
- Dehumanisierung der Opfer
- Durchgängiges Gefühl, im Recht zu sein
- Fehlende Konsensfähigkeit
- Neid auf soziale Integration und Anerkennung anderer
- Rachsüchtige Wut
- Innere Leere
- Auffälliger Stimmungswechsel zwischen Depressivität und Euphorie bei schwankender Selbstwerteinschätzung
- Fehlendes Gewissen
- Überhöhung der eigenen Person als oberste moralische Instanz

Noch einmal zurück zur interkulturellen Perspektive:
Zum Verständnis des Amok als Bestandteil der malaiischen Kultur wurde stets auf die Bedeutung von Scham und Beschämung als Bestandteil der malaiischen Erziehung hingewiesen. Ziel ist eine Erziehung zu äußerlich maximalem Gleichmut und weitgehender Vermeidung von Ärgerausdruck. Somit fehlt eine akzeptable Möglichkeit, Unmut auszudrücken, ohne sich selbst zu beschämen und seinen sozialen Status zu verlieren. Amok wurde vor diesem Hintergrund als Ausweg gesehen.
Eine Kultur mit besonderer Bedeutung des Ehrbegriffs, eingebettet in ein narzisstisches Gesamtkonstrukt der eigenen Person und Sozietät, ist auch die islamische Kultur.
Selbstmordattentate und Amokläufe unterscheiden sich äußerlich nicht allzu sehr: bei beiden handelt es sich um mehr oder weniger gut vorbereitete homizidal-suizidale Tatabläufe mit dem Ziel, möglichst viele aus der Sicht des Täters »Primärziele« zu töten und dabei selbst als Vernichter dieser »Primärziele« ehrenhaft zu sterben. Die Ehrenhaftigkeit wird wiederum religiös hergeleitet. Auch die Funktion des Amok für die Selbstwertrepräsentanz, die Lösung für die Interaktionsunfähigkeit und das Bedürfnis nach Grandiosität sind vergleichbar, wenngleich die individuellen, gesellschaftlichen oder religiös begründeten bzw. scheinbegründeten Motive unterschiedlich sind.

Die in fundamental-islamistischen Kreisen betriebene Heroisierung von Selbstmordattentätern bedeutet, hier religiös mit Paradiesvorstellungen untermauert, eine gewaltige narzisstische Gratifikation von jungen Männern, von denen sicher nicht alle so gute Aussichten auf einen prosozialen weltlichen Erfolg gehabt hätten, wie potenziell die gut ausgebildeten Täter des 11. September.

In diesem Zusammenhang möchte ich noch einen weiteren Ansatz erwähnen, der zumindest für terroristische als auch individualistische Amoktaten unter einer bestimmten Perspektive passend ist: LÜBBERT (2002) orientiert sich am kulturanthropologischen Konzept der hegemonialen Männlichkeit von R. W. Connell und vertritt den Ansatz des Scheiterns am Prinzip der hegemonialen Männlichkeit mit drei Rollen des Mannes als Ernährer, Erzeuger und Beschützer. Lübbert führt aus, dass als hegemoniale Männlichkeit die hierarchische Ordnung von positiv legitimierter Männlichkeit über Frauen oder subordinierten Männlichkeitsformen verstanden wird und das Scheitern an einem oder allen drei Männlichkeitsrollen nur noch in der männlichen Domäne der Kriminalität gezeigt werden kann, durch die es dann letztlich noch gelingt, sich vom Femininen abzugrenzen.

In der Abgrenzung vom Femininen als Scheitern an der Rolle des Mannseins sei auf HOFFMANN 2007 verwiesen, der zum einen auch Täter mit zumindest einer gewissen Anbindung an eine Clique oder Peer-Group beschreibt, allerdings darauf hinweist, dass der Kontakt zu Frauen eine deutlich geringe Rolle spielt.

Die Begründung für das weitgehende Fehlen von weiblichen Amoktäterinnen wird, abgesehen von ihrer Unterrepräsentanz in der Begehung von Gewaltkriminalität und ihrer vorwiegenden Motivlage zur Befreiung aus einer angst- oder verzweiflungsgeprägten Situation, damit begründet, dass Frauen hinsichtlich der gesellschaftlich an sie herangetragenen Rollenerwartung über weit flexiblere Lösungsstrategien verfügen und unter deutlich geringerem Reputationsdruck stehen.

Die erfolgreiche Frau ist auch heute in unserer Gesellschaft diverse Zeitungsartikel wert, der erfolgreiche Mann ist nach wie vor nicht immer der faktische, aber der gesellschaftlich erwartete Normalfall.

Dass Frauen so selten bei Amoktaten vertreten sind, wirft für mich die Frage auf, ob Frauen nicht weit weniger anfällig sind für maligne narzisstische Kränkungen bzw. zumindest weniger das Bedürfnis haben, narzisstische Beschädigungen gewaltsam zu reparieren, wenngleich ich umso mehr der Ansicht bin, dass die Diagnose einer narzisstischen Persönlichkeitsakzentuierung oder auch einer Persönlichkeitsstörung zu Unrecht bei Frauen kaum gestellt wird. In diesem Zusammenhang sei nur am Rande die aktuell gesellschaftspolitisch bestimmende Debatte erwähnt, welche Erfolgserwartungen Migranten in unserer Gesellschaft haben und welche Bedeutung dies für die Begehung von homizidal-suizidalen Gewalttaten hat.

Eine unanfechtbar religiös vermittelte Vorzüglichkeit als Gegenentwurf ist durchaus mit der dargestellten Bedeutung zugespitzt narzisstischer Selbstwertregulation für die Begehung von Amoktaten vereinbar.

Was das Scheitern an der männlichen Rolle angeht, so sei zum Abschluss erwähnt, dass der Proband aus der Kasuistik die bemerkenswerte freudsche Fehlleistung formulierte, dass er für jedes behinderte Kind, welches *er zur Welt brächte,* zehn Mio. Euro fordere.

Zumindest diese Forderung wird wohl die Natur unerfüllt lassen.

Der gesellschaftliche Auftrag der Psychiatrie zur Prävention von schweren Gewalttraftaten wird sich in einem umfassenden Sinne mit der Stabilisierung einer maskulinen Selbstwertrepräsentanz befassen müssen, wenn nicht für diverse Risikogruppen der Gesellschaft demnächst Kriminalität die einzige Möglichkeit bleibt, sich wirkmächtig zu erweisen.

Literatur

L. ADLER, D. MARX, H. APEL, M. WOLFERSDORF, G. HAJAK: Zur Stabilität des »Amokläufer«-Syndroms. Fortschr. Neurol Psychiat. 2006; 74, 582–590

J. FEST/W. J. SIEDLER: Der lange Abschied vom Bürgertum. J. Fest und W. J. Siedler im Gespräch mit Frank A. Meyer. wjs 2005

P. FIEDLER: Persönlichkeitsstörungen. Beltz PVU 2001

U. FÜLLGRABE: Amoki – eine spezielle Art der Mehrfachtötung. Kriminologie 2000; 54, 225–228

J. HOFFMANN, I. WONDRAK (Hrsg): Amok und zielgerichtete Gewalt an Schulen. Verlag für Polizeiwissenschaft 2007

H. KILIAN: Narzissmus und Kränkbarkeit. Psychotherapie im Dialog. 2004, 5. Jg. Heft 3, 246–251

M. LÜBBERT: Amok – Der Lauf der Männlichkeit. Verlag für Polizeiwissenschaft 2002

N. SAIMEH: Für mich soll's rote Rosen regnen – Die Bedeutung des Narzissmus für die Verübung von Straftaten. Manuskript in Veröffentlichung begriffen, IFF-Tagung 2006/2007

K. F. SCHÜNEMANN: Über nicht kulturgebundene Amokläufe – eine inhaltsanalytische Untersuchung von 196 Fällen. Dissertation, Fachbereich Medizin, Universität Göttingen 1992

Referentinnen und Referenten

Beck, Norbert, Dr. med., Facharzt für Rechtsmedizin, Institut für Rechtsmedizin, Otto-von-Guericke-Universität, Leipziger Str. 44, 39120 Magdeburg

Beckermann, Ansgar, Prof. Dr., Universität Bielefeld Fakultät für Geschichtswissenschaft, Philosophie u. Theologie, Abt. Philosophie, Potfach 10 10 31, 33501 Bielefeld

Beetz, Andrea, Dr., Psychologin, Schillerstraße 28a, 91054 Erlangen

Berg, Johannes, Dr., Richter am Amtsgericht, Schlossplatz 23, 76131 Karlsruhe

Bezzel, Adelheid, Diplom-Psychologin, Fachklinik für Forensische Psychiatrie und Psychotherapie, Bezirksklinikum, Universitätsstraße 84, 93053 Regensburg

Dieckmann, Michael, Diplom-Pädagoge, Geschäftsführer, AMEOS Psychiatrium gGmbH, Friedrich-Ebert-Str. 100, 23774 Heiligenhafen

Dietz, Sabine, Dr. med., FA für Psychiatrie/Psychotherapie, Kastanienweg 4, 59555 Lippstadt

Egg, Rudolf, Prof. Dr., Kriminologe, Direktor der Kriminologischen Zentralstelle, Viktoriastraße 35, 65189 Wiesbaden

Fluttert, Frans, M.Sn. RN, Dr. S. van Mesdagkliniek, Forensic Psychiatric Hospital, Engelse Kamp 5, NL-9722 AX Groningen

Habermann, Niels, Diplom-Psychologe, Institut für Sexualforschung und Forensische Psychiatrie, Uni-Klinikum HH-Eppendorf, Martinistr. 52, 20246 Hamburg

Hartl, Christian, Diplom-Psychologe, Psycholog. Psychotherapeut, Fachklinik für Forensische Psychiatrie und Psychotherapie, Bezirksklinikum, Universitätsstraße 84, 93053 Regensburg

Hollweg, Tilmann, Landesrat, Diplom-Psychologe, Landschaftsverband Westfalen-Lippe, LWL-Maßregelvollzugsabteilung Westfalen, 48133 Münster

Hondrich, Curt, Journalist, Uferstraße 2, 42799 Leichlingen

Kreibich, Rolf, Prof., Wissenschaftlicher Direktor und Geschäftsführer, IZT – Institut für Zukunftsstudien und Technologiebewertung gGmbH , Schopenhauerstraße 26, 14129 Berlin

Kröger, Uta, Psychologin, Dr. Henri van der Hoeven-Kliniek, Postbus 174, NL-3500 AD Utrecht

Leygraf, Johannes, Vors. Richter am OLG Hamm, 4. Strafsenat, Heßlerstraße 53, 59065 Hamm

Mache, Wolfgang, Dr. med., Chefarzt, Fachklinik für Forensische Psychiatrie und Psychotherapie Bezirksklinikum, Universitätsstraße 84, 93053 Regensburg

Mahler, Jenny, Ärztin für Kinder- und Jugendpsychiatrie/-psychotherapie, Paulstraße 21, 53111 Bonn

Mahler, John, Dr. med., Arzt für Psychiatrie und Psychotherapie, Johannesstraße 34, 53225 Bonn

Markowitsch, Hans J., Prof. Dr. jur., Rechtsanwalt und Lehrbeauftragter, Universität Bielefeld, Fakultät für Psychologie u. Sportwissenschaften, Abteilung für Psychologie, Postfach 10 01 31, 33501 Bielefeld

Mokros, Andreas, Dr., Diplom-Psychologe, Universität Regensburg, Abt. Forensische Psychiatrie am Bezirksklinikum, Universitätsstraße 84, 93042 Regensburg

Osterheider, Michael, Prof. Dr. med., Psychiater, Universität Regensburg, Abt. Forensische Psychiatrie am Bezirksklinikum, Universitätsstraße 84, 93042 Regensburg

Prüter, Christian, Dr. med., Ltd. Oberarzt, LWL-Zentrum für Forensische Psychiatrie, Eickelbornstr. 21, 59556 Lippstadt

Radandt, Andrea, Körperpsychotherapeutin, LWL-Klinik für Forensische Psychiatrie, Wilfried-Rasch-Klinik, Leni-Rommel-Str. 207, 44287 Dortmund

Saimeh, Nahlah, Dr. med., Ärztl. Direktorin, LWL-Zentrum für Forensische Psychiatrie, Eickelbornstr. 21, 59556 Lippstadt

Seifert, Dieter, PD Dr. med., Arzt für Psychiatrie, Institut für Forensische Psychiatrie der Universität Duisburg-Essen, Rhein. Kliniken Essen, Virchowstr. 174, 45147 Essen

Simon-Peters, Dita, Diplom-Psychologin/-Kriminologin, InfiF – Institut für interdisziplinäre Forensik, Elisabethstraße 4, 26135 Oldenburg

Soyka, Michael, Prof. Dr. med., Ärztlicher Direktor, Chefarzt, Privatklinik Meiringen, Klinik für psychische Erkrankungen und Entzugstherapien, Postfach 8 12, CH-3860 Meiringen

Stupperich, Alexandra, Dr., Diplom-Biologin, Wiss. Angestellte, Neuhaus 1, 93109 Wiesent

Thyen, Marina, Diplom-Pädagogin, AMEOS Psychiatrium gGmbH, Friedrich-Ebert-Str. 100, 23774 Heiligenhafen

Tondorf, Günter, Prof. Dr. jur., Fachanwalt für Strafrecht/Lehrbeauftragter der Uni Köln, Ritterstraße 9, 40213 Düsseldorf

van den Bosch, Wies, Forensisch-Psychiatrisch-Centrum Oldenkotte, Kienvenneweg 18, NL-7157 CC Rekken

Wähner, Alfred, Dr. med., Diplom-Psychologe, LWL-Klinik Bochum, Universitätsklinik für Psychiatrie, Psychotherapie, Psychosomatik und Prävention, Alexandrinenstraße 1, 44791 Bochum

Welzel, Monika, Juristin, Landschaftsverband Westfalen-Lippe, LWL-Maßregelvollzugsabteilung Westfalen, 48133 Münster

Erich Wulff
Das Unglück der kleinen Giftmischerin
und zehn weitere Geschichten aus der Forensik
BALANCE-Erfahrungen
978-3-86739-015-6
176 Seiten

»Die Stärke des Buches beruht darauf, dass es mit seinen Geschichten Nähe zur Tat und zum Täter herstellt und weder einen Keil zwischen sie und die Gerechten treibt noch mit Statistiken und kriminologischer Theorie langweilt. Es ist Wulffs schriftstellerischem Talent zu danken, dass er ein lebendiges Verständnis für menschliche Extremsituationen weckt und dafür, dass er als Gutachter auch nur ein Mensch ist. Die Abhandlung richtet sich an alle, die mit Straftätern und Menschen in Grenzbereichen der Existenz zu tun haben. Auch Ärzte bleiben davon nicht unberührt. Es ist ein Beitrag zur Entzerrung des immer wieder von Ressentiments und Mystifikationen entstellten Sicherheitsdiskurses in der Bundesrepublik.«
Wolfgang Kuhl, Dieter Becker, in: Deutsches Ärzteblatt

»Spannend, unterhaltsam, gelungen!« *Bläser, Psychologie heute*

BALANCE buch + medien verlag
Thomas-Mann-Str. 49a · 53111 Bonn · Telefon 0228 / 72534-26
www.balance-verlag.de · mail: info@balance-verlag.de

Thomas Schmitt
Das soziale Gehirn
Einführung in die Neurobiologie für soziale Berufe
978-3-88414-456-5
Fachbuch, ca. 176 Seiten, Großformat,
mit zahlreichen Abbildungen

»Auch wenn es manchmal so aussieht: Unsere Gehirne gehören nicht den Gen-, Transmitter- und Synapsenforschern, den Interpreten von Bildern aus dem Computer-, Magnet-Resonanz- und Kernspin-Tomografen. Es handelt sich vielmehr um ein Organ, das auf soziale Beziehungen spezialisiert ist und durch diese geformt wird.
Der Psychiater Thomas Schmitt zeigt die enge Verknüpfung zwischen genetischer Ausstattung und biografischen Erfahrungen eines Menschen in seiner spezifischen Lebenswelt einerseits und den Strukturen und Funktionsweisen seines Gehirns und dessen Entwicklung und Veränderungen andererseits. Der Autor macht die in den letzten Jahrzehnten entstandenen neurowissenschaftlichen Erkenntnisse für die psychosoziale und psychotherapeutische Arbeit nutzbar und erweitert das Verständnis für Menschen mit psychischen Störungen:
Wenn ich weiß, dass sowohl körperliche und geistige Aktivität als auch bestimmte Antidepressiva die Produktion »neurotropher Faktoren« fördern, dann kann dieses Wissen für mein Hilfekonzept nützlich sein. Wenn ich weiß, dass im Falle einer schweren Angstreaktion Freundlichkeit die in Alarmbereitschaft geratenen »amygdalen Strukturen« beruhigt, dann wird meine Intervention effektiver. Und wenn ich etwas über »Neuroplastizität« weiß, kann ich gezielt nach Möglichkeiten suchen, diese bei einem scheinbar hoffnungslosen Fall zu fördern.«
Prof. Marianne Bosshard

Gernot Hahn
Rückfallfreie Sexualstraftäter
Salutogenetische Faktoren bei ehemaligen
Maßregelvollzugspatienten
Forschung für die Praxis
978-3-88414-415-2
424 Seiten

Über Sexualstraftäter wird in Öffentlichkeit, Forschung und Gesetzgebung am ausführlichsten berichtet, wenn sie rückfällig werden. Rückfällig werden aber die wenigsten, über die anderen, die sich und ihr Leben ändern konnten, wissen wir fast nichts. Diese Arbeit gibt einen ersten Einblick in die Lebenswelten rückfallfreier Sexualstraftäter. Die protektiven Faktoren werden nicht nur benannt, es wird auch gezeigt, wie sie im stationären und ambulanten Setting konkret gefördert werden können. Darüber hinaus wird deutlich, wie Prognoseinstrumente die Ressourcen der Sexualstraftäter besser bewerten und damit Entlassungsentscheidungen sicherer machen können.

»Es gibt Bücher, die man ohne falsches Pathos als Meilensteine bezeichnen kann. Gernot Hahns Buch gehört zu diesen. Mit Hahns Buch ist ein wichtiger Schritt in ein für die forensische Psychiatrie noch wenig bestelltes Zukunftsfeld gelungen; jeder, der sich mit Fragen der Begutachtung oder Behandlung von Sexualstraftätern befasst und das Werk liest, wird dies mit Gewinn tun.«
Herbert Steinböck, Recht & Psychiatrie

Psychiatrie-Verlag GmbH, Thomas-Mann-Str. 49a, 53111 Bonn
Telefon (02 28) 7 25 34-11, Fax (02 28) 7 25 34-20
E-Mail: verlag@psychiatrie.de, Internet: www.psychiatrie.de/verlag

Reihe BASISWISSEN:
Diese Reihe vermittelt Studenten, Auszubildenden, Berufsanfängern und Quereinsteigern nicht nur einen theoretischen Grundstock, sondern gibt praktische Tipps für den Umgang mit bestimmten Klientengruppen sowie für die Arbeit in speziellen Berufsfeldern. Die Themen werden konzentriert und gut strukturiert vermittelt, von Autorinnen und Autoren mit langjährigen Praxis-Erfahrungen. Bisher erschienene Titel:

  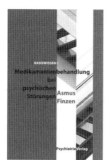  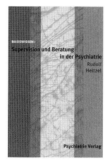

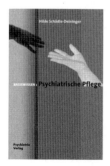    

Thomas Bock: Umgang mit psychotischen Patienten | Michael Eink, Horst Haltenhof: Umgang mit suizidgefährdeten Menschen | Asmus Finzen: Medikamentenbehandlung bei psychischen Störungen | Susanne Fricke: Umgang mit zwangserkrankten Menschen | Rudolf Heltzel: Supervision und Beratung in der Psychiatrie | Andreas Knuf: Empowerment in der psychiatrischen Arbeit | Joachim Körkel, Gunther Kruse: Rückfall bei Alkoholabhängigkeit | Angela Mahnkopf: Umgang mit depressiven Patienten | Ewald Rahn: Umgang mit Borderline-Patienten | Wulf Rössler: Psychologen in der psychiatrischen Klinik | Hilde Schädle-Deininger: Psychiatrische Pflege | Cornelia Schaumburg: Maßregelvollzug | Gunda Schlichte: Betreutes Wohnen | Dirk R. Schwoon: Umgang mit alkoholabhängigen Patienten | Tilman Steinert: Umgang mit Gewalt in der Psychiatrie

Jeder Band 144 Seiten   Mehr Informationen unter www.psychiatrie-verlag.de